Deutsch als Zweitsprache

Sprachförderung
in der Sekundarstufe 1

Grundlagen · Übungsideen · Kopiervorlagen

Mitsprache

Schroedel

Deutsch als Zweitsprache

Sprachförderung
in der Sekundarstufe 1

Grundlagen · Übungsideen · Kopiervorlagen

Mitsprache

Erarbeitet von
Heidi Rösch (Hg.)
Gerlind Belke
Inci Dirim
Barbara Krischer
Beate Lütke
Mirja Rauschendorf
Uta Tschachmann

Der vorliegende Band basiert auf dem Grundlagenband für die Primarstufe „Deutsch als Zweitsprache. Grundlagen, Übungsideen, Kopiervorlagen zur Sprachförderung" (ISBN 978-3-507-41295-8), erarbeitet von Heidi Rösch (Hg.), Ruth Ahrens, Inci Dirim, Hans-Eberhard Piepho, Karla Röhner-Münch und Uta Tschachmann

Nach gültiger Rechtschreibung 2006.

Druck A [2] / Jahr 2007
Alle Drucke der Serie A sind im Unterricht parallel verwendbar.

Redaktion: Stefan Bicker
Herstellung: Christian Behrens
Illustrationen: Jaroslaw Schwarzstein
Umschlaggestaltung und Layout: Janssen Kahlert Design & Kommunikation, Hannover
Satz: DTP-Heimservice Gundolf Porr, Germersheim
Druck und Bindung: Westermann Druck Zwickau GmbH

ISBN 978-3-507-**41751**-9

Vorwort

Berlin, im Februar 2005

Die Schule hat die Aufgabe, allen Schülerinnen und Schülern eine grundlegende Bildung sowie Schlüsselqualifikationen zu vermitteln. Dies ist die Basis für ihre persönliche und berufliche Zukunft, für Chancengleichheit und eine gleichberechtigte Teilhabe am gesellschaftlichen Leben. Sprache ist hierbei eine unabdingbare Voraussetzung, ist sie doch sowohl Medium als auch Gegenstand des schulischen Lernprozesses. Die PISA-Studie belegt, in welch hohem Maße der Bildungserfolg von einer gefestigten Kompetenz in der Unterrichtssprache abhängt.

Für die Bundesrepublik als Einwanderungsland bedeutet dies, dass die Förderung von Schülern und Schülerinnen anderer Herkunftssprachen ausgeweitet und systematisiert werden muss. Denn nur der problemlose Umgang mit dem Deutschen als „lingua franca" ermöglicht Schülerinnen und Schülern, Lernangebote effizient und motiviert zu nutzen. Und nur wer sich versteht, entwickelt auch Verständnis für den anderen. In diesem Sinne ist Sprachförderung auch ein Baustein für Toleranz, interkulturelle Kompetenz und das friedliche Zusammenleben in unserer Gesellschaft.

Sprachförderung von Migrantenschülern und -schülerinnen muss in alle Unterrichtsfächer hineinreichen. Deshalb gilt es, auf der einen Seite Konzepte für die Förderung des Deutschen als Zweitsprache zu entwickeln, in denen sprachliche Grundlagen gelegt, gefestigt und ausgebaut werden. Auf der anderen Seite ist der Fachunterricht gefordert, Sprachförderangebote in den gesamten Unterricht zu integrieren (language across the curriculum). Diese beiden Aspekte bereitet der vorliegende Band interessant und praxisgerecht auf: linguistische, didaktische, methodische und pädagogische Grundlagen werden von Übungsideen und direkt einsetzbaren Materialien begleitet. Das Fach Deutsch als Zweitsprache wird hier umfassend beleuchtet, darüber hinaus werden auch die Ausgangssprachen der Schülerinnen und Schüler einbezogen und ihre mehrsprachige Kompetenz im Lernprozess berücksichtigt.

Dieses Handbuch ist als wissenschaftlich fundierte Quelle und Ideenbox für den Berufsalltag für alle hilfreich, die Schüler und Schülerinnen mit Migrationshintergrund unterrichten. Ich denke, dass es seinen Leserinnen und Lesern interessante Anregungen gibt und sie bei Ihrer Arbeit unterstützen kann.

Viel Freude und Erfolg dabei wünscht

M. Beck

Marieluise Beck

Die Beauftragte der Bundesregierung für Ausländerfragen

Inhalt

Grundlagen

1. Deutsch als Zweitsprache (DaZ) in der Sekundarstufe I 6
1.1. Schulsituation für DaZ-SchülerInnen in verschiedenen Schulformen (Heidi Rösch) 6
1.2. Ergebnisse und Folgen der PISA-Studie (Heidi Rösch) 8
1.3. Deutsch als Erst-, Zweit- oder Fremdsprache? (Heidi Rösch) 11
1.4. Schlüsselqualifikation DaZ und Bildungsstandards (Heidi Rösch) 11

2. Zweitspracherwerb theoretisch gesehen 15
2.1. Welche Faktoren beeinflussen den Zweitspracherwerb? (Heidi Rösch) 15
2.2. Wie verläuft der Zweitspracherwerb? (Heidi Rösch) 16
2.3. Welche besonderen Probleme zeigen sich in der Sekundarstufe 1? (Heidi Rösch) 17
2.4. Strategien des Zweitspracherwerbs: Fossilierungen aufbrechen (Heidi Rösch) 18
2.5. Erstsprache im Unterricht? (Heidi Rösch) 21
2.6. Sprachmischungen und Ethnolekt (Inci Dirim) 25

3. Prinzipien der DaZ-Förderung 29
3.1. Pädagogisches Prinzip: Lernerorientierung (Heidi Rösch) 29
3.2. Didaktisches Prinzip: Mitteilungskompetenz stärken (Heidi Rösch) 31
3.3. Methodisches Prinzip: Sprachreflexion anregen (Heidi Rösch) 34

4. Kompetenzbereiche der DaZ-Förderung (Heidi Rösch) 37
4.1. Rezeption und Produktion (Heidi Rösch) 38
4.2. Sprachliche Interaktion im Unterricht (Heidi Rösch) 41
4.3. Bewusstheit für die Besonderheiten der deutschen Sprache (Heidi Rösch) 43
4.4. Lerntechniken der DaZ-Förderung (Beate Lütke) 45
4.5. DaZ und Fachsprache (Barbara Krischer) 48
4.6. Mehrsprachigkeit und die Fachsprache Deutsch (Inci Dirim) 52

5. Integrativer Sprachunterricht (Heidi Rösch) 54
5.1. Mehrsprachigkeit einbeziehen (Inci Dirim) 58
5.2. Grammatik entdecken (Heidi Rösch) 60
5.3. Wortschatzarbeit (Beate Lütke) 62
5.4. Hören, Zuhören und Verstehen (Beate Lütke) 64
5.5. Sprechen: sprachlich interagieren (Uta Tschachmann) 66
5.6. Lesen und Leseverstehen: Literatur und Sachtexte (Uta Tschachmann) 68
5.7. Schreiben: Texte entwerfen und verfassen (Uta Tschachmann) 72
5.8. Richtig schreiben (Gerlind Belke) 76
5.9. Fachunterricht Deutsch und Fremdsprachen (Beate Lütke) 81
5.10. Fachunterricht Geschichte und Sozialwissenschaften (Barbara Krischer) 84
5.11. Fachunterricht Mathematik und Naturwissenschaften (Heidi Rösch) 87

6. Leistungseinschätzung 91
6.1. Sprachstandsdiagnose (Inci Dirim) 91
6.2. Leistungseinschätzung und -bewertung (Inci Dirim) 93

Übungsideen 95

Einleitung 98

1. Grammatik 100
1.1. Wortschatz und Wortbildung (Barbara Krischer) 100
1.2. Verben (Heidi Rösch) 106
1.3. Deklination (Beate Lütke) 114
1.4. Präpositionen (Beate Lütke) 122
1.5. Satzbau (Heidi Rösch) 127
1.6. Prowörter (Beate Lütke) 137
1.7. Mehrsprachigkeit einbeziehen (Inci Dirim) 141

2. Sprachlich interagieren 148
2.1. Lerntechniken (Beate Lütke) 148
2.2. Sprechen und (zu)hören (Uta Tschachmann) 155
2.3. Lesen: Sachtexte und Literatur (Uta Tschachmann) 161
2.4. Schreiben: Texte entwerfen und verfassen (Uta Tschachmann) 167
2.5. Richtig schreiben (Gerlind Belke) 173

3. DaZ im Fachunterricht 179
3.1. Deutsch und Fremdsprachen (Beate Lütke) 179
3.2. Geschichte und Sozialwissenschaften (Barbara Krischer) 184
3.3. Mathematik und Naturwissenschaften (Mirja Rauschendorf) 190

Kopiervorlagen 197

1. Material zu den Übungsideen 198
2. Konjugationstabelle 228
3. Deklinationstabelle 230
4. Stolpersteine der deutschen Sprache (Heidi Rösch) 231
5. Beobachtungsbogen (Inci Dirim) 233

Anhang
1. Zitierte Literatur 237
2. Nachschlagewerke 240

1. Deutsch als Zweitsprache in der Sekundarstufe I

1.1. Schulsituation für DaZ-SchülerInnen

Anhaltende Zuwanderung

Deutschland ist – schon durch seine geografische Lage – Zentrum von Wanderungsbewegungen. Insgesamt leben zurzeit ca. 7,3 Millionen Menschen nicht deutscher Staatsangehörigkeit in der Bundesrepublik Deutschland. Das sind knapp 10% der Bevölkerung. Die Salden der Zuwanderung aus dem Ausland betragen seit den 90er-Jahren jährlich etwa 50–100 000 AusländerInnen. Mit dieser Dimension ist auch in Zukunft zu rechnen. Die höchsten Ausländeranteile haben die Stadtstaaten Hamburg, Bremen und Berlin sowie die Bundesländer Hessen, Baden-Württemberg und Nordrhein-Westfalen. In den neuen Bundesländern leben nur ca. 2,3% aller in Deutschland wohnenden AusländerInnen.

Multiethnische Schülerschaft

Diese multiethnische Bevölkerungsstruktur zeigt sich auch in der Schule, wobei der Großteil der SchülerInnen mit einer nicht deutschen Staatsangehörigkeit aus Europa (15,5% aus EU-Ländern und 65% aus anderen europäischen Ländern) und aus Asien (12,9%) kommt. Die größte Gruppe bilden SchülerInnen aus der Türkei (43,5%), gefolgt von Jugoslawien und Italien (je 7%), Griechenland (3,5%), der Russischen Föderation (2,4%) und Polen (2,1%)[1]. Die Verteilung differiert je nach Schulart: Während im Schuljahr 2002/03 im Bundesdurchschnitt in der Hauptschule 18,2% und in der integrierten Gesamtschule 12,5% der SchülerInnen eine nicht deutsche Staatsangehörigkeit hatten, waren es in der Realschule nur 6,8% und an Gymnasien nur 3,9%, wobei die Zahlen – außer an Gymnasien – an allen anderen Schulformen seit dem Schuljahr 2000/2001 leicht angestiegen sind. Für die Schulen bedeutet das, dass etwa jeder zehnte Schüler an deutschen Schulen eine nicht deutsche Staatsangehörigkeit hat, hinzu kommen SchülerInnen aus Aussiedlerfamilien und eingebürgerte SchülerInnen, sodass der Anteil der SchülerInnen mit Migrationshintergrund insgesamt erheblich höher liegt.

Kulturelle Vielfalt und multilinguale Sprachkompetenzen

Diese SchülerInnen wachsen in aller Regel mit zwei oder mehr Sprachen auf. Sie kommen mit – unterschiedlich ausgeprägten – multilingualen Sprachkompetenzen in die Schule und erfahren dort in verschiedenen Abstufungen Unterstützung ihrer mehrsprachigen Sozialisation: Diese reicht von zweisprachigen Angeboten in der Schule bis hin zu gar keiner systematischen Unterstützung der sprachlichen Kompetenzen. In aller Regel konzentriert sich die systematische Förderung während der Grundschulzeit auf die deutsche Sprache, denn unbestritten ist die Qualität der deutschen Sprachkenntnisse für den erfolgreichen Schulbesuch ausschlaggebend. Allerdings zeigt sie sehr unterschiedliche Erfolge, viele SchülerInnen nicht deutscher Herkunftssprache zeigen auch nach der Grundschule noch Förderbedarf in der deutschen Sprache. Die Gruppe der SchülerInnen nicht deutscher Herkunftsspra-

[1] Quelle: Statistisches Bundesamt Deutschland 2004.

che ist auch in der Sekundarstufe I äußerst heterogen: Sie reicht von SchülerInnen ohne Deutschkenntnisse (sogenannte Seiteneinsteiger, Neueingereiste) über SchülerInnen mit Schwierigkeiten in der Zweitsprache Deutsch bis zu SchülerInnen mit hervorragender Beherrschung der deutschen Sprache. Mit DaZ-SchülerInnen sind im Folgenden nur diejenigen SchülerInnen nicht deutscher Herkunftssprache gemeint, die keine bzw. unzureichende Deutschkenntnisse besitzen.

SchülerInnen nicht deutscher und deutscher Herkunftssprache mit Lernschwierigkeiten

Häufig äußern sich Probleme in DaZ durch eine nicht altersentsprechende Ausbildung des Leseverstehens, des Schriftspracherwerbs und einen mangelnden Umgang mit unterrichtsüblichen Arbeitstechniken. Selbstverständlich zeigen sich solche Probleme auch bei einem Teil der einsprachigen SchülerInnen bzw. Erstsprachlernenden, doch bei DaZ-SchülerInnen haben diese Erscheinungsformen in der Regel andere Ursachen und fordern deshalb auch eine andere Form der Bearbeitung.

Fehlender Bildungsabschluss

Deutsch ist auch für DaZ-SchülerInnen in der Regel die einzige Unterrichtssprache. Diese SchülerInnen erfahren – anders als einsprachige oder SchülerInnen in zweisprachigen Schulen (vgl. Siebert-Ott 2001) – keine systematische Förderung in ihrer Herkunftssprache[2]. Darüber hinaus müssen sie den gesamten schulischen Lernprozess in einer Sprache bewältigen, die sie nicht altersentsprechend beherrschen. Dass sich sprachliche Defizite auf Leistungen in allen Fächern auswirken, belegt die PISA-Studie, die zu dem Ergebnis kommt, dass sich bei Jugendlichen aus Migrantenfamilien *„sprachliche Defizite kumulativ in Sachfächern auswirken"* (Baumert u.a. 2001, S. 376).

2. Bildungskatastrophe

Dies schlägt sich auch in den Zahlen der Schulabgänger ohne Hauptschulabschluss nieder: Bundesweit verlassen immer noch ca. 18% der ausländischen SchülerInnen die Schule ohne Hauptschulabschluss — gegenüber ca. 8% der deutschen (vgl. Klemm 2001, S. 10). Auch wenn die Zahl der ausländischen SchülerInnen ohne Schulabschluss seit 1992 deutlich gesunken ist, während sie insgesamt etwas angestiegen ist, deutet sich hier eine *„zweite deutsche Bildungskatastrophe"* (Nové/Weil 2000) an, von der bei beiden Gruppen Jungen in deutlich höherem Maße betroffen sind als Mädchen: Statt katholischer Mädchen aus ländlichen Regionen (wie in den 60er-Jahren) macht unser Bildungssystem heute v.a. Jungen aus Einwandererfamilien in Ballungsräumen zu Benachteiligten. Dafür nennen Michael Nové und Gerhard Weil folgende Gründe:

- → fehlende DaZ-Förderung, unzureichender DaZ-Unterricht,
- → bildungsferne Elternhäuser, schlechte soziale Lebensbedingungen,
- → geschlechtsrollenspezifische Erziehung: dominante Männlichkeitsrolle und daraus resultierend: mangelnde Selbstständigkeit, gering ausgeprägte Leistungsbereitschaft, geringe Frustrationstoleranz,
- → mangelnde individuelle Zuwendung, mangelnde Berücksichtigung der Interkulturalität, unterlassene Persönlichkeitsstärkung,
- → mangelnde Stärkung der mentalen Grundlagen des Lernens: Sicherheit, Zugehörigkeit/Identität, Respekt.

[2] *Herkunftssprache* meint die Sprache, die die SchülerInnen in ihren Familien sprechen; es kann sich dabei auch um mehrere Sprachen handeln. Wachsen Kinder von Anfang an parallel mit Deutsch und einer oder mehreren anderen Sprachen auf, so sind Deutsch und die andere/n Sprache/n gleichermaßen als Herkunftssprachen zu betrachten.

Dabei muss allerdings gesehen werden, dass MinderheitenschülerInnen solche Eigenschaften oft nur zugeschrieben werden. Sie dienen dann als Beleg für Schwierigkeiten im Umgang mit diesen SchülerInnen und manchmal sogar als Rechtfertigung für eine mangelnde Zuwendung und Stärkung der betroffenen Schüler (vgl. Auernheimer 2004).

1.2. Ergebnisse und Folgen der PISA-Studie

Im internationalen Vergleich zeigt sich, dass in Deutschland der Anteil von SchülerInnen mit gering und extrem gering ausgebildeten Kompetenzen (in den Bereichen Lesen, Mathematik und Naturwissenschaften) sehr hoch ist und diese Gruppe vorwiegend aus (männlichen) Jugendlichen aus Familien mit niedriger Sozialschicht, geringem Bildungsniveau und Migrationshintergrund besteht. Der Vergleich mit anderen deutschsprachigen Ländern ergibt, dass DaZ-SchülerInnen in Deutschlands Schulen deutlich geringere Chancen haben als SchülerInnen mit den gleichen Herkunftssprachen in Österreich und der Schweiz. In Norwegen und Schweden hingegen ist die Situation von Zuwanderern besonders günstig: Dort gleichen Unterstützungsprogramme für Zuwanderer die soziale und sprachliche Benachteiligung der betroffenen SchülerInnen offensichtlich sehr viel effektiver aus als in Deutschland (Baumert u.a. 2001, S. 397).

Sprachfördermaßnahmen für SchülerInnen mit Migrationshintergrund

Auch in Deutschland wird gefordert, folgende Maßnahmen zur Sprachförderung von SchülerInnen aus Migrantenfamilien zu ergreifen bzw. zu verstärken:
- → Angebote zur zweisprachigen Erziehung in Erziehungs- und Bildungseinrichtungen,
- → Förderung des Zweitspracherwerbs möglichst bereits im Kindergarten, vor allem in der Phase des Übergangs zur Schule, während der Grundschulzeit, während des Übergangs zu weiterführenden Schulen und wenn nötig auch in der Sekundarstufe I,
- → wirksame Bekämpfung von Tendenzen zu einer institutionalisierten Diskriminierung,
- → Ganztagsschulen mit impliziten und expliziten Sprachförderangeboten (z.B. Sprachkurse, Theaterarbeit, E-Mail-Sprachkontakte),
- → Elternarbeit (z.B. Deutschkurse für Mütter; Informationsabende, Elterncafé).

Kooperation zwischen Schule und außerschulischen Einrichtungen

Die Kultusministerkonferenz (vgl. 2002) unterstützt die Weiterentwicklung solcher Fördermaßnahmen in den verschiedenen schulischen Bereichen, aber auch im Bereich der vorschulischen Erziehung, des Übergangs von der Schule in das Berufsleben sowie der Zusammenarbeit mit den Eltern und außerschulischen Einrichtungen. Eltern können die allgemeine Familiengeschichte und Lebenssituation des Kindes erhellen und Auskunft über Sprachgeschichte und Sprachkultur in der Familie geben. Sie können den Sprachstand des Kindes in der Herkunftssprache bzw. seinen anderen Sprachen einschätzen und signalisieren, welche Bedeutung aus ihrer Sicht die Kompetenz in den einzelnen Sprachen hat. Im Gespräch mit den Eltern können Vorstellungen von Erziehung, Bildung und Lernen ausgetauscht werden. Dabei können gemeinsame Ziele herausgearbeitet, aber auch potenzielle Konflikte von Anfang an benannt und besprochen werden. Eine wichtige Bedeutung wird dabei auch das Thema Zwei- und Mehrsprachigkeit haben. Vorstellungen oder gar Ängste, dass die anderen Sprachen des Kindes zugunsten von Deutsch zurückgedrängt werden sollen, sollten ausgeräumt werden. Gleichermaßen sollte aber auch über die Bedeutung von DaZ und mögliche Fördermaßnahmen informiert werden, sodass das Sprachlernen für die Eltern transparent wird und die Eltern dieser Maßnahme aufgeschlossen und interessiert gegenüberstehen können. Dabei geht es nicht nur um die Lehrer-Eltern-Interaktion, sondern auch um eine Interaktion zwischen den Eltern – gerade auch zwischen Minderheiten- und Mehrheiteneltern.

Elternarbeit

Der Fokus auf Sprache/n lässt sich am effektivsten in einer Ganztagsschule realisieren, in der die SchülerInnen nicht nur gemeinsam lernen, sondern auch andere Aktivitäten (Hausaufgabenbetreuung, Projekte, Sport-, Theater- oder Mediengruppen, Freizeitaktivitäten usw.) gemeinsam erleben. Da die Ganztagsbetreuung bislang in der Regel durch den Besuch des Horts oder vergleichbarer Einrichtungen nach der Schule abgedeckt ist, bietet sich eine Kooperation zwischen Schule und sozialpädagogischen Schülereinrichtungen an. Oftmals lernen Sozialpädagogen die SchülerInnen anders kennen als Lehrkräfte, sodass ein Austausch über die Kinder die Arbeit wechselseitig befruchten kann. Daraus kann auch ein gemeinsam entwickelter DaZ-Förderplan für einzelne Kinder resultieren.

Ganztagsschulen bzw. Kooperation mit außerschulischen Einrichtungen

Der vorliegende Band konzentriert sich allerdings in Anlehnung an die DaZ-Materialien der Kultusministerien (Rahmen- und Lehrpläne bzw. Handreichungen) auf den Aspekt der gezielten Förderung des Deutschen als Zweitsprache in der Sekundarstufe I. Denn die Schule ist für viele SchülerInnen nicht deutscher Herkunftssprache der wichtigste Ort für Erwerb und Gebrauch der Zweitsprache. Sie muss auch zum Ort für die Vermittlung der Zweitsprache werden und diese Aufgabe, v.a. in Schulen mit einem hohen Anteil an SchülerInnen einer gemeinsamen nicht deutschen Herkunftssprache, sehr viel ernster nehmen als bisher.

Schule als Ort für Erwerb und Vermittlung der Zweitsprache

Darauf muss Schule in umfassender Weise reagieren, doch sind die Möglichkeiten in diesem Bereich immer auch begrenzt:

Grenzen der DaZ-Förderung

- Wenn der Erwerb der deutschen Sprache für einzelne Bevölkerungsgruppen nicht deutscher Herkunft keine ausreichend große Bedeutung hat, können schulische Angebote zur Sprachförderung nicht wirklich greifen. Gründe dafür können z.B. sein: zu starke Orientierung auf die Kultur des Herkunftslandes, zu geringe Bildungsorientierung, soziale Problematiken. Erst wenn sich Lernende aktiv, neugierig und mit Interesse einer Sache zuwenden, kann es zu Lernerfolgen kommen.
- Wenn SchülerInnen in ihrer sozial-emotionalen und kognitiven Entwicklung beeinträchtigt sind, verlangsamen sich Lernprozesse oder müssen gar Entwicklungsstufen zum Teil mühsam nachgeholt werden.
- Wenn DaZ-SchülerInnen das Gefühl vermittelt wird, weniger wert zu sein als SchülerInnen deutscher Herkunft, kann dies zum (individuellen oder

auch kollektiven) Rückzug, zur Verweigerung gegenüber schulischen Angeboten oder gesellschaftlichen Integrationsansprüchen führen.

Dies zeigt, wie wichtig es ist, den SchülerInnen so früh wie möglich und so lange wie nötig immer wieder inhaltlich überlegte und organisatorisch effektive Förderangebote für den Zweitspracherwerb zu machen. Es ist eine große Herausforderung, auch den SchülerInnen, die die Grundschule in Deutschland besucht und trotzdem Schwierigkeiten mit der deutschen Sprache haben, die deutsche Sprache zu vermitteln und sie ihnen in ihrer Relevanz für ihre Entwicklung deutlich werden zu lassen.
Gesonderte Fördermaßnahmen allein können aber in vielen Fällen die Sprachrückstände der SchülerInnen nicht ausgleichen. Vielmehr brauchen die SchülerInnen für ihre Zweitsprachentwicklung darüber hinaus **sprachliche Förderung** im Regelunterricht selbst. Diese Unterstützung benötigen sie in allen Unterrichtsfächern, insbesondere natürlich im Deutschunterricht, aber ebenso in den Fremdsprachen, in Mathematik sowie den sozial- und naturwissenschaftlichen Fächern.

DaZ als Unterrichtsprinzip

DaZ als Unterrichtsprinzip bedeutet, dass die sprachlichen Probleme der SchülerInnen bei jeder Unterrichtsplanung bedacht und bei der Durchführung berücksichtigt werden. Dabei lassen sich folgende Prinzipien festhalten:

- ➔ Ein Nichtverstehen kann immer auch durch eine nicht angemessene, z.B. wenig anschauliche, komplexe, Lehrersprache bedingt sein. Deshalb sollten Lehrkräfte ihre Sprache reflektieren.
- ➔ Die sprachlichen Angebote sollten sich an den Möglichkeiten der SchülerInnen orientieren und ihnen so prinzipiell ein Verstehen ermöglichen.
- ➔ Sprachliche Strukturen, die für die unterschiedlichen Sprachhandlungen (z.B. begründen, erklären, beschreiben usw.) benötigt werden, müssen in allen Fächern explizit vermittelt und sollten in Übungsschleifen auch gefestigt werden.
- ➔ Bei Hilfen und Lernbrücken darf nicht auf ein deutsches Sprachgefühl zurückgegriffen werden, das diese SchülerInnen nicht haben (können).

Qualifikation der Lehrkräfte

Während Fremdsprachenunterricht von entsprechend ausgebildeten Lehrkräften erteilt wird, haben nur wenige Lehrkräfte eine entsprechende DaZ-didaktische Qualifikation; nicht immer sind sie für den Prozess des Zweitspracherwerbs sensibilisiert.

Verantwortung aller Lehrkräfte

Nur wenn sich jede Lehrkraft im Unterricht mit SchülerInnen nicht deutscher Herkunftssprache für deren sprachliche Förderung verantwortlich fühlt (und diese Verantwortung nicht auf den DaZ-Förderunterricht abschiebt), haben diese SchülerInnen eine echte Chance, eine angemessene Kompetenz in ihrer Zweitsprache zu erwerben.

Plädoyer für DaZ-Aus- und Fortbildung

Um dies zu gewährleisten, sind DaZ-Fortbildungsmaßnahmen und die Verankerung von DaZ in der Ausbildung von Lehrkräften und SozialpädagogInnen dringend notwendig.

1.3. Deutsch als Erst-, Zweit- oder Fremdsprache

Sprachumgebung

Deutsch als Zweitsprache (DaZ) bezieht sich auf Erwerb, Gebrauch und Vermittlung der deutschen Sprache in deutschsprachiger Umgebung; Deutsch als Fremdsprache (DaF) dagegen auf die entsprechende Situation im Ausland, d.h. in nicht deutschsprachiger Umgebung. Damit entspricht DaF-Unterricht der Situation von SchülerInnen in Deutschland, die Englisch, Französisch oder eine andere Fremdsprache in einem dafür eingerichteten Unterrichtsfach lernen.

Lerngruppe

Fremdspracherwerb findet vorwiegend gesteuert und in Lerngruppen statt, die in der Regel über eine gemeinsame Herkunftssprache verfügen und diese im Unterricht auch verwenden.

Zielsprache = Unterrichtssprache

Zweitspracherwerb verläuft hingegen vorwiegend ungesteuert. Der DaZ-Unterricht übernimmt die Aufgabe der Synchronisation ungesteuerter und gesteuerter Erwerbsprozesse. Er findet zumeist in heterogenen Lerngruppen statt: Die SchülerInnen sprechen Deutsch auf stark differierenden Niveaus und vertreten viele unterschiedliche Herkunftssprachen, die daher in der Regel nicht zur direkten und metasprachlichen Verständigung genutzt werden können.

Meist ist DaZ-Unterricht (im Unterschied zum Fremdsprachenunterricht) zielsprachlicher Unterricht. Hinzu kommt, dass die betroffenen SchülerInnen nicht nur DaZ-Unterricht haben, um Deutsch zu lernen, sondern von Anfang an in allen Fächern in dieser Sprache unterrichtet werden. Dadurch muss DaZ eine enge Verbindung von Sprach- und Sachlernen eingehen, die idealerweise in zwei Richtungen zu realisieren ist: Der spezifische DaZ-Unterricht sollte mit fachlichen Inhalten verzahnt werden; gleichzeitig sollte der allgemeine Unterricht DaZ-didaktische Elemente beinhalten.

DaZ ist kein Nachhilfeunterricht

Es ist nicht Aufgabe des DaZ-Unterrichts, Kenntnisse, Fähigkeiten und Fertigkeiten des allgemeinen Unterrichts in einer Art Nachhilfeunterricht zu sichern. Vielmehr geht es darum, DaZ als Lernbereich für DaZ-SchülerInnen **in Kooperation** mit Inhalten, Zielen und Methoden des allgemeinen Unterrichts zu etablieren – wobei die Kooperation zwischen DaZ und anderem Unterricht im Idealfall wechselseitig verläuft.

Die beschriebenen Zusammenhänge stellt die Tabelle auf S. 12 noch einmal im Überblick dar.

1.4. Schlüsselqualifikation DaZ und Bildungsstandards

Für DaZ-SchülerInnen ist ihr Zweitspracherwerb die wesentliche Voraussetzung für den Erwerb eines ihrem Leistungsvermögen entsprechenden Schulabschlusses.

Lerngegenstand ist Deutsch als Zweitsprache

Das Ziel eines jeden Sprachunterrichts ist nicht abstraktes Wissen über grammatische Phänomene, sondern der kompetente Umgang mit Sprache. Innerhalb dieses Rahmens geht es zunächst um die Entwicklung einer **Sachkompetenz**. Ziel des DaZ-Unterrichts ist es also, Kompetenzen im Bereich Deutsch als Zweitsprache zu erwerben. Diese an sich banale Aussage wird hier expli-

	DaZ – Deutsch als Zweitsprache	**DaF – Deutsch als Fremdsprache**	**DaM – Deutsch als Muttersprache**
Funktion des Deutschen	Deutsch ist die Kommunikations- und Unterrichtssprache in allen Fächern. Deutsch ist obligatorisch. Der Zweitspracherwerb ist Voraussetzung für eine erfolgreiche Schullaufbahn und gesellschaftliche Integration.	Die Umgebung ist nicht deutschsprachig; Deutsch wird primär nur im Fremdsprachenunterricht gesprochen. Deutsch ist in aller Regel ein gewähltes Fach. Der Fremdspracherwerb verbessert die Berufschancen, ermöglicht frei gewählte Kommunikation im Kontext von Reisen usw.	Die Erstsprache entspricht der Amts-, Kommunikations- und Unterrichtssprache.
Spracherwerbssituation	Der Sprachstand in der Erstsprache ist sozialisationsbedingt (abhängig von Familie, Umgebung usw.) und nicht immer altersgemäß ausgebildet. Prozess und Stand des Zweitspracherwerbs sind ebenfalls sozialisationsbedingt; ungesteuerte Erwerbssituation. DaZ ist auch Sozialisationssprache. Der Zweitspracherwerb beginnt in der Regel bereits im Vorschulalter. Z.T. schwieriges Verhältnis zur Zweitsprache	Der Sprachstand in der Erstsprache ist altersgemäß (und sozialisationsbedingt) ausgebildet. Prozess und Stand des Fremdspracherwerbs sind unterrichtsabhängig; gesteuerte Erwerbssituation. DaF ist ausschließlich Unterrichtssprache. Beginn des Fremdspracherwerbs in der Regel erst im Alter von zehn Jahren. I.A. Interesse an der Fremdsprache	Der Sprachstand ist altersgemäß (und sozialisationsbedingt) ausgebildet. Der Spracherwerb wird durch die Hinführung zur Schriftsprache und den Fachsprachen alters- und lehrplangemäß entfaltet.
Lernsituation	Lernerschwernisse aufgrund psychosozialer Bedingungen v.a. bei Seiteneinsteigern Die Erstsprache wird in der Schule nicht als Unterrichtssprache genutzt.	Weitgehende Übereinstimmung zwischen häuslichem und schulischem Umfeld Die Erstsprache steht auch im DaF-Unterricht zur Verfügung und ist i.d.R. auch Unterrichtssprache.	Weitgehende Übereinstimmung zwischen häuslichem und schulischem Umfeld Die Erstsprache ist Unterrichtssprache.
Rahmenbedingungen	Keine verbindliche Ausbildung der Lehrkräfte Bislang kaum Berücksichtigung der DaZ-Lernenden in den Rahmenplänen und Lehrwerken; DaZ-Lehrpläne und -Lehrwerke sind i.d.R. nicht auf den Fachunterricht abgestimmt.	Fundierte Ausbildung der Lehrkräfte Rahmenpläne und Lehrwerke sind angepasst an das Alter und den Erwerbsprozess.	Fundierte Lehrerausbildung Spracherwerb ist die Grundlage für die Rahmenpläne und Lehrwerke in allen Fächern.

	DaZ in der Schule[3] (in deutschsprachiger Umgebung)		**DaF in der Schule** (in nicht deutschsprachiger Umgebung)
	Regelunterricht	**DaZ-Förderung**	
	ungesteuerter/halbgesteuerter Spracherwerb	halbgesteuerter/gesteuerter Spracherwerb	gesteuerter Spracherwerb
	Regelklassen mit heterogenem Sprachstand in Deutsch	Förderklassen, z.T. sprachstandsdifferenziert	bezogen auf Fremdsprachkenntnisse homogene Lerngruppen
	DaM-sprachlich orientiert; intuitives Sprachwissen wird entfaltet	Anfänger: Grundstrukturen, Grundwortschatz	systematische Progression (bezogen auf Wortschatz, Syntax, Kommunikation)
	Fachinhalte, Schriftsprache, Fachsprache	Fortgeschrittene: (vorbereitende) fach- und projektbezogene Sprachlernsequenzen	Lehrwerksorientierung/Alltagsthemen

[3] Grundlage war die Übersicht *DaF – DaM – DaZ – oder was?* von Michael Nové, in: Schilfblatt 10/2000, S. 113.

zit erwähnt, weil immer noch die Vorstellung existiert, dass DaZ sogar im DaZ-Unterricht nur ein Mittel zum Zweck, d.h. zur Bearbeitung bestimmter inhaltlicher Themen oder fachlicher Kompetenzen, ist. Hingegen ist der DaZ-Unterricht der Ort, das Kommunikationsmittel selbst zum Unterrichtsgegenstand zu machen. **DaZ-Sachkompetenz** zielt auf einen altersentsprechenden, kompetenten Sprachgebrauch im Unterricht aller Fächer. Um dies zu erreichen, sind die Kontexte, in denen DaZ vermittelt wird, nicht an beliebige Kommunikationssituationen anzubinden (wie häufig im Fremdsprachenunterricht), sondern mit dem Alltag der SchülerInnen zu verknüpfen – zu dem nicht zuletzt die Schule und der allgemeine Unterricht gehören.

Kompetenter Sprachgebrauch in allen Fächern

Sozialkompetenz meint neben den allgemeinen Sozialkompetenzen (wie Kooperationsfähigkeit oder dem Einbringen eigener Ideen) die Fähigkeit, sich in der Zweitsprache auszudrücken, die Welt zu erschließen, zu kommunizieren und Informationen zu verarbeiten. Und sie bildet den Übergang zur **Selbstkompetenz**, d.h. das selbstständige Durchdringen des Unterrichtsangebots und die selbstbestimmte Organisation des Lernprozesses.

Kommunizieren und Informationen verarbeiten

Methodenkompetenz in DaZ entspricht grob der Methodenkompetenz der sprachlichen Fächer: Anwendung von sprachlichen Lerntechniken, kognitiven Lernstrategien, Kommunikationsstrategien, Ausbildung von Sprachbewusstheit und die aktive Teilnahme am Unterrichtsgespräch. Sie lässt sich allerdings dahingehend konkretisieren, dass DaZ-Lernende Methoden erwerben sollen, und zwar:

Lerntechniken und -strategien

- ➔ zur kontextuellen Ermittlung von Schlüsselbegriffen, die das Verständnis erschweren,
- ➔ zum Erkennen und Überwinden von Normverstößen, also von „Fehlern“,
- ➔ zur Nutzung von Zweitspracherwerbsstrategien,
- ➔ zur Bildung von Hypothesen hinsichtlich sprachlich korrekter Formen,
- ➔ zur Bewältigung von schulischen und außerschulischen Kommunikationssituationen – auch bereits in frühen Phasen des Zweitspracherwerbs.

Ein erfolgreicher DaZ-Unterricht erhöht den Standard jeder Schule mit mehrsprachiger Schülerschaft. Voraussetzung hierfür ist, dass der gemeinsame Unterricht auf einem sprachlich angemessenen Niveau realisiert werden kann und dass gerade auch die DaZ-SchülerInnen ihre sprachlichen und metasprachlichen Kenntnisse einbringen können.

DaZ als Beitrag zur Schulentwicklung

Darüber hinaus kann ein qualitativ anspruchsvoller DaZ-Unterricht auch eine **programmatisch-orientierende Funktion** für die Planung einer Schule übernehmen: Schulen mit einem hohen Anteil an DaZ-SchülerInnen haben die Chance, DaZ nicht nur in ihre Planung aufzunehmen, sondern daran mitzuwirken, DaZ zu etablieren und attraktiv zu gestalten. Die durch die Anwesenheit von DaZ-SchülerInnen notwenige Spracharbeit im gemeinsamen Unterricht kommt auch DaM-SchülerInnen zugute, denn sie werden – z.B. durch eine Frage wie: *Warum wird aus <u>die</u> Schule in dem Satz „Ich gehe zur Schule.“ <u>der</u> Schule?* – auf eine funktionale Art angeregt, über Sprache nachzudenken.

Gelingt dies, kann der DaZ-Unterricht in Kooperation mit dem allgemeinen Unterricht auch zur Schulentwicklung beitragen. Resultat wäre eine Schule, in der Schulalltag und Unterricht zunächst aus der Perspektive von DaZ-Lernenden gesehen und in ihrem Interesse (um-)gestaltet werden. Darüber hinaus könnte eine Öffnung zu mehr Sprache und Mehrsprachigkeit in der Schule stattfinden.

KMK-Bildungsstandards

Genau dieser Aspekt fehlt nicht nur in den meisten Rahmenplänen, sondern auch in den Bildungsstandards im Fach Deutsch für den Mittleren Schulabschluss, die die Kultusministerkonferenz 2003 vorgelegt hat. In den Bildungsstandards Deutsch werden SchülerInnen mit Migrationshintergrund zwar einmal explizit genannt, indem darauf hingewiesen wird, dass auch sie diese Standards zu erfüllen haben – aber es wird an keiner Stelle versucht, diese Standards im Blick auf diese Schülergruppe zu differenzieren. So wäre eine interkulturelle Perspektive wünschenswert, die im Kompetenzbereich *Sprechen und Zuhören* einen respektvollen Umgang mit Anderssprachigen und interkulturelle Kommunikation integriert, im Kompetenzbereich *Lesen – Umgang mit Texten und Medien* eine interkulturelle Perspektive auf Literatur und das Lesen globaler Literatur etabliert sowie im Kompetenzbereich *Sprache und Sprachgebrauch* Minderheitensprachen heranholt sowie Sprach- und Textvergleiche initiiert.

Versuche der Verbindung von Sprach- und Fachlernen

Neue Wege beschreitet in dieser Hinsicht der Hamburger Rahmenplan Deutsch für die Grundschule, der Sprach- und Sachlernen unter besonderer Berücksichtigung der individuellen Lernersprachen und der Besonderheiten des Zweitspracherwerbs im Regelunterricht verbindet. Besonderes Gewicht liegt dabei auf Lernbeobachtungen und einer Leistungsbewertung (im Fach), die die Besonderheit des Spracherwerbs berücksichtigt. Noch weiter gehen die nordrhein-westfälischen Empfehlungen zur Förderung der deutschen Sprache in den Fächern Biologie, Religion, Naturwissenschaften, Geschichte und Gesellschaftswissenschaften, Kunst und Mathematik, die sich auf die Bereiche Sprechen und Schreiben (auch Rechtschreiben, am Rande auch Sprachreflexion) beziehen und Leistungsbewertungen und weitere Lernförderung vor dem Hintergrund der Sprachkompetenz problematisieren. Diese Ausweitung der Sprachförderung in alle Fächer ist zwar noch nicht DaZ-spezifisch, ebnet aber den Weg dafür, dass DaZ als Unterrichtsprinzip in allen Fächern möglich wird.

DaZ-Standards?

Aufgrund der immensen Bedeutung, die die DaZ-Kompetenz für Schulerfolg und schulisches Lernen hat, sollten DaZ-Standards für SchülerInnen und für die DaZ-Förderung formuliert werden. Diese könnten einerseits die Mindestanforderung für die Teilnahme am einsprachig deutschen Unterricht benennen, andererseits – ähnlich wie im europäischen Referenzrahmen für Fremdsprachen – Niveaustufen festlegen, die Lehrkräften wie DaZ-SchülerInnen helfen, das erreichte Leistungsniveau einzuschätzen und im Rahmen von Fördermaßnahmen zu entfalten. Denn der Zweck solcher Standards ist nicht die Ausgrenzung von DaZ-SchülerInnen, sondern die weitgehend empirisch abgesicherte Einschätzung und Entfaltung ihres Leistungsniveaus. Werden DaZ-SchülerInnen dagegen mit allgemeinen Standards konfrontiert, so ist ihr Scheitern so lange vorprogrammiert, solange nicht dafür Sorge getragen wird, dass die Voraussetzung für das Erreichen dieser Standards auch geschaffen wird.

2. Zweitspracherwerb theoretisch gesehen

2.1. Welche Faktoren beeinflussen den Zweitspracherwerb?

Grundgrößen des Zweitspracherwerbs (vgl. Klein 1984, S. 43ff)

a) externe Faktoren

Der Erfolg des Zweitspracherwerbs hängt von internen und externen Faktoren ab: **Antrieb** bzw. Motivation wird bestimmt durch die soziale und schulische Integration, durch kommunikative Bedürfnisse und Notwendigkeiten, ggf. auch durch den Aufenthaltsstatus, die kulturelle Disposition und Erziehung in der Familie, aber auch durch die besuchten Erziehungs- und Bildungseinrichtungen. Von besonderer Bedeutung sind Einstellungen zur Zielsprache, zur deutschsprachigen Umgebung und zur deutschen Schule genauso wie zur Erstsprache und zur Mehrsprachigkeit von Minderheitenangehörigen. Dies schließt die Frage des Sozialprestiges der Erstsprache und der kulturellen Akzeptanz von Minderheitenangehörigen ein.

Der außerunterrichtliche **Zugang** hängt von dem Kontakt zur Zweitsprache und den kommunikativen Möglichkeiten ab. Besondere Bedeutung haben demzufolge das Wohnumfeld, das schulische Umfeld, die Freizeit- und Begegnungsmöglichkeiten sowie die Mediennutzung. Ist diese Sprachumgebung erstsprachlich geprägt, so wirkt dies hemmend auf den Zweitspracherwerb. Entscheidend ist allerdings nicht nur die Menge, sondern auch die Qualität des zweitsprachlichen Inputs und der Interaktion mit Sprechern des Deutschen. Erfahrungen an deutschen Auslandsschulen zeigen, dass Schulen – mit entsprechenden Konzepten – auch SchülerInnen, die außerhalb der Schule nicht Deutsch sprechen, den Zugang zur deutschen Sprache so erfolgreich gestalten, dass sie Deutsch auch erfolgreich als Unterrichtssprache einsetzen können.

Das **Tempo** des Zweitspracherwerbs hängt v.a. von den genannten externen Faktoren (Antrieb und Zugang) ab. DaZ-Förderung sollte daher versuchen, ungünstige Bedingungen für den Zweitspracherwerb auszugleichen. So wirkt es unterstützend, wenn den SchülerInnen über die Schule hinaus zusätzliche Kontakte in der Zweitsprache eröffnet werden. Denn erweiterte Kommunikationsmöglichkeiten bedeuten nicht nur sprachliches Training, sondern können auch das emotionale Verhältnis der SchülerInnen zu ihrer Zweitsprache positiv beeinflussen.

b) interne Faktoren

Sprachvermögen bezieht sich auf das verfügbare Wissen über Sprache/n und hängt von der Lernerbiografie ab. Dabei spielen der erreichte Stand – v.a. die Begriffsbildung – in der Erstsprache und der Grad des Schriftspracherwerbs in der Erst-, ggf. auch in der Zweitsprache eine große Rolle. Das Alter, in dem Lernende der Zweitsprache zum ersten Mal begegnen, sowie die bereits gemachten Spracherwerbserfahrungen prägen Sprachlernstrategien, welche zum Erwerb der Zweitsprache genutzt werden können. Während diese psychogenen Faktoren für alle SchülerInnen gleich sind, bestimmen die externen oder auch soziogenen Faktoren, wie gut und eventuell auch wie schnell diese Sprache gelernt wird. Daher kann der Zweitspracherwerb individuell sehr verschieden ablaufen.

2.2. Wie verläuft der Zweitspracherwerb?

Interlanguage-Hypothese (Selinker 1992)

Der Zweitspracherwerb basiert auf der Ausbildung von **Lernersprachen**, die nicht einfach eine Teilmenge der Zielsprache sind, sondern auch Sprachformen enthalten, die weder in der Zielsprache noch in der Erstsprache vorkommen. Im Verlauf des Zweitspracherwerbs entsteht eine immer größere Deckung zwischen Lernersprache und Zielsprache.
Dieser charakteristische Verlauf des Spracherwerbs legt eine wohlwollende, offene Haltung seitens der Lehrkräfte nahe, so zum Beispiel eine gewisse Toleranz gegenüber Normverstößen („Fehlern"), die auf dem Weg zur Zielsprache unvermeidbar auftreten. Oder auch Sensibilität für „schweigende" Lernende, die sich in einer rezeptiven Phase des Zweitspracherwerbs befinden, um „in Ruhe" neue Erkenntnisse über die Zielsprache zu sammeln.

Früher Erwerb der Grundwortstellung
Erwerb der Inversion – Zweitstellung des Verbs

Nach dem derzeitigen Stand der Forschung werden bezogen auf den Syntaxerwerb (Erwerb von Satzstrukturen) folgende **Erwerbsphasen** festgehalten:

- → Relativ schnell wird die Grundwortstellung (Subjekt-Prädikat-Objekt) erworben.
- → Anschließend werden Adverbien vorangestellt und damit Sätze mit Inversion formuliert (Umkehrung des Schemas Subjekt-Prädikat in Prädikat-Subjekt durch die vorangestellte Zeitangabe).
- → Die Inversionsregeln werden häufig zunächst bei Satzfragen (*Wollen wir Freunde sein?*) angewendet, bevor sie auch in Aussagesätzen vorkommen.
- → Ähnliches gilt für die Satz- bzw. Verbklammer: Sie kommt zunächst in sehr kurzen Sätzen und erst später auch in komplexeren Sätzen vor.
- → Die Verbendstellung in Nebensätzen wird von vielen Lernenden relativ spät erworben.

Späterer Erwerb der Satzklammer und der Verbendstellung in Nebensätzen

Unabhängig vom Sprachwissen (und der Art des Sprachunterrichts) dauert es insbesondere bei den letzten drei Wortstellungsregeln sehr lange, bis DaZ-Lernende diese in der freien Sprachproduktion sicher anwenden. Bezogen auf die Förderung des Zweitspracherwerbs können die genannten Erwerbsphasen einen groben Rahmen für die Beurteilung des erreichten Sprachstandes geben (vgl. Ideenteil S. 127ff) und dabei helfen, den ungesteuerten und gesteuerten Zweitspracherwerb zu synchronisieren.

Der **Endzustand** variiert: Es kann eine Sprachkompetenz erreicht werden, die mit der von SchülerInnen deutscher Herkunftssprache vergleichbar ist. Dies kann bei SchülerInnen und Jugendlichen unter Umständen mit einem Wechsel von der Erst- zur Zweitsprache als dominanter oder auch einziger Sprache einhergehen.

Gefahr der Stagnation und Rückentwicklung

Eine Gefahr im Verlauf des Spracherwerbsprozesses stellt die mögliche **Fossilierung** dar, was meint, dass der Zweitspracherwerb „versteinert", stagniert oder sich sogar in frühere Stadien des eigenen Zweitspracherwerbs zurückentwickelt. Um diesem durchaus natürlichen Prozess entgegenzuwirken, ist eine spiralcurriculare Förderung des Deutschen als Zweitsprache sinnvoll. Die Vorstellung eines schlichten Input-Output-Modells, nach dem das im

Unterricht Behandelte oder das einmal Gelernte bei den Lernenden für immer vorhanden sei, ist auch für den Zweitspracherwerb nicht haltbar. Daher sind auch automatisierende Übungen eine gute Basis für ein sicheres und korrektes Sprechen.

2.3. Welche besonderen Probleme zeigen sich in der Sekundarstufe I?

Ein weiteres Forschungsfeld ist die Diagnose von DaZ-spezifischen Schwierigkeiten und daraus resultierende didaktische Konzepte: Ulrike Harnisch (1993) untersucht den Zweitspracherwerb türkischer Schüler im Rahmen des Berliner Schulversuchs *Zweisprachige Erziehung* (1988–1993) anhand von Aufsätzen von Grundschülern türkischer Herkunftssprache der 3. und 4. Klasse. Sie kommt zu dem Ergebnis, dass die Wortstellung weniger Probleme bereitet als der Erwerb der Morphologie, der Umgang mit Präpositionen und unregelmäßigen Verbformen. Sie fordert ein Minimum an Grammatikvermittlung bereits in der Grundschule, und zwar in den Bereichen: Konjugation und Deklination. Meral Dollnick (2000) hat im selben Modellversuch den Gebrauch von Passivkonstruktionen bei 15 Kindern in einer Klassenarbeit der 5./6. Klasse untersucht. Sie kommt zu dem Schluss, dass es nur zehn Kinder überhaupt versucht haben: vier (darunter zwei deutschsprachige) waren imstande, Passiv zu konstruieren, acht mehrsprachige Kinder sind dabei gescheitert. Auch deutschsprachige Kinder beherrschen das Passiv erst mit sieben bis neun Jahren, allerdings entwickeln sie davor bereits eine rezeptive Kompetenz für diese Konstruktion. Mehrsprachige Kinder hören in ihrem Alltag offensichtlich sehr viel weniger Passiv und haben dadurch kaum die Chance, eine rezeptive Kompetenz auszubilden, um diese dann in ihren aktiven Sprachschatz zu integrieren. Meral Dollnick fordert zur Lösung des Problems die Verbindung von anderem Fach- und Deutschunterricht.

Passivkonstruktionen

Martin Fix (2002) belegt in seiner Studie zur orthografischen Kompetenz von Haupt- und Realschülern einer 8. Klasse, dass DaZ-SchülerInnen in der Sekundarstufe I im Durchschnitt mehr und – was entscheidender ist – andere Fehler machen als ihre einsprachigen MitschülerInnen: Es erfolgt eine Akzentverschiebung von phonologischen und lexikalischen Schwierigkeiten zu morphologisch-syntaktischen Problemen. Die Fehlerdominanz im Bereich der Grammatik und Morphologie zeigt, wie wichtig eine systematische, möglichst frühzeitige und auf Grammatik fokussierte DaZ-Förderung ist. Denn offensichtlich haben die betroffenen DaZ-SchülerInnen keine ausreichende Unterstützung erhalten, um die Struktur der deutschen Sprache zu durchschauen und in ihren aktiven Sprachschatz zu integrieren.

Orthografie

Die Bedeutung der Aufenthaltsdauer und die Frage der Schulbildung in der Herkunftssprache ist im Bereich der Orthografie nicht untersucht worden. Allerdings scheint sie für die Kompetenz zum Verfassen von Texten sehr relevant zu sein. Margarete Ott (2000) untersucht in einer Längsschnittanalyse die Entwicklung der Schreibkompetenz von fünf Probanden (ein DaM-Schü-

Texte verfassen

ler und eine DaM-Schülerin, ein DaZ-Schüler und zwei DaZ-Schülerinnen) im Laufe von drei Jahren (Klasse 5–8) in den Bereichen Orthografie, Schriftsprache und narrative Kompetenz. In dieser Untersuchung zeigt sich u.a., dass DaZ-Schüler deutlich mehr Probleme im Bereich der Groß- und Kleinschreibung (aufgrund mangelnder grammatischer Kompetenz) haben. Gleichzeitig dokumentiert die Längsschnittuntersuchung aber auch den sehr viel größeren Lernzuwachs v.a. der DaZ-Schüler. Diese geschlechtsspezifischen Unterschiede treten im Blick auf die Schriftsprache und die narrative Kompetenz noch deutlicher hervor und überlagern die Unterschiede zwischen Erst- und Zweitsprachsprechenden.

Erzählkompetenz

Werner Knapp (1998) findet in seiner Analyse von Erzähltexten von DaZ-Schülern der 5. und 6. Klasse dagegen erhebliche Unterschiede bei Schülern, die ihre Schulzeit durchweg in der deutschen Schule verbracht haben, und denjenigen, die erst seit zwei bis vier Jahren in Deutschland zur Schule gehen. Die Erstgenannten sind zwar in der Lage, zügig Sätze zu formulieren, aber sie zeigen deutlich größere Schwierigkeiten im Textaufbau und in der Verwendung narrativer Muster als diejenigen, die diese Kompetenz offensichtlich bereits im Rahmen ihrer erstsprachlichen Schulbildung erworben haben. Vermutlich würden Untersuchungen in anderen Fächern ähnliche Ergebnisse zeigen. Eines ist daraus ganz klar abzuleiten: Es ist sehr viel einfacher, Lernenden Grundoperationen jedweder Art in der Sprache zu vermitteln, die ihre dominante ist und die sie altersentsprechend benutzen. Im Anschluss daran eine Transferleistung in eine andere Sprache zu begleiten, ist offensichtlich einfacher, als diese Grundoperationen in einer Sprache zu entfalten, die die Lernenden erst erwerben. Doch daraus kann nicht der Schluss gezogen werden, es sei nicht möglich. Auch Werner Knapp liefert Anregungen für eine Unterstützung der Formulierungsprozesse, Entlastung des Schreibprozesses, für Zeit und Anregungen zum Weiterschreiben und schließlich zur Erarbeitung der Merkmale verschiedener Textsorten – wohlgemerkt in deutscher Sprache.

2.4. Strategien des Zweitspracherwerbs: Fossilierungen aufbrechen

Wortschatz und Begriffsbildung

Folgende Probleme zeigen sich bei DaZ-Lernenden mit erschwerten Zweitspracherwerbsbedingungen: Die SchülerInnen haben im Vergleich zu Gleichaltrigen einen begrenzten **Wortschatz** und Probleme in der **Begriffsbildung**. Dass sich hinter vermeintlichen Wortschatzproblemen oft Probleme mit der Begriffsbildung verbergen, zeigt folgendes Beispiel aus einer Deutschstunde in der 6. Klasse, in der die Schüler adverbiale Bestimmungen spielerisch übten. Ein Schüler türkischer Herkunftssprache sollte eine adverbiale Bestimmung der Art und Weise ergänzen und sagte: *Lisa baut das Regal mit ein Hammer zusammen.* An dieser Aussage zeigt sich: Er verwendet die Verbklammer korrekt, markiert aber den Kasus nach der Präposition nicht. Entscheidend scheint hier aber die Wortwahl – konkret der Begriff *Hammer* – zu sein. Die irritierte Nachfrage: *Mit dem Hammer?* verunsicherte den Jungen. Er begann, pantomimisch zu schrauben, und ihm wurde der entsprechende Begriff geliefert: *Schraubenzieher*. Die Frage, was denn ein Hammer sei, wurde von einem anderen Schüler ebenfalls pantomimisch beantwortet. Der betroffene Junge schaute verwundert und begann, kräftig auf den Tisch zu hauen. Es ist zu vermuten, dass er Hammer als Synonym für den Oberbegriff *Werkzeug* abgespeichert hatte – oder Hammer in seiner Bedeutung schlicht überdehnt hat und für jedes Werkzeug verwendet.

Damit ist schon eine wichtige Strategie benannt, die einerseits zu Normverstößen führt, andererseits aber auch zeigt, welche Kompetenzen die Lernenden bereits ausgebildet haben: So deuten **Überdehnungen** (wenn z.B. *Hammer* für alle Werkzeuge oder die Präposition *in* für alle möglichen und unmöglichen Situationen verwendet wird), **Paraphrasierungen** und **Sprachschöpfungen** (wenn z.B. *Kopfhose* auf eine Kopfbedeckung hinweist) auch auf kreative Lernleistungen. Doch gleichzeitig verhindern sie – zumal bei älteren SchülerInnen –, den Unterrichtsstoff aktiv aufnehmen zu können und ihn anzuwenden. Lehrkräfte sollten im Blick auf DaZ-SchülerInnen verstärkt Wortschatzarbeit in den Fachunterricht integrieren und auch dort Begriffsbildungsprozesse anleiten. V.a. in binnendifferenzierten Arbeitsphasen ist es wichtig, dass Lehrkräfte nachfragen und den Sprachproblemen der SchülerInnen mit ihnen gemeinsam auf den Grund gehen.

Positiver und negativer Transfer aus der Erstsprache

Interferenzen finden sich, wenn Strukturen der Erstsprache auf die Zweitsprache übertragen werden, sie können zu einem positiven Transfer oder auch zu Fehlern führen. Sie finden sich v.a. bei zweisprachigen SchülerInnen mit einer dominanten und einer schwach ausgebildeten Sprache. Um Interferenzen zu beurteilen, bedarf es kontrastiver Sprachkenntnisse auf Seiten der Lehrkraft. Doch auch ohne diese ist es möglich, die SchülerInnen aufzufordern, ihr erstsprachliches Strukturwissen zu aktivieren, Sprachvergleiche anzustellen und immer wieder zu überprüfen, ob dieses Wissen auch für die deutsche Sprache trägt oder dort neu erworben werden muss. Die Erstsprache zur Sprachreflexion heranzuziehen, ist für viele DaZ-SchülerInnen ein positives Signal, dass sie auch in der deutschen Schule als zweisprachig wahrgenommen und akzeptiert werden. Es rechtfertigt außerdem, den Fokus auf Deutsch als ihre zweite Sprache zu werfen und diese Sprache in besonderer und anderer Weise als bei einsprachigen Schülern zu fördern.

Strukturen

Übergeneralisierungen (wenn z.B. die Partizipbildung regelmäßiger Verben auf unregelmäßige übertragen wird und es zu Formulierungen kommt wie *ich habe geesst*) signalisieren, dass die Lernenden diese Vergangenheitsform bereits erworben haben, sie aber noch nicht ausdifferenziert anwenden können. Ähnliches kann sich in dem schon genannten Gebrauch der einen Präposition *in* oder des Artikels *die* für alle Sprachsituationen, in denen ein Artikel gebraucht wird, zeigen. DaZ-SchülerInnen erwerben bestimmte Strukturen deutlich später als DaM-SchülerInnen – so auch die Zeitformen unregelmäßiger Verben.

z.B.: unregelmäßige Verben

Gerlind Belke (vgl. 1999: 185ff) zeigt dies an „Serdars starken Verben" plastisch auf: Serdar formuliert das Präteritum unregelmäßiger Verben beim

Übergang von der 4. in die 5. Klasse konsequent wie das regelmäßiger Verben (z.B.: *ich schreibte*). Dieses Problem änderte sich auch in der 5. Klasse nicht. Als seine Deutschlehrerin in der 6. Klasse eine Einheit zu unregelmäßigen Verben durchführte, entwickelte er Formen wie: *ich schriebte*, d.h., er bildete die unregelmäßige Form und hielt zusätzlich an der regelmäßigen fest. Gerlind Belke problematisiert dies als mögliche Folge eines inhaltlich (am Thema „Fußball") statt grammatisch (am Thema „unregelmäßige Verben") ausgerichteten Unterrichts. Neben ausdifferenzierten Vorschlägen für die Behandlung von Verben im Unterricht schlägt sie auch vor, dem Jungen schlicht eine Liste mit unregelmäßigen Verben zum Auswendiglernen zu geben. Wir schlagen hier (vgl. Ideenteil S. 108) einen Rapsong zu unregelmäßigen Verben vor, um für Verben zu werben und das dringend nötige Einschleifen solcher Formen spielerisch, aber effektiv zu forcieren.

Tilgungen sind nur im Kontext des individuellen Spracherwerbs als solche zu erkennen. In dem Satz *Dann gehn in der Wasser* fehlt das Subjekt, obwohl das Kind längst weiß, dass Sätze ein Subjekt brauchen, und auch in der Lage ist, Aussagesätze nach dem Muster Subjekt-Verb[1]-Objekt – z.B. *Wir gehen ins Wasser.* – zu bilden. Das vorangestellte Adverb fordert die Anwendung der Inversionsregel, die DaZ-Lernende noch nicht oder noch nicht sicher beherrschen. Offensichtlich ist es nicht sicher, wohin das Subjekt in diesem Satz genau gehört, und lässt es deshalb weg. DaZ-Lernende tilgen in einer solchen Situation das, was ihnen Schwierigkeiten macht, weil sie im Umgang mit dieser für sie noch neuen Struktur noch unsicher sind und/oder gerade dabei sind, diese zu erwerben. Damit sich Tilgung nicht verfestigt, gilt auch hier das Prinzip des Nachfragens auf semantischer Ebene: *Wer geht denn ins Wasser?* Ergänzend sollte die Inversion bewusst gemacht werden. Je älter die SchülerInnen sind, desto wichtiger ist, sie – ggf. auch gegen ihre Gewohnheit – auf Sprache aufmerksam zu machen und nicht darauf zu setzen, dass sie sich auch ohne direkte Instruktion irgendwann schon noch entwickelt. Direkte Instruktion bedeutet allerdings nicht, grammatische Regeln zu pauken, sondern unbewusst verwendete Strategien bewusst zu machen und sie so einer Bearbeitung zuzuführen. Das Ziel ist, mit den SchülerInnen Analogiebildungen (*Dann gehen sie ins Wasser* wird genauso gebildet wie: *Dort hinten arbeiten die jüngeren Schüler am Computer*) herauszuarbeiten, die ihnen helfen, Satzmuster zu erkennen und zu automatisieren.

z.B. Satzmuster

Insgesamt neigen DaZ-SchülerInnen zu **Vermeidungsstrategien** gegenüber schwierig zu nutzenden Formen, um die zweitsprachlichen Schwierigkeiten zu vertuschen. Dies funktioniert im mündlichen Sprachgebrauch in aller Regel besser als im schriftlichen, denn die SchülerInnen machen sich problemlos verständlich und sprechen scheinbar fließend, was die Aufmerksamkeit für strukturelle Fehler sinken lässt – und zwar nicht nur bei den SchülerInnen selbst, sondern häufig auch bei ihren Lehrkräften. Eine (scheinbar) gut ausgebildete umgangssprachliche Kompetenz verschleiert allerdings ggf.

[1] In Anlehnung an die Valenzgrammatik, die das Verb im Zentrum des Satzes sieht und Anzahl und Art der Objekte vom Verb her bestimmt, sprechen wir hier nicht vom Prädikat, sondern vom Verb und meinen damit nicht die Wortart Verb, sondern die Funktion des Verbs im Satz. Das ist auch im Fremdsprachenunterricht – v.a. im Englischunterricht – durchaus üblich.

Registergebrauch

auch Tendenzen zur Fossilierung und Mängel im Registergebrauch. **Register** sind grammatische und lexikalische Muster, die durch die Verwendung in ähnlichen Situationen geprägt werden (z.B. Standardsprache, Jugendsprache, förmliche Sprache usw.). Wenn SchülerInnen einen schriftlichen Text wie einen mündlichen formulieren oder sich im Fachunterricht mit umgangssprachlichen Wendungen behelfen, mangelt es ihnen an den angemessenen Registern. Offensichtlich gelingt es vielen DaZ-SchülerInnen nicht, sich diese aus der impliziten Verwendung im Unterricht abzuleiten und sich anzueignen, also müssen sie explizit vermittelt werden, damit die SchülerInnen die Chance haben, verschiedene Register kennen zu lernen und sich für die richtige Wahl eines Registers in Abhängigkeit zur Situation zu sensibilisieren.

Instruktion und Sprachreflexion

Um Tendenzen zur **Fossilierung** aufzubrechen, genügt eine inhaltlich oder situativ fundierte Spracharbeit nicht. Konkret: eine Unterrichtseinheit über Wasser, Schwimmen gehen oder Urlaubsgestaltung führt im o.g. Beispiel sicher nicht dazu, dass der Schüler die Inversion erwirbt. Die Voraussetzung ist vielmehr, dass die Inversion zum Thema des Unterrichts wird und in unterschiedlichen thematischen oder situativen Kontexten zur Anwendung kommt, denn die Inversion ist nicht vom Kontext abhängig, sondern ausschließlich durch die Syntax der deutschen Sprache fundiert. In diesem Fall sind kontextfreie Sätze ohne Nominativ-Ergänzungen (Subjekt) vielleicht geeigneter, um den Schülern die Notwendigkeit dieses Satzgliedes und seine Stellung im Satz bewusst zu machen als ein Text, in dem sich die fehlenden Nominativergänzungen in einzelnen Sätzen aus dem Kontext ableiten lassen.

2.5. Erstsprache im Unterricht?

Erstsprache als Sozialisationssprache

Die Erstsprache hat eine wichtige Sozialisationsfunktion und ist die Sprache, in der metasprachliche Fähigkeiten ausgebildet werden. Deshalb ist sie auch in der Schule zu akzeptieren und positiv zu unterstützen. Sie hat im Rahmen der zweisprachigen Erziehung einen eigenständigen Stellenwert und sollte nicht auf die Funktion einer „Hilfssprache" für den Erwerb der Zweitsprache reduziert werden. Auch im DaZ-Unterricht dürfen die SchülerInnen nicht auf ihre Zweitsprache reduziert werden, sondern sind als SchülerInnen mit zwei Sprachen ernst zu nehmen.

Besonders günstig: frühzeitiger Doppelspracherwerb

Betrachtet man die Bedeutung der Erstsprache im Hinblick auf den Erwerb einer Zweitsprache, so gibt es durchaus unterschiedliche Auffassungen, und zwar erstens in Bezug auf den Einfluss der Erstsprache auf den Prozess des Zweitspracherwerbs generell, zweitens hinsichtlich der optimalen Organisation der Förderung beider Sprachen. Aussagen über die Relevanz der Erstsprache für den Erwerb einer Zweitsprache führen in der Debatte um die Spracherziehung von DaZ-SchülerInnen immer wieder dazu, bildungspolitische Entscheidungen für den Erhalt und die schulische Förderung der Erstsprache zu begründen. So wurde lange Zeit davon ausgegangen, dass die Erstsprache stabilisiert werden muss, bevor der Erwerb einer Zweitsprache einsetzen kann (vgl. z.B. Steinmüller 1981). Mittlerweile wird dagegen ein möglichst früh beginnender **Doppelspracherwerb** empfohlen (vgl. Stölting 2001).

Kombinierte (verzahnte) versus koordinierte (nebeneinander verlaufende) zweisprachige Erziehung

Auch Linguisten, die der Ansicht sind, dass die altersentsprechende Ausbildung der Erstsprache keine Voraussetzung für den Erwerb einer Zweitsprache darstellt, sind nicht zwangsläufig gegen eine zweisprachige Erziehung. Allerdings plädieren sie für eine **Sprachtrennung**, d.h., dass die SchülerInnen nur in bestimmten Situationen oder mit bestimmten Personen konsequent die eine oder die andere Sprache sprechen. Sie legen keinen Wert auf eine verzahnte Vermittlung beider Sprachen, sondern plädieren für eine nebeneinander verlaufende zweisprachige Erziehung. Das Prinzip der koordinierten zweisprachigen Erziehung wird in vielen Kindergärten und Schulen mit bilingualen Gruppen und dem Ziel einer zweisprachigen Erziehung für alle SchülerInnen erfolgreich angewendet. Wichtig ist in diesem Konzept, beiden Sprachen ihren eigenen Stellenwert einzuräumen und sie gleichberechtigt zu fördern (vgl. Rösch 2001).
In Konzepten zweisprachiger Erziehung werden sinnvollerweise je eigene Unterrichtskonzepte für die Erst- und Zweitsprache entwickelt (z.B. an der Staatlichen Europa-Schule Berlin oder der Bilingualen Grundschule in Hamburg). Dort kommt der DaZ- bzw. der partnersprachliche Unterricht in Deutsch für DaZ-SchülerInnen nicht in Verdacht, die Erstsprache zu ignorieren oder darauf hinzuwirken, dass die SchülerInnen sie „verlieren". Idealerweise ist DaZ-Unterricht also ein Teil zweisprachiger Erziehung, denn eines muss klar benannt werden: SchülerInnen in einer Sprache zu beschulen, die sie nicht altersentsprechend ausgebildet haben, ist eine Form von Benachteiligung, die nur unzureichend ausgeglichen werden kann. Genau diese Aufgabe wird dem DaZ-Unterricht aber immer wieder abverlangt.

DaZ-Unterricht als einziger Raum für die Sprachförderung zweisprachig aufwachsender Schüler

Wichtig ist, sich klarzumachen, dass eine Konkurrenz zwischen DaZ-Förderung und herkunftssprachlichem Unterricht kontraproduktiv ist, denn weder ersetzt herkunftssprachlicher Unterricht die DaZ-Förderung, noch schließt DaZ-Förderung eine herkunftssprachliche Bildung aus. Vielmehr gilt es, beiden Sprachen gerecht zu werden, anstatt sie in Diskussionen um die sprachliche Bildung von SchülerInnen mit Migrationshintergrund gegeneinander auszuspielen. Für einen Großteil der DaZ-SchülerInnen ist der DaZ-Unterricht der einzige Raum, in dem ihrer besonderen Sprachentwicklung Beachtung geschenkt und diese gefördert wird. Deshalb sollte dort die Erstsprache nicht vollständig ausgeklammert, sondern als Teil ihrer sprachlichen Sozialisation akzeptiert werden. Gerade für diese Form des DaZ-Unterrichts gilt, die Zweisprachigkeit der DaZ-SchülerInnen wahrzunehmen, d.h., ihre allgemein sprachliche Kompetenz nicht auf ihre Zweitsprache zu reduzieren, sondern die in der Erstsprache entwickelten Kenntnisse (im Bereich der Begriffsbildung, des Umgangs mit Strukturen, der Anwendung von Kommunikationskonventionen, des sprachlichen und lebensweltlichen Vorwissens usw.) einzubeziehen und auch in der Zweitsprache zu entfalten.
Je weiter der Erwerb der Erstsprache fortgeschritten ist, bevor der Zweitspracherwerb einsetzt, desto stärker kann die Erstsprache den Erwerb der Zweitsprache v.a. in der Anfangsphase beeinflussen. Gleiches gilt übrigens

Nähe beider Sprachen

auch für den Erwerb später gelernter Sprachen – wie schulische Fremdsprachen oder eben auch Deutsch für SchülerInnen mit einer anderen Erstsprache. Es können sich Interferenzen in beide Richtungen zeigen, von der „alten" auf die „neue" und von der „neuen" auf die „alte" Sprache des Lernenden. Diese können hemmend oder auch positiv wirken. Dabei spielt die Frage der Nähe beider Sprachen eine Rolle:

→ **Phonetische Nähe:** Jede Erstsprache baut ein Filtersystem auf, das strukturbedingt die Phoneme der zu erlernenden Sprache durchlässt oder verfälscht. Es ist anzunehmen, dass Sprachen mit Akzentrhythmus (Englisch, slawische Sprachen) deutschsprachige Laute originalgetreu durchlassen, während Sprecher von Sprachen mit Silbenrhythmus (romanische Sprachen, Türkisch) sich damit schwertun.

→ **Semantische Nähe:** Falls die Erstsprache deutschen Ausdrücken (z.B. *bestehen auf*) vergleichbare Muster bereithält, wird das Kind im Zweitspracherwerb diesen Ausdruck leicht erschließen und in den bereits vorhandenen Sprachschatz integrieren.

→ **Strukturelle Nähe:** Es wird angenommen, dass strukturelle Unterschiede der Erst- und Zweitsprache (im Bereich der Satzbaupläne, Genusdifferenzierung, Deklination usw.) Lernenden größere Schwierigkeiten bereiten und demzufolge einen höheren Lernaufwand erforderlich machen.

Einen Vergleich zwischen Türkisch und Russisch[2], verbreiteten Erstsprachen von DaZ-SchülerInnen, gibt die Tabelle auf Seite 24.

Kontrastive Materialien

Einige Bundesländer haben kontrastive Materialien zu relevanten Erstsprachen zusammengestellt (vgl. Grundlegende Materialien). Diese Sprachvergleiche verweisen auf Bereiche des Deutschen, die je nach Herkunftssprache besondere Beachtung verdienen. Sie dienen als Hintergrundinformation zu Sprachschwierigkeiten von DaZ-SchülerInnen. Darüber hinaus regen sie Sprachvergleiche im Unterricht an, die bei den SchülerInnen die sprachliche Reflexionsfähigkeit und die Ausbildung einer grammatischen Terminologie unterstützen.

Kenntnisse in den Ausgangssprachen der SchülerInnen auf Seiten der Lehrkräfte

Es ist von Vorteil, wenn DaZ-Lehrkräfte die Erstsprache ihrer SchülerInnen sprechen oder zumindest Grundwissen über diese Sprache haben. Allerdings ist diese Kompetenz keineswegs Voraussetzung für einen erfolgreichen DaZ-Unterricht – zumal in einigen Klassen so viele unterschiedliche Erstsprachen vertreten sind, dass kaum Kenntnisse in all diesen Ausgangssprachen zu erwarten sind. Doch auch wenn die Lehrkraft selbst keine Sprachvergleiche vornehmen kann, ist es sinnvoll, die SchülerInnen dazu anzuregen, Bezüge zu ihren Erstsprachen herzustellen. Für den Lernerfolg der SchülerInnen dürften kontrastive Betrachtungen jedoch weniger entscheidend sein als die methodisch-didaktische DaZ-Kompetenz ihrer LehrerIn und deren authentisches Interesse für die Erstsprache(n) und Kultur(en) ihrer SchülerInnen.

Mehrsprachigkeit einbeziehen

Allerdings lassen sich nicht alle Lernschwierigkeiten auf Sprachunterschiede zurückführen und sie müssen auch nicht zwingend durch einen Grammatik-

[2] Russisch steht hierbei auch für Polnisch, Serbisch und Kroatisch, da die strukturellen Unterschiede zwischen slawischen Sprachen relativ gering sind.

GRUNDLAGEN

Sprachvergleich: Deutsch-Türkisch-Russisch

Deutsch	Türkisch	Russisch
Phonetik		
Akzentrhythmus	–	+
der Laut h	+	–
ich- und ach-Laute	–	+
Zäpfchen-R + Vokalisierung	–	–
Assimilation (stimmlos) wie bei ts in *Zahn*	+	–
Buchstabenebene		
Vokale ö und ü	+	–
Konsonantenhäufung	–/+[3]	+
Wortebene		
Artikelwörter	–	–
Genusdifferenzierung	–	+
komplizierte Pluralformen	–	+
Verbvorsilben	–	+
Präpositionen	–	+
Adjektivdeklination	–	+
unregelmäßige Verben	–	+
Partikelvielfalt	+	–
Satzebene		
SVO-Struktur der Sätze	+	+
verschiedene Nebensatzstrukturen	–	+
doppelte Markierung	+	–
Zeitformen		
verschiedene Vergangenheitsformen	+	–
differenzierte Zeitformen	+	+

übersetzungs- bzw. kontrastiven Unterricht bearbeitet werden. DaZ-Lernende auch unterschiedlicher Ausgangssprachen haben immer wieder ähnliche Lernschwierigkeiten, die sich aus den Besonderheiten der deutschen Sprache und des Zweitspracherwerbs ergeben (vgl. dazu insbesondere Kapitel 4.3). Aktueller ist der Ansatz, Mehrsprachigkeit in Verbindung mit Fachsprachen zu betrachten (vgl. Kapitel 4.6.) und Mehrsprachigkeit auch in den DaZ-Unterricht einzubeziehen (vgl. dazu insbesondere Kapitel 5.1.)

Regeln für die Sprachverwendung

In Klassen mit einem hohen Anteil von DaZ-SchülerInnen einer Herkunftssprache scheint es einerseits sinnvoll, die Herkunftssprache in der beschriebenen Weise einzubeziehen. Andererseits sollten in diesen Gruppen feste Regeln für die Sprachverwendung vereinbart und – ggf. auch gegen eingespielte Sprachverwendungsstrategien – durchgesetzt werden. Es sollte sichergestellt sein, dass sich alle SchülerInnen in angemessener Weise auf den Gebrauch der deutschen Sprache einlassen und sich um die Entfaltung ihrer Zweitsprachkompetenz bemühen.

[3] Konsonantenhäufungen finden sich entgegen weit verbreiteter Auffassung auch im Türkischen, wenn auch nur innerhalb von gängigen Fremdwörtern: ekstra, psikoloji, spastik etc.

2.6. Sprachmischungen und Ethnolekt

DaZ-SchülerInnen verwenden die Sprachen, mit denen sie aufwachsen, in Gesprächen unter sich häufig gemischt. Dieses Hin- und Herschalten zwischen den Sprachen ist im Allgemeinen charakteristisch für zweisprachige Interaktionen. So ist es auch als Außenstehender möglich, in Ballungsgebieten, in denen verschiedene Sprachen gesprochen werden, zu hören, dass Jugendliche unter sich Sprachmischungen verwenden, z.B. in öffentlichen Verkehrsmitteln.

Sprachmischung ≠ Sprachnot

Häufig wird angenommen, dass Sprachen deshalb gemischt werden, weil sie nicht gut genug beherrscht werden; dass Sprachmischungen also aus einer Art „Sprachnot" geboren werden. Es ist in manchen Fällen sicher auch zutreffend, dass DaZ-SchülerInnen in eine andere Sprache umschalten, weil ihnen Mittel der gerade verwendeten Sprache fehlen. Untersuchungen haben aber gezeigt, dass Sprachmischungen zumeist aus sprechstrategischen Gründen entstehen und somit eine interaktive Leistung der Gesprächsteilnehmer darstellen (vgl. z.B. Auer 1980, Dirim 1997).

Beispiel zum Sprachwechsel[4]

Ein Beispiel zur abwechselnden Verwendung von zwei Sprachen enthält das folgende Tonbandtranskript eines Gespräches, das zwei Jugendliche in Hamburg geführt haben:

(Hatidscha und Peri trinken in der Wohnung von Peri Kaffee und unterhalten sich über ihre Urlaubspläne. Peri erzählt, dass sie vielleicht im März in die Türkei fliegen wird. Hatidscha sagt, dass sie ebenfalls in den Ferien gern in die Türkei fliegen möchte, vorausgesetzt das Geld reicht. Das Gespräch wird mit einem Aufnahmegerät aufgezeichnet.)

Hati: *Ay* (ach), *ich hab ausgerechnet, ne?*
Peri: *Wenn du Urlaubsgeld kriegst, Allah* (wunderbar)!
Dann brauchst du ja nicht mehr zu arbeiten ey!
Hati: *Nein, verstehst du,*
ich will dann mindestens tausendfünfhundert Mark haben.
Peri: *Auf der Bank?*
Hati: *Nur für'n Urlaub!*
Peri: *Ach so, danach das ausgeben!*
Hati: *Weißt du, aber ich hab ausgerechnet, weißt du, ich mein, ich werd jetzt sowieso – ne, ne oldu?* (Was, was ist los?)
Peri: *Rengi gitti!* (Die Farbe ist weg!)
Hati: *Ne rengisi?* (Was für eine Farbe denn?)
Peri: *Kırmızı nokta!* (Der rote Knopf!) *Drück nicht, da ist so'n roter Punkt, wenn der weggeht, dann ist die Batterie alle.*

Zu Beginn leitet Hatidscha das Gespräch mit einer türkischen Interjektion ein: „Ay!" und wechselt dann ins Deutsche. Dies ist eine häufig verwendete Stra-

[4] Das Beispiel entstammt dem Datenmaterial des DFG-geförderten Forschungsprojekts „Türkisch in gemischtkulturellen Gruppen", das in Hamburg und Freiburg unter Leitung von Peter Auer 1997–2000 durchgeführt wurde; zu den Ergebnissen der Untersuchung siehe Dirim/Auer 2004.

tegie der Betonung der Einführung eines neuen Themenabschnitts durch die Verwendung einer anderen Sprache. Peri drückt im nächsten Redebeitrag ihre Begeisterung durch die türkische Interjektion „Allah!" aus, die sie in ihre deutsche Äußerung wirkungsvoll integriert. Dann folgt ein längerer Redewechsel zwischen den beiden Mädchen auf Deutsch, bis an die Stelle, an der Peri auf das Aufnahmegerät hinweist, dessen Batterieanzeiger aufleuchtet. Hatidscha reagiert auf die veränderte Situation mit einem Sprachwechsel ins Türkische; der Themenwechsel wird durch einen Sprachwechsel markiert: Es ging zunächst um die Vorstellung der Urlaubspläne, der Wechsel in die andere Sprache betont den Wechsel in das Hier und Jetzt.
Dieses Beispiel zeigt, dass Sprachmischungen spezifische Sprechstrategien zugrunde liegen. Überdies erfüllt der abwechselnde Gebrauch von Sprachen für Jugendliche auch eine gruppenbildende Funktion. So stellen manche Jugendliche deutscher Herkunft ihren Freunden die Frage *Hast du ateş?* – nicht weil sie das deutsche Wort *Feuer* nicht kennen und deshalb zur türkischen Entsprechung *ateş* greifen müssen, sondern um zu zeigen, dass sie Teil einer sprachlich-kulturell gemischten Gruppe sind (vgl. Auer/Dirim 2002).

Jugendliche als Sprachmanager

Das Hin- und Herschalten zwischen den Sprachen geschieht also nur zu einem sehr geringen Teil aus sprachlicher Not; vielmehr handelt es sich um einen strategisch geschickten Umgang mit den Mitteln verschiedener Sprachen.
Die Sorge, dass Sprachmischungen sich auf die sprachliche Entwicklung von DaZ-SchülerInnen negativ auswirken könnten, ist unbegründet, weil es sich hierbei um einen kontextgebundenen Sprachgebrauch handelt, der nur unter bestimmten, geeigneten Rahmenbedingungen aktiviert wird. Denn der Mensch eignet sich ja nicht nur von klein auf sprachliche Elemente im engeren Sinne an (z.B. Wörter und syntaktische Regeln), sondern erwirbt darüber hinaus die Fähigkeit zur adäquaten Anwendung dieser Sprachkompetenz in einer bestimmten sozialen Situation. Das heißt auf DaZ-SchülerInnen bezogen, dass sie im Laufe ihres multilingualen Spracherwerbs im Alltag lernen, in welchen Situationen sie die Sprachen miteinander mischen dürfen und in welchen Situationen es angebracht ist, die Sprachen getrennt zu verwenden. Die Jugendlichen entwickeln also eine Sprachmanagementkompetenz (Jessner/Herdina 1999) für die Auswahl und Verwendung von geeigneten sprachlichen Mitteln in unterschiedlichen Kommunikationssituationen.

Arten von Sprachmischungen

Ausgehend von den Untersuchungen, die nach den sozialen Gründen des abwechselnden Gebrauchs von Sprachen fragen, lassen sich folgende Arten der Sprachalternation beschreiben (vgl. Dirim 2001):

→ **Code-Switching:** Das Code-Switching stellt eine sehr vielfältige Möglichkeit des abwechselnden Sprachgebrauchs dar, von der Daz-SchülerInnen rege Gebrauch machen. Es handelt sich um einzelne funktionale Wechsel von einer Sprache in die andere, wobei die Sprecher die verschiedenen Sprachen im Sinne ihrer kommunikativen Ziele kontrastieren. Beim Code-Switching werden die Sprachen teils innerhalb einzelner Äußerungen gewechselt; teils werden einzelne Äußerungen als Ganzes in verschiedenen Sprachen formuliert, wie der obige Transkriptausschnitt es zeigt. Das

Code-Switching erfüllt je nach Kontext verschiedene Funktionen, z.B. die Betonung eines Adressatenwechsels, die Hervorhebung eines Zitats, die Verstärkung einer Ablehnung oder die Gliederung eines Redebeitrags durch Hörersignale in der anderen Sprache.

→ **Code-Mixing:** Hierbei handelt es sich um ein sehr dichtes Code-Switching, indem ein derart häufiger Wechsel zwischen den Sprachen stattfindet, dass aus der Außenperspektive des Betrachters der Eindruck entsteht, es handele sich um eine „organische Einheit" beider Sprachen. Es ist nicht immer leicht, Code-Switching von Code-Mixing zu trennen. Der qualitative Unterschied zwischen diesen beiden Möglichkeiten der Mischung liegt darin, dass beim Code-Mixing mit den einzelnen Sprachwechseln keine voneinander unterscheidbaren Sprechstrategien verfolgt werden, sondern dass das dichte Sprachengemisch selbst eine Strategie (der sozialen Abgrenzung) darstellt. Es ist möglich, dass innerhalb eines Gesprächs sowohl Code-Switching als auch Code-Mixing verwendet werden.

→ **Transfer:** Häufig werden in mehrsprachigen Interaktionen einzelne Wörter bzw. größere Äußerungseinheiten aus einer anderen Sprache in die gerade verwendete Sprache integriert. Auch hierfür gibt es viele Gründe; so werden zum Beispiel aus der anderen Sprache Wörter und Begriffe übernommen, die ein besonderes kulturelles Konzept repräsentieren und in der gerade verwendeten Sprache nur mühselig umschrieben werden können. Solche Transfers erfüllen über das Ziel des Gebrauchs besonders passender Ausdrücke hinaus den Zweck der Sprechökonomie.

Sprachstrategisches Handeln im Unterricht

Die verschiedenen Formen des gemischten Gebrauchs von Sprachen werden von Mehrsprachigen in der gemeinsamen Interaktion entwickelt und in unterschiedlichen Kontexten intensiv verwendet. Der alternierende Gebrauch der Sprachen stellt als Möglichkeit sprechstrategischen Handelns und als gruppenunterscheidendes Merkmal eine bedeutsame kommunikative Ressource dar. Aus diesem Grund ist es ratsam, Sprachmischungen bei DaZ-SchülerInnen nur dann zu „bekämpfen", wenn sie in einer Situation gebraucht werden, in der monolinguales Deutsch benutzt werden muss. Hier müssen dem jeweiligen Schüler Hilfestellungen für die Formulierung einsprachig deutscher Äußerungen gegeben werden. Darüber hinaus wäre es durchaus wünschenswert, DaZ-SchülerInnen in der Klasse „Sprachräume" einzurichten, in denen sie unter sich auch Sprachmischungen verwenden können, sodass sie bei der Bearbeitung des jeweiligen Unterrichtsstoffes ihr gesamtes Sprachrepertoire ausschöpfen können.

Ethnolekt

Bei der Bewertung der deutschsprachigen Äußerungen von DaZ-SchülerInnen ist weiterhin zu berücksichtigen, dass diese Kinder und Jugendlichen möglicherweise zu den SprecherInnen eines Ethnolekts gehören, der sich nach den Erkenntnissen neuerer soziolinguistischer Untersuchungen neben anderen europäischen Ländern auch in deutschen Großstädten etabliert (vgl. Dirim/Auer 2004, Auer 2002). Es handelt sich dabei – auf Deutschland bezogen – um einen deutschen Sprechstil, der systematische Veränderungen im Bereich von Grammatik, Lexik und Intonation aufweist, die auf einen Einfluss von Migrantensprachen zurückzuführen sind. Ein Beispiel für eine Veränderung im grammatikalisch-syntaktischen Bereich ist der Wegfall des unbestimmten Artikels im Akkusativ, wie in der Äußerung *Hast du Taschentuch?*. Lexikalische Besonderheiten dieses Sprechstils sind vor allem die Übernahmen aus dem Türkischen wie in dem obigen Beispiel *Hast du ateş?*.[5]

Dieser Sprechstil wird mehrheitlich mit (männlichen) Jugendlichen türkischer Herkunft assoziiert; daher könnte er als ein Ethnolekt des Deutschen angesehen werden; andererseits gibt es vielfältige Nachweise für die Übernahme dieses Sprechstils durch Jugendliche anderer Herkunft, zum Beispiel durch Jugendliche aus monolingual deutschsprachigen Elternhäusern, sodass sich nach Meinung von Peter Auer (2002) der Ethnolekt möglicherweise in einen Soziolekt verwandeln könnte. Auch in dem oben vorgestellten Transkriptausschnitt verwendet ein Mädchen nicht türkischer Herkunft den Ethnolekt, nämlich Hatidscha, die aus einem bosnischen Elternhaus stammt und in der Unterhaltung mit ihrer Freundin Peri, die türkischer Herkunft ist, selbst das Türkische verwendet. Dabei verwendet sie das Türkische an einer Stelle nicht ganz korrekt („rengisi" statt „rengi"); dies ist jedoch kein Problem, weil ihre Äußerung dennoch verständlich ist und es in diesem Sprachgebrauch nicht auf eine Korrektheit im Sinne standardsprachlicher Normen ankommt. Wichtig ist vielmehr das Mischen der Sprachen selbst und deren identitätsstiftende Funktion.

„Kanak Sprak" in den Medien

Dieser von Migrantensprachen beeinflusste deutsche Sprechstil, der vor allem von Jugendlichen gebraucht wird, wird in letzter Zeit immer wieder in den Print- und Hörfunkmedien thematisiert und in der Werbung gebraucht. Sehr bekannt ist die literarische Verarbeitung dieses Sprechstils durch den Schriftsteller Feridun Zaimoğlu (vgl. den Erzählband „Kanak Sprak", ersch. 1995 und den Roman „Abschaum", ersch. 1997) und die Sprechweise des Fernsehmoderators Kaya Yanar. Die Verbreitung dieses Sprechstils, der z.B. als „Balkanslang" oder „Dönerdeutsch" bezeichnet wird, geschieht also nicht nur durch Jugendliche, sondern auch durch die Medien (vgl. Androutsopoulos 2001).

Umgang mit dem Ethnolekt

Dieser Sprechstil weist aus der Sicht des Standarddeutschen gesehen Defizite auf; er besitzt allerdings eine eigene, in sich schlüssige Struktur und ist derzeit insgesamt eine (jugend-)sprachliche Innovation. Auch in früheren Zeiten hat es Jugend- und Sondersprachen gegeben, die beim etablierten Bürgertum Aufsehen erregt haben. Aus dieser Sicht ist es nichts Außergewöhnliches, dass unter dem Einfluss von Migrantensprachen ein spezielles Register des Deutschen entsteht. Aus diesen Gründen ist es sehr wichtig, DaZ-SchülerInnen ihren spezifischen Deutschgebrauch nicht abzusprechen! Er kann Elemente eines gemeinsamen Sprechstils beinhalten und für die Jugendlichen eine emotional positive Bedeutung besitzen – auch wenn es sich im Einzelnen aus Sicht der Standardsprache um Fehler handelt. Wichtig ist es, die gesellschaftliche Bedeutung des Standarddeutschen klarzumachen und zu verdeutlichen, dass es in bestimmten Situationen unerlässlich ist, das Standarddeutsche richtig zu verwenden. Wünschenswert wäre eine Auseinandersetzung mit unterschiedlichen Registern des Deutschen, um das Sprachbewusstsein diesbezüglich zu schärfen.

[5] Einige strukturelle Merkmale dieses Sprachgebrauchs sind Wegfall des Artikels, Wegfall der Präposition (und des Artikels), abweichende Präpositionen, fehlende Pronomen und abweichende Kongruenz (vgl. Dirim/Auer 2004, S. 209f).

3. Prinzipien der DaZ-Förderung

3.1. Pädagogisches Prinzip: Lernerorientierung

Grundlegende Prinzipien

Damit die Beschäftigung mit der deutschen Sprache für DaZ-SchülerInnen attraktiv und hinsichtlich des Zweitspracherwerbs effektiv ist, sind einige grundlegende Prinzipien zu beachten:

→ Die Kommunikationsbereitschaft der SchülerInnen sollte geweckt und ein aktives Lernen ermöglicht werden.

→ Bei den SchülerInnen sollte das Interesse auf die Sprache gelenkt werden, was eine große Herausforderung gerade bei DaZ-SchülerInnen darstellt, die glauben, sich ausreichend in der Zweitsprache verständigen zu können (und für rein kommunikative Zwecke im Alltagsleben genügen die Deutschkenntnisse oft wirklich). Deshalb erkennen sie selbst ihre Defizite nur unzureichend und haben wenig Einsicht in die Notwendigkeit einer zusätzlichen Förderung.

Diskrepanz zwischen kognitiver Entwicklung und Ausdrucksfähigkeit

→ Die unterschiedlichen Lernvoraussetzungen sollten durch differenzierte Beobachtung festgestellt und durch differenzierende Maßnahmen berücksichtigt werden. Dazu gehört auch, SchülerInnen, bei denen Begriffsbildungsprozesse in der Erstsprache normal verlaufen sind und die deshalb mit dem Problem kämpfen, intellektuell ihrer eigenen Ausdrucksfähigkeit in der Zweitsprache überlegen zu sein, sich also zweitsprachlich permanent auf einer niedrigeren Stufe zu bewegen als ihrem Alter angemessen wäre, darin zu unterstützen, diese Lücke zu schließen.

Echte Aufgaben

Da v.a. ältere DaZ-SchülerInnen häufig nicht (mehr) intrinsisch motiviert sind, ist es wichtig, ihnen durch überschaubare und für den Fachunterricht relevante Lerneinheiten Lernerfolge in DaZ zu ermöglichen. SchülerInnen werden eher einen Zugang zu den Strukturen der deutschen Sprache finden, wenn ihnen bewusst ist, dass diese für die Arbeit an einem interessanten Sachverhalt unverzichtbar sind. Daher kommt dem Bearbeiten ***echter* Aufgaben** eine immer größere Bedeutung zu. Für den DaZ-Unterricht eröffnet sich dabei die Chance, sich vom meist übungs- und lernzielorientierten Unterricht abzuheben und damit den DaZ-Unterricht aus seinem Schattendasein zu befreien.

DaZ-spezifische Prinzipien

Ein weiterer Beitrag zur Lernerorientierung ist die Berücksichtigung der Lebenswelt der DaZ-SchülerInnen, d.h.:

→ dass den Schülern vertraute Namen und Situationen vorkommen,

→ dass die schulische und außerschulische Lebenssituation von Minderheiten differenziert und offen aufgegriffen wird (durch Themen wie Leben in zwei Sprachen, Migration, Aufenthaltsrecht, Rassismus, Minderheitengemeinden, Religion),

→ dass das in der Erstsprache erworbene sprachliche und metasprachliche Wissen integriert wird (z.B. bezogen auf Begriffsbildung, Satzbau, mündliche und schriftliche Kommunikation),

→ dass Themen, die sich auf das Herkunftsland der SchülerInnen beziehen, auf aktuellen und differenzierten Informationen beruhen müssen, und von

den SchülerInnen nicht erwartet wird, dass sie sich in Bezug auf die Herkunftsländer gut auskennen,
- → dass das Zusammenleben in einer multiethnischen Region aus der Perspektive der DaZ-SchülerInnen thematisiert wird,
- → dass jedes Thema lernerzentriert behandelt wird, um Vorerfahrungen, Vorwissen, Vorstellungen sowie Wertorientierungen der SchülerInnen einzubinden,
- → dass die politischen Verhältnisse, unter denen Menschen Sprache/n erwerben und gebrauchen, reflektiert werden, und zwar nicht nur im Blick auf Minderheiten in Deutschland, sondern auch auf Deutsche im Ausland.

Gefahr der Kulturalisierung

Lehrkräfte sollten sich der Gefahr der Kulturalisierung[1] bewusst sein und jeden Unterricht multiperspektivisch gestalten, d.h., dass unterschiedliche Vorstellungen, z.B. zum Familienleben, zum Leben mit Haustieren, zum Umgang mit Nacktheit, zu Geschlechts- und Generationsrollen, zur Ernährung usw., zur Sprache kommen und im Unterricht entfaltet werden. Hierfür eignen sich aufgrund ihrer altersgerechten Sprache und ihrer literarischen Gestaltung besonders interkulturelle Kinder- und Jugendbücher, die – ohne den pädagogischen Zeigefinger zu erheben – eine Minderheitenperspektive auf Einwanderungsgesellschaften eröffnen oder die durch Migrationsprozesse entstehende kulturelle Hybridität oder auch Parallelgesellschaften empathisch bearbeiten und damit sowohl Minderheiten- als auch Mehrheitsangehörige zur kulturellen Selbst- und Fremdreflexion anregen. Ein wesentliches Merkmal interkultureller Literatur ist, dass sie im Blick auf eine heterogene Leserschaft unterschiedliche Leserollen bereithält, die es im Unterricht auch zu besetzen gilt. Konkrete Beispiele für die Arbeit mit interkultureller Kinder- und Jugendliteratur finden sich bei Heidi Rösch etwa zu Rafik Schamis Tagebuchroman „Eine Hand voller Sterne" im Vergleich zu Franco Biondis Novelle „Abschied der zerschellten Jahre", die beide das Erwachsenwerden in einer multiethnischen Gesellschaft thematisieren, oder zu Klaus Kordons Indienromanen im Vergleich zu Mira Nairs Spielfilm „Salaam Bombay", die ein sehr unterschiedliches Indienbild präsentieren (vgl. Rösch 2000 a+b).

Interkulturelles Lernen durch Perspektivwechsel

„Interkulturelle Bildung und Erziehung" ist laut Beschluss der Ständigen Konferenz der Kultusminister der Länder in der Bundesrepublik Deutschland (KMK) vom 24./25.10.1996 „eine Querschnittaufgabe in der Schule" (S. 5) und richtet sich an alle SchülerInnen, an Minderheiten und Mehrheiten. Es geht um die Ausbildung einer interkulturellen Kompetenz für alle SchülerInnen mit dem Ziel der Akzeptanz von verschiedenen lebensweltlichen Orientierungen, auch wenn sie von der eigenen abweichen. So sollen Vorurteile als solche erkannt und überwunden werden. In der Auseinandersetzung zwischen Fremdem und Vertrautem gilt der **Perspektivwechsel** als Schlüssel zu Selbstvertrauen *und* reflektierter Fremdwahrnehmung. Erfolgen soll dies im Kontext von Lernsituationen, „in welchen Einstellungen und Überzeugungen offenbar zugrunde liegende Wertvorstellungen geklärt und nach sozial-ethi-

[1] Kulturalisierung meint, dass Menschen auf kulturelle Merkmale reduziert und darauf festgelegt bzw. zu Repräsentanten einer, in aller Regel national oder durch die Religion definierten, Kultur erklärt werden. Kulturalisierung ist in aller Regel fremdbestimmt und bezieht die Selbstwahrnehmung der Betroffenen nicht ein.

schen Gesichtspunkten beurteilt werden können" (S. 7 f). Dazu gehört auch die konstruktive Nutzung der in vielen Klassen vorhandenen Mehrsprachigkeit und die interkulturelle Akzentuierung der einzelnen Fächer:

Interkulturelles Lernen im Fremdsprachenunterricht …

- → Im Fremdsprachenunterricht soll die Begegnung mit den Sichtweisen fremder Kulturen sowie die Außenperspektive auf das Vertraute stärker in den Blick genommen werden.
- → Der Deutschunterricht soll dies erreichen „durch vergleichende Textarbeit, die den Wechsel der Perspektive unterstützt, die Verbreitung weltweit gültiger Erzählkerne untersucht und Erlebnisse sowie Erfahrungen mit Glück und Gerechtigkeit, Liebe und Leid deutlich werden lässt" (S. 8).

… und im Blick auf DaZ

Interkulturelles Lernen im Rahmen der DaZ-Förderung bedeutet,
- → dass die deutsche Sprache konsequent aus der Perspektive von DaZ-Lernenden betrachtet wird,
- → dass die Kommunikation zwischen Erst- und Zweitsprachsprechenden auch als eine zwischen Sprachbeherrschenden (mit allen Konnotationen) und Sprachlernenden reflektiert wird,
- → dass Vergleiche zwischen Erst- und Zweitsprache (hinsichtlich Semantik, Pragmatik, Syntax und Phonetik) angestellt werden,
- → dass die Sprache vor ihrem kulturellen Hintergrund vermittelt wird, wobei zu reflektieren ist, dass DaZ-SchülerInnen, auch wenn sie im deutschen Sprachraum leben, einen anderen kulturellen Hintergrund haben bzw. in einer Migrationssituation leben (können),
- → dass das Deutsche, das Minderheitenangehörige sprechen, kein zweitrangiges Deutsch ist, sondern, z.B. in der Migrationsliteratur, durchaus eine akzeptierte Variante darstellt.

Herkunftssprachen akzeptieren und Zweitspracherwerb unterstützen

Die Einbeziehung der Herkunftssprache(n) sollte didaktisch reflektiert erfolgen. Dabei ist es von entscheidender Bedeutung, dass sich die Kinder angenommen und akzeptiert fühlen, was eine positive, unterstützende Haltung gegenüber ihrer Herkunftssprache, -kultur und Lebenssituation einschließt. Genauso wichtig ist allerdings, sie als DaZ-Lernende ernst zu nehmen und zu akzeptieren, dass dieser Spracherwerb für die Betroffenen ein schwieriger und langwieriger Prozess ist.

3.2. Didaktisches Prinzip: Mitteilungskompetenz stärken

Aufgaben und Ziele

Der DaZ-Unterricht hat folgende Aufgaben und Ziele:
- → Er vermittelt die sprachlichen Fertigkeiten (Hörverstehen und Sprechen, Leseverstehen und Schreiben) und die dafür notwendigen sprachlichen Mittel (Wortschatz und Redemittel, Syntax und Morphologie) mit dem Ziel einer guten Sprachkompetenz.
- → Er schult die kommunikativen Fähigkeiten und das Vermögen, sich sprachlich die Welt zu erschließen und selbstbestimmt zu handeln, mit dem Ziel solider Sozial- und Selbstkompetenz.

- Er zeigt SchülerInnen sprachliche Lerntechniken und -strategien, führt sie zu einem bewussten Sprachgebrauch. Dabei entwickelt sich eine metasprachliche Reflexionsfähigkeit. Ziel ist eine sprachlich orientierte Methodenkompetenz.
- Er weckt das Interesse für Sprachvergleiche und regt so Nachdenken über die in Sprachen verfestigten sozialen und kulturellen Erfahrungen an. Ziel ist eine um sprachliche Aspekte erweiterte interkulturelle Kompetenz.
- Eine weitere Aufgabe ist die kontinuierliche Beobachtung der sprachlichen Entwicklung der SchülerInnen und die Überprüfung ihres Lernzuwachses.

Didaktische Prinzipien

Umgesetzt werden diese Aufgaben und Ziele durch folgende Prinzipien:
- Die Sprache der Lehrkraft hat für SchülerInnen eine wichtige Vorbildfunktion und sollte dementsprechend reflektiert eingesetzt werden.
- Insbesondere im Anfangsunterricht ist der Ausbau der mündlichen Sprache – im Hinblick auf die alltäglichen Erfordernisse des Lebens und der Schule – ein wichtiges Ziel.
- Unabdingbar ist die Hinführung zu einem kontext- und situationsunabhängigen Verstehen und Verwenden von Sprache, wie es v.a. beim Lesen und Schreiben von Texten in allen Schulfächern notwendig ist.
- Bei der Vermittlung sprachlicher Strukturen (Morphologie und Syntax) gilt es, die Progression des ungesteuerten Zweitspracherwerbs zu berücksichtigen.
- Zu beachten ist, dass keine Sprachform ohne Inhalt und kein Inhalt ohne Sprachform behandelt werden kann.
- Durch Sprachbetrachtung und das selbstständige Entdecken von sprachlichen Regularitäten können die Schüler zu Sprachbewusstheit gelangen.
- Der DaZ-Unterricht sollte inhaltliche Bezüge zum allgemeinen Unterricht aufweisen.
- Sprachliche Fehler der SchülerInnen dürfen nicht immer einfach stehen gelassen werden, sondern müssen in Form einer sprachentfaltenden Korrektur aufgegriffen werden.

Mitteilungsbereiche

Das Konzept der Mitteilungsbereiche[2] verfolgt das Ziel, mit den Lernenden die sprachlichen Mittel zu erarbeiten, die notwendig sind, um die Kluft zwischen Mitteilungsbedürfnis und Mitteilungsvermögen in der Zweitsprache zu schließen. Im Vordergrund steht also nicht eine bestimmte Situation (z.B. die Organisation eines Schulfestes) oder ein Thema (z.B. das Klima), sondern das Mitteilungsbedürfnis der Lernenden, das in folgende Mitteilungsbereiche gefasst wird:

Identifizieren

- Identifizieren meint, Menschen und Dinge so zu benennen, dass sie eindeutig unterscheidbar sind. Realisiert werden kann dies durch Wortschatzarbeit (Nomen, Adjektive und ihre Deklination), aber auch durch das Üben von Lokal-, Temporal- und Relativsätzen. Denkbar ist auch die Unterscheidung zwischen Jungen und Mädchen (im Bereich von Nomen und Pro-

[2] Das Konzept wurde von Hans Barkowski, Ulrike Harnisch und Sigrid Kumm (vgl. 1980, S. 111–113) für den Deutschunterricht mit Erwachsenen entwickelt und von Annette Müller und Heidi Rösch (vgl. 1985, S. 54–56) für die Sprachförderung mit DaZ-SchülerInnen im Vorschulalter adaptiert.

nomen), zwischen Einzelnen und Vielen (Singular und Plural), zwischen Mein und Dein (Possessivpronomen, *gehören* ...).

- Qualifizieren meint, Handlungen, Geschehnisse, Zustände sprachlich zu bestimmen; Menschen, Dinge, Sachverhalte zu charakterisieren, zu bewerten und zu vergleichen. Realisiert werden kann dies durch das Üben von Adjektiven, Adverbien, der Komparation, aber auch von Relativsätzen. In diesem Zusammenhang bietet sich auch die Beschäftigung mit Berufen an, gesellschaftlichen Rollen, ggf. ethnischen Gruppen in Schule und Gesellschaft. *Qualifizieren*
- Quantifizieren meint, Größen, Mengen, Gewichte, Preise, Altersangaben usw. und fordert zum Umgang mit Relationen (der Komparation) auf. *Quantifizieren*
- Ortsangaben zu machen, zielt darauf, Angaben über die Position, Herkunft bzw. Richtung von Personen, Dingen, Handlungen, Geschehnissen zu benennen. Grammatisch geht es dabei um lokale Präpositionen (v.a. Wechselpräpositionen) und Verben (v.a. Richtungs- und Positionsverben). *Ortsangaben*
- Zeitangaben zu machen, zielt auf die Benennung zeitlicher Zusammenhänge, das Ausdrücken von Vergangenem und Zukünftigem. Zur Anwendung kommen Zeitangaben (Wochentage, Monate, Tageszeiten usw.), Zeitadverbien, Präpositionen (*nach, seit* usw.), Konjunktionen (*nachdem, seitdem, als* usw.) und natürlich die Zeitformen der Verben (die DaZ-Lernenden häufig Schwierigkeiten machen). *Zeitangaben*
- Begründen: Die sprachlichen Mittel sind hier sehr vielfältig; besonders zu erwähnen sind die Adverbien *darum, deswegen, deshalb, nämlich*, die Konjunktionen *denn, da/weil* und Wendungen wie *aus Spaß, aus Wut, weil ich halt Lust hatte, wegen gestern, wegen meines Bruders* usw. *Begründen*
- Zwecke/Ziele/Absichten ausdrücken ist schwer abzugrenzen von Begründungen; besondere sprachliche Mittel sind die Konjunktionen *damit* und *dass*, Infinitivkonstruktionen, Adverbien wie *dafür, deswegen, dazu* und präpositionale Angaben wie *warten auf, denken an, etwas tun für* usw. *Zwecke/Absichten*
- Nachfragen: Die sprachlichen Mittel konzentrieren sich auf W-Fragen (verschiedene Fragepronomen, Unterscheidung zwischen Fragen nach Dingen und Personen – *womit/mit wem*) und auf durch Inversion gebildete Fragen *(Hast du die Aufgabe verstanden?)*. Darüber hinaus werden mündliche Äußerungen häufig durch Intonation oder den situativen Kontext als Fragen markiert. *Nachfragen*
- Bedingungen/Voraussetzungen/Abläufe benennen meint die Versprachlichung von wenn-dann-Beziehungen sowie Abläufe von Handlungen, Geschehnissen, Sachverhalten usw., die sich bedingen oder in einem zeitlichen oder sachlichen Zusammenhang stehen. Relevante Sprachmittel sind die Konjunktionen *wenn, falls, entweder – oder, sowohl als auch*, aber auch Wendungen wie *vorausgesetzt, dass* ... oder Präpositionalangaben wie *bei schönem Wetter.* *Bedingungen*
- Zwänge, Abhängigkeiten, Notwendigkeiten, Ge-/Verbote, Befehle sind eng verbunden mit dem letztgenannten Mitteilungsbereich; allerdings werden hier zusätzlich andere Sprachmittel relevant: die Bedeutung und Verwendung von Modalverben (v.a. *müssen, sollen, dürfen* und die Verneinung), *sein/haben* + zu + Infinitiv *(der Text ist abzuschreiben/du hast Hausaufgaben zu machen)*, Imperativformen, indirekte Aufforderung *(du bist laut)* *Zwänge Abhängigkeiten Befehle*

und Wendungen wie *es ist nötig, dass ..., Schluss jetzt!, das muss sein,* Verbotsschilder (*Betreten verboten, für Jugendliche unter 16 Jahren nicht geeignet* usw.) und Sätze wie *So, jetzt schreibt ihr das ab!, beeilt euch doch, wir sprechen jetzt noch über ein Problem* usw.

Wille/Wunsch/ Hoffnung

→ Wille, Wunsch, Hoffnung, Traum, gedankliches Planspiel: Hierbei geht es um die Versprachlichung von Bildern und Vorstellungen, gedachter Bedürfnisse und gewollter Wirklichkeiten. Die Sprachmittel, die diese Art von Realitätsbezug erkennen lassen, sind *wollen, möchten, (sich) wünschen (dass), träumen (dass), hoffen (dass), sich sehnen nach* usw., aber auch Adverbien wie *vielleicht, hoffentlich* und der Irrealis *(Wären wir doch schon da!)* oder der Potenzialis *(Wir könnten doch jetzt schwimmen gehen)*, häufig in Kombination mit Wenn-Sätzen *(Wenn ich volljährig wäre, würde ich ...)*.

Zitieren

→ Sprache und Gedachtes zitieren kann in direkter und indirekter Form erfolgen. Neben Zitaten geht es um die wörtliche oder sinngemäße Wiedergabe von Gehörtem, Gelesenem, Erlebtem usw. Dazu bedarf es mit *dass* eingeleiteter Gliedsätze, aber auch präpositionaler Angaben *(nach seiner Meinung)*, indirekter Fragesätze und Relativsätze *(er hat mir gesagt, wann er kommt)* sowie Verben und Wendungen des Zitierens: *ich habe gehört, sie hat erzählt, er meint* usw.

Mitteilungsbereiche und Fachunterricht

Die im DaZ-Unterricht zu erwerbenden bzw. zu festigenden Strukturen werden aus der Perspektive der Lernenden und ihrer Mitteilungsbedürfnisse formuliert. Das Hauptziel ist die Erweiterung der kommunikativen Kompetenz, wobei die gesprochene Sprache den Ausgangspunkt darstellt. Das Konzept der Mitteilungsbereiche legt den Akzent auf die produktive Sprachkompetenz und fördert die Reflexion kommunikativer Situationen und Redemittel.

Die Ausformulierung der möglichen Mitteilungsbereiche zeigt, dass eine Anbindung an verschiedene Fächer möglich und sinnvoll ist: So kann im Mathematikunterricht z.B. Quantifizieren auch unter sprachlichen Aspekten geübt werden. Im Sportunterricht können Ortsangaben, im Geschichtsunterricht Zeitangaben und im naturwissenschaftlichen Unterricht die Verbalisierungen von Zusammenhängen besonders trainiert werden. Im Deutschunterricht wird das Formulieren von Gedanken, Wünschen usw. unter zweitsprachlichen Aspekten geübt. Dabei lässt sich jeder der genannten Mitteilungsbereiche in unterschiedlichen Spracherwerbsphasen mit einfachen oder komplexen Sprachmitteln bearbeiten, sodass die Orientierung an den genannten Mitteilungsbereichen spiralcurricular zu realisieren ist.

3.3. Methodisches Prinzip: Sprachreflexion anregen

Transfer als Herausforderung

Lehrkräfte berichten immer wieder frustriert darüber, dass es nur ungenügend gelingt, das im DaZ-Unterricht Vermittelte tatsächlich in den alltäglichen Sprachgebrauch der SchülerInnen zu integrieren. Konkret: Auch wenn gerade Präpositionen geübt wurden, hören sie ihre SchülerInnen auf dem Schulhof sagen: *Ich geh' Karstadt*. Eine solche Äußerung kann Ausdruck eines Ethnolekts sein (vgl. S. 25ff), dessen Gebrauch den SchülerInnen zumal außerhalb des Unterrichts weder verwehrt werden kann noch sollte. Zeigen sich solche Äußerungen aber auch im Unterricht, so muss darauf reagiert werden, denn offensichtlich funktioniert der Transfer vom geübten Phänomen in den aktiven Sprachschatz nicht von alleine und muss unterstützt werden.

Einschleifen statt Einpauken

Um den Erwerb schwieriger Formen bzw. ihre Entfaltung zum normgerechten Sprachgebrauch zu unterstützen, bedarf es einer – in einzelnen Fällen sicher massiven – Steuerung durch unterrichtliche Maßnahmen, die möglichst frühzeitig einsetzen sollten. Zur Internalisierung korrekter Formen scheinen schematische Übungen unabdingbar. Allerdings dürfen sie nicht zu Drillverfahren oder „Papageienlernen" missbraucht werden, sondern dienen der Reflexion und dem Üben der genannten, für DaZ-Lernende schwierigen Formen. Sie sind auch dann sinnvoll, wenn SchülerInnen in diesen Bereichen keine oder nur einige Fehler machen, denn die Schulpraxis zeigt immer wieder, dass Kinder und Jugendliche sprachliche Unsicherheiten durch Vermeidungsstrategien umgehen und ihre Ausdrucksmöglichkeiten dadurch stark einschränken. Ein explizites statt implizites Vorgehen erscheint v.a. deshalb sinnvoll, weil es die SchülerInnen als DaZ-Lernende ernst nimmt, den mühsamen Prozess des Automatisierens offenlegt und unterstützt, anstatt darauf zu hoffen, dass er von alleine stattfindet.

Ritualisierte schematische Übungen

Es geht auch in der Sekundarstufe I nicht darum, Grammatik in allen Feinheiten zu vermitteln, sondern in die grammatischen Bereiche, die SchülerInnen brauchen, um ihre Allgemeinsprache zu entfalten, und in die Fachsprachen der Unterrichtsfächer so weit einzusteigen, dass sie dem Unterricht folgen und selbstständig weiterlernen können. Die dazu notwendigen schematischen Übungsformen sollten den Unterricht nicht dominieren, aber dennoch ritualisiert werden, um die Formen zu üben und gleichzeitig das Denken in grammatischen Begriffen zu entwickeln.

Lernen durch Lehren

Die für den Fremdsprachenunterricht entwickelte Methode *„Lernen durch Lehren"* von Jean Pol Martin (1985, 2000) geht davon aus, dass das einzig wirklich Authentische in der Schule der Unterricht selbst ist, und lässt SchülerInnen im Unterricht selbst Lehrfunktionen übernehmen.

Wortschatzarbeit

- → So können SchülerInnen im DaZ-Unterricht auch der 5. und 6. Klassen noch Lotto, Bingo, Brett- und Folienspiele, bei denen Wörter nur mit gezielter grammatischer Struktur geübt werden *(Was fehlt?, Was ist hinzugekommen?, Hier ist der ...! usw.)*, an der Tafel oder am OH-Projektor nicht nur spielen, sondern auch selbst anleiten. Dasselbe gilt für Spielvarianten mit komplexeren grammatischen Strukturen *(Was habe ich weggenommen, hinzugefügt, ausgetauscht?, Was siehst du?, Wessen Körperteil siehst du nicht mehr? ...)*, wenn sie mit den spielleitenden SchülerInnen zuvor eingeübt wurden.

Grammatik

- → Grammatikeinführungen sollten in der Hand der Lehrkraft bleiben, weil sie eine hohe Abstraktionsebene der Sprache betreffen. Dennoch kann auch in Phasen der Grammatikeinführung auf Material zurückgegriffen werden, das die SchülerInnen selbst im Rahmen eines Projektes oder zu einem Thema erstellt haben. Die Leitung von gezielten grammatischen Übungen können SchülerInnen dann wieder übernehmen. Für schwächere SchülerInnen sollte die Lehrkraft Kontrollbögen bereitstellen oder auf Strukturierungshilfen, wie farbiges Markieren des Genus, Präpositionstabellen, Symbole für Wortarten und unterschiedliches Unterstreichen von Satzteilen usw., die als Plakate an der Klassenzimmerwand allen zugänglich sind, verweisen.

Unterrichtsgespräch

→ Im Rahmen von Unterrichtsgesprächen können SchülerInnen Arbeitsaufträge erteilen, die Überleitung zu einer neuen Unterrichtsphase formulieren oder sogar das Klassengespräch bzw. eine Diskussion leiten. Beherrschen die SchülerInnen nach ausreichender Übung die nötige Terminologie, können große Teile des Unterrichts von ihnen selbst sprachlich bestritten werden und ihr Sprechanteil kann beträchtlich erhöht werden.

Korrekturverhalten

Auch im DaZ-Unterricht darf das Prinzip der sprachlichen Korrektheit nicht dazu führen, Kommunikationsbedürfnisse der SchülerInnen zu beschneiden. Entscheidend ist eine Konzentration auf bereits vermittelte Bereiche. Wenn also Verbkonjugation geübt wurde, sollte nicht nur im unmittelbaren Übungszusammenhang, sondern auch in den folgenden Situationen auf die Verbendungen besonders geachtet werden. Zumindest innerhalb der Unterrichtssituation ist darauf zu achten, dass DaZ-Lernende ihre Normverstöße erkennen und bearbeiten.

Welche Korrekturform sich eignet, hängt von den SchülerInnen und der Lernsituation ab. Ein **verbesserndes Korrekturverhalten** kann schnell demotivierend wirken und Vermeidungsstrategien unterstützen, was einen aktiven Spracherwerb eher verhindert als unterstützt. Das Verfahren des **korrektiven Feedback** sollte nicht nur als Lehrerecho gestaltet werden, da es sonst leicht überhört und damit ignoriert wird, was eine Bewusstmachung und Bearbeitung des Regelverstoßes verhindert.

Selbstkorrektur und Sprachreflexion

Gerade bei Lernenden mit Fossilierungserscheinungen scheint das Prinzip des sprachlichen Vorbilds wenig Erfolg versprechend zu sein. In solchen Fällen muss eine **Sprachreflexion** angeleitet werden, die das Interesse des Lernenden auf den Normverstoß lenkt und Impulse zur selbsttätigen Überprüfung, Erläuterung oder auch Korrektur gibt.

Den SchülerInnen sollten Möglichkeiten der **Selbstkorrektur** gegeben werden. Angewendete Selbstkorrekturen der SchülerInnen können der Lehrkraft Hinweise darauf geben, was für den einzelnen Lernenden gerade problematisch ist. Außerdem ist es sinnvoll, dass Lernende einzelne Sprachschwierigkeiten oder Unsicherheiten thematisieren bzw. dass sie bei schriftlichen Arbeiten zu einem offenen **„self monitoring**[3]**“** angehalten werden, indem sie Zweifel thematisieren *(Heißt das jetzt: gegesst oder gegessen?)*.

[3] Als *„monitoring“* bezeichnet man die Kontrolle der eigenen Sprachproduktion, die sowohl vor dem Aussprechen oder Aufschreiben aktiv ist als auch während und nach der Sprachproduktion die eigenen Äußerungen evaluiert.

4. Kompetenzbereiche der DaZ-Förderung

Lerngegenstand des DaZ-Unterrichts ist die deutsche Sprache

DaZ-Förderung ist Sprachunterricht, d.h., das allgemeine Ziel ist der kompetente Umgang der DaZ-SchülerInnen mit Deutsch als ihrer Zweitsprache. Die deutsche Sprache ist in erster Linie der **Lerngegenstand** und nicht ein Mittel zur Bearbeitung verschiedener unterrichtlicher Themen oder fachlicher Inhalte. Da Sprachunterricht jedoch nicht im inhaltsleeren Raum stattfindet, ist die Thematisierung eines sprachlichen Phänomens mit Inhalten zu verknüpfen, die einen Bezug zu den Interessen der SchülerInnen und den Themen des allgemeinen Unterrichts haben und sich möglichst sprachhandlungsorientiert umsetzen lassen. Es muss jedoch darauf geachtet werden, dass das sprachliche Thema (der DaZ-Förderung) nicht von dem inhaltlichen Thema (des Fachunterrichts) dominiert und in den Hintergrund gedrängt wird.

Hören, Sprechen, Lesen und Schreiben

Traditionellerweise werden vier sprachliche Fertigkeiten/Lernbereiche unterschieden: **Hören, Sprechen, Lesen und Schreiben**. Diese zusammen ergeben die volle Sprachkompetenz. Sie müssen im DaZ-Unterricht als eigenständige Fertigkeiten explizit und adäquat geübt werden. Die Konzentration auf nur eine oder zwei der Fertigkeiten ist wenig effektiv, da man nicht davon ausgehen kann, dass das Können automatisch von einem auf einen anderen Bereich übertragen wird.

Sprachliche Interaktion

In jüngeren Arbeiten – wie dem europäischen Referenzrahmen für Fremdsprachen[1] – werden diese vier Fertigkeiten den Sprachbereichen Rezeption (Verstehen) und Produktion (Gebrauch) zugeordnet, denn Sprache kann rezipiert und produziert werden. Des Weiteren wird Interaktion als eigenständiger Bereich ausgewiesen, weil dieser über die rezeptive und produktive Sprachaktivität, die jeder **sprachlichen Interaktion** zugrunde liegt, hinausweist und die interaktiven Strategien besonders berücksichtigt.

Sprache realisiert sich im gesprochenen und geschriebenen Wort, insofern lassen sich die vier sprachlichen Fertigkeiten genau wie die Kommunikation einer mündlich bzw. einer schriftlich realisierten Sprache zuordnen. Im Rahmen der Fremdsprachendidaktik wird bei der Fertigkeit „Kommunizieren" auch noch zwischen verbaler und nonverbaler Kommunikation unterschieden, denn Gestik, Mimik und andere körpersprachliche Handlungen sind kulturell geprägt und spielen deshalb in der Kommunikation zwischen Angehörigen verschiedener Kulturkreise durchaus eine Rolle. In DaZ ist nonverbale Kommunikation als besonderer Lernbereich allerdings weniger relevant. Ähnliches gilt für den Bereich der Sprachvermittlung, der als Übersetzung von Sprache, aber auch kultureller Codes im Fremdsprachenunterricht praktisch wird.

Sprachbewusstheit

Stattdessen gewinnt **Sprachbewusstheit** im DaZ-Unterricht – ähnlich wie im muttersprachlichen bzw. dem gemeinsamen Deutschunterricht von SchülerInnen mit und ohne Migrationshintergrund zunehmend an Bedeutung[2]. Sie findet sich deshalb als metakognitive Sprachaktivität in unserer Übersicht

[1] Vgl. Trim / North / Coste 2001 oder http://www.learn-line.nrw.de/angebote/portfolio/info/seite_g.html

[2] So hat sich die Studie DESI (Deutsch Englisch Schülerleistungen International), die das Deutsche Institut für Internationale Pädagogische Forschung (DIPF), Frankfurt a.M. im Auftrag der Kultusminister der Länder in der Bundesrepublik Deutschland am Anfang und Ende der neunten Klasse durchführt (vgl. www.desi.de), zur Erfassung der sprachlichen Kompetenz im Deutschen auf folgende Bereiche festgelegt: Lesekompetenz, argumentativ-kommunikative Kompetenz, Wortschatz, Rechtschreibung, Textproduktion und eben Sprachbewusstheit.

wieder und wird damit zur sechsten sprachlichen Fertigkeit: Sprache reflektieren. Allerdings ist Sprachreflexion als Basis für Sprachbewusstheit mit DaZ-SchülerInnen sehr viel stärker als mit DaM-SchülerInnen mit Sprachvermittlung zu verbinden, denn es kann nicht davon ausgegangen werden, dass DaZ-SchülerInnen das Medium der Reflexion – die deutsche Sprache – außerhalb des Unterrichts erwerben.

<table>
<tr><th></th><th>rezeptiv</th><th>produktiv</th><th>interaktiv</th><th>metakognitiv</th></tr>
<tr><td>mündlich realisierte Sprache</td><td>HÖREN</td><td>SPRECHEN</td><td rowspan="2">SPRACHLICH INTERAGIEREN</td><td rowspan="2">SPRACHE REFLEKTIEREN</td></tr>
<tr><td>schriftlich realisierte Sprache</td><td>LESEN</td><td>SCHREIBEN</td></tr>
</table>

4.1. Rezeption und Produktion

Rezeptive und produktive Fertigkeiten

Rezeptive und produktive Fertigkeiten werden im Unterricht in der Regel im Umgang mit schriftlichen Texten (dem Lesen und Schreiben) geübt. Hier ist eine Verzahnung (z.B. durch produktive Verfahren im Literaturunterricht) weit verbreitet. Infolge der Auseinandersetzung mit den Ergebnissen der PISA-Studie kommt in jüngster Zeit dem Textverstehen eine größere Bedeutung zu, und dieser Bereich wird auch für sich genommen trainiert. Diese Entwicklung kommt auch DaZ-SchülerInnen zugute; allerdings steht die Entwicklung einer DaZ-spezifischen Leseverstehens- und Textproduktionsförderung erst am Anfang. Neben Anregungen zur Förderung der Schreibkompetenz bei DaZ-SchülerInnen (vgl. die Handreichung des Landesinstituts für Schule in Nordrhein-Westfalen 2002) bedarf es ähnlicher Anstrengungen im Bereich der Textrezeption von DaZ-SchülerInnen, die idealerweise zu einer Verzahnung von Textrezeption und -produktion führen sollten.

Mündliche Fertigkeiten

Da ein großer Teil des Unterrichts mündlich stattfindet, ist es wichtig, sich klarzumachen, dass dies vielen DaZ-SchülerInnen eine noch höhere Verstehensleistung abverlangt als die Arbeit mit schriftlichen Texten, weil unbekannte Wörter oder nicht abgesicherte Strukturen mündlich für sie noch weniger erfassbar sind als in schriftlicher Kommunikation. Deshalb wird in diesem Band dem Hörverstehen und Sprechen – ähnlich wie im Fremdsprachenunterricht – gleichermaßen Bedeutung geschenkt.

DaZ-AnfängerInnen, die es als Seiteneinsteiger auch in der Sekundarstufe I gibt, haben in ihrer Erstsprache bereits vielfältige Erfahrungen mit dem Sprechen und dem Hören gesammelt und spezifische Gewohnheiten entwickelt. Diese müssen im Hinblick auf einzelne Laute oder Lautkombinationen des Deutschen erweitert werden. Das ist zentral für den weiteren Spracherwerbsprozess, da DaZ-Lernende schließlich nur die Laute und Lautkombinationen hören und sprechen können, die sie auch kennen. Gewohnheiten spielen dabei eine wichtige, die Wahrnehmung strukturierende Rolle. Als Beispiel sei hier das Phänomen des Sprossvokals bei türkischen Muttersprachlern erwähnt (*Borot* statt *Brot*, *Filim* statt *Film*).

Textkompetenz auch im mündlichen Sprachgebrauch

Im Bereich der **mündlichen Fertigkeiten** müssen die SchülerInnen zum einen gesprochene Beiträge (ggf. auch ohne Einbindung in einen situativen Kontext) verstehen können, sodass sie dem deutschsprachigen Unterricht sprachlich problemlos folgen können. Zum anderen müssen sie eigene Intentionen und Sachverhalte in kommunikativ angemessener und inhaltlich verständlicher Form zur Sprache bringen können, um am Unterrichtsgespräch aktiv und gleichberechtigt teilnehmen zu können. Dazu gehört, dass die SchülerInnen auch in der mündlichen Kommunikation auf der Basis guter morphologischer und syntaktischer Kenntnisse grammatisch korrekte Sätze bilden und für den eigenen Verstehensprozess strukturell durchschauen können.
Darüber hinaus müssen sie kurze Referate halten und Arbeitsergebnisse präsentieren lernen. Die Basis dafür bildet die Kompetenz, Sätze bzw. Äußerungen auch in mündlichen Situationen miteinander zu Texten zu verknüpfen – und zwar durch die Verwendung folgender diskursstrukturierender Mittel:

→ **Verweisformen:** Pronomen *(In Griechenland gab es viele Stadtstaaten. Einige davon hast du im Text mit Namen kennen gelernt.)* und Adverbien *(Weit fahren die Schiffe der Athener Handelsleute über die Meere. Überall wollen die Menschen die Erzeugnisse kaufen.)*
→ **Textorganisatoren:** Partikeln, die einen Vor- oder Nachtext brauchen. *(Wir sind sehr enttäuscht. Du warst nämlich unsere große Hoffnung. – Das stimmt sicher, hilft uns aber nicht weiter.)*
→ **Gliederungssignale:** Bestimmte sprachliche Elemente (Wörter, Wortgruppen oder auch Sätze) können die Struktur eines Textes verdeutlichen: Eröffnungssignale *(Ich erzähl jetzt mal ′nen Witz.)*, Schlusssignale *(Das wars.)* sowie Positionsmarkierungen *(Und jetzt kommt der Höhepunkt.)*.

Die Beispiele verdeutlichen, dass der Übergang von mündlichen zu schriftlichen Fertigkeiten fließend ist und sich auch der mündliche Sprachgebrauch von DaZ-SchülerInnen in der Schule an den Anforderungen des schulischen Lernens orientieren muss.

Schriftliche Fertigkeiten

Die Vermittlung der **schriftlichen Fertigkeiten** Lesen und Schreiben ist in erster Linie eine Aufgabe des Deutschunterrichts. Zu beachten sind dabei mögliche Erfahrungen v.a. der DaZ-Seiteneinsteiger mit anderen als der lateinischen Schrift und den sich daraus ergebenden Interferenzen. Dabei sollte die Schriftsprache auch zum Medium der Sprachvermittlung werden, denn beim Schreiben wird nicht nur der Orthografie, sondern auch der Grammatik mehr Beachtung geschenkt, die für die Sprachförderung konstruktiv genutzt werden kann.
Im Bereich der schriftlichen Fertigkeiten müssen DaZ-SchülerInnen – auf den Schriftspracherwerb aufbauend – unterschiedliche, ihrem Alter angemessene literarische Texte, aber auch Fachtexte mit komplexen Inhalten sinnentnehmend lesen können. Ebenso müssen sie Texte verfassen können, die formal und inhaltlich ihren Intentionen entsprechen und auch für Leser verständlich sind.

Aufsatzformen und andere Textsorten

Die Aufgabe der Textproduktion ist in der Sekundarstufe I eine ganz zentrale und umfasst bezogen auf den Deutschunterricht das untersuchende, ge-

staltende und erörternde Erschließen von Texten[3] sowie das Schreiben von Textsorten, die v.a. in anderen Fächern Verwendung finden, wie das Protokoll und der Bericht (z.B. über Experimente in den naturwissenschaftlichen Fächern), die Beschreibung und Analyse von Bildern, anderen Kunstwerken oder Werbeanzeigen (im Kunstunterricht) oder die Analyse historischer Quellen sowie politischer Dokumente (im sozialwissenschaftlichen Unterricht).
Im DaZ-Unterricht können die sprachlichen Mittel (Strukturwortschatz, Syntax und Morphologie) erarbeitet, die Merkmale einzelner Textsorten bewusst gemacht und die sprachlichen Fertigkeiten trainiert werden, die SchülerInnen brauchen, um die im Fachunterricht nötigen Textsorten produzieren zu können. Für eine Erörterung brauchen SchülerInnen z.B. Redemittel der Meinungsäußerung, die unabhängig vom konkreten Thema als Verben der Meinungsäußerung (wie *meinen, sagen, behaupten* usw.) in Kombination mit dass-Sätzen geübt und unter Verwendung von Partikeln (wie *zwar, aber, trotzdem* usw.) so angeordnet werden, dass eine innere Dynamik der Erörterung entsteht.

Wortschatzarbeit

Die Auseinandersetzung mit dem konkreten Thema der Erörterung findet dann im Fachunterricht statt. Auch kann es nicht Aufgabe des DaZ-Unterrichts sein, ein fachbezogenes Wortschatztraining durchzuführen. Stattdessen können die SchülerInnen im DaZ-Unterricht z.B. die Wortfamilie als strukturierendes Prinzip für den Wortschatz und die unterschiedlichen Formen der Wortbildung kennen lernen. Sie können auch dafür sensibilisiert werden, dass Wörter oftmals vielschichtige Bedeutungen haben (z.B. *Land* als Synonym für *Staat*, als Gegensatz zu *Stadt*, als Ort bäuerlicher Tätigkeit usw.). Jede Lehrkraft muss wissen, dass der Erwerb der Wortbedeutung auch bei einsprachigen SchülerInnen ein komplexer Prozess ist, bei dem Alltagsbedeutungen den wissenschaftlichen Begriffen vorausgehen (z.B. *Vogel* zunächst als *fliegendes Tier*, später als *besondere Klasse der Wirbeltiere, zu der auch der Pinguin gehört*), und es deshalb im Fachunterricht wichtig ist, diesen Prozess der Begriffsbildung sowohl in der Primarstufe als auch zumindest am Anfang der Sekundarstufe I zu entfalten.
Bei mehrsprachigen SchülerInnen ist dieser Prozess noch komplexer, weil die Verwendung von Alltagsbedeutungen im fachlichen Zusammenhang oder auch die Überdehnungen von Bedeutungen (wie im o.g. Beispiel, als ein Junge in der 6. Klasse *Hammer* als Oberbegriff für *Werkzeug* benutzt hat) schlicht daran liegen kann, dass die SchülerInnen im Deutschen nur einen gering ausgeprägten Wortschatz entwickelt haben, aber eine angemessene Begriffsbildung in der Erstsprache zeigen oder – was aufgrund der Schulerfahrung vieler DaZ-SchülerInnen leider wahrscheinlicher ist –, dass ihr Begriffserwerb durch die für die individuelle Sprachsozialisation zu frühe einsprachig deutsche Beschulung auf einer frühen Stufe stehen geblieben ist. Außerdem kann es beim Erwerb der Wortbedeutung zu Interferenzen mit den Wortbedeutungen der Erstsprache kommen, indem zu weite oder auch zu enge Wortbedeutungen fälschlicherweise von der Erst- auf die Zweitsprache übertragen werden.

[3] Vgl. KMK-Beschluss zur Neuregelung der Einheitlichen Prüfungsordnung, Mai 2002.

4.2. Sprachliche Interaktion im Unterricht

Kommunikative Fertigkeiten

Kommunikation wird im Unterricht in der Regel nicht vermittelt, sondern praktiziert. Entscheidend für die Ausbildung **kommunikativer Fertigkeiten** ist aber, dass nicht nur kommuniziert, sondern Kommunikation auch thematisiert wird: Dazu werden Kommunikationsregeln vereinbart, Argumentationsmuster betrachtet und entfaltet, verschiedene Register (im übertragenen Sinne) gezogen und verglichen. Konkret geht es nicht nur darum, *was* gesagt, sondern *wie* die Aussage formuliert wurde, wie sie anders hätte formuliert werden können, wie sie auf den Gesprächspartner bzw. die Gesprächspartnerin gewirkt hat, wie die Kommunikation verlaufen ist und wie sie außerdem hätte verlaufen können.

Interkulturelle Aspekte

In Gruppen, die ein kulturell bedingt anderes Kommunikationsverhalten zeigen, lassen sich auch Situationen simulieren, in denen dies bewusst wird. Um allerdings Klischees und falsche Zuschreibungen zu vermeiden, sollten solche Situationen immer aus der Perspektive der DaZ-SchülerInnen gestaltet und von der Lehrkraft sehr offen behandelt werden. Auch müssen keine Unterschiede zwischen verschiedenen Kulturen herausgefunden werden!

Sprachlicher Input durch Lehrersprache

Da jeder Unterricht auf sprachlicher Interaktion basiert, liegt es nahe, sich ihre Form genauer anzusehen. Konzentrieren wir uns auf die **Unterrichtssprache**; sie ist zunächst die Sprache der Lehrkräfte, die anders als die Alltagssprache im Kontext einer pädagogisch-didaktischen Situation gesprochen wird. Die Lehrersprache hat Vorbildcharakter und liefert den sprachlichen Input gerade für DaZ-Lernende, die außerhalb der Schule wenig Kontakt zu Sprechern der Zielsprache haben. Deshalb sollten Lehrkräfte ihre Sprache reflektiert einsetzen und sich um eine anschauliche, gleichzeitig aber differenzierte Sprachverwendung bemühen. Intuitive Versuche, die eigene Sprache dem Spracherwerb der DaZ-SchülerInnen anzupassen, sollten in verschiedene Richtungen überprüft werden:

- → Entspricht das von mir gewählte Sprachniveau dem DaZ-Lernstand und dem Alter der SchülerInnen?
- → Verstehen mich die SchülerInnen richtig und bietet meine Sprache genug Anreize für sie, die eigene Sprache weiterzuentwickeln?
- → Verstehe ich die SchülerInnen richtig und fordere ich sie ausreichend, sich mitzuteilen und mit der Sprache zu experimentieren?

Lehrersprache als Lerngegenstand: Arbeitsanweisungen

Die Lehrersprache ist immer auch Lerngegenstand. Sie enthält **Arbeitsanweisungen**, deren Bedeutung DaZ-SchülerInnen zunächst vermittelt werden muss und die sie sich – z.B. indem sie sich gegenseitig Arbeitsanweisungen geben – aneignen sollten. Arbeitsanweisungen können auch zur Sprachförderung eingesetzt werden, um bestimmte sprachliche Mittel zu festigen *(Nimm dein / mein / Mehmets / ... Heft raus!, Stellt einen Arbeitsauftrag / -antrag!)*.

Fragen verstehen, beantworten und auch stellen

Typisch für Unterrichtsgespräche sind **Fragen**: Entscheidungsfragen *(Ist das richtig?)*, Alternativfragen *(Heißt es der, das oder die Schule?)*, Suggestivfragen *(Ist das vielleicht ein Nomen?)*, Ergänzungs- oder Rückfragen *(Kann man auch .... dazu sagen? Wer hat noch eine andere Idee?)*. Suggestivfragen ha-

ben im Unterricht eine unterstützende Funktion, während Alternativ- und noch deutlicher Entscheidungsfragen zum Abfragen von Wissen (aber auch von Meinungen, Voten usw.) geeignet sind. Ergänzungs- oder Rückfragen zielen dagegen auf einen Austausch zwischen den Gesprächspartnern, was auch in Unterrichtsgesprächen ein wichtiges Ziel ist.
DaZ-SchülerInnen müssen Fragen nicht nur verstehen und beantworten, sondern auch stellen lernen. In Ansätzen sollte auch bereits eine Auseinandersetzung mit der Funktion, Handlungsstruktur und Wirkungsweise von Fragen angeregt werden, d.h., dass sich die SchülerInnen Fragen über Fragen stellen: *Warum und welche Fragen stellen wir?, Wer stellt die Fragen – warum nicht die/der andere? Warum fragt Erhan Zehra (und nicht Natascha)?*

Register kennen und nutzen

Verschiedene soziale Situationen fordern vom Sprecher/Schreiber die Verwendung unterschiedlicher sprachlicher Register. **Register** sind grammatische und lexikalische Muster, die durch die Verwendung in ähnlichen Situationen geprägt werden. SchülerInnen müssen die verschiedenen Register kennen lernen und für die richtige Wahl eines Registers (z.B. Standardsprache, Jugendsprache, förmliche Sprache usw.) in Abhängigkeit zur Situation sensibilisiert werden.

Kommunikationskonzept: Mündlichkeit oder Schriftlichkeit?

Konkrete Äußerungen bzw. Texte lassen sich zwar unter medialem Aspekt eindeutig der gesprochenen oder der geschriebenen Sprache zuordnen. Doch es gibt auch mündliche Äußerungen, die den Merkmalen schriftlicher Sprache vollkommen genügen (Plädoyer des Staatsanwalts), und umgekehrt schriftliche Texte, die fast alle Merkmale mündlicher Sprache aufweisen (Chat im Internet). Entscheidend für die konkrete sprachliche Realisierung ist also zum einen die Wahl des Mediums (gesprochen oder geschrieben) und zum anderen die Wahl des Kommunikationskonzepts **(Sprache der Nähe oder der Distanz)**.
Bereits in der Primarstufe vollzieht sich im Unterricht ein Umbruch von einer konzeptuell mündlichen zu einer konzeptuell schriftlichen Sprache, unabhängig davon, ob gesprochen oder geschrieben wird. D.h., die SchülerInnen bringen folgende Erfahrungen in die Sekundarstufe I mit:

Konzeptuell mündlich

→ Zu Beginn der Grundschulzeit bezieht sich der Unterricht vorwiegend auf unmittelbar wahrnehmbare, konkrete Einzelerfahrungen. Sprachliche Handlungen sind stark in Situationen und Kontexte eingebunden bzw. werden durch Illustrationen gestützt. Die Unterrichtssprache entspricht noch weitgehend der Alltagssprache. Dies gilt auch für die ersten schriftlichen Texte in Grundschullehrwerken und Texte, die von Kindern geschrieben werden.

Konzeptuell schriftlich

→ Im Laufe der Grundschulzeit beziehen sich sprachliche Handlungen zunehmend auf allgemeine Zusammenhänge, die nicht mehr konkret in einer gemeinsamen außersprachlichen Situation eingebunden sind. Die Unterrichtssprache ist eine der Distanz, sie ist konzeptuell schriftlich. Dies gilt prinzipiell auch für die mündlichen Äußerungen der Lehrkräfte *(Der spricht wie gedruckt!)* und für die von den SchülerInnen erwarteten mündlichen Beiträge *(Sag das im ganzen Satz! Sag es genauer!)*.

In der Sekundarstufe I wird häufig davon ausgegangen, dass die SchülerInnen diesen Wandel bereits (mit-)vollzogen haben. Doch es zeigt sich immer wieder, dass dies noch nicht oder erst in Ansätzen geschehen ist. Deshalb müssen Lehrkräfte auch im Eingangsbereich der Sekundarstufe I daran arbeiten, dass dieser Prozess einsetzt bzw. weitergeführt wird.

Konzeptuelle Schriftlichkeit transparent machen

Insbesondere DaZ-SchülerInnen müssen die Regeln einer konzeptuell schriftlichen Sprache explizit vermittelt werden. Ihnen muss ggf. auch noch in der Sekundarstufe I bewusst werden, dass die geschriebene Sprache etwas anderes ist als aufgeschriebene gesprochene Sprache. Eine konzeptuell schriftliche Sprache erfordert vollständige Informationen und korrekte sprachliche Zeichen. Damit sie problemlos verstanden wird, sind gute morphologische und syntaktische Kenntnisse sowie ein differenzierter Wortschatz notwendig (vgl. Knapp 1997).

4.3. Bewusstheit für die Besonderheiten der deutschen Sprache

Metakognitive Fertigkeiten

Damit DaZ-SchülerInnen in allen Bereichen sprachlich erfolgreich handeln können, brauchen sie differenzierte sprachliche Mittel: Sie müssen genügend Wörter mit ihren zum Teil komplexen Bedeutungen und idiomatische Redewendungen kennen sowie die grammatischen Regeln zur Kombination der lexikalischen Einheiten in Sätzen und Texten beherrschen. Große Bedeutung hat hierfür auch die Ausbildung einer grammatischen Terminologie, um über Sprache und Sprachstrukturen sprechen zu können.

Sprachbewusstheit

Die Vermittlung grammatischen Wissens ist jedoch nicht auf die Erklärung des Sprachsystems ausgerichtet, sondern soll Wege zum richtigen Gebrauch der Sprache weisen. Dazu gehören die Entfaltung des Sprachgefühls, der Aufbau eines fundierten expliziten Sprachwissens sowie die Ausbildung einer altersentsprechenden **Sprachbewusstheit**. Um dies zu erreichen, sollen die SchülerInnen möglichst frühzeitig auch **metasprachliche Fähigkeiten** erwerben und diese auch benennen können.

Resistente Bereiche bei DaZ-SchülerInnen

Für die Ausbildung einer Minimalgrammatik empfiehlt sich eine Orientierung an den empirisch ermittelten Stolpersteinen der deutschen Sprache und im Blick auf die Sekundarstufe I auf diejenigen Bereiche, die sich als besonders resistent erweisen: den Gebrauch der **Präpositionen**, die **Deklination** und den Formenbestand der **unregelmäßigen Verben**, was im mündlichen Sprachgebrauch von türkischen Kindern aus einer sechsten Klasse zu folgenden Aussagen führt: *Ich will diese Schule gehen. Er geht ein Kneipe. Ich muss mit Bus fahren. Ich hab meine Haare immer so nass gelasst. Er hat 'ne weiße Pullover und 'ne weiße Hemd.* Hier wurden offensichtlich Formen falsch gelernt, Fehler nie bewusst (gemacht); eine Korrektur im Sprachlernprozess hat nicht stattgefunden oder wurde nicht aufgenommen[4].

[4] Dass und welche Sprachstrukturen DaZ-Lernenden Probleme machen, zeigen u.a. Ergebnisse aus dem Berliner Schulversuch *Zweisprachige Erziehung* (1988–1993), in dem auch deutlich wurde, dass im Zeitrahmen von sechs Jahren in der Regel alle Grundstrukturen des Deutschen erlernt werden: Die Wortstellung im Satz wird reguliert, der Wortschatz erweitert, Nebensatzkonstruktionen werden erworben, die Personalendungen der Verben normgerecht gebildet, fast alle Probleme mit der Intonation und Phonetik werden überwunden, die Rechtschreibung wird erlernt usw. (vgl. Harnisch 1993). Resistent bleiben dagegen die o.g. Bereiche.

Minimalgrammatik

Konsequenterweise sollten in der Sekundarstufe I folgende Sprachbereiche aufgegriffen und reflektiert werden:
- → Deklination (auch in Nominalgruppen: *das große Fest – ein großes Fest*),
- → Konjugation (inklusive Zeitformen und Passiv),
- → Wortarten und Wortbildung,
- → Satzmuster und Verbvalenzen – d.h., dass Verben bestimmte Satzglieder verlangen, wie ein Subjekt (alle Verben) und Objekte (manche Verben).

Grammatik lernen an bekanntem Sprachmaterial

Grammatische Strukturen sollten an sprachlichen Mitteln geübt werden, die den SchülerInnen bekannt sind. Es ist wichtig, dass die Lehrkräfte sprachliche Mittel so auswählen, dass für die DaZ-SchülerInnen keine Verwirrung durch Ausnahmen entsteht, bevor sie das Prinzip der zu festigenden Struktur erfasst haben. „Nicht passende" Beispiele, die die Schüler einbringen, können zunächst zurückgestellt werden, sollten aber zu einem späteren Zeitpunkt des Unterrichts aufgegriffen werden, damit die SchülerInnen auf ihre Beiträge inhaltliche Rückmeldungen erhalten.

Lernleitende Signale und Visualisierungen

Lernleitende Signale und Visualisierungen sollten altersangemessen sein und sich auf das Nötige beschränken. Hilfreich ist die Arbeit mit **Lernplakaten**, die z.B. tabellarische Übersichten über Konjugation und Deklination oder Visualisierungen zu Satzmustern, zum Textaufbau und dergleichen enthalten. Allerdings sollten diese nicht zur Vermittlung, sondern zur Erinnerung an bereits Erarbeitetes aufgehängt werden. Des Weiteren unterstützt die Verwendung von **Symbolen** (z.B. zur Markierung der Genera, verschiedener Satzglieder oder auch der Fälle) das Denken in strukturellen Kategorien. Diese können farbig und/oder grafisch gestaltet sein.

Nonverbale Signale zur Grammatikfestigung

Ergänzend dazu bieten **nonverbale Signale** die Möglichkeit, an grammatische Regeln zu erinnern, ohne dass der Kommunikationsfluss durch langwierige Erklärungen unterbrochen werden muss.
- → So können z.B. die Handzeichen aus dem bekannten Knobelspiel Sching-Schang-Schong als nonverbale Symbole für die Genera (der Brunnen = maskulin, die Schere = feminin, das Papier = neutral) genutzt werden.
- → Die Zweitstellung des Verbs kann durch das Zeigen von Zeige- und Mittelfinger signalisiert werden.
- → Die Verbklammer durch das Beschreiben eines Bogens von Zeige- und Mittelfinger der einen Hand zu einem imaginativen Satzende.

Hier sind der Fantasie keine Grenzen gesetzt. Wichtig ist, dass die Lernsignale eindeutig und so einfach sind, dass alle damit operieren können. Um Verwirrung zu vermeiden, sollten es nicht zu viele sein. Im Sinne einer Vereinheitlichung ist die Absprache mit Fremdsprachenlehrkräften sinnvoll oder die Orientierung am internationalen Wörterbuch der Körpersprache (vgl. Givens 2002).
Die Übersicht (vgl. KV 29/30) zeigt die Besonderheiten der deutschen Sprache, die DaZ-SchülerInnen erfahrungsgemäß Schwierigkeiten bereiten.

4.4. Lerntechniken im DaZ-Unterricht

Lernhaltung

Eine Voraussetzung für das erfolgreiche Lernen der Zweitsprache ist eine aktive und problemorientierte Lernbereitschaft bei den SchülerInnen. Dazu gehört:

→ **Problembewusstsein:** Den SchülerInnen ist bewusst, dass sich Sprachkompetenz aus unterschiedlichen sprachlichen Fertigkeiten zusammensetzt, die unterschiedliche Anforderungen stellen. Sie müssen ein Bewusstsein für die Komplexität und Strukturen der sprachlichen Mittel entwickeln.

→ **Fragehaltung:** Die SchülerInnen lernen, sprachliche Sachverhalte, die sie nicht verstehen, durch gezielte Fragen selbstständig zu klären.

Eine Möglichkeit für DaZ-SchülerInnen, ihre sprachlichen Probleme selbstständig zu lösen, bietet die Nutzung von Nachschlagewerken:

Wörterbücher

→ Im DaZ- und im Fachunterricht sollten die SchülerInnen Wörterbücher zur Verfügung haben, die sie bei Verständnisproblemen sowohl im Unterrichtsgespräch als auch bei der Textarbeit heranziehen können. Zweisprachige Wörterbücher können hier eine besondere Bedeutung erlangen, weil sie die sprachlichen Interaktionsmöglichkeiten bei Bedarf erweitern helfen.

→ Ein herkömmliches Rechtschreibwörterbuch liefert für DaZ-SchülerInnen zu wenige Informationen. Das Adjektiv *pfiffig* wird z.B. in *Das neue Schulwörterbuch: Schau nach, schreib richtig!* lediglich im Umfeld von *Pfiff, Pfiffigkeit* und *Pfiffikus* ohne Erläuterung oder Anwendungsbeispiel erwähnt:

> Pfiff; der: des -(e)s, die Pfiffe; der Pfiff des Schiedrichters; die Pfiffigkeit; der Pfiffikus (schlauer Mensch); **pfif-fig**

Dieses Wörterbuch gibt keine Bedeutungserklärung, nur wenige grammatische Informationen (zum Plural, zur Kasusbildung des Nomens *Pfiff*) und keine Satzmuster, in denen das Adjektiv eingebunden wird. Geeigneter für den Unterricht mit DaZ-SchülerInnen sind Wörterbücher mit zusätzlichen Informationen zu/r

Informationen

→ Betonung und Aussprache

→ Wortart

→ Flexion der Nomen, unregelmäßigen Verben, Adjektiven und Pronomen (mit z.B. Hinweisen auf Deklinations- und Konjugationstabellen im Deutschen Wörterbuch von Wahrig)

→ grammatisch festgelegten satzbaulichen Anschlüssen und Ergänzungen (im *Bertelsmann-Wörterbuch*)

→ verschiedenen Situationen, in denen das jeweilige Stichwort auftauchen kann (Beispiele, Idiome)

→ Zugehörigkeit zu Sonder- und Fachsprachen

→ zusammengesetzten Wortformen

Wörterbücher im Vergleich

Neben dem *Duden-Universalwörterbuch* und dem *Deutschen Wörterbuch von Wahrig*, die beide die vorab aufgezählten Informationen bereitstellen, bietet das *Bertelsmann Universal-Lexikon, Deutsches Wörterbuch in zwei Bänden*, eine handlichere und lesefreundlichere Gestaltung, weil das Schriftbild aufgelockerter und durch farblich hervorgehobene Informationen systematisiert ist. Im Vorwort wird angemerkt, dass sich das Wörterbuch auch für FremdsprachenlernerInnen eigne. Dementsprechend zeigt es die grammatisch festgelegten satzbaulichen Anschlüsse und Ergänzungen rot hervorgehoben und betont grammatische, orthografische und stilistische Zweifelsfälle durch ein rotes „!". Der Eintrag zu *pfiffig* ist für DaZ-SchülerInnen aussagekräftiger als in den anderen genannten Wörterbüchern, weil zusätzlich die Bedeutung umschrieben wird:

> **pfif-fig** (Adj.) 1. leicht begreifen und schnell einen Ausweg, eine Möglichkeit findend; ein pfiffiger Bursche, ein pfiffiges Kerlchen 2. wachen Geist und Witz verratend; ein pfiffiges Gesicht haben, machen; „...!", sagte er pfiffig.

im Vergleich zu *Wahrig*, der Synonyme anführt:

> **pfif-fig** (Adj.) schlau, gewitzt [zu Pfiff in der Bedeutung „Kunstgriff"]

oder *Duden*, der in der neuen Auflage differenzierte Verwendungen angibt:

> **pfif-fig** (Adj. zu Pfiff) gewitzt; findig; listig; schlau; ein pfiffiger Junge; mit pfiffigem Gesicht; eine pfiffige Idee; sich pfiffig anstellen; eine pfiffige Aufmachung; (ugs.) Pfiff habend, aufweisend, witzig.

Zweifelsfälle

Für DaZ-SchülerInnen sind die im *Bertelsmann-Lexikon* aufgeführten Zweifelsfälle interessant, weil hier Fehlerschwerpunkte bzw. zusätzliche Wortinformationen genannt werden, z.B. hier zu dem Verb *pflanzen*:

> **!** Bei „pflanzen" in Verbindung mit „auf", „in" kann der Dativ oder Akkusativ stehen, je nachdem, ob man den Ort (wo?) oder die Richtung (wohin?) betonen will.

Ergänzende Nachschlagewerke

Weitere Nachschlagewerke zur Ergänzung der Klassenbibliothek sind:

→ *Der kleine Duden. Hilfen für den sprachlichen Alltag:* bietet für DaZ-SchülerInnen nützliche Informationen zur Verwendung von Wörtern, sodass er ergänzend zur Wortrecherche herangezogen werden kann. Ein Beispiel:

> **trocknen:** Es kann sowohl „die Wäsche ist getrocknet" als auch „die Wäsche hat getrocknet" heißen. Die Form „ist getrocknet" kommt häufiger vor.

→ Zur Wortschatzarbeit kann Der *Duden. Das Bildwörterbuch der deutschen Sprache. Die Gegenstände und ihre Benennung* eine nützliche Hilfe sein, weil hier Fachwörter, u.a. aus den Bereichen Biologie, Technik oder Landwirtschaft, mit Bildern visualisiert werden.

→ Wörterbücher wie *Sag es treffender* oder *Der kleine Duden: Der passende Ausdruck* bieten Synonyme als Hilfen zur Ausdrucksvariation.

Grammatiken

Die Anwendung von Schulgrammatiken kann so in den Unterricht integriert werden, dass die SchülerInnen bei Problemen selbstständig z.B. nach einer passenden Konjunktion suchen (vgl. z.B. Homberger 2001).

Differenzierung

Vorschläge zum Methodentraining bietet z.B. Hans Klippert (vgl. 2002). Damit auch DaZ-SchülerInnen davon profitieren, sollten folgende unterrichtspraktische Voraussetzungen berücksichtigt werden:
- → Der Sprachstand der SchülerInnen bildet die Planungsgrundlage für die differenzierte Erarbeitung der Methoden.
- → Die Lehrkraft führt Lernhilfen – wie Wörterbücher, Sprach-Checklisten, Sprach-Merk-Hefte, Lernplakate und methodisches Know-How – ein, die es den DaZ-SchülerInnen erleichtern, ihre sprachlichen Probleme selbstständig zu lösen.
- → Die Lehrkraft nimmt eine Moderatorenrolle ein und steht den SchülerInnen als SprachberaterIn zur Verfügung.
- → Einige Methoden, die üblicherweise in Lehrplänen und Rahmenrichtlinien genannt werden – wie Notizen anzufertigen und Sprachinformationen systematisch zusammenzufassen – können modifiziert werden, sodass sowohl die Methode geübt als auch die Sprache gefördert wird.

Nachfragen

Eine grundlegende Fähigkeit, die DaZ-SchülerInnen beherrschen müssen, um den Anschluss an den Fachunterricht nicht zu verlieren, ist das Nachfragen. Fragen wie *Können Sie das bitte noch einmal wiederholen?* oder *Wie schreibt man „Stellvertreter"?* o.Ä. (siehe Ideenteil) müssen zu Beginn eines Schuljahres sprachlich eingeführt, gesammelt und in verschiedenen mündlichen und schriftlichen Unterrichtskontexten geübt werden. Auch das selbstständige Ableiten von Fragestellungen zum Thema Sprache kann in diesem Kontext gefördert werden.

Ableiten von Fragestellungen

Paraphrasieren

Um die Ausdrucksmöglichkeiten für das schriftliche Arbeiten zu erweitern und eine Hilfe zum eigenständigen Formulieren zu erhalten, können die SchülerInnen Arbeitsergebnisse und Aufgabenstellungen paraphrasieren. Die Lehrkraft erhält auf diese Weise zudem eine Rückversicherung, ob das Erarbeitete bzw. die Aufgabe verstanden wurde.

Notizen und Stichwörter aufschreiben

Um sich gezielt und sachgerecht Stichwörter aufzuschreiben bzw. Notizen zu machen, können DaZ-SchülerInnen Listen anfertigen (siehe Ideenteil), in die sie Wörter aus dem Unterrichtsgespräch, der Aufgabenstellung, dem Film oder Referat eintragen. Diese Wörter werden nach grammatischen Kategorien (das Nomen, das Verb, Fremdwörter, Präpositionen, Konjunktionen, Adverbien, Adjektive o.Ä.) systematisiert und mündlich oder schriftlich – z.B. im Rahmen eines Ergebnisprotokolls – kontextualisiert.

Systematisierung

DaZ-SchülerInnen sollten neue Sprachinformationen systematisch zusammenfassen. Das kann in Tabellenform, als Mind-Map oder in Wortlisten geschehen.

Visualisierung

Visualisierungsformen bieten zusätzliche Lernhilfen. Lernplakate mit Fragemustern, Deklinationstabellen, unregelmäßigen Verben und Imperativen können für den Klassenraum erstellt werden. DaZ-Mind-Maps können einen sprachlichen Schwerpunkt thematisieren, z.B. Konjunktionen. Sie können aber auch Inhaltswörter aufzeigen, die für DaZ-SchülerInnen mit Artikeln oder Richtungspräpositionen ergänzt werden. Begriffsnetzwerke können zur Wiederholung von z.B. Wortfeldern herangezogen werden.

Überarbeitung eigener Texte

Um Texte inhaltlich und sprachlich überarbeiten zu können, benötigen DaZ-SchülerInnen eine Anleitung zur selbstständigen Fehleranalyse. Hierfür müssen sie in der Lage sein, sprachliche Fehler zu erkennen, mit Hilfe eines Wörterbuchs zu kategorisieren und zu berichtigen. Inhaltliche Probleme lassen sich durch eine Schreibberatung der Lehrkraft finden und beheben, in leistungsstärkeren Gruppen auch in Partner- oder Gruppenarbeit. Wichtig ist, dass die Fehler nicht nur korrigiert werden, sondern dass die Korrektur unter Hinweis auf die jeweiligen orthografisch-grammatischen Regeln erklärt wird.

Sprach-Merk-Hefte

Eine Übung auf dem Weg zu komplexen Lerntagebüchern oder Portfolios bietet das instruierte Anlegen und Weiterentwickeln von „abgespeckten" Sprachportfolios bzw. Sprach-Merk-Heften. Hierin lässt sich das Einüben einer anspruchsvollen Methode mit der Sprachförderung für DaZ-SchülerInnen verbinden. Zur Wiederholung von allgemeinen Sprachregeln ist es sinnvoll, Merksätze zu formulieren. Diese Merksätze sollten als Lernhilfe im Seitenlayout auffällig gestaltet sein. Innerhalb dieses Merkheftes entwickeln die

Wortlisten

SchülerInnen ihr eigenes Sprachglossar, das aus Wortlisten (Nomen, Verben, Adjektiven, Präpositionen, Konjunktionen, Adverbien Pronomen, Zahlwörtern, grammatischen Fachwörtern) besteht.

Übungsbeispiele:

- → Fehlerhafte Texte mit Hilfe von Wörterbüchern und Konjugations- oder Deklinationstabellen korrigieren
- → Merksätze formulieren
- → Wortlisten zu den einzelnen Wortarten erstellen
- → Wörter im Wörterbuch finden, die Besonderheiten aufführen und Beispielsätze nach Satzmustern bilden
- → Grammatische Fachwörter nachschlagen und Beispielsätze bilden
- → Aufgabenstellungen paraphrasieren

4.5. DaZ und Fachsprache

Vergleich: Fachunterricht mit Erst- und Zweitsprachlern

Ziel des erstsprachlichen Fachunterrichts ist vornehmlich die Erlangung von Fachkompetenz, die in der Schule in den jeweiligen Klassenstufen altersgerecht überprüft wird. Der Fachunterricht ist systemorientiert: Zusammenhänge werden aufgezeigt, fachspezifische Denkstrukturen auf- und ausgebaut – und problemorientiert behandelt: Es werden Lösungen für konkrete Fragestellungen bzw. Interpretationen und Bewertungen für Entwicklungen usw. gesucht. Fachunterricht ist oft sprachlich nicht ausreichend didaktisiert (Fachlehrkräfte können meistens das Sprachvermögen in der Zweitsprache nur ansatzweise einschätzen), daher holt dieser Unterricht Zweitsprachlernende nicht (unbedingt) dort ab, wo sie sich aufgrund ihrer sprachlichen Entwicklung befinden.

Fachunterricht ist zudem weniger an formaler Sprachrichtigkeit als an ausreichender Differenziertheit und damit an der Richtigkeit der Aussage interessiert. Im Vordergrund stehen selektierende oder hierarchisierende Darstellungsverfahren, nicht assoziative oder additive Sprachvermittlungsverfahren. Bei der Fachwortschatzvermittlung wird auf die genaue, differenzierte Begriffsbestimmung Wert gelegt, nicht auf die im Sprachunterricht übliche Schulung der Fähigkeit, mit Hilfe der neuen Begriffe Sprachhandlungen vorzunehmen bzw. zu diskutieren. Im erstsprachlichen Fachunterricht werden nicht in erster Linie Arbeits- oder Lesestrategien geübt, was mit DaZ-SchülerInnen jedoch erforderlich ist.

Neue didaktische Ausrichtung des Fachunterrichts

Bedenkt man, dass für die meisten DaZ-SchülerInnen der Wissenszuwachs fast ausschließlich in der Schule erfolgt, der Zugang zu diesem Wissen jedoch aufgrund sprachlicher Defizite unter erschwerten Bedingungen stattfindet, eröffnet sich für den Fachunterricht ein neuer Anwendungsbereich für Sprache.

Im Folgenden sollen Beispiele aus einem Lehrwerk für den Unterricht im Fach Biologie (Hauptschule, Klassenstufe 8–10) zeigen, was den DaZ-SchülerInnen beim Erwerb von Fachinhalten (zusätzlich) sprachlich abverlangt wird.

Beispiel: Lehrbuchtext 8.–10. Klasse

Bau des Gehirns[1]

Das *Gehirn* selbst gliedert sich in verschiedene Teile mit unterschiedlichen Aufgaben. Das *Großhirn* macht etwa 80% der *Gehirnmasse* aus. Es ist durch eine *Längsspalte* in zwei Hälften geteilt, die jedoch durch den *Balken* miteinander verbunden sind. Hier haben unsere *bewussten Erlebnisse* und *geistigen Fähigkeiten* ihren Sitz. Die *Oberfläche* des *Großhirns*, die *Hirnrinde*, ist durch viele *Faltungen* stark vergrößert. Sie besteht aus *grauer Substanz*, die von den *Zellkörpern* der *Nervenzellen* gebildet wird. Darunter liegt die *weiße Substanz*. Diese besteht hauptsächlich aus *Nervenfasern*, die die *Nerven* untereinander verbinden. Auch der *Balken* besteht aus *Nervenfasern*.
Im Hinterkopf befindet sich das *Kleinhirn*. Seine Oberfläche ist *fein gefurcht*. Auf Befehl des *Großhirns steuert* es alle *bewussten* und *unbewussten Bewegungen*. So hält es beispielsweise den Körper stets im Gleichgewicht. Es ist auch dafür verantwortlich, dass einmal gelernte *Bewegungsabläufe*, wie etwa das Radfahren, später *unbewusst* durchgeführt werden können. (...)
Sie werden dann als *automatisierte Handlungen* in der *Großhirnrinde gespeichert* und können schnell der jeweiligen Situation angepasst werden. Zu ihnen gehören die meisten alltäglichen Handlungen, z.B. das Zähneputzen oder Laufen. Sie *erfordern* keine *Aufmerksamkeit* mehr. Dies ist die Voraussetzung dafür, dass wir uns auf Wichtiges oder Schwieriges, wie etwa eine Prüfung oder auf eine sportliche Hochleistung, konzentrieren können.

Kommentar

Dieser Text stellt für DaZ-SchülerInnen eine sprachliche Herausforderung dar. Neben dem (kursiv markierten) Fachwortschatz müssen sie die (durch Unterstreichung markierten) Proformen entschlüsseln. Nebensatzkonstruktionen sind fester Bestandteil des Textauszugs: v.a. Relativsätze werden verwendet, aber auch Partizipialkonstruktionen *(... einmal gelernte Bewegungsabläufe ...)*. Werden nicht alle grammatischen, lexikalischen bzw. fachsprachlichen Ebenen gleichzeitig verarbeitet, ist der Aufbau von Textverständnis und damit der Erwerb von Fachwissen nicht oder nur eingeschränkt möglich. Wenn also derlei Unterrichtsmaterialien im Unterricht mit DaZ-SchülerInnen verwendet werden, ist eine sprachliche Vor- und Aufbereitung der Fachtexte unerlässlich.

[1] Beuk, H. G., Dobers, J. u.a.: Erlebnis. Biologie 2. Braunschweig: Schroedel. S. 239–240.

Was sind Fachsprachen?

Eine wichtige Voraussetzung dafür ist das Wissen der Lehrkraft um die Besonderheiten von Fachsprachen: Fachsprachen sind sprachliche Varietäten, die der präzisen und differenzierten Kommunikation über spezifische Sachbereiche und Tätigkeitsfelder dienen; sie sind hinsichtlich der Syntax (grammatische Strukturen) und der Lexik (Wortschatz) durch verschiedene Merkmale gekennzeichnet, die in der Alltagssprache nicht üblich sind, in Fachtexten aber gehäuft auftreten. Kennzeichnend für Fachsprachen sind

→ ein ausgebauter, terminologisch normierter Fachwortschatz,
→ ein entsprechend differenzierter Gebrauch von Wortbildungsregeln (z.B. für Komposita, Präfixbildungen, Fremd- und Kunstwörter usw.),
→ das Vorherrschen eines Nominalstils sowie unpersönlicher Konstruktionen,
→ textsortenspezifische Textbaupläne (vgl. Bußmann 1990, S. 235f).

Charakteristisch ist außerdem die Deagentivierung der Verben durch Passiv-, Reflexiv- und Infinitivkonstruktionen und die generelle Deverbalisierung, d.h. die Verlagerung der Information vom verbalen in den nominalen Bereich (vgl. Kretzenbacher 1995, S. 28), was in erzählenden Texten, mit denen DaZ-SchülerInnen normalerweise konfrontiert werden, nicht der Fall ist.

Was leisten Fachsprachen?

Fachsprachen als Kommunikationsmittel

→ spiegeln Denkstrukturen wider, die durch die Methoden des jeweiligen Faches bestimmt sind,
→ weisen Mitteilungsstrukturen auf, die durch das Erkenntnis- bzw. Forschungsinteresse des Faches bestimmt sind,
→ dienen der Kommunikation über Fachinhalte und benutzen dazu die sprachlich kürzeste und präziseste Form, nämlich den Fachterminus.

Zusätzliche sprachliche Schwierigkeiten für DaZ-SchülerInnen beim Erwerb von Fachsprachen

Neben den Fachtermini stellt deren Einbettung in o.g. Strukturen ein Lernhindernis dar, z.B.: *eine Erkenntnis setzt sich durch, eine Theorie fußt auf der Annahme, dass ..., ein Grundsatz leitet sich ab von ...* Diese sogenannte „alltägliche Wissenschaftssprache" ist durch die Umformung von alltäglichen Kommunikationsmitteln für die hochgradig spezialisierten Zwecke der Wissenschaft entstanden. Es handelt sich dabei weder um Wortschatz der Alltagssprache noch sind es Ausdrücke einer bestimmten Disziplin bzw. ihrer Fachsprache. Wir haben es in solchen Fällen mit einer Substruktur der Sprache zu tun, die bisher oft von Lehrenden nicht einmal als Lernproblem wahrgenommen wurde (vgl. Ehlich 1999, S. 3–24).

Dichte der Fachtexte

Durch diese grammatischen und lexikalischen Strukturen werden die Texte dichter, ein Sachverhalt wird darüber hinaus subjektunabhängig (unpersönlich) und abstrakt dargestellt. Diese Dichte von Fachtexten wird v.a. durch **Textverweise** wie Wiederholung, Wiederaufnahme von Textelementen erreicht. Ein weiteres Mittel der Satzverknüpfung ist die Wiederaufnahme von bereits genannten Sachverhalten durch bestimmte **Proformen**. Das können sein:

Proformen

→ Pronomen (Personalpronomen der 3. Person, Demonstrativpronomen usw.),
→ Synonyme (*Junge, Knabe* usw.) oder Oberbegriffe *(Birnen mag er, Äpfel dagegen nicht. Bei Obst ist er wählerisch.)*

→ Präpositionaladverbien *(er freut sich auf die Ferien/darauf)*, Adverbien *(neulich, vergebens)* usw.

Eine Proform vermeidet die wörtliche Wiederholung bestimmter Ausdrücke in einem Text. Über Proformen werden keine eindeutigen inhaltlichen Bezüge hergestellt, sie fungieren eher als eine Art „Suchanweisung". Erst bei erfolgreicher Suche, wenn also klar ist, auf welches andere Textelement eine Proform verweist, ist über dieses Textelement ein Referenzbezug (eine inhaltliche Füllung) möglich.

Proformen sind für DaZ-SchülerInnen schwer zu entschlüsseln

Die Entschlüsselung der Proformen, also die korrekte Zuordnung der Proform zu dem jeweiligen Referenten, fällt DaZ-SchülerInnen auch deshalb schwer, weil dafür solide grammatische und lexikalische Kenntnisse notwendig sind, die bei der Lektüre ad hoc aktiviert werden müssen. Können Zuordnungen nicht geleistet werden, wird das Textverständnis blockiert und die Aufnahme neuer Inhalte erschwert bzw. im Extremfall verhindert. In jedem Fall nimmt die Lesegeschwindigkeit, die bei DaZ-SchülerInnen sowieso geringer ist, weiter ab, sodass Fachtexte mit ihrer hohen Informationsdichte oft nicht mehr rezipiert werden können.

Hinzu kommt, dass DaZ-SchülerInnen, selbst wenn sie Fachinhalte verstanden haben, oft nicht in der Lage sind, ihr passives sprachliches Wissen in aktives Sprachwissen zu transformieren, was aber die Voraussetzung für die Artikulation ihres Erkenntnisprozesses ist. Sie scheitern dann (sprachlich) im Fach und die Fachlehrkräfte sind in diesen Fällen oft nicht mehr in der Lage zu beurteilen, ob die dokumentierten Fehlleistungen sprachlich oder fachlich motiviert sind. Um also schulisches Scheitern im Fach zu verhindern, müssen Fachlehrkräfte für die sprachlichen Schwierigkeiten in (Fach)Texten sensibilisiert werden und die Vermittlung fachsprachlicher Elemente in ihren Unterricht einbeziehen.

Sprache im Fachunterricht ist nicht die Sprache des Faches

Eine wesentliche Grundlage dafür ist der sensible Umgang mit der Unterrichtssprache. Die Unterrichtssprache ist eine Mischung aus Alltags- und Fachsprache – und das sollte konstruktiv genutzt werden – so formuliert es der Physikdidaktiker Josef Leisen: Die Sprache im Physikunterricht ist nicht die Sprache der Physik, sondern eine Sprache auf dem Weg zur Physik, sie formuliert nicht minderwertig, sondern schülergemäß (vgl. 1998, S. 9). Damit ist ein wichtiges Prinzip des Fachunterrichts benannt, das nicht nur, aber besonders im Blick auf DaZ-SchülerInnen nicht hoch genug eingeschätzt werden kann: Fachlehrkräfte sollten den Mut haben, bewusst schülergemäß zu formulieren, und gleichzeitig alle SchülerInnen beim Erwerb der Fachsprache begleiten. Dazu gehört:

Prinzipien des Fachunterrichts mit DaZ-SchülerInnen

→ eine konstruktive Lernhaltung zum Fach und zum Erwerb der Fachsprache fördern,
→ fachsprachliche Grundlagenlexik, fachspezifische Wortbildungsmuster, Satzschemata und Argumentationsstrukturen vermitteln, ohne die Problemorientierung des Fachunterrichts zu vernachlässigen,
→ den im Fach üblichen Diskurs (die Denk- und Mitteilungsstrukturen) bewusst machen,
→ textsortenbezogen arbeiten und die Unterschiede zwischen den einzelnen Kommunikationsverfahren (Definieren, Beschreiben usw.) vermitteln,

→ die Lerngewohnheiten der SchülerInnen reflektieren und Lerntechniken vermitteln.

Vorwissen aktivieren

Damit DaZ-SchülerInnen den roten Faden aufnehmen, sollte das fachliche und das fachsprachliche Vorwissen der SchülerInnen aktiviert werden.

Inhalte verzögert präsentieren

Inhalte können verzögert präsentiert werden. Dabei wird (Fach)Wortschatzarbeit integriert, d.h., neue Fachbegriffe werden (mit Artikel und Plural) eingeführt, die passenden Verben werden (unter Angabe der Stammformen bei starken Verben) ggf. mit den dazugehörigen Präpositionen geliefert, fachspezifischer Wortschatz wird kontextbezogen eingeführt, z.B. mit Hilfe von Wortfeldern.

Entlastung der Aufgabenstellung

Die Aufgabenstellung darf sprachlich nicht so kompliziert formuliert sein, dass die DaZ-SchülerInnen sie allein aufgrund ihrer sprachlichen Komplexität nicht verstehen und sie dadurch nicht bearbeiten können. Oft entsteht in solchen Fällen der Eindruck, die SchülerInnen hätten den jeweiligen Inhalt nicht verstanden, in Wirklichkeit sind sie aber bereits an der Formulierung der Aufgabenstellung gescheitert.

Teilergebnisse sichern

Mitunter ist der Fachunterricht sehr kleinschrittig zu gestalten. Denn DaZ-SchülerInnen trauen sich oft nicht zu, den Unterricht wiederholt zu unterbrechen, um Wortschatz- oder Formulierungsdefizite zu klären. Deshalb sollten auch Teilergebnisse gesichert werden, z.B. in Form zusätzlicher Stützübungen und durch den Einsatz themenspezifischer Wortschatzlisten.

Einübung fachspezifischer Textsorten

Notwendig ist außerdem die Einführung und Einübung fachspezifischer schriftsprachlicher Mitteilungsformen und Textsorten, z.B. die Erstellung eines Versuchsprotokolls im naturwissenschaftlichen Unterricht oder die Umsetzung eines mündlich gehaltenen Referats in eine schriftliche Hausarbeit in Fächern wie Geschichte oder Biologie. Hier haben sich die Arbeit mit Mustertexten und andere Formen des generativen Schreibens bewährt.

4.6. Mehrsprachigkeit und die Fachsprache Deutsch

Um die Wettbewerbsfähigkeit der DaZ-SchülerInnen im schulischen und später beruflichen Bereich zu erhöhen, kann für die Förderung der Deutschkompetenzen im fachsprachlichen Bereich auch auf die Mehrsprachigkeit der DaZ-SchülerInnen zurückgegriffen werden.

MigrantenschülerInnen erwerben ihre Herkunftssprache als Familiensprache und nicht als Fachsprache

Eine wichtige Voraussetzung für den Einbezug der Mehrsprachigkeit ist, dass die Lehrkräfte von den SchülerInnen nicht erwarten, dass diese für andere komplizierte fachsprachliche Inhalte in eine andere Sprache übersetzen! Da die Migrantenjugendlichen, die in Deutschland aufwachsen, ihre Familiensprachen meist nur als gesprochene Sprache lernen, besitzen sie in der Regel keine oder nur geringfügige fachsprachliche Kompetenzen in diesen Sprachen. Dennoch sind die Familiensprachen, der Ethnolekt und andere Sprachen, die Kinder manchmal in ihrer Umgebung dazulernen, wichtige Kommunikationsmittel für die SchülerInnen. In Anbetracht dessen eröffnen sich im Hinblick auf den Umgang mit Fachtexten folgende auf der Mehrsprachigkeit der SchülerInnen basierende Möglichkeiten:

Freie Sprachwahl in Gruppenarbeitsphasen

➔ Es ist von großer Bedeutung, SchülerInnen zu erlauben, unter sich als Arbeitssprache ihr gesamtes Sprachrepertoire einsetzen zu können. Es ist allerdings sehr wichtig, dies den SchülerInnen freizustellen, also sie auch nicht dazu zu zwingen, z.B. Türkisch zu sprechen. Es geht nicht um die Verwendung einer bestimmten Sprache und es kommt auch nicht auf sprachliche Korrektheit an, sondern auf **die kommunikative Bearbeitung der Unterrichtsgegenstände**. Dies kann sowohl in einer Migrantensprache als auch in einer gemischten Sprache oder im Ethnolekt geschehen. Ziel ist die Gewährleistung der bestmöglichen sprachlichen Auseinandersetzung mit dem Unterrichtsgegenstand, zum Beispiel einem Fachtext.

Gezielter Einsatz sprach- und fachkundiger SchülerInnen

➔ SchülerInnen, die im Herkunftsland zur Schule gegangen sind, können auf freiwilliger Basis als „Experten" um Hilfe gebeten werden.

Bereitstellung von Lexika und Fachbüchern in den Familiensprachen

➔ An Schulen mit einer größeren Zahl an SchülerInnen einer bestimmten Herkunft wäre es lohnenswert, Lexika und Fachbücher in diesen Sprachen anzuschaffen. So hätten die schriftkundigen SchülerInnen die Möglichkeit, sich in der Herkunftssprache ein Bild vom speziellen Unterrichtsgegenstand zu machen. Insbesondere SchülerInnen mit geringen Deutschkenntnissen und sehr guten Kompetenzen in den Familiensprachen könnten von dieser Möglichkeit profitieren. Ein besseres Wissen über den Unterrichtsgegenstand würde das Verstehen von deutschen Fachtexten erleichtern.

Kooperation mit der Lehrkraft für den herkunftssprachlichen Unterricht

➔ Falls an der jeweiligen Schule Lehrkräfte für den herkunftssprachlichen Unterricht arbeiten, wäre es sinnvoll, diese um Kooperation zu bitten. Diese Lehrkräfte könnten einerseits bei schwierigen Inhalten SchülerInnen in der Herkunftssprache Hilfestellungen geben und sie könnten andererseits bei der Beschaffung von Lexika und Fachbüchern beratend und organisatorisch behilflich sein.

Kooperation mit Eltern

➔ Auch Eltern, die die Herkunftssprachen auf hohem Niveau beherrschen, könnten bei speziellen Themen und Schwierigkeiten um Hilfe gebeten werden. Außerdem könnten auch sie bei der Beschaffung der genannten Bücher behilflich sein.

Akzeptanz der Mehrsprachigkeit und gezielte Erarbeitung der Fachsprache Deutsch

Alle diese Maßnahmen werden den positiven Nebeneffekt der Aufwertung der Mehrsprachigkeit und der damit verbundenen persönlichen Akzeptanz von DaZ-SchülerInnen mit sich bringen, von der ein großer Motivationsschub zu erwarten ist. Ergänzend ist es erforderlich, dass die SchülerInnen sich die Besonderheiten der deutschen Fachsprache gezielt erarbeiten (vgl. Stolpersteine der deutschen Sprache, KV 30). Empfehlenswert ist bei SchülerInnen, die vermutlich diese sprachlichen Anforderungen nicht oder nur teilweise bewältigen können, die Erfassung der fachsprachlichen Fähigkeiten mittels eines speziellen Rasters (s. Kapitel 6.1.) und die gezielte Förderung im Hinblick auf die festgestellten Problembereiche.

Fachlehrkräfte sollten sich einen Überblick über die fachsprachlichen Besonderheiten des Deutschen verschaffen, die mehrsprachigen SchülerInnen im Hinblick auf diese Bereiche beobachten und ihnen, z.B. durch Methoden der Textentlastung (vgl. dazu besonders die Kapitel „DaZ im Fachunterricht", S. 179ff), zum besseren Verständnis der im Unterricht verwendeten Texte verhelfen.

5. Integrativer Sprachunterricht

Der DaZ-Unterricht folgt dem Prinzip des integrativen Sprachunterrichts, das bedeutet:

Integration als gegenseitiger Annäherungsprozess

1) Das Integrative bezieht sich auf den gemeinsamen Unterricht von SchülerInnen deutscher und nicht deutscher Erstsprache und die bewusste Gestaltung des Unterrichts im Blick auf diese heterogene Schülerschaft. Integration reduziert sich dabei nicht auf die Integration bzw. Assimilation der DaZ-SchülerInnen, sondern wird als Prozess der gegenseitigen Annäherung verstanden. Dazu gehört, sich wechselseitig wahrzunehmen; Besonderheiten, die jede Gruppe mitbringt, bewusst anzusprechen; explizit auch die DaZ-SchülerInnen zu ermuntern, sich mit ihren Erfahrungen einzubringen; über die deutsche Sprache aus der Perspektive der Erst- und Zweitsprachsprechenden zu diskutieren; die Ausgangssprachen der DaZ-SchülerInnen einzubeziehen, Mehrsprachigkeit zuzulassen und in das Unterrichtsgeschehen zu integrieren usw. (vgl. Ideenteil S. 141ff).
In der Zweitsprachdidaktik wird das Konzept des Mit- und Voneinander-Lernens mit den sozialpsychologischen Schlüsselqualifikationen nach Lothar Krappmann in Verbindung gebracht und zielt dementsprechend auf:

- → Rollendistanz (die eigene Position verlassen und mit Abstand betrachten)
- → Empathie (sich in die Position anderer hineinversetzen)
- → Ambiguitätstoleranz (widersprüchliche Anforderungen und Erwartungen aushalten)
- → Identitätsbewusstsein und -darstellung (die eigene Position erkennen und anderen gegenüber darstellen)

Hierbei geht es nicht darum, Toleranz, Offenheit und Aufgeschlossenheit gegenüber anderen zu *verordnen*, sondern einen Prozess der Identitätsbildung in Auseinandersetzung zwischen dem individuell, ethnisch und gesellschaftlich je Eigenen und je Fremden in Gang zu setzen, um eine individuelle und ethnische Integration in die Gesellschaft zu unterstützen.

Integration von DaZ in den Regelunterricht

2) Im Hinblick auf die heterogene Schülerschaft der Regelklassen bedeutet integrativer Sprachunterricht, DaZ-didaktische Elemente in jeden Unterricht zu integrieren, um allen SchülerInnen unabhängig von ihrer Herkunft gerecht zu werden. Eine Anregung hierfür bilden die Besonderheiten der deutschen Sprache und der Fachsprache, die Lehrkräften einen Überblick über mögliche Lernerschwernisse geben (vgl. KV 29/30 und die Checkliste S. 90). Diese „Stolpersteine" können im gemeinsamen oder auch im binnendifferenzierten Unterricht aufgegriffen und vertieft werden. Manchmal kann es nötig sein, die im Unterricht verwendete Sprache gezielt von besonderen Schwierigkeiten zu entlasten (im Unterrichtsgespräch, in Texten, auf Arbeitsblättern usw.). Allerdings darf die Entlastung nicht dazu führen, dass DaZ-SchülerInnen nur noch mit „entlasteter" Sprache konfrontiert werden: Das Lernziel besteht darin, dass sie authentische Texte und Sprache verstehen und selbst altersgerecht kommunizieren können.

Integrativer DaZ-Unterricht

3) Der dritte Aspekt zielt auf die Gestaltung des DaZ-Unterrichts im engeren Sinn als integrativen Sprachunterricht. Dieser Ansatz meint zunächst, dass sprachliche Sachverhalte nicht isoliert, sondern im situativen Kontext, handlungs- und inhaltsorientiert bearbeitet werden. So bietet es sich z.B. an, bei einem Unterrichtsgang Gebots- und Verbotsschilder entdecken zu lassen und in der anschließenden Unterrichtseinheit die sprachlichen Strukturen von Sätzen mit Modalverben *(Hier darfst du ..., hier musst du ..., hier kannst du ...)* zu erarbeiten.

Sprachphänomene mit unterschiedlichen Sachkontexten verzahnen

Die Verzahnung von Sprach- und Sachlernen darf aber das Sprachlernen nicht in den Hintergrund drängen; denn gerade DaZ-SchülerInnen, die, anders als SchülerInnen im Fremdsprachenunterricht, in jedem Unterricht genau in dieser Situation sind, dass sie die Sprache innerhalb eines Sachkontextes hören und gebrauchen, benötigen eine spezifische Unterstützung ihres Spracherwerbs. Diese lässt sich durch DaZ-didaktische Schleifen realisieren, in denen das spezifische Sprachphänomen – wie z.B. die Passivkonstruktion – zunächst im Sachkontext aufgegriffen wird, dann aber aus diesem Kontext herausgelöst und als Sprachphänomen betrachtet wird. Anschließend wird Passiv auf andere Sachkontexte übertragen, damit die SchülerInnen eine Vorstellung von der Reichweite des sprachlichen Phänomens erhalten und dieses nicht auf den konkreten Sachkontext, in dem sie es vermittelt bekommen haben, reduzieren.

Verbindung von Sprache und Literatur

4) Hinzu kommt die Verbindung bzw. **Integration von Sprache und Literatur**, die sich durchaus auch im DaZ-Unterricht durch die Einbindung von literarischen Texten, Hörspielen, Filmen und multimedialen Büchern realisieren lässt. Die Auswahl kann sich an der im Deutschunterricht bearbeiteten Literatur orientieren oder aber Texte einbeziehen, in denen sprachliche Phänomene im Vordergrund stehen, wie in dem folgenden Gedicht eines Migrationsautoren, das einerseits trennbare Verben thematisiert, andererseits aber auch das Verhältnis zur Zielsprache und ihren SprecherInnen anspricht.

Das bin ich mir schuldig

Bevor ich ein Wort spreche aus,
nachdenke ich gründlich darüber.
Mir soll laufen unter kein Fehler,
damit ich nicht falle auf
vor einem so erlesenen Publikum
als unkundiger Trottel,
der sich benimmt immer daneben.

Ivan Tapia Bravo

Sprachbetrachtung im fächerverbindenden Unterricht

Der integrative Ansatz geht jedoch über die Verbindung von Sprache und Literatur als den beiden großen Bereichen des Deutschunterrichts hinaus und in Konzepte des fächerverbindenden bzw. **fächerübergreifenden Unterrichts** über. Eine mögliche Umsetzung dieses Ansatzes ist projektorientiertes Lernen, das sich – auf der Ebene der Themen- und Aufgabenstellung – mit allen Lernbereichen und mit allen Fächern verbinden lässt. Wünschenswert ist dabei, dass DaZ-spezifische Aspekte nicht nur implizit vorkommen, sondern bereits in der Vorbereitung klar definiert und einer expliziten Sprachbetrachtung zugeführt werden: Werden z.B. in einem Projekt über die Geschichte des eigenen Stadtviertels Interviews mit älteren Menschen durchgeführt, so lässt sich in diesem Zusammenhang auch betrachten, wie Fragen gestellt werden, welche Frageformen, Fragepronomen usw. genutzt werden können.

Verbinden der sprachlichen Fertigkeiten:

5) Die **sprachlichen Fertigkeiten** (Hören, Lesen, Sprechen, Schreiben, Kommunizieren und Sprache reflektieren) werden im integrierten Sprachunterricht verbunden. Dabei ist darauf zu achten, dass tatsächlich alle Bereiche vorkommen und gleichberechtigt behandelt werden.

Rezeption: Hören und Lesen

DaZ-SchülerInnen verstehen oft nur vage und müssen sich deshalb das im Unterricht Gehörte oft selbst „zusammenreimen". Um Schwierigkeiten im Verstehensprozess zu erkennen, benötigen Lehrkräfte erhöhte Aufmerksamkeit. Die rezeptive Kompetenz der SchülerInnen beim Hör- und Leseverstehen wird im Unterricht überprüft und entfaltet. Hörübungen sind dabei ggf. mit Artikulationsübungen zu verbinden. Leseverstehen lässt sich durch Textentlastung und Entschlüsselungshilfen erleichtern. Werden diese Hilfen den SchülerInnen aktiv als Methodenkompetenz vermittelt, so können sie sie dann auch im Regelunterricht selbstständig nutzen.

Produktion: Sprechen und Schreiben

Auch die produktiven Fertigkeiten (Sprechen und Schreiben) sind vor dem Hintergrund des Zweitspracherwerbs zu sehen. Gerade bei DaZ-SchülerInnen mit umgangssprachlicher Kompetenz ist darauf zu achten, dass sie genau sprechen (Endungen nicht verschlucken, Konkordanz zwischen Subjekt und Verb herstellen, Satzstellung beachten usw.), Vermeidungsstrategien überwinden und den Mut entwickeln, mit Sprache zu experimentieren.

sprachlich Interagieren

Die für jeden Unterricht typische Heterogenität der SchülerInnen führt v.a. in frontalen Phasen des Unterrichts immer wieder dazu, dass leistungsschwächere SchülerInnen durch andere „ausgebremst" werden, indem diese ihnen vorsagen, die Antwort einfach in die Klasse rufen und/oder den Schüler auf seine Unzulänglichkeit direkt hinweisen, seine unzutreffende Antwort verbessern oder in aller Deutlichkeit zurückweisen. Das führt oft dazu, dass die so gemaßregelten SchülerInnen sich zurückziehen und eine meist passive, manchmal aber auch aktive Verweigerungshaltung einnehmen. Um dies zu verhindern, müssen vor allem für die mündlichen Phasen Kommunikationsregeln eingeführt und von Seiten der Lehrkraft auch durchgesetzt werden. Die Lehrkraft muss sicherstellen, dass sich auch DaZ-SchülerInnen am Unterrichtsgespräch beteiligen (können) und ihnen ggf. besondere Hilfestellungen geben: Worte oder Satzglieder für die Antwort anbieten, so lange nachfragen, bis die Aussage klar wird usw.

Reflektieren

Dass Sprache zum Lerninhalt wird – zumal außerhalb des DaZ-Unterrichts – entspricht den Vorerwartungen vieler SchülerInnen nicht. Deshalb müssen Lehrkräfte für diese Art Unterricht werben, ihn erfahrungsentfaltend gestalten und den SchülerInnen kognitive Erfolge ermöglichen. So können operationale Verfahren wie die Umstellprobe zur Festigung der Inversion *(Ich gehe in die Schule – Dann gehe ich in die Schule)* oder die Erweiterungsprobe *(Ich gehe heute mit meiner Schwester in die Schule am Dammtor.)* dadurch erfahren werden, dass die SchülerInnen Karten mit Satzteilen erhalten und sich dann in verschiedenen Varianten aufstellen, um korrekte Sätze zu bilden. In einer 5. Klasse führte das bei dem Mädchen mit der Verbkarte dazu, dass sie sich nach etwa zehn Minuten heftig beschwert hat, dass sie die ganze Zeit „dumm rumstehen muss", während sich die anderen bewegen. Sie hat auf diese Art die Verbzweitstellung im Satz plastisch erfahren und spielte in der nächsten Runde die Rolle des **Verbs als Chef des Satzes**, der die anderen an bestimmte Stellen im Satz verschiebt. Dass sich dieses Verfahren auch noch in der Hauptschule umsetzen lässt, zeigt Boris Hosseinpour (vgl. 1998), der HauptschülerInnen in ähnlicher Weise ein Gefühl für Propositionen (den semantischen Kern eines Satzes), das sie für die Kommasetzung brauchen, vermittelt.

Mehrsprachigkeit thematisieren

6) Da DaZ-SchülerInnen mehrsprachige SchülerInnen sind und DaZ leider häufig den einzigen Rahmen bietet, um die Sprachkompetenz dieser Schülergruppe zu entfalten, sollte auch im Rahmen der DaZ-Förderung Raum für die Einbeziehung der Mehrsprachigkeit gegeben werden. Auch hier liefern migrationsliterarische Texte, die oft Mehrsprachigkeit thematisieren oder zweisprachig geschrieben sind, eine Anregung für die Einbeziehung anderer Sprachen und das Inbeziehungsetzen unterschiedlicher Sprachen wie in folgendem Gedicht eines deutschen Lyrikers aus spanischer Arbeitsmigrantenfamilie:

wassersprache[1]

la mar machte
  kindsmäuler lachen
el mar war
  schambleiche Trauer
  der väter
dem Meermann
  die meerin

José F. A. Oliver

Das Gedicht spielt mit den unterschiedlichen Artikeln von Meer im Spanischen und im Deutschen und setzt diese in Beziehung zu traditionellen Geschlechts- und Arbeitsrollen bei Menschen, die am und vom Meer leben. Dabei ist die konkrete Sprachenwahl weniger bedeutsam als die interkulturelle Betrachtung von Sprachen in Verbindung mit Alltags- und kulturellen Lebenserfahrungen. Der Text eignet sich auch für den Einsatz in Gruppen mit SchülerInnen ohne Herkunftssprache Spanisch, da er auch ohne Spanischkenntnisse leicht zu verstehen ist, gleichzeitig aber Raum für Deutungen gerade von mehrsprachigen SchülerInnen lässt. Er ist ein Beispiel dafür, dass Mehrsprachigkeit auch ohne expliziten Bezug zu der/den konkreten Herkunftssprache/n der anwesenden DaZ-SchülerInnen thematisiert werden kann.

[1] José F.A. Oliver: Austernfischer Marinero Vogelfrau. Berlin: H. Schiler 1997, S. 8. Mit der Widmung *a mi madre*.

5.1. Mehrsprachigkeit einbeziehen

Mehrsprachigkeit im Unterricht zielt auf eine Verzahnung der verschiedenen Sprachen

Die Mehrsprachigkeit der SchülerInnen wird – wenn überhaupt – meist nur in der Grundschule in die Lehr- und Lernprozesse, u.a. in den Deutschlernprozess, einbezogen. Dabei ist bekannt, dass Sprachlerner Strukturen einer oder mehrerer Sprachen, die sie bereits gelernt haben, auf die neue Sprache übertragen und dass dadurch viele positive Transfers, aber auch bestimmte systematische Fehler entstehen können. Aus diesem Grund befasste man sich in den 1970er- und 80er-Jahren mit den Erstsprachen, um durch Sprachvergleiche Kindern die Unterschiede zwischen den Sprachen bewusst zu machen und dadurch Fehlern vorzubeugen (vgl. Selinker 1992). In der Folgezeit geriet der Ansatz der „kontrastiven Analyse" (vgl. Kielhöfer 1997) allerdings in Kritik, weil man damit nicht das gesamte „Fehlerverhalten" der SchülerInnen erklären kann. Inzwischen ist der Ansatz der kontrastiven Spracharbeit weiter ausdifferenziert worden. Man geht von einem komplizierten Wechselverhältnis zwischen den verschiedenen Sprachen eines Individuums aus und davon, dass auch innerhalb der Zielsprache negative und positive Transfers stattfinden können. Außerdem legen anglo-amerikanische Untersuchungen die Schlussfolgerung nahe, dass der beste Bildungserfolg erzielt werden kann, wenn ein Kind langfristig in allen seinen Sprachen miteinander verzahnten Unterricht erhält (vgl. Reich/Roth 2002, S. 24f). Gegenwärtig ist es in Deutschland nicht möglich, diese Erkenntnis in die Tat umzusetzen, es gibt jedoch im Rahmen der gegeben Möglichkeiten Wege der Integration der Mehrsprachigkeit in den Unterricht:

Sprachvergleiche mit den Herkunftssprachen

Im Bereich des DaZ-Unterrichts gibt es gegenwärtig die Tendenz, sich mit den unterschiedlichen Sprachen der Gesellschaft und des Individuums im Rahmen eines integrativen Ansatzes zu beschäftigen. Das bedeutet, dass im Rahmen des DaZ-Unterrichts die Herkunftssprachen im Rahmen von Sprachvergleichen thematisiert werden. Aus folgenden Gründen ist es ratsam, in den Lernprozess der DaZ-SchülerInnen ihre Mehrsprachigkeit einzubeziehen:

- ➔ Die SchülerInnen fühlen sich als Person positiv aufgewertet, wenn ihre Familiensprachen in den Unterricht aufgenommen werden; insbesondere dann, wenn es sich um prestigearme Sprachen handelt.
- ➔ Das Gefühl dieser Akzeptanz kann weiter gesteigert werden, indem die SchülerInnen gebeten werden, als „Experten" über ihre Sprachen Auskunft zu geben.
- ➔ DaZ-Themen können durch einen Vergleich mit der Familiensprache im Sprachbewusstsein der SchülerInnen emotional und kognitiv besser verankert werden.
- ➔ Sprachvergleiche können im Rahmen des DaZ-Unterrichts mehrere Sprachen einbeziehen, um den SchülerInnen „einen Blick über den eigenen Tellerrand" zu ermöglichen, „Sprachgespräche" unter den SchülerInnen anzuregen, das Sprachbewusstsein aller SchülerInnen zu heben und neu erlernte deutsche Wörter und Strukturen weiter zu verankern.

... auch im Fachunterricht

Auch im Fachunterricht können die Herkunftssprachen der SchülerInnen auf dieselbe Weise einbezogen werden. Hierbei gibt es die zusätzliche Möglichkeit, Fachinhalte in den Herkunftssprachen bzw. im Ethnolekt besprechen zu lassen, um Klärungen herbeizuführen und das Gelernte in der Alltagssprache der Kinder und Jugendlichen zu verankern.

DaZ-Schülerinnen als Experten für andere Sprachen

Voraussetzungen für einen sinnvollen Einbezug der Mehrsprachigkeit in den DaZ- und Fachunterricht sind vor allem die Akzeptanz von DaZ-SchülerInnen als „Experten" für andere Sprachen und die Bereitschaft von Lehrkräften, von Kindern und Jugendlichen Sprachliches zu lernen. Außerdem ist es nötig, sich als Lehrkraft mit anderen Sprachen und deren Besonderheiten zu beschäftigen. Dabei kann man auf vorhandene Sprachvergleiche zurückgreifen (vgl. auch S. 141ff) und allmählich einen Wissensbestand aufbauen, der immer wieder im Unterricht eingesetzt werden kann. Aufgrund der Lücken in der Theorie müssen Lehrkräfte im Hinblick auf den Einbezug der Erstsprachen weitgehend selbst Pionierarbeit leisten (vgl. die didaktisch-methodischen Hinweise in Belke 1999 und die Sprachspiele von Büchner/Dirim 2001). Zur Ermutigung kann darauf hingewiesen werden, dass es auch sinnvoll ist, sich über die grundlegenden Strukturen einer Sprache zu informieren, um sie mit Hilfe der SchülerInnen im Unterricht thematisieren zu können, ohne diese Sprache „perfekt" zu erlernen. Da sich in der Forschung herausgestellt hat, dass Menschen dazu neigen, häufig verwendete Mittel einer Sprache auf eine neue zu übertragen, kann die Lehrkraft auch mit diesem geringen Lernaufwand Interferenzfehler (Übertragungsfehler) der SchülerInnen besser erkennen und gezielt mit einer Bewusstmachung durch einen Sprachvergleich den SchülerInnen helfen, Fehler zu vermeiden, und die verschiedenen Sprachen mit Hilfe von SchülerInnen in den Unterricht einbeziehen. Die Lehrkräfte dürfen dabei allerdings von den SchülerInnen nicht erwarten, Interferenzfehler selbst analysieren zu können, weil die SchülerInnen, die eine Sprache mündlich sprechen, keine Sprachwissenschaftler sind, die sie auch analysieren können!

Lehrkräfte nutzen vorhandene Sprachvergleiche

... und erkennen Interferenzen

DaZ-Schülerinnen sind keine SprachwissenschaftlerInnen

Im Fachunterricht wäre es notwendig, dass die Lehrkräfte die an sich selbst gerichtete Erwartungshaltung aufgeben, im Unterricht alles verstehen zu müssen, was die SchülerInnen unter sich besprechen – dafür ist die Schaffung einer gegenseitigen Vertrauensbasis notwendig. Ein solcher Rahmen wird es den SchülerInnen ermöglichen, Unterrichtsinhalte mit ihren eigenen sprachlichen Mitteln zu verarbeiten (vgl. Dirim 1997) und die Kommunikation in bestimmten Unterrichtsbereichen mehrsprachig zu gestalten, z.B. in Gruppenarbeitsphasen.

Vertrauensbasis für die Akzeptanz der Herkunftssprache

Beispiele für die Integration der Herkunftssprache in den Unterricht

Andere Sprachen als Deutsch können über die Thematisierung und kontrastive Bearbeitung im Unterricht hinaus auch im Rahmen des DaZ-Unterrichts für die Unterrichtskommunikation verwendet werden. Die Öffnung des Klassenraums für andere Sprachen wird den SchülerInnen ermöglichen, ihr gesamtes Sprachrepertoire in den Lernprozess einzubeziehen. Da die meisten DaZ-SchülerInnen in ihrer Grundschulzeit leider die Erfahrung machen müssen, ihre Familiensprachen vor dem Klassenzimmer abzuschalten, müssen für den Umgang mit der ungewohnten Sprachenfreiheit folgende Regeln geschaffen werden:

Herkunftssprachen als Kommunikationssprache der Schülerinnen

- → Die SchülerInnen können unter sich in ihren eigenen Sprachen sprechen.
- → Mit anderssprachigen SchülerInnen und der Lehrkraft und im allgemeinen Unterrichtsgespräch sollten sie nur das Deutsche verwenden. Die Mög-

lichkeit, das komplette Sprachrepertoire ausschöpfen zu können, wird auch dem zunehmend fachlichen Lernen zugute kommen (vgl. Heintze 2002).

Arbeitsgruppen mit schülerInnen gleicher oder verwandter Familiensprachen

→ Die gezielte Bildung von Arbeitsgruppen derselben sprachlichen Herkunft ermöglicht den SchülerInnen grundsätzlich das Benutzen derselben Familiensprachen und sollte zunächst auf freiwilliger Basis geschehen. Im Laufe der Zeit könnten feste Arbeitsgruppen entstehen, die Gruppenarbeiten zusammen unter Verwendung multilingualer Sprechstrategien, z.B. des Code-Switching, bewältigen.

→ Falls es nicht möglich ist, sprachlich homogene Gruppen zu bilden, kann ausprobiert werden, ob SchülerInnen, in deren Elternhäusern miteinander verwandte oder in benachbarten Gebieten gesprochene Sprachen verwendet werden, mit dieser sprachlichen Ressource zusammenarbeiten können. Beobachtungen haben gezeigt, dass auch Kinder und Jugendliche rasch ein Gespräch über Sprachen beginnen und zum Beispiel Gemeinsamkeiten zwischen Sprachen aufdecken können. So könnte es sein, dass die Übersetzungsmöglichkeiten zentraler Begriffe unter den SchülerInnen in einer sprachoffenen Atmosphäre diskutiert werden und dass diese Begriffe so bei ihnen weiter „verankert" werden. Für eine solche Arbeit wären beispielsweise die Sprachpaare „Türkisch und Persisch" oder „Bengali und Paschtu" geeignet.

Das Ziel der Einführung dieser Regeln wäre die Integration der Mehrsprachigkeit der SchülerInnen in den Unterrichtsprozess im Sinne der bestmöglichen sprachlichen Verarbeitung des Lernstoffes. Mehrsprachigkeit kann in der oben beschriebenen Weise sowohl im Rahmen des DaZ-Unterrichts als auch im Fachunterricht als Kommunikationsmittel eingesetzt werden.

5.2. Grammatik entdecken

Die Vermittlung von Grammatik im DaZ-Unterricht hat nicht abstrakte Modelle zum Ziel, sondern unterstützt die Bearbeitung auftretender Lernschwierigkeiten. Somit handelt es sich um eine Querschnittkompetenz, die den SchülerInnen bei allen anderen Lernbereichen zugutekommt. Die Regelvermittlung orientiert sich an den Fähigkeiten der SchülerInnen, selbst Regeln zu entdecken und diese zu formulieren.

Implizite und explizite Grammatik bei Erst-, Zweit- und Fremdsprachlernern

Beim Erwerb der Erstsprache wird bereits im Vorschulalter eine implizite Grammatik entwickelt; die explizite Grammatik hat dann die Aufgabe, die bereits erworbenen Regeln bewusst zu machen und weiterzuentwickeln.

Zweitsprachlernende SchülerInnen entwickeln durch den Kontakt zur Zielsprache und die beschriebenen Erwerbsprozesse ebenfalls eine internalisierte Grammatik, deren Regelsystem von Lernersprachen geprägt ist und zum Teil erheblich vom Regelsystem der Zielsprache abweicht. Im Rahmen des DaZ-Unterrichts wird versucht, diese implizite Grammatik durch eine bewusste explizite Grammatik weiterzuentwickeln[2].

[2] Umgekehrt wird beim Fremdsprachenlernen in aller Regel durch den sukzessiven Aufbau einer expliziten Grammatik eine implizite bzw. internalisierte Grammatik aufgebaut.

Prinzip der Sprachentfaltung

Noch ist nicht endgültig geklärt, ob und wie sich diese Synchronisation des gesteuerten und ungesteuerten Zweitspracherwerbs gestalten lässt. Allerdings belegen empirische Untersuchungen, dass eine sprachsystematische Förderung, die grammatische Strukturen explizit vermittelt und trainiert, nicht nur sinnvoll, sondern bei DaZ-SchülerInnen mit Schwierigkeiten in der deutschen Sprache auch dringend erforderlich zu sein scheint. Dabei gilt das Prinzip der Sprachentfaltung, d.h., dass das vorhandene Sprachkönnen und -wissen erkannt, gewürdigt und entfaltet wird. Es geht dabei also nicht um die Vermittlung einer grammatischen Terminologie oder das Auswendiglernen von Regeln, sondern um die bewusste Wahrnehmung von und den bewussten Umgang mit sprachlichen Strukturen. Die Sprache soll zum Gegenstand eines handelnden, experimentellen und entdeckenden Unterrichts werden, bei dem die SchülerInnen die Sprache nicht nur gebrauchen, sondern auch betrachten und darin enthaltene Strukturen entdecken.

Schwierigkeiten und Lösungsansätze

Gerade weil DaZ-SchülerInnen die Beschäftigung mit Grammatik oft fremd ist, sind Schwierigkeiten zu erwarten, denen Lehrkräfte begegnen müssen:

Motivation

→ Die geringe intrinsische Motivation und die geringe Frustrationstoleranz der SchülerInnen führt häufig zum Rückzug aus dem Unterricht, dem Lehrkräfte durch klare Regelvereinbarung, eine individuelle Ansprache und die positive Verstärkung der SchülerInnen entgegenwirken können. Die Frontalphasen sind kurz zu halten und unterschiedliche Sozialformen anzubieten mit individuellen Lernangeboten, die v.a. in Einzel-, Partner- und Gruppenarbeitsphasen durch Lehrkräfte unterstützt werden müssen.

Heterogenität

→ Die SchülerInnen zeigen eine breite Heterogenität in DaZ sowie im Lesen und Schreiben; deshalb sollte im Blick auf leistungsschwächere SchülerInnen eine sanfte, aber verbindliche und (von allen) erreichbare Progression angestrebt werden. Weniger ist in diesem Fall mehr: Es sollten Grundkompetenzen abgesichert und konsequent eingefordert werden.

Lernhaltung

→ Viele SchülerInnen zeigen eine gering ausgeprägte Lernhaltung und kaum entwickelte Lerntechniken – übrigens häufig auch in Schulen, die ein Methodentraining durchgeführt haben. Der Grund ist, dass das Methodentraining oft nicht automatisiert wird und der Transfer in die Fächer den SchülerInnen überlassen bleibt. Stattdessen sollten Lerntechniken in den Fächern vermittelt und automatisiert werden. Außerdem gilt es, eine verbindliche Sprachlernatmosphäre für alle zu schaffen und DaZ-Lerntechniken auch in den Fächern anzuwenden.

Diskrepanz zwischen mündlicher und schriftlicher Kompetenz

Immer wieder fällt Lehrkräften die große Diskrepanz zwischen mündlicher und schriftlicher Kompetenz auf, die zu einer gering ausgeprägten Einsicht in die Notwendigkeit, DaZ zu lernen, führt. Oft verringert sich diese Diskrepanz sehr schnell, wenn die mündlichen Äußerungen der DaZ-SchülerInnen kritisch betrachtet und z.B. Einwortantworten auf komplexe Fragen zurückgewiesen werden. Dabei geht es gar nicht um die für viele Lehrkräfte typische Aufforderung nach ganzen Sätzen, sondern darum, dass Lehrkräfte vollständige, semantisch und syntaktisch korrekte Satzglieder (z.B. Präpositionalergänzungen – *in der/in die Türkei* – auf die Frage nach dem Ort oder der Richtung) einfordern und ggf. Hilfestellungen dafür anbieten.

In jedem Fall ist es sinnvoll, auch im DaZ-Unterricht schriftliche Übungsformen verstärkt einzubinden und in jedem Unterricht geübte Strukturen auch im mündlichen Sprachgebrauch einzufordern. Außerdem sollte das Einschleifen und der Transfer der geübten Phänomene in die Alltagssprache Gegenstand des Unterrichts sein und nicht den SchülerInnen selbst überlassen werden.

Minimalgrammatik:

Ulrike Harnisch nennt die Grammatik „das Knochengerüst (...), das in unserer Vorstellung immer als das Trockene, Langweilige erscheint, das wir SchülerInnen nicht beibringen können oder mögen", obwohl es sich dabei „um das Handwerkszeug des Deutschlerners (handelt), ohne das es ihm nicht gelingt, das Deutsche normgerecht zu erlernen" (Harnisch 1993, S. 1). Sie stellt bereits für die Grundschule die Forderung nach einem Minimum an Grammatikvermittlung auf: die Flexion von Nomen, Pronomen und Adjektiven **(Deklination)** und ihre Abhängigkeit voneinander sowie die Flexion der Verben **(Konjugation)**.

Deklination und Konjugation

Wortarten und Wortbildung

Satzmuster und Verbvalenzen

In der Sekundarstufe I muss dieser Grundstock ggf. abgesichert werden, bevor die Grammatik ausgeweitet wird auf die schon genannten Bereiche: Deklination (verstärkt in komplexen Konstruktionen) und Konjugation (konzentriert auf die Zeitformen, Passiv und Modalität), Wortarten und Wortbildung (auch in Fachsprachen) sowie Satzmuster und Verbvalenzen.

Die aus der Grundschule mitgebrachte grammatische Begrifflichkeit muss ggf. vereinheitlicht werden, eine Abstimmung mit dem Deutsch- und Fremdsprachenunterricht ist sinnvoll und sollte neben der Einigung auf eine Terminologie auch die zugrunde gelegte Grammatiktheorie einschließen. Denn ohne Begriffe wie Satz, Kasus, Genus, Verb, adverbiale Bestimmung (bzw. Ort-, Zeit- und andere Angaben), Subjekt oder Objekt (bzw. Nominativ-, Akkusativ- oder Dativergänzung) lässt sich auch mit SchülerInnen nicht über ihre Sprache(n) sprechen. Der konsequente Gebrauch einer grammatischen Terminologie hilft DaZ-SchülerInnen, die Systematik der deutschen Sprache zu durchdringen, sich über sie zu verständigen, Fehlerquellen zu erkennen und ihr Regelwissen zu verinnerlichen. Auch in der Sekundarstufe I kann die grammatische Begrifflichkeit durch Gesten, nonverbale Mittel oder Symbole unterstützt werden.

Selbstverständlich sollten die SchülerInnen nicht überfordert werden; es reichen wenige zentrale Begriffe, aber diese gilt es dann, häufig zu verwenden. Erfahrungen zeigen, dass SchülerInnen Spaß an Grammatik haben bzw. entwickeln – vorausgesetzt, sie (und ihre LehrerInnen) sehen einen Sinn und Gebrauchswert darin.

5.3. Wortschatzarbeit

Wortschatzarbeit in der Schule

Wortschatzarbeit bedeutet, dass der Wortschatz im Unterricht gefestigt bzw. erweitert wird, die Jugendlichen zur Reflexion von Wortschatzproblemen angeregt und methodisch angeleitet werden, um den Ausbau ihres Wortschatzes selbstständig zu betreiben. Zu unterscheiden ist zwischen dem Mitteilungswortschatz (aktiv), dem Verstehenswortschatz (passiv) und dem potenziellen Wortschatz (Wörter, die sich z.B. aus Grundwörtern herleiten lassen). Internationalismen spielen eine zunehmende Rolle und lassen sich aufgrund ihrer internationalen Verbreitung erschließen (Internet, Minidisk-Player, Computer usw.)

Inhalts- und Strukturwörter

Wortschatzarbeit mit DaZ-SchülerInnen bezieht sich einerseits auf **Inhaltswörter** (Nomen, Verben, Adjektive), andererseits auf den **Strukturwortschatz** (Artikel, Pronomen, Zahlwörter, Präpositionen, Adverbien und Konjunktionen). Diese Strukturwörter bilden eine Hauptfehlerquelle in schriftlichen Arbeiten und ermöglichen erst einen differenzierten mündlichen und schriftlichen Ausdruck.

Konzeptgestützte Wortschatzvermittlung

Ein wichtiges Prinzip der Wortschatzarbeit ist, dass sie konzeptgestützt erfolgt (vgl. Scherfer 2003); d.h., die Wörter werden kontextualisiert eingeführt bzw. wiederholt, bevor die SchülerInnen sie selbstständig verstehen und verwenden.

Unterrichtsbeispiel

Beispiel an einem Textauszug zu J.W. Goethes „Italienische Reise":
„Eine <u>ausgezeichnete Fröhlichkeit</u> erblickt man überall mit <u>dem größten teilnehmenden Vergnügen</u>. Die vielfarbigen bunten Blumen und Früchte, mit welchen die Natur <u>sich ziert</u>, scheinen den Menschen einzuladen, sich und alle <u>seine Gerätschaften</u> mit so hohen Farben als möglich <u>auszuputzen</u>. (...)"[3]

- ➔ Zur Vorbereitung der Textarbeit sammelt die Lehrkraft ungewöhnliche bzw. ungebräuchliche Wortgruppen: „die ausgezeichnete Fröhlichkeit", „das größte teilnehmende Vergnügen", „sich zieren", „die Gerätschaften", „die hohen Farben", „etwas ausputzen".
- ➔ Die Wortgruppen werden an der Tafel/auf OH-Folie präsentiert, vorgelesen und von den SchülerInnen (ggf. mit Hilfe der Lehrkraft) erklärt.
- ➔ Zu jeder Wortgruppe wird von den SchülerInnen ein Satz gebildet.
- ➔ Besondere Formen werden in Wortlisten gesammelt: z.B. „ausgezeichnet" in der Adjektivliste, dazu „etwas/ sich auszeichnen" in der Verbliste.
- ➔ Dann erst kann die Aufgabe „Lest Goethes Reisebeschreibung und benennt Dinge, die ihn total faszinierten!" (vgl. Wortstark 9, 121) ausgeführt werden.

Präsentation und Übung

In Anlehnung an die Wortschatzarbeit im Fremdsprachenunterricht bietet es sich an, den SchülerInnen die Wörter mündlich und schriftlich zu präsentieren und neue Formen in die Wortlisten eintragen zu lassen, d.h., eine Art Vokabelheft oder Wortkartei zu führen. Neue Wörter (Fachwörter oder unregelmäßige Verben) können wie Vokabeln auswendig gelernt werden. Systematische Visualisierungen (Wortnetze oder Mind-Maps) fördern das Behalten, z.B. aufgrund ihrer lautlichen, morphologischen oder syntaktischen Ähnlichkeiten.

Wörter mit Informationen versehen

Wörter und Strukturen werden mit Information versehen, die die SchülerInnen für die korrekte Verwendung benötigen. Z.B.:

[3] Text zitiert nach Wortstark 9. Themen und Werkstätten für den Deutschunterricht. Hannover: Schroedel 1998. S. 121.

- ➔ Unregelmäßige Verben mit dem Präteritum und Partizip II *(bringen – er br**a**chte – er hat **ge**br**a**cht)* präsentieren und durch die SchülerInnen in vollständigen Sätzen kontextualisieren lassen
- ➔ Nomen mit Artikeln zur Einübung der Genusmarkierung versehen und mit der Pluralform zeigen *(der Nadel-b**a**um, die Nadel-b**äu**me/ das Lexik**on** – die Lexik**a**)*
- ➔ Morphologisch interessante Aspekte markieren und thematisieren: z.B. *sich* ***ab-zeichnen*** */ es* ***zeichnet*** *sich* ***ab****, dass – es hat sich* ***ab****ge****zeichnet****, dass ...*
- ➔ Umgangssprache, Hochsprache und Fachsprache voneinander abgrenzen: z.B. *Kids* (Umgangssprache) – *Jugendliche* (Hochsprache) – *Pubertierende* (Fachsprache)
- ➔ zweideutige Wortformen definieren und in vollständigen Sätzen verwenden: z.B. *ein Kind wiegen ⇒ auf einer Waage – in einer Wiege*

Transfer

Die unbekannten Strukturen und Wörter werden nicht nur kurz im Lehrbuchtext markiert und im Unterrichtsgespräch erklärt, sondern auch in völlig anderen (von den SchülerInnen selbst gewählten) Kontexten verwendet. Hier bieten sich auch Synonym-, Homonym- und Antonym- oder Assoziationsbildungen, Worthierarchien oder kurze Fantasiegeschichten an, in denen der neue Wortschatz sachlogisch und sprachlich korrekt verwendet werden muss.

Wiederholungszyklen

Schwierige Formen, neue Wörter oder Fachwörter werden in regelmäßigen Zyklen wiederholt. Dies kann zu Beginn einer jeden Fachstunde passieren, indem z.B. ein Ergebnis der vorigen Stunde in einem Satz mit der Konjunktion *wenn* formuliert wird *(Wasser verdampft, wenn es erhitzt wird.)* Um die Struktur auch in der Schriftsprache zu festigen, wird dieser Satz von allen SchülerInnen unter der Rubrik „Merksätze: Chemie" notiert.

5.4. Hören, Zuhören und Verstehen

Verstehendes Hören und Zuhören im Unterricht

Im Rahmen der Bildungsstandards[4] wird als ein Lernziel für das Fach Deutsch die Fähigkeit zum verstehenden Hören und Zuhören genannt. Diese Fähigkeit spielt außerdem beim Fremdsprachenlernen und im Fachunterricht generell eine Rolle, z.B.: in mündlichen Unterrichtsphasen, beim Verstehen von Aufgaben, beim Einsatz von Filmen oder bei Referaten.

Mentale Leistungen beim Hörverstehen

Verstehendes Zuhören basiert auf verschiedenen mentalen Leistungen, denn die Schülerinnen entschlüsseln Intonations- und Lautmuster, verstehen Wörter und morpho-syntaktische Signale wie z.B., dass durch das Präfix *be-* aus einem Nomen *Wald* ein Verb *be-walden* wird oder dass durch die Stellung im Satz, die Deklination und durch Endungen wichtige Informationen gegeben werden, ob es sich um das Subjekt oder Objekt, Singular oder Plural, eine weibliche oder männliche Person handelt. Verstehen fällt leichter, wenn die Inhalte einen Bezug zur Lebenswelt der SchülerInnen aufweisen, denn beim Verstehen werden „Schemata des kulturell und individuell geprägten Sach- und Erfahrungswissens" (Segermann 2003, S. 295) aktiviert.

[4] Beschlüsse der Kultusministerkonferenz, z.B. Bildungsstandards im Fach Deutsch für den Hauptschulabschluss (Jahrgangsstufe 9), S. 8: unter www.kmk.org

Übungen für den DaZ-Unterricht

Im DaZ-Unterricht bezieht sich verstehendes Hören und Zuhören auf das Erkennen
- → von Intonationsmustern (z.B. Ansteigen der Stimme am Satz- oder Wortende von Fragen, Betonung wichtiger Wörter durch lauteres Sprechen, Pausen als Markierung für das Ende eines Sinnabschnittes),
- → von Schlüsselwörtern (z.B. sinntragender Nomen in einer Gedichtstrophe oder einem Nachrichtenbeitrag),
- → von grammatischen Morphemen und syntaktischen Strukturen (z.B. Reimendungen, Fragesätzen oder direkter Rede),
- → der Textstruktur (z.B. Strophenform eines Gedichts, Ende einer Einleitung)
- → und des Text-, Film- oder Radiogenres (z.B. eines Gedichts, einer Wettervorhersage oder Nachrichtensendung),
- → von Schlüssel- und Detailinformationen (Thema eines Films, Details zum Thema).

Übungen für den Fachunterricht

Im Fachunterricht kann das rezeptive Verstehen von DaZ-SchülerInnen geübt und erleichtert werden[5], indem:
- → Worterklärungen, Informationen zur Aussageabsicht und gegebenenfalls zum Inhalt gegeben werden (Einführung neuer oder schwieriger Wörter vor der Präsentation des Films; Wortlisten mit Erklärungen, die während des Films bei Bedarf herangezogen werden können),
- → Höraufträge erteilt werden (z.B. *Achte besonders auf die Tierarten, die in der Wüste leben, und notiere ihre Namen!*)
- → Informationen in Bildern oder Grafiken visualisiert werden,
- → das Vorwissen der SchülerInnen zum Hörthema aktiviert wird,
- → die Lehrersprache in Hinblick auf den Sprachstand der SchülerInnen reflektiert wird (geplante, klare und eindeutige Impulse, Reduzierung der Fachsprache, deutliche Artikulation, Vermeidung von Dialekten, nonverbale Unterstützung),
- → mündliche Aufgabenstellungen auch schriftlich (an der Tafel, auf OH-Folie, auf dem Arbeitsblatt) präsentiert und vorgelesen werden,
- → mündlich zusammengefasste Unterrichtsergebnisse kurz verschriftlicht werden (z.B. in einem Merksatz),
- → störende Geräuschkulissen vermieden werden,
- → Leitfragen einen Filmbeitrag unterstützend strukturieren,
- → Gesprächsregeln und Redeformen (z.B. ausreden lassen, auf Stille warten) vermittelt und angewandt werden,
- → Informationen wiederholt bzw. verzögert präsentiert (mehrmaliges Vorspielen einer Filmsequenz, Pausen für Notizen einräumen) und anschließend wiedergegeben oder notiert werden,
- → die Zuordnung von Gehörtem zu Geschriebenem (z.B. kurze Filme oder Filmausschnitte transkribieren und zur Überprüfung der Hörnotizen verwenden lassen) geschieht.

Eigene Hörabsichten finden

Die Anregung, eigene Hörabsichten festzulegen (vgl. Segermann 2003, S. 298), kann dazu beitragen, dass die SchülerInnen ihr Hörverstehen reflektieren und Hörverstehensstrategien ausbilden. So können sie z.B. vorher

[5] In Anlehnung an Schwerdtfeger (vgl. 2003)

festlegen, ob sie global das Thema eines Films benennen, Details zum Thema sammeln oder Sinnabschnitte bestimmen wollen.

Hör-Sehverstehen

In der Fremdsprachendidaktik wird das Hör-Sehverstehen als Möglichkeit verstanden, durch den Einsatz von Film- bzw. Videomaterial und Computern die **Imagination der Lernenden** zu stimulieren, um damit ein eher ganzheitliches Sprachlernen zu ermöglichen, das der stärker audio-visuell ausgerichteten Wahrnehmung der heutigen Zeit entspricht (vgl. ebda., S. 301). Hierfür eignen sich Übungsformen, die das Inhaltsverstehen durch assoziativ-imaginative Prozesse unterstützen: z.B. Die SchülerInnen achten in einer Filmszenze verstärkt auf Gestik, Mimik, Körpersprache und Tonfall der Figuren und erstellen anschließend ein „Gefühlsdiagramm", in das sie deren Gefühlsintensität eintragen. Anschließend begründen sie ihre Darstellung ausgehend von ihren Beobachtungen zur Gestik, Mimik usw. (vgl. ebda., S. 301). Der Bezug auf die Gefühlswelt der Figuren zeigt das Inhaltsverständnis und erste Interpretationsansätze der SchülerInnen. Im Rahmen der Präsentation eines Films zur mittelalterlichen Geschichte können die SchülerInnen veranlasst werden, sich mit Figuren des Films zu identifizieren, um z.B. einen Aufruf an den Lehnsherrn zu verfassen, worin inhaltliche Details oder auch mittelalterliche Redeformen wiedergegeben werden. So ermöglicht die Kombination von Seh- und Höreindrücken über den Weg der persönlichen Identifikation das Verstehen des Inhalts.

5.5. Sprechen: sprachlich interagieren

Gesprochene Sprache: Austausch und Input

In den Regelklassen der Jahrgangsstufen 5 und 6 haben Lehrkräfte meist Kinder vor sich, die ganz flüssig Deutsch sprechen und offensichtlich eine zufriedenstellende mündliche Kommunikationsfähigkeit erworben haben. Dass es sich dabei um eine durchaus beachtliche Leistung handelt, soll noch einmal mit Rückblick auf die Grundschulzeit betont werden. Skizziert man derzeit die Schullaufbahnen von Kindern mit Migrationshintergrund, wird man oft auf folgende Verläufe stoßen: Die Kinder werden eingeschult und die Schulsprache ist Deutsch. Vielleicht werden aus der Zeit des Kindergartens ein paar Deutschkenntnisse für den alltäglichen Gebrauch und Umgang mitgebracht. Oft stehen die Kinder, ihre MitschülerInnen und selbstverständlich auch Ihre LehrerInnen vor folgendem Problem: Die Kinder sollen in der Regelklasse Lernprozesse in unterschiedlichen Fächern in einer Sprache bewältigen, die sie nicht oder nur unzureichend beherrschen. Sie lernen die Sprache mit und neben allem anderen Unterrichtsstoff. Erfolgreicher Spracherwerb steht also immer im Zusammenhang mit Verweildauer an der deutschen Schule.

Die bis zur Sekundarstufe I erworbene zufriedenstellende mündliche Kommunikationsfähigkeit der DaZ-SchülerInnen kann aber auch über viele Bereiche hinwegtäuschen, die auch im Mündlichen noch gezielt geübt werden müssen. Bei bestimmten Vortrags- und Präsentationsformen, die am Ende der Sekundarstufe beherrscht werden sollen, liegt das auf der Hand, aber die Verfügbarkeit über das dafür notwendige Sprachpotenzial muss in kleinen Schritten im Unterricht geübt werden.

Mehrkanaliges Lernen

Dass die gesprochene Sprache und damit das Hören der Sprache auch bei fortgeschrittenem Spracherwerb ein in jeder Hinsicht unverzichtbarer Input ist, dürfte im Zusammenhang mit dem Hörverstehen deutlich geworden sein. Um Sprache speichern, automatisieren und umstrukturieren zu können, müssen Begriffsbildungsprozesse von Handlungsabläufen oder Situationen begleitet werden, die einen mehrkanaligen Lernzugang ermöglichen. Gerade für das Automatisieren und Umstrukturieren benötigen SchülerInnen ein möglichst großes Angebot an Satzmustern und grammatischen Strukturen, um Sprachkombinationen in der Zweitsprache zunächst denken und dann auch erzeugen zu können.

Bedeutung der Sprachvorbilder in der Schule

Nicht allen DaZ-SchülerInnen steht ein Sprachangebot mit Vorbildcharakter zur Verfügung, Elternhaus und Wohnumgebung bieten diese Voraussetzungen nicht immer. Bedenkt man, dass in Brennpunktgebieten ein Anteil von über 80% der SchülerInnen Kinder und Jugendliche mit Migrationshintergrund sind und die wenigen Deutschen in diesen Klassen oft aus sozial schwachen, bildungsfernen Elternhäusern kommen, ist fraglich, ob die zur Verfügung stehende Menge an sprachlichen Impulsen für den Zweitspracherwerb überhaupt ausreichen kann. Von Eltern, denen die deutsche Sprache selbst noch Schwierigkeiten bereitet, kann man im sprachlichen Bereich keine Hilfe und Unterstützung erwarten, es ist einfach eine Überforderung für sie. Oft ist und bleibt also die Schule allein der Ort, an dem die Zweitsprache Anwendung findet und wo Sprachvorbilder zu erwarten sind. Dieser Realität müsste die Bildungspolitik mit dem Ausbau von Ganztagsschulen Rechnung tragen, allerdings auch mit einem finanziell entsprechend ausgestatteten Rahmen. Die Schulen müssen mit qualifizierten Lehrkräften in die Lage versetzt werden, auch am Nachmittag über Hausaufgabenbetreuung und altersspezifische Projektarbeit Sprachvorbilder zu liefern und die deutsche Sprache in den Alltag der Jugendlichen zu integrieren. Wie wichtig die ständige Begleitung durch beide Sprachen ist, stellt man manchmal bei SchülerInnen fest, die ihre Sommerferien in ihrem Heimatland verbracht haben, und zu Beginn der Schulzeit wieder größere Schwierigkeiten mit der deutschen Sprache haben. Der Grund dafür ist nicht die Ausübung der Erstsprache, sondern die fehlende Präsenz der Zweitsprache.

Gute Kommunikationsfähigkeit – aber wenig differenzierter Ausdruck

Häufig täuscht die relativ gute Kommunikationsfähigkeit der Jugendlichen über den Mangel an sprachlich differenziertem Ausdrucksvermögen hinweg. Für die sprachliche Bewältigung des normalen Schulalltags (Mitarbeit im Unterrichtsgespräch) sind ein begrenzter Wortschatz und wenige Strukturen, durch Mimik und Gestik unterstützt, in vielen Fällen ausreichend.
Offenkundig werden die Probleme spätestens aber dann, wenn zur Mündlichkeit auch die Schriftlichkeit hinzutritt und die Anforderungen in diesem Bereich steigen. Wie die Begriffsbildungsprozesse ist auch das autonome Beherrschen des Schriftsprachsystems, des grammatischen Systems der Sätze und der Schreibprozesse eng mit der kognitiven Entwicklung verknüpft.
Mündliche und schriftliche Sprachkompetenz befördern sich gegenseitig. Der Umgang mit Geschriebenem befähigt die Kinder auch zur Reflexion über Sprache und hilft somit eine Sprachbewusstheit – language awareness (vgl.

Luchtenberg 1995) – zu erzeugen. Beides, die Vermittlung einer altersgemäßen Schulsprachkompetenz im Deutschen sowie der Aufbau von Sprachbewusstheit, ist das Ziel des DaZ-Unterrichts.

Knackpunkt Lehrersprache

Die Lehrersprache ist der zentrale Dreh- und Angelpunkt des unterrichtlichen Geschehens: Sie muss verstanden werden, sie bildet den größten Teil des sprachlichen Inputs und sie hat damit auch Vorbildcharakter. Wie beim Erstspracherwerb sind auch beim Zweitspracherwerb Hören und Verstehen die Grundlage des Sprechens.

Bedeutung der Herkunftssprache

Die Bedeutung der Erstsprache der SchülerInnen spielt weiter eine wichtige Rolle, man sollte die SchülerInnen auf jeden Fall ermutigen und bestärken, am Unterricht in ihrer Herkunftssprache, sofern er denn angeboten wird, teilzunehmen. Die Zweisprachigkeit kann für die SchülerInnen im Berufsleben von großer Bedeutung sein. Im Unterricht selbst wird die Herkunftssprache in der Sekundarstufe I vor allem im schriftsprachlichen Bereich interessant, beim Vergleich von Schriften und Alphabeten und beim Einbeziehen literarischer Texte und Themen. Bei Verständnisschwierigkeiten, vor allem im Fachunterricht, sollte man den sprachlichen Austausch- und Klärungsprozess der DaZ-SchülerInnen in ihrer Herkunftssprache auf jeden Fall begrüßen und unterstützen.

Sprechhandlungen anwenden und üben

Die Formen des Sprechens, die in und am Ende der Sekundarstufe I von besonders großer Bedeutung sind, werden unter dem Stichwort „Dialogisches Sprechen" und „Mediengestütztes Sprechen" zu finden sein. Die SchülerInnen treten in eine Berufswelt ein, die von ihnen fordert, dass sie ihre eigenen Interessen argumentativ vertreten können, dass sie dazu in der Lage sind, adresssatengerechte Gespräche zu führen und ihre eigenen Qualifikationen angemessen zu präsentieren. Die Hilfen und Übungen, die man den SchülerInnen in diesen Bereichen an die Hand geben kann, werden unter Umständen einmal ausschlaggebend in ihrem Berufsleben sein.

Sprechen lässt sich unter verschiedenen Gesichtspunkten üben:

- → Freies, authentisches Sprechen
- → Gelenktes Sprechen
- → Artikuliertes Sprechen
- → Sprechen und Erzählen
- → Gestaltendes Sprechen
- → Dialogisches Sprechen
- → Sachorientiertes Sprechen
- → Mediengestütztes Sprechen

5.6. Lesen und Leseverstehen: Literatur und Sachtexte

Leseverstehen ist ein aktiver Prozess

Aktuelle Ansätze zur Leseforschung gehen von einem dialogischen Verhältnis des Lesers zum Text aus: Leseverstehen ist immer ein aktiver Prozess, in den die Lernenden eigene Vorstellungen, eigenes Wissen und eigene Lese- und Verstehensstrategien einbringen.
Im Rahmenkonzept der OECD-PISA-Studie wird deutlich, welches Verständnis von Lesekompetenz damit unterstellt ist: es kann nicht um das rein for-

male Erfassen eines Textes, also um das reine Dekodieren, gehen, sondern darum, dass Texte genutzt werden sollen: „Lesekompetenz im Sinne von ‚Reading Literacy' bezieht sich auf die Fähigkeit des Lesers, handschriftliche, gedruckte oder elektronisch dargebotene Texte zu nutzen, um das eigene Wissen und Potenzial weiterzuentwickeln. Diese Konzeptualisierung impliziert, dass Lesekompetenz sowohl das Verstehen als auch die Nutzung schriftlicher Informationen für praktische Zwecke beinhaltet." (Internationales und nationales Rahmenkonzept für die Erfassung von Lesekompetenz in PISA, S. 2) Der in der Studie verwandte Textbegriff bezieht sich auf unterschiedliche Formen schriftsprachlicher Kommunikation: Es wird nach kontinuierlichen und diskontinuierlichen Texten klassifiziert. Unter kontinuierlichen Texten werden die in Sätzen und Abschnitten organisierten Texte verstanden, unter diskontinuierlichen Texten beispielsweise Listen und Formulare, aber auch Grafiken und Diagramme. An Bedeutung gewinnen die diskontinuierliche Texte in Fachbüchern der höheren Klassenstufen. Oft sind diese Texte für SchülerInnen mit Migrationshintergrund sogar leichter verständlich als rein sprachliche Texte, weil die Inhalte im Zusammenhang mit dem Sachverhalt eher visuell zu entschlüsseln sind. Problematisch und frustrierend wird es allerdings, wenn dann die Versprachlichung verlangt wird. Als Hilfe können in solchen Fällen Satz- oder Textgeländer (siehe Teil Sprechen) angeboten werden.

Kontinuierliche und nicht-kontinuierliche Texte

Das Lesen und die Arbeit mit Texten ist im Spracherwerbsprozess von so großer Bedeutung, weil damit ein unverzichtbarer sprachlicher Input geliefert wird. Das gilt sowohl für Sachtexte als auch für literarische Texte. Beim Leseverstehen vollziehen sich bei den genannten, deutlich voneinander unterschiedenen Textsorten durchaus ähnliche Verstehensprozesse: Vorwissen und bereits vorhandene Vorstellungen werden aktiviert und ein geistiger Konstruktions- bzw. Rekonstruktionsprozess beginnt. Bei allen Texten müssen die Erlebniswelt und der Erfahrungshorizont der Kinder und Jugendlichen berücksichtigt werden; dieses Postulat bezieht sich nicht nur auf die Komplexität des Gegenstandsbereiches, sondern auch auf den sozialen und kulturellen Hintergrund der SchülerInnen.

Unterschiedliche Textsorten

So ähnlich sich die Verstehensprozesse beim Lesen und Verarbeiten von literarischen Texten und von Sachtexten auch vollziehen, so unterschiedlich müssen die Annäherungsweisen seien.

Über literarische Texte, die oft genug als zu schwierig für DaZ-SchülerInnen eingestuft werden, kann man als Leser ganz anders zu einer Sprache vordringen. Diese Texte wollen und dürfen gar nicht wortwörtlich verstanden werden, bei Lyrik wird das am deutlichsten. Gedichte bieten einen unvergleichlich freien Zugang zum Text. Nimmt man die Herausforderung an, beginnt ein kreativer Prozess: Figuren und Bilder entstehen vor dem inneren Auge, Vorstellungen werden entwickelt, Assoziationen werden entfaltet. Das Gelesene regt die Fantasie an und wird von eigenen Erfahrungen ergänzt und in die eigene Erlebniswelt eingebunden.

Umgang mit literarischen Texten

Sofern sie angenommen wird, öffnet Literatur in besonderer Weise das Tor zu unbekannten und fremden Welten und eignet sich auch deshalb in besonderem Maße zum Einsatz in mehrsprachigen Lerngruppen (vgl. Belke 2004). Literatur ist Fiktion, und Fiktion kann gänzlich im Reich des Fantastischen angesiedelt sein, wie beim Märchen, einer Fantasygeschichte oder dem Science-Fiction, kann aber gleichwohl eine ausgesprochen gegenwartsbezogene Auseinandersetzung mit der Realität sein, wie in einem Jugendroman. Zu Beginn dieses Kapitels ist vom dialogischen Verhältnis des Leser zum Text die Rede, literarische Texte verlangen mit ihren sogenannten Leerstellen, dass man etwas in sie hineinliest, dass man sie interpretiert oder sich in irgendeiner Form mit ihnen auseinandersetzt. Die neuere Schreibdidaktik ist mit ihren produktionsorientierten Schreibverfahren, wie Paralleltexten, rollenbiografischen Aufgaben o.Ä., den oben genannten rezeptionsästhetischen Erkenntnissen gerecht geworden. Dass es Literatur in dieser Form gelingt, auch Normen und Werte der Jugendlichen infrage oder zumindest zur Diskussion zu stellen, hat sich gezeigt. Der interkulturelle Austausch mit literarischen Texten (vgl. Rösch 2004) darf also auf keinen Fall fehlen.

Umgang mit Sachtexten

Sachtexte müssen sich SchülerInnen anders erobern, meist Abschnitt für Abschnitt. Um längere Texte zugänglicher zu machen, werden Verfahren zur Textentlastung eingesetzt. Didaktisch gut aufbereitete Texte arbeiten wie selbstverständlich mit Überschriften, Abschnitten, gekennzeichneten Schlüsselwörtern und Visualisierungen – Fotos, Tabellen, anderen Schautafeln usw.

Textentlastung

Der Umgang mit textentlastenden Methoden sollte dennoch bewusst geübt werden, damit die SchülerInnen lernen, diese Verfahren selbst einzusetzen. Des Weiteren sollte man im Unterricht mit DaZ-SchülerInnen noch andere Hilfen zur Erschließung des Wortmaterials und zur Veranschaulichung von syntaktischen Strukturen anbieten bzw. erarbeiten: das können selbst erarbeitete Glossare, einfache Übersichten oder Zusammenstellungen zu Wortbildungsprinzipien der jeweiligen Fachsprache oder Textknackstrategien für bestimmte syntaktische Strukturen sein.

Textauswahl

Die in den Schulbüchern angebotenen Themen, und das gilt eigentlich sowohl für die Themenbereiche im Deutschbuch als auch für die in den jeweiligen Büchern der Fächer, sollen für die SchülerInnen relevant und verständlich sein. Selbstverständlich haben sich die Autorinnen und Autoren der Schulbücher darum bemüht, solche Texte zu bieten, aber wie unterschiedlich Lerngruppen sein können, weiß jede Lehrkraft. Texte im unterrichtlichen Zusammenhang sollten immer dazu dienen, das Welt- und Sachwissen aus- und aufzubauen. Die Textauswahl sollte man unter folgenden Gesichtspunkten kritisch betrachten:

- ➔ Sind die sprachlichen Hintergründe meiner Lerngruppe berücksichtigt?
- ➔ Sind die interkulturellen Aspekte ausreichend bedacht?
- ➔ Bieten vor allem die Themenbereiche der Jahrgangsstufe 9 und 10 genügend Input und Hintergrund, um die SchülerInnen auf die Berufswelt und die entsprechende schulische Ausbildung vorzubereiten?

Weltwissen

Man muss davon ausgehen, dass die SchülerInnen einen Großteil ihres Weltwissens aus der Schule beziehen und dass Weltwissen und Sprachwissen korrespondierende Größen sind. Texte bilden einen wesentlichen Teil des sprachlichen Inputs, und zwar auf allen Ebenen: der Wortschatz wird erweitert, Schreib- und Erzählmuster werden angeboten, syntaktische Strukturen wiederholen sich, „Strickmuster" der deutschen Sprache prägen sich so ein usw. Letztere sind in den Fächern durchaus auch im Hinblick auf den schulischen Teil der späteren Berufsausbildung von nicht zu unterschätzender Bedeutung, scheitern gerade SchülerInnen mit Migrationshintergrund oft genug noch an schriftsprachlichen Aufgaben. Behalten werden alle die genannten Elemente aber nur, wenn sie von Bedeutung und von Interesse für die SchülerInnen sind, wenn sie in ihr Vorwissen integriert werden, es ergänzen und erweitern. Sprachwachstum findet immer individuell und subjektiv statt.

Texte als Material

Indem über einen Text gesprochen wird, wird er in zweifacher Weise als Sprachmaterial genutzt:

- → Auf der Textebene wird das Sinn- bzw. Sachverständnis erfragt bzw. erarbeitet. Die subjektiven Schwerpunkte der einzelnen SchülerInnen gehören zu dieser Erarbeitung und verdeutlichen der Lehrkraft den Zugang, den die SchülerInnen zu dem jeweiligen Gegenstandsbereich haben. Bei der Erarbeitung der Texte sollte aber auch deutlich werden, ob und in welchen Sachgebieten deutliche Defizite auftauchen. Wissenslücken sollen geschlossen werden. Im Umgang mit Texten der Fächer ist auch die Addition der Kompetenzen der SchülerInnen gefragt: über Facharbeiten, Referate und Präsentationen können sie ihr möglichst selbstständig erarbeitetes Wissen zusammentragen.
- → Neben der Textebene gibt es die Ebene der sprachlichen Äußerung über den Text. Auch auf dieser Ebene muss man selbst bei fortgeschrittenerer Sprachkompetenz versuchen, ein Gespür für die Differenz zwischen dem Verstehen und der Artikulation des Verstandenen zu entwickeln. Gerade in Fachfragen und bei Fachtexten ist das nicht einfach. Den SchülerInnen sollte man die Möglichkeit geben, sich bei gewissen Problemstellungen und Fragen, beispielsweise bei schwierigen Definitionen oder Begriffsbildungen, auch in ihrer Herkunftssprache zu verständigen.

Textsorten und Lesestrategien

Wenn in diesen Abschnitten von Texten die Rede ist, sind immer die eingangs genannten, also die literarischen Texte oder die Sach- und Fachtexte, gemeint. Wodurch sich literarische Texte auszeichnen, ist benannt worden. Sach- und Fachtexte kann man wie folgt unterscheiden und einordnen: Für den Deutschunterricht kann man als Sachtexte eigentlich alle schriftlichen Dokumentationen, mit denen gearbeitet wird, nennen, also Beschreibung, Bericht usw., aber auch die Textsorten einer Zeitung. Als Fachtexte bezeichnet man Interpretationen, Biografien, Literaturgeschichte usw. In den anderen Fächern ist es ähnlich, alle Texte, die sich mit dem Gegenstandsbereich des Faches selbst beschäftigen, sind die Fachtexte, weitere Texte, die herangezogen werden, beispielsweise ein Zeitungsartikel mit fachspezifischen Informationen, sind Sachtexte, die manchmal auch als Zulieferertexte bezeichnet werden.
Das Leseverstehen an sich vollzieht sich trotz des unterschiedlichen Charakters der Textsorten so ähnlich, dass man die verschiedenen Lesestrategien zunächst nicht danach differenzieren muss. Globales Lesen beispielsweise bezieht sich natürlich auf alle Textsorten. Auch Sachtexte müssen sinngemäß erfasst und verstanden werden, dazu dienen unter anderem die Methoden

der Textentlastung und das Aktivieren von Weltwissen. Ebenso können erzählende Texte mit Methoden des selektiven Lesens bearbeitet werden, wenn beispielsweise bestimmte Sinnzusammenhänge noch unklar geblieben sind oder bestimmte Personenkonstellationen herausgearbeitet werden sollen. Selektives Lesen bedeutet, sich gezielt Einzelheiten vorzunehmen. Das können bestimmte Erzählmuster ebenso sein wie wichtige Sachinformationen zu einem Thema. Wichtig für das selektive Lesen ist, dass man auch die entsprechenden Methoden anbieten muss, mit denen die Annäherung an den Text erfolgen kann und mit denen neue Schwerpunkte oder Aspekte entdeckt werden können.

Lesen lässt sich unter verschiedenen Gesichtspunkten üben:
➔ detailliertes (oder auch totales) Lesen
➔ globales (oder auch kursorisches) Lesen
➔ suchendes (oder auch selektives) Lesen
➔ sortierendes (oder auch orientierendes) Lesen

5.7. Schreiben: Texte entwerfen und verfassen

Differenz von Sprechen und Schreiben

Sprechen und Schreiben sind zwei grundsätzlich sich voneinander unterscheidende Sprachhandlungen: das Sprechen vollzieht sich mehrkanalig, das Schreiben erfolgt einkanalig.
Das Sprechen bzw. der mündliche Austausch ist durch Spontaneität, Interaktion und Assoziation geleitet, es handelt sich um eine dynamische Gesprächssituation, Themen wechseln, Inhalte werden von Gebärden und Tonfall begleitet, müssen also nicht präzise ausgeführt werden und können, sofern sie zu fragmentarisch bleiben, durch Nachfragen vervollständigt werden. Das Sprechen ist eine offene Sprachhandlung.
Das Schreiben ist im Wesentlichen durch eine statische und monologische Kommunikationssituation gekennzeichnet; es erfordert eine längere gedankliche und sprachliche Planung, meist soll ein Thema oder Zusammenhang abgehandelt werden, es wird eine syntaktisch vollständige, ausführliche und gleichzeitig präzise Darstellung verlangt. Das Schreiben ist eine in sich geschlossene Sprachhandlung, deren Resultat der Text ist.
Diese kurze und pointierte Gegenüberstellung soll verdeutlichen, dass es keinen fließenden Übergang vom Sprechen zum Schreiben gibt, es sei denn, man schafft ihn im Unterricht durch bestimmte Übungsformen und Übungsaufgaben.

Anforderungen der Textproduktion

Texte schreiben zu lernen, ist ein langer Prozess, der auf verschiedenen Ebenen initiiert und geübt werden muss. Analysen von Erzähltexten aus der 5. und 6. Klasse (vgl. Knapp 1998) zeigen erhebliche Unterschiede bei DaZ-SchülerInnen, die ihre Schulzeit durchweg in deutschen Schulen verbracht haben, und denjenigen, die erst seit zwei bis vier Jahren in Deutschland in die Schule gehen. Die ausschließlich in Deutschland beschulten DaZ-SchülerInnen sind zwar in der Lage, zügig Sätze zu formulieren, aber sie zeigen deutlich größere Schwierigkeiten im Textaufbau und in der Verwendung narrativer Muster als diejenigen, die diese Kompetenz offensichtlich bereits im Rahmen ihrer erstsprachlichen Schulbildung erworben haben. Deshalb ist es wichtig für die erstgenannte Gruppe, wenn im DaZ-Unterricht das Verfassen von Texten in kleinen Schritten geübt wird.

Freies Schreiben

Aufgaben bzw. Texte des sogenannten freien Schreibens bilden den Übergang von der gesprochenen zur geschriebenen Sprache. Formen, die das Schreiben zu einem persönlichen Mittel der Verständigung und Mitteilung machen, sind für SchülerInnen unmittelbar einsichtig: dazu gehören Steckbriefe, *Ich-Geschichten und Texte in Tagebuchformen*. In diesem Lernbereich findet eingebunden in das unterrichtliche Geschehen ein interkultureller Austausch statt. Kinder und Jugendliche schreiben gern über sich, oft noch sehr assoziativ in einer Art Reihung und Aufzählung von Gedanken, Eindrücken und Handlungen. Die sprachlichen Fähigkeiten entwickeln sich in und mit den eigenen Texten. Wortschatzarbeit ist in diesem Zusammenhang mit Sicherheit notwendig und kann gut in kooperativen Arbeitsformen – Schreibwerkstätten oder Schreibspielen – stattfinden.

Schreiben als Mitteilung

Zunehmend sind die SchülerInnen auch in der Lage, das Schreiben als Mitteilung, die den bzw. die Adressaten berücksichtigt, zu nutzen; *der Brief oder die E-Mail* sind hierbei die einfachsten Formen. Den SchülerInnen wird deutlich, dass zur schriftlichen Verständigung die Lesbarkeit von Texten gehört, d.h. die Orthographie und die entsprechende grammatische Textstruktur, d.h. neben der Einteilung in Sätze der sinnvolle Bezug der Sätze aufeinander und die entsprechende Satzverknüpfung. Dass die Briefform im Übrigen ein breit gefächertes Spektrum von Aufgaben in der Sekundarstufe I abdeckt bzw. eröffnet, nämlich von formalisierten Schreiben bis zu interpretatorischen Leistungen, wird sich noch bei den Aufgabenbeispielen des Ideenteiles zeigen. Ein anderer wichtiger Bereich des mitteilenden Schreibens ist jede Form der *Dokumentation von Arbeitsergebnissen* im Unterricht. Gruppenergebnisse im Projektunterricht werden der Klasse beispielsweise auf Wandzeitungen präsentiert; die SchülerInnen lernen, neben der inhaltlichen Gliederung optische Mittel der Textstruktur anzuwenden: Abschnitte, Überschriften, Hervorhebungen usw.

Vorstrukturiertes Schreiben

Das Schreiben mit Textvorlagen bietet den DaZ-SchülerInnen bei der Bearbeitung von längeren und komplexeren Fach- und Sachtexten eine große Hilfe und bildet eigentlich den Übergang vom Lesen zum Schreiben. Texte mit Leerstellen arbeiten mit inhaltlichen und lexikalischen Anregungen ebenso wie mit strukturellen. Die Auswahl der Textvorlagen und die jeweilige Aufgabenstellung bestimmen die Schwierigkeitsstufe des Schreibens. Bei allen Aufgaben zum Schreiben sollte auf ein erreichbares zufriedenstellendes Ergebnis hingearbeitet werden.

Textgerüste

Ein Textgerüst hat drei Ebenen, die genutzt und in den Aufgabenstellungen unterschiedlich gewichtet werden können:

1. Den Inhalt, der weiterentwickelt werden muss.
2. Den Wortschatz, der benutzt werden kann.
3. Die Struktur, die aufgegriffen werden soll.

Modelltexte

Modelltexte können sehr unterschiedlich erarbeitet und eingesetzt werden:

→ Im Bereich der formalisierten Schreiben, wie Bewerbung, Lebenslauf oder Geschäftsbrief, spielen sie eine große Rolle. In Lehrbüchern oder in den Materialien des Arbeitsamtes findet man standardisierte Vorlagen, die als Modelle dienen. Man darf sich allerdings nicht täuschen, auch diese Schreiben können nicht einfach reproduziert werden, sondern müssen erfahrungsgemäß kleinschrittig geübt werden, gerade weil bestimmte Floskeln nicht bekannt oder internalisiert sind und auch die sachlichen Formulierungsschwierigkeiten zu wahren Stilblüten führen.

→ Als Modelltexte können grundsätzlich aber auch überarbeitete Schülertexte dienen. Es zeigt sich immer wieder, dass den SchülerInnen nicht klar ist, welche Anforderungen an sie gestellt werden, wenn es beispielsweise gilt, bestimmte Aufgaben- bzw. Fragestellungen in kurzen Texten zu bearbeiten oder eine Inhaltsangabe oder Zusammenfassung zu schreiben. Beispieltexte, die man als Lehrkraft formuliert, bleiben den SchülerInnen oft fremd, weil sie auf einem viel zu hohen Niveau entstehen. Als Orientierungshilfe und Leistungskontrolle dienen am besten von der Lehrkraft überarbeitete, d.h. inhaltlich im Grundsatz vernünftige und formal korrigierte Schülertexte, die an die Tafel geschrieben werden und die von den SchülerInnen fehlerfrei in die Hefte oder Mappen übertragen werden. Diese Texte müssen nicht perfekt sein, aber auf jeden Fall im Bereich von gut oder befriedigend. Die Besprechung von Schülertexten im Unterricht ist erfahrungsgemäß arbeitsintensiv und fordert von allen Beteiligten viel Konzentration, als Lehrkraft korrigiert man ohnehin automatisch, zumindest gedanklich. Man lässt sich also einen Text, den man beim Vorlesen für gut befunden hat, geben, glättet ihn formal und inhaltlich und schreibt ihn orthographisch richtig an die Tafel. Mit etwas Erfahrung lässt sich das während des Unterrichts bewerkstelligen. Die jeweiligen SchülerInnen geben ihr Einverständnis meist gern für einen solchen Beispieltext.

Schreibprozesse kann man üben

Um SchülerInnen am Ende der Sekundarstufe I zum schriftlichen Erarbeiten von Themenkomplexen, sei es für die Erörterung bzw. Argumentation oder für das Referat, zu befähigen oder sie an die gedankliche und emotionale Auseinandersetzung mit einem literarischen Textes heranzuführen, müssen sie viel schreiben üben, d.h., sie müssen oft Gelegenheit haben sich in schriftlicher Form zu äußern. Dazu muss man allerdings auch gezielt sinnvolle Aufgaben stellen, denn u.a. aus der zu Beginn dieses Kapitels umrissenen Differenz von Sprechen und Schreiben dürfte klar hervorgehen, dass es beim Schreiben nicht um ein Mal-eben-Aufschreiben von Gedanken, Gefühlen, Erlebnissen usw. geht. Wird ein Thema gestellt, kennt man als LehrerIn die verzweifelte Klage der SchülerInnen, dass ihnen aber nichts einfalle. Auch Einfallsreichtum kann man üben und das Fantasieren und Assoziieren kann mit Hilfe von Spielen, Clustering und ähnlichen Verfahren trainiert werden.

Texte überarbeiten

Trainieren muss man aber auch das Überarbeiten von Texten. SchülerInnen müssen lernen, eine kritische Distanz zu ihren eigenen Texten zu entwickeln und sie im Hinblick auf Rechtschreibung und Grammatik, aber auch im Hinblick auf inhaltliche Aspekte, z.B. Gliederung und Aufbau, zu überprüfen und zu überarbeiten. Das geht am besten mit Hilfe von Kriterien oder Rastern in Checklisten, die man vorher gemeinsam erarbeitet und festgelegt hat.

Gelenktes Schreiben

DaZ-SchülerInnen benötigen darüber hinaus manchmal noch spezifische Hilfen zur Produktion von Texten. Es ist bekannt, dass Schreibvorhaben oft genug am nicht vorhandenen Wortschatz scheitern. Des Weiteren müssen gezielt Übungen zur Satzgrammatik und zur Textgrammatik angeboten werden. Um die spezifischen Strukturen des Deutschen zu erkennen und anwenden zu lernen, eignen sich im Rahmen des gelenkten Schreibens gezielte Aufgabenstellungen, die in Form von Lückentexten, Schnipseltexten und Kettentexten angeboten werden können. Um die Fantasie anzuregen – sofern es nur um das Problem geht –, kann mit Bildvorlagen und Paralleltexten gearbeitet werden. Gelenktes Schreiben kann in allen Klassenstufen der Sekundarstufe I eingesetzt werden, es ist aber grundsätzlich notwendig, dass die SchülerInnen lernen, auch konzeptionell selbstständig schreiben zu lernen, und dazu gehört die Textplanung.

Textplanung in allen Klassenstufen

Textplanung müssen auch die SchülerInnen der 5. und 6. Klassen lernen, selbst wenn noch oft mit Textvorlagen gearbeitet wird. Kinder verlieren sich in ihren eigenen Erzählungen, den mündlichen und den schriftlichen, d.h., sie schreiben und erzählen sehr assoziativ und willkürlich und bleiben plötzlich in Einzelheiten, die ihnen wichtig sind, hängen. Diese kindliche Form von Verarbeitung, das sogenannte egozentrische Sprechen und Schreiben, kennzeichnet eine kognitive Entwicklungsstufe. Im Unterricht lernen die Kinder zunehmend, dass ein geschriebener Text in sich schlüssig, stimmig und verständlich sein muss – ohne weitere mündliche Erläuterungen. Anhand unterschiedlicher Übungen entwickeln die SchülerInnen eine Vorstellung von einem Erzählplan bzw. vom Aufbau einer Erzählung und ihren Teilen Einleitung, Hauptteil und Schluss. In dem oben gekennzeichneten Sinn stellt man bei Kindern immer wieder fest, dass sie drei Geschichten in einer schreiben oder in der Einleitung hängen bleiben.

Schriftliches Beantworten von Fragen

An die SchülerInnen der Klassenstufen 8–10 werden hinsichtlich der Textplanung noch andere Anforderungen gestellt. Es geht zunehmend um das schriftliche Bearbeiten von Fragestellungen in allen Fächern, d.h. das gezielte Verfassen von kurzen Texten. Damit solche Texte tatsächlich eine Beantwortung der Themen- oder Fragestellung beinhalten und nicht nur aus unvollständigen Sätzen und gedanklichen Fragmenten bestehen, ist eine sich an der Aufgabenstellung orientierende Textplanung erforderlich.

Schriftliches Erarbeiten von Themen

Für das schriftliche Erarbeiten komplexer Themenbereiche, wie es für die Erörterung bzw. Argumentation oder bei einem Referat verlangt wird, benötigt man unterschiedliche Abschnitte der Textplanung, die einzeln geübt werden müssen. Beginnend mit Stoffsammlung und Gliederung gehört des Weiteren das Exzerpieren aus Texten, das Zitieren von Textstellen, das Sammeln von Material zur Veranschaulichung, das Zusammenstellen von Texten und Literatur und nicht zuletzt die kritische Durchsicht und Überarbeitung der eigenen Texte dazu. Bei diesen für die Sekundarstufe I schwierigsten Aufgabenstellungen wird deutlich, dass das Schreiben ein gedanklicher und sich entwickelnder Prozess ist. Um den bewältigen zu können, müssen die SchülerInnen die einzelnen Schritte der Erarbeitung und den Entstehungsprozess anhand ihrer eigenen Arbeiten verstehen und akzeptieren lernen. Das ist mit

Hilfe diverser Arbeitstechniken, und dazu gehört auch das Vorschreiben, mit Hilfe von Lernplakaten zu Strukturen von Stoffsammlung und Gliederung, aber auch zu Formulierungshilfen und mit Hilfe von Unterrichtsgesprächen und Schreibkonferenzen zu leisten.

Schreiben lässt sich unter verschiedenen Aspekten üben:
→ Freies Schreiben
→ Abbau von Schreibhemmungen
→ Schreiben zu literarischen Themen und Texten
→ Schreiben von vorstrukturierten Texten
→ Schreiben von formalisierten Texten
→ Schriftliches Bearbeiten von Frage- oder Aufgabestellungen
→ Schriftliches Erarbeiten von Themenkomplexen

5.8. Richtig schreiben

Schriftlichkeit als eigene Existenzform der Sprache

Mit dem Verfassen von Texten ist das normgerechte Schreiben verknüpft. Die Schriftlichkeit stellt eine eigene Existenzform der Sprache dar, d.h., auch deutschsprachige SchülerInnen erlernen die bereits erworbene Sprache ein zweites Mal. „Die geschriebene Sprache zwingt das Kind, intellektueller zu handeln. Sie zwingt es, sich den Prozess des Sprechens selbst stärker bewusst zu machen" (Wygotski 1974[5]). In der Grundschule beschränken sich die muttersprachlichen Ansätze zum Aufsatzunterricht und zur Textproduktion meist darauf, die Fähigkeit zu fördern, *Texte zu konzipieren*. Die dafür erforderlichen *Schreibfertigkeiten* im engeren Sinn werden an den Rechtschreib- und Grammatikunterricht delegiert. Durch die Arbeitsteiligkeit im schulischen Schreibunterricht der Primarstufe, die das, was beim Schreiben „Spaß" macht in „Schreibwerkstätten", „Schreibkonferenzen" und ähnliche Arrangements verlagert und die Einübung schriftsprachlicher Normen dem spezifisch *schulischen* Rechtschreib- und Grammatikunterricht überlässt, ist keineswegs gewährleistet, dass die im Rechtschreibunterricht trainierten Schreibfähigkeiten auch bei der Produktion freier Texte eingesetzt werden. Deshalb ist diese Trennung in der Sekundarstufe insbesondere im Hinblick auf Daz-SchülerInnen nicht mehr akzeptabel. Vielmehr müssen das Schreiben und der Prozess der Textherstellung zur systematischen Vermittlung grammatischer und orthographischer Normen und zur Reflexion über sprachliche Richtigkeit genutzt werden. Bei der Überarbeitung von Texten geht es nicht nur um die Makrostruktur der Texte (Kohärenz, Aufbau, Ausdruck), sondern auch um die Mikrostruktur (orthographische und grammatische Korrektheit).

Trennung von Aufsatz- und Rechtschreibunterricht?

Spezifische Probleme der DaZ-SchülerInnen

Gerade im Hinblick auf DaZ-SchülerInnen müssen wir uns fragen, wie ein Schreibunterricht zu organisieren ist, der langfristig dazu führt, dass sie nicht nur gute, sondern auch orthographisch und grammatisch richtige Texte schreiben können. DaM-SchülerInnen können beim Schreiben auf ein muttersprachliches „Sprachgefühl" zurückgreifen, während sich das „Sprachgefühl" der DaZ-SchülerInnen nolens volens an ihrer *Interlanguage* orientiert, d.h. an einer Lernersprache, die noch systematische Abweichungen zur Ziel-

Interlanguage oder Fossilierung?

sprache aufweist. Durch die Verschriftlichung der *Interlanguage* kann es zu Festschreibungen dieser Abweichungen, d.h. zu *Fossilierungen,* kommen: Der Schriftspracherwerb stagniert auf einem Niveau, das für die kommunikativen Bedürfnisse in der mündlichen Sprache ausreichend ist. In den Sekundarstufen ist häufig auch ein *backsliding* zu beobachten, d.h., unter den erhöhten Anforderungen an die Produktion schriftsprachlicher Texte brechen scheinbar bereits erworbene grammatische Systeme zusammen. Deshalb muss bei DaZ-SchülerInnen die Textproduktion mit dem Grammatik- und Rechtschreibunterricht verknüpft werden. Diese Verknüpfung und die Entwicklung grammatischer Rechtschreibkenntnisse kommen auch einsprachig deutschen SchülerInnen aus schriftarmem Milieu zugute.

Entwicklung grammatischer Rechtschreibkenntnisse

Schwerpunkte des Rechtschreibunterrichts

Interferenzen aufgrund muttersprachlich geprägter auditiver Wahrnehmung

1) Phonem-Graphem-Korrepondenzen: Auch wenn DaZ-SchülerInnen in der Zweitsprache Deutsch alphabetisiert worden sind, ist die *auditive* Wahrnehmung des deutschen Phonemsystems häufig durch die jeweilige Familiensprache geprägt, und es kommt beim Schreiben zu systematischen Abweichungen, von denen hier nur einige häufig auftretende und auffällige Beispiele genannt werden können:

Phonem /h/

- → das Phonem /h/ wird von SchülerInnen mit romanischen Sprachen nicht wahrgenommen und deshalb das Graphem ‹h› beim Schreiben oft weggelassen. Die auditive Wahrnehmung des Phonems /h/ kann durch Minimalpaare wie *alle – Halle, aus – Haus, offen – hoffen, eben – heben* usw. systematisch geübt werden. Wenn nur das Symptom kuriert wird, indem das fehlende Graphem ‹h› hinzugefügt wird, kommt es häufig zu Übergeneralisierungen: *Was ich im Portugal herlebt abe. Meine honkel ate unger.*
- → Schüler mit slawischen Herkunftssprachen neigen dazu, das Graphem ‹h› als ach-Laut auszusprechen und diese Aussprache mit der dafür im Deutschen vorgesehenen Graphemkombination ‹ch› wiederzugeben: ‹chier› statt ‹hier›, manchmal ist auch das Dehnungs-h betroffen: ‹ichr› statt ‹ihr›.

Unterscheidung /u/ – /o/, /i/ – /e/

- → Schüler mit arabischen Herkunftssprachen können die Phonemgrenze zwischen /u/ und /o/ bzw. /i/ und /e/ nicht hören. Es kommt zu Schreibungen wie ‹Botter›, ‹getronken›, ‹met›, ‹hengelegt›. Auch in diesem Fall muss die auditive Wahrnehmung der deutschen Vokalphoneme trainiert werden. Sonst kommt es zu Schreibungen wie ‹Kuka Kula›.

Silbenaufbau, Sprossvokale

- → Verschiedene Sprachen unterscheiden sich nicht nur durch ihre Phoneminventare, sondern auch dadurch, in welcher Weise die Phoneme kombiniert werden können und wie sich Phoneme in bestimmten Stellungen verändern. Kennzeichnend für die Kombinationsmöglichkeiten von Konsonanten und Vokalen und damit für den Silbenaufbau im Deutschen sind relativ viele Konsonanten im Silbenanlaut und im Silbenauslaut: In der Verbform ‹strahlst› gibt es im Silbenanlaut und im Silbenauslaut je drei Konsonanten, in ‹Herbst› vier Konsonanten im Silbenauslaut, in ‹kämpfst› sogar fünf. Sprecher von Herkunftssprachen, in denen es solche Konsonantenhäufungen nicht gibt, z.B. im Türkischen, wo anlautend keine Doppelkonsonanz möglich ist, fügen „Sprossvokale" ein, um sich die

Aussprache zu erleichtern. Diese Sprossvokale werden häufig auch geschrieben <fürösche>, <Ziwillinge>, <sirayben>. Erwartete Phonemkombinationen werden von der einen auf die andere Sprache übertragen. Italienische SchülerInnen neigen zu Vokalen im Auslaut, weil im Italienischen fast alle Wörter auf Vokal enden.

Graphembedingte Interferenzen

2) Unterschiedliche Nutzung von Graphemen: Bei Seiteneinsteigern, die ihre Muttersprache bereits als Schriftsprache erworben haben, ist damit zu rechnen, dass sie die erworbenen Grapheme oder Graphemverbindungen für die Schreibung des Deutschen nutzen, z.B. das Graphem <z> für das stimmhafte Es /z/, für [ʃ] das türkische <ç> oder das polnische <sz> statt <sch>.

Auditive Wahrnehmung kurzer und langer Vokale

3) Vokalquantität: Auch deutsche SchülerInnen haben Probleme mit der richtigen Schreibung von kurzen und langen Vokalen, weil für diese im Deutschen sehr wichtige Phonemopposition im lateinischen Alphabet jeweils nur ein Graphem existiert. Im Gegensatz zu deutschsprachigen SchülerInnen können SchülerInnen z.B. mit slawischen Herkunftssprachen den Unterschied zwischen <Aale> und <alle>, <beten> und <Betten>, <schief> und <Schiff>, <Ofen> und <offen>, <Höhle> und <Hölle> nicht *hören*, weil es in ihrer Muttersprache diese Phonemopposition nicht gibt. Wenn Rechtschreibregeln zur Doppelkonsonantenschreibung bzw. zur Schreibung langer Vokale vermittelt werden, ohne die auditive Wahrnehmung zu schulen, kommt es zu Schreibungen wie <stiel> statt <still> oder <hollen> statt <holen>.

Morphemkonstanz und „Wortfamilien"

4) Schreibung nach Wortstamm (morphologische Konstanz): Warum schreibt man gleich lautende Wörter (Homophone) wie <Held> und <hält>, <Feld> und <fällt>, <heute> und <Häute> verschieden? Das durch die Rechtschreibreform verstärkte orthographische Prinzip der Morphemkonstanz erfordert sprachliches Wissen und sollte deshalb in Verbindung mit der Verbkonjugation, der Pluralbildung und vor allem der Wortbildung gelehrt werden, indem „Wortfamilien" zu einem Stammmorphem gesammelt werden (vgl. Ideenteil S. 175). Im Zusammenhang mit der Morphemschreibung sollten auch die Umlaute und die Auslautverhärtung thematisiert werden, bevor es zu Übergeneralisierungen kommt, wie <ich sidze tort>.

Umlaute, Auslautverhärtung

Groß- und Kleinschreibung

5) Groß und Kleinschreibung: Um Nomen von anderen Wortarten unterscheiden zu können, muss die Kernfunktion eines Wortes innerhalb einer nominalen Gruppe erfasst werden. Die im muttersprachlichen Unterricht empfohlenen Artikel-, Attribut- und Kasusproben (Hanke, 794) setzen ein Sprachgefühl voraus, das viele Schüler mit DaZ noch nicht entwickelt haben. Durch das Spiel mit gleich lautenden Nomen und Verben, wie z.B. das Essen und essen, kann die kategoriale Wahrnehmung des Nomens geschult werden (vgl. Ideenteil S. 174).

Erkennen von Wortgrenzen

6) Zusammen- und Getrenntschreibung: Auch dieses orthographische Problem erfordert grammatisches Wissen, das auch von deutschen SchülerInnen erst mit dem Erwerb der Schriftsprache gelernt wird. Bei DaZ-SchülerInnen treten Unsicherheiten bei der Segmentierung von Wörtern noch in der

Sekundarstufe auf, und zwar nicht nur bei den Problemfällen, sondern im normalen Schreibfluss: *‹dann gemer inne Türkei›*. Das hängt vermutlich mit dem stark situativ-ganzheitlichen Gebrauch der Zweitsprache im Mündlichen zusammen: Mit Hilfe von Operationen, wie Ersetzung, Einfügung oder Umstellung, wie sie z.B. beim generativen Schreiben praktiziert werden, kann die Funktion von Wortgrenzen ermittelt werden. Die Thematisierung der Zusammen- und Getrenntschreibung sollte im DaZ-Unterricht mit der Vermittlung der trennbaren Verben und der für die deutsche Wortbildung charakteristischen Wortzusammensetzungen verbunden werden.

Interpunktion

7) Zeichensetzung: Das Schreiben ohne Punkt und Komma ist ein Charakteristikum vieler DaZ-Texte (vgl. Ott 2000). Das überrascht insofern, als die Zeichensetzung ja auch für deutschsprachige Schüler im Regelunterricht vermittelt wird. Vermutlich hängt das Weglassen nicht nur von Kommas, sondern auch von Punkten mit dem bereits erwähnten unstrukturierten mündlichen Erwerb der Zweitsprache zusammen. Das *generative Schreiben* und die damit verbundenen grammatischen Operationen der Substitution und Transformation sind Möglichkeiten, die Bauteile von Sätzen und damit die Funktion der Interpunktion verständlich zu machen.

Methoden und Arbeitstechniken: Hilfe zur Selbsthilfe

Rahmenbedingungen zur Unterstürzung des Schriftspracherwerbs

Das richtige Schreiben kann nicht explizit, d.h. durch direkte Instruktionen, gelehrt werden. Schriftsprachliche Handlungsfähigkeit setzt sich nicht aus einem System von Teilfertigkeiten zusammen, die isoliert geübt werden können. Allerdings können Rahmenbedingungen geschaffen werden, die den eigenaktiven Prozess des Erwerbs einer korrekten Schriftsprache unterstützen.

Fehleranalyse

Eine **individuelle Fehleranalyse** ist die wichtigste Voraussetzung für eine gezielte Förderung des normgerechten Schreibens. Nicht alle „Fehler", die aufgrund der unterschiedlichen Phonem-Graphem-Beziehungen in den beteiligten Sprachen linguistisch prognostizierbar sind, werden auch tatsächlich gemacht. Auch beim Schrifterwerb in der Zweitsprache verwenden die SchülerInnen unterschiedliche Strategien. Viele Wörter werden ganzheitlich erworben ohne nachweislichen Einfluss der Herkunftssprache. Allerdings kann man in multilingualen Klassen noch bis in die Sekundarstufe hinein herkunftssprachlich bedingte *systematische Abweichungen* erkennen. Da die Lehrenden die Herkunftssprachen ihrer Schüler meist nicht beherrschen, muss man sich darauf beschränken, zentrale Probleme herauszugreifen. Dabei ist die grundlegende Einsicht wichtig, dass „Fehler" beim ungesteuerten Sprach- und Schrifterwerb in der Regel *konsequent* sind, dass es sich meist um intelligente Fehlleistungen handelt, die eine linguistisch feststellbare Ursache haben. Diese Ursache kann man mit einiger Übung auch ohne Kenntnis der Herkunftssprache und ohne kontrastiven Sprachvergleich herausfinden, z.B. indem man die Texte von SchülerInnen mit der gleichen Herkunftssprache vergleicht, sie fragt, warum sie ein Wort so und nicht anders geschrieben haben. Die Behebung solcher systematischen Schwierigkeiten führt insgesamt zu mehr Sicherheit beim Schreiben.

„Fehler" als „systematische Abweichung"

Lernwortschatz

Erwerb eines Grundwortschatzes: Beim Üben eines bestimmten Wortschatzes gibt es verschiedene Auswahlmöglichkeiten, die miteinander kombiniert werden sollten: das Üben eines Modellwortschatzes, d.h. einer orthographisch relevanten Wortauswahl, die den impliziten Erwerb von Rechtschreibregeln unterstützt, die Auswahl von Wörtern nach Vorkommenshäufigkeit, nach statistisch ermittelten Fehlerhäufigkeiten und das Üben eines individuellen Wortschatzes der SchülerInnen, der aus dem Schreiben eigener Texte hervorgeht. Das Sammeln eines solchen Lernwortschatzes, z.B. in einer individuellen Kartei, schafft eine Basissicherheit beim Schreiben und sollte wie Deklinationstabellen, alphabetische Liste der unregelmäßigen Verben usw. beim freien Schreiben benutzt werden dürfen.

Spontanschreibungen und sprachliche Richtigkeit

Schreiben lernt man durch Schreiben: Vielschreiben fördert die Fähigkeiten im Rechtschreiben. Das ist für DaM-SchülerInnen nachgewiesen. Für DaZ-SchülerInnen sind die Möglichkeiten zum freien Schreiben aufgrund eines geringen Wortschatzes und unzureichender grammatischer Fähigkeiten begrenzt. Die mit dem freien Schreiben verbundene Gefahr der Fossilierung der Lernersprache kann man zum einen dadurch vermeiden, dass alle Texte in korrigierter Form für offizielle Textsammlungen abgeschrieben werden, zum anderen sollten neben der Motivation zum freien Schreiben Arrangements entwickelt werden, in denen die sprachlichen Mittel für die zu schreibenden Texte bereitgestellt und die SchülerInnen dadurch in die Lage versetzt werden, richtige Texte zu schreiben.

Techniken des Sprachlernens

Hilfe zur Selbsthilfe: Neben den impliziten Formen des Regelerwerbs müssen die Schüler dazu angehalten werden, im Zweifelsfall nachzuschlagen. Die Nutzung individueller Lernwortschätze und grammatischer Tabellen sollte langfristig dazu führen, Nachschlagewerke, Wörterbücher und Grammatiken für die eigene Textproduktion zu nutzen. Voraussetzung dafür ist einmal die Sensibilisierung für mögliche Fehlerquellen, zum anderen die Einführung einer grammatischen Terminologie, wie sie auch im muttersprachlichen Unterricht üblich ist. Im Sprachunterricht multilingualer Lerngruppen haben Termini für grammatische Kategorien, Wortarten, Satzglieder usw. die Funktion, die Schüler zu befähigen, mit Hilfe einer Grammatik zu klären, ob eine geplante schriftliche Äußerung richtig oder falsch ist. Die Fähigkeit, Wörterbücher nicht nur für orthographische, sondern auch für grammatische Informationen zu nutzen, muss im Zusammenhang mit dem Überarbeiten von Texten systematisch geübt werden

Wie nutzt man Nachschlagewerke, Wörterbücher und Grammatiken?

Integrativer Schreibunterricht: Generatives Schreiben

Generatives Schreiben

Die mit dem Schreiben verbundene Sprachvermittlung muss so strukturiert werden, dass die SchülerInnen ihre Sprachverwendung bzw. ihren Sprachlernprozess bewusster mitvollziehen und damit vorantreiben können. Deshalb werden v.a. Techniken des Sprachlernens eingeführt, die auch beim außerschulischen Spracherwerb wirksam werden könnten bzw. schon wirksam sind: Der Erwerb von Strukturen in Texten, die die Bewusstmachung vorgegebener Satzmuster ermöglichen, die Variation dieser Vorgaben durch das

Textvariation durch Substitution und Transformation

Ersetzen einzelner Elemente (Substitution) und durch einfache Umformulierungen (Transformation). Beim generativen Schreiben produzieren SchülerInnen auf der Basis vorgegebener Textmuster eigene Texte. Die zu substituierenden Elemente werden gemeinsam erarbeitet und anschließend von den SchülerInnen zur individuellen Textproduktion genutzt.

Schreiben als entdeckendes Lernen von Rechtschreib- und Grammatikregeln

Die Textvariationen dienen als eine Art Regelreservoir, auf das die Schüler auch bei anderen Formen des Schreibens zurückgreifen können. Im Sinne eines Spiralcurriculums sollten den Schülern immer wieder und in unterschiedlichen Kontexten Sprachstrukturen insbesondere zur Nominalflexion und zum Verbkomplex angeboten werden, die die natürlichen Regelbildungsprozesse unterstützen. Die in den Basistexten auftretenden grammatischen Phänomene müssen nicht explizit thematisiert werden. Vielmehr werden die grammatischen Strukturen implizit erworben, indem die sprachlichen Mittel für den zu schreibenden Text bereitgestellt und genutzt werden. So wird durch das generative Schreiben entdeckendes Lernen von Rechtschreib- und Grammatikregeln ermöglicht.

Ästhetisch strukturierte Basistexte

Das generative Schreiben ist mehr als eine grammatische Übung. Es ist auch eine Form des produktiven Umgangs mit Literatur, wenn man als Basistexte ästhetisch strukturierte kürzere Texte mit Wiederholungsstrukturen nutzt, Verse, Lieder, Jugendbücher, die sich inhaltlich an den Erfahrungen der Schüler orientieren (vgl. Ideenteil S. 176ff). Allerdings ist es nicht ganz einfach, geeignete Ausgangstexte für die Sekundarstufen zu finden.

Muster- und Standardtexte im Fachunterricht

Wenn die Methode des generativen Schreibens in der Orientierungsstufe am Beispiel von Kindertexten eingeführt und geübt worden ist, kann man sie später auch auf das Schreiben im Fachunterricht übertragen, indem Mustertexte für Standardsituationen zur Verfügung gestellt werden, z.B. für das Beschreiben von Experimenten im Physik- oder Chemieunterricht. Als Basis für dauerhafte Lernprozesse können Textsammlungen zusammengestellt werden mit einem Repertoire an häufig verwendeten sprachlichen Strukturen.

Richtiges Schreiben als Erfolgserlebnis

Die Produktion eines eigenen, korrekten Textes stellt für die meisten Kinder ein großes Erfolgserlebnis dar. Sie sind nach einem solchen Erlebnis sehr motiviert, noch weitere eigene Texte zu verfassen. Für die Einführung der Methoden des generativen Schreibens sollte man genügend Zeit einplanen. Zunächst muss der Basistext gemeinsam erarbeitet werden, damit sich die sprachlichen Strukturen bei den Kindern gut einprägen. Nach dieser Erarbeitungsphase erhalten alle Kinder den Basistext in schriftlicher Form. Die zu substituierenden Elemente werden als Paradigma auf einem Arbeitsblatt, durch ein Tafelbild oder eine Folie bereitgestellt.

5.9. Fachunterricht: Deutsch und Fremdsprachen

Fachsprachliche Fallen

Gerade der Deutschunterricht liefert für DaZ-SchülerInnen viele Fachwörter, die sie nicht oder nur vage verstehen:

→ Sprachformen, die im heutigen Sprachgebrauch selten oder gar nicht verwendet werden, wie z.B. *Buhle*, *an etwas rühren* oder *mich dünkt* in älterer Literatur,

→ Sprachbilder, Sprichwörter oder ein verfremdeter Sprachgebrauch,

- Verben mit komplexen Bedeutungsstrukturen (z.B. *sich abzeichnen, hervorstechen, ausdrücken*),
- Fachterminologie zur Sprachbeschreibung (*Konjunktiv, finites Verb* usw.)
- Fachterminologie zur Literaturbetrachtung (*Alliteration, Metapher* usw.)
- Methodenbegriffe (*Problemerörterung, Argumentation* usw.)
- Fachwörter zur Fehlerbeschreibung (*Kasusfehler, Umgangssprache* usw.), und grammatische Beschreibungsfloskeln (z.B. *Der Satz steht in der indirekten Rede.*).

Fachsprachliche Elemente aus sehr verschiedenen Bereichen

Durch die Themenvielfalt im Deutschunterricht kommen fachsprachliche Elemente aus der Medizin, Politik, Biologie oder Juristerei in literarischen Texten und in Sachtexten hinzu.

Mehr Grammatik tut allen SchülerInnen gut!

Grammatikwissen in Funktion bringen

Die größeren Schwierigkeiten, die DaZ-SchülerInnen mit der Fachsprache oft haben, sind eine Chance für eine stärker grammatische Ausrichtung des Deutschunterrichts, die allen SchülerInnen zugutekommt. Allerdings kann dies nicht nur, wie im Deutschunterricht für DaM-SchülerInnen üblich, als Reflexion über die schon erworbene Sprache gestaltet werden, sondern muss die Vermittlung grammatischer Strukturen ins Zentrum stellen und dafür sorgen, dass grammatisches Wissen für alle SchülerInnen in Funktion (vgl. Funke 2000) gebracht wird, damit sie die Strukturen nicht nur erkennen, sondern auch anwenden lernen.

Fachsprache als Strategiewissen vermitteln

Es geht nicht um die Spitzfindigkeiten der Grammatik, sondern um Strategiewissen zum Umgang mit fachsprachlichen Elementen:

- Wortbildungsregeln zur Entschlüsselung und Bildung
  von Komposita (z.B. *Meld-ung; Nadel-bäume*),
  zur Affixbildung (z.B. *über-ziehen, rat-los*),
  zur Partikelbildung (z.B. *er-greifen*) oder
  von untrennbaren und trennbaren Verben (z.B. *ausziehen, nachdenken*),
- Verstehen und Verwenden einzelner Morpheme (z.B. *sie sag-te: -te* als Signal für das Präteritum; *unter-schreiben*: *unter* als lokale Präposition),
- Erkennen und Bilden von Haupt- und Nebensätzen,
- Verstehen, Erkennen und Bilden zusammengesetzter Zeitformen sowie Passivkonstruktionen,
- Entschlüsseln präpositionaler Verbindungen (z.B. *verschieden von; neidisch auf*),
- Entschlüsseln und Verwenden von Konnektoren (sprachliche Elemente, die Sätze miteinander verbinden und eine Beziehung zwischen ihnen herstellen), wie: *Es wurde dunkel. Deshalb schaltete er das Licht ein.*

Verbindung von Sprachvermittlung und Sprachreflexion

Im fachsprachlich orientierten Deutschunterricht soll Grammatik möglichst früh neben der Sprachvermittlung auch zur Sprachreflexion genutzt werden, damit die SchülerInnen *„die verschiedenen Ausdrucksmöglichkeiten und Verwendungen eines bestimmten grammatischen Elements sowie den möglichen Einsatz verschiedener sprachlicher Formen"* (Einecke 1995, S. 12) als Ausdrucksmittel kennen lernen. Zentrale Fragen dabei sind:

- Welche Funktion hat das grammatische Element in diesem aktuellen Text und im medialen Verwendungskontext?
- Welche Funktion kann dieses Element grundsätzlich übernehmen?

→ Welche Funktion haben bestimmte grammatische Elemente für mein Verstehen sowie für die Wirkung des Textes auf mich?

Unterrichtsbeispiel

In der Unterrichtspraxis könnte das z.B. so aussehen, dass DaZ- und DaM-SchülerInnen in einem Zeitungsprojekt gemeinsam eine Meldung recherchieren, planen und verfassen. Hierfür müssen sie sich über die Inhalte und die Sprache des Textes verständigen, Überschriften formulieren und die Wirkung der von ihnen gewählten Sprache einbeziehen. In diesem Zusammenhang bietet es sich z.B. an, die Funktion von Konnektoren zu thematisieren und diese Formen in ihren unterschiedlichen Verwendungszusammenhängen zu wiederholen. Damit würde ein textgrammatisches Element in einem umfassenderen sprachreflexiven Kontext (Textplanung, Festlegung und sprachliche Umsetzung einer Aussageabsicht) unter funktionalen Gesichtspunkten (Welche Konnektoren gibt es? Wie verwende ich sie? Welche Wirkung haben sie in meinem Text?) erarbeitet bzw. geübt und damit DaZ- wie DaM-SchülerInnen eine Hilfestellung zum Entschlüsseln und Verfassen von Texten mit Hilfe von Grammatik gegeben werden.

Gemeinsame grammatische Terminologie in allen sprachlichen Fächern

Um über Sprache zu reden, brauchen SchülerInnen eine grammatische Terminologie, die möglichst über den Deutschunterricht hinaus verwendet werden sollte, d.h., sie sollte auch für die Vermittlung der Fachsprache in anderen Fächern und im Fremdsprachenunterricht nutzbar sein. Entsprechend wichtig ist es, sich fachübergreifend auf eine **einheitliche Terminologie** zu einigen und die enorme Vielzahl an Fachbegriffen auf eine für den Unterricht notwendige Anzahl zu reduzieren. Diese Basisterminologie kann durch induktive Verfahren und regelmäßige, häufige Wiederholung in den verschiedenen Fächern eingeübt werden.

Verzahnung des Deutsch- und Fremdsprachenunterrichts

Das Erlernen einer Fremdsprache, z.B. des Englischen oder Französischen, eröffnet für den Deutschunterricht gute Möglichkeiten zur **Sprachförderung durch eine Verzahnung der Inhalte**. Dies hängt damit zusammen, dass beim Erlernen einer Fremdsprache die neue Grammatik nach einem Sprachlernkonzept gelehrt, also von den SchülerInnen bewusst erlernt, reflektiert und geübt werden soll. Dieser systematische Aufbau grammatischen Wissens kann zur Vermittlung und Übung der deutschen Grammatik genutzt werden (vgl. Belke 2003, S. 848): z.B., indem ein neues Thema des Englischunterrichts – die Einführung des „Past Participle" – Anlass zur Wiederholung des Partizips Perfekt im Deutschunterricht wird.

Weitere inhaltliche und methodische Anknüpfungsmöglichkeiten für einen **fächerübergreifenden Sprachunterricht**:

Genusmarkierung

→ Schwer erlernbare Bereiche, wie z.B. die Genusmarkierung, können kontrastiv zur Genusmarkierung im Französischen (*la famille – die Familie* ⇒ ist in beiden Sprachen weiblich) im Rahmen eines Vokabelspiels regelmäßig thematisiert werden.

Tempusmarkierung

→ Durch den Vergleich von Zeitformen des Englischen mit Zeitformen des Deutschen kann der jeweilige Verwendungszusammenhang wiederholt werden (z.B. Simple Past – Präteritum: wird verwendet, wenn die SchülerInnen eine Geschichte erzählen).

GRUNDLAGEN

Kasusmarkierung

→ Genitivbildungen können verglichen werden, um die SchülerInnen für die Schreibung zu sensibilisieren: *Peter's book* im Vergleich zu *Peters Buch* ⇒ Beschreibe den Unterschied!

Wortbildungsregeln

→ Wortbildungsregeln im Deutschen können denen des Englischen gegenübergestellt werden: *hopeful – hope – hopeless/hoffnungsvoll – Hoffnung – hoffnungslos*; die Präteritumendung *-te* kann der Simple Past-Endung *-ed* gegenübergestellt werden usw.

Wortschatzarbeit

→ Wird im Englischen z.B. ein Wortnetz zum Thema „jobs" erstellt, kann dieses parallel im DaZ-Unterricht für die Wortschatzarbeit im Deutschen genutzt werden.

Methoden

→ Methoden des Fremdsprachenunterrichts, z.B. verzögertes Hören oder das „Schnelle Diktat" (s. Lerntechniken der DaZ-Förderung), Lückentextaufgaben, korrigierendes und generatives Schreiben (z.B. Überarbeitung und Korrektur eines fehlerhaften Textes, Schreiben nach Satz- und Textmustern) können im Deutschunterricht eingesetzt werden.

→ Lerntechniken des Fremdsprachenunterrichts können übernommen werden, z.B. das Führen von Vokabellisten und Wortkarteien.

5.10. Fachunterricht Geschichte und Sozialwissenschaften

Merkmale der Fachsprache Geschichte und Sozialwissenschaften: Geringe Reduktion gegenüber der Allgemeinsprache

Allgemeinsprache als Voraussetzung

Der Unterricht in Geschichte und Sozialwissenschaften findet in einer (Fach)Sprache statt, die einerseits durch einen differenzierten, komplexen Fachwortschatz gekennzeichnet ist, andererseits aber auch durch einen reichhaltigen morphologischen Bestand und einen eher hypotaktischen Satzbau. Im Vergleich zu den naturwissenschaftlichen und technischen Fachsprachen weist die Fachsprache Geschichte eine geringere sprachliche Reduktion gegenüber der Allgemeinsprache auf. Aufgrund dessen ist die sprachliche Kompetenz in den Fächern Geschichte und Sozialwissenschaften an ein vergleichsweise höheres Niveau gebunden. Die solide Beherrschung grundlegender Pensen der Allgemeinsprache ist daher in nicht unerheblichem Maße Voraussetzung für die Teilnahme am Unterricht in den Fächern Geschichte und Sozialwissenschaften. Das zeigt ein Blick auf einen Lehrbuchtext aus einem Geschichtsbuch für die Klassenstufen 9/10 der Hauptschule.

Beispiel: Lehrbuchtext 9./10. Klasse

VW-Werk in Braunschweig

... Das VW-Werk in Braunschweig betreibt bereits seit vielen Jahren auf der ganzen Welt dezentrale Produktionsstätten. Die hergestellten und montierten Teile werden dann nach Braunschweig geliefert und z.B. zu Fahrwerksystemen (Achsen) sowie zu anderen Fahrzeugkomponenten (Lenkung, Cockpit etc.) zusammengebaut. Da die meisten Zulieferbetriebe ihren Standort nicht in unmittelbarer Nähe des Montagewerks haben, müssen die Teile transportiert werden. Weder Zulieferer noch Autofabriken verfügen über genügend Lagerflächen, um minutengenau die abgerufene Menge an Teilen bereitzuhalten. Deshalb begann man, die Lagerhaltung auf die Straße zu verlagern. Die Lkw fahren mit den Teilen in Richtung Autofabrik und „umkreisen" diese so lange, bis über Sprechfunk die Anweisung kommt, dass um soundso viel Uhr soundso viele Teile am Band benötigt werden. Diese just-in-time Lieferung lässt sich am besten mit Hilfe des Lkw erreichen ...[6]

[6] Aus: Bax/Bähre u.a.: Trio. Geschichtlich-soziale Weltkunde 9/10. Braunschweig: Schroedel 2003. S. 211.

Hoch spezialisierter Fachwortschatz

In diesem Text werden DaZ-SchülerInnen mit hoch spezialisiertem Fachwortschatz konfrontiert: *dezentrale Produktionsstätte* (Pl.), *hergestellte und montierte Teile* (Pl.), *Fahrwerksysteme* (Pl.), *Achsen* (Pl.), *Zulieferbetriebe* (Pl.), *Fahrzeugkomponenten* (Pl.), *(die) Lenkung, (das) Cockpit, (die) Lagerfläche, (die) abgerufene Menge, (die) Lagerhaltung, (die) Verlagerung, umkreisen, (die) just-in-time Lieferung* usw.

Fachwortschatz vor der Textlektüre einführen

Dieser sollte vor der Lektüre des Textes geklärt werden, damit DaZ-SchülerInnen nicht aufgrund von Wortschatzlücken von vornherein von der Erarbeitung der Fachinhalte ausgeschlossen werden. Die Einführung des Fachwortschatzes erfolgt in einer Phase der Textentlastung bzw. der Reaktivierung des Vorwissens, u.a. durch folgende Verfahren:

- → Einführung von Fachwortschatz anhand visueller Hilfen (Schaubilder, Grafiken, Fotos usw.),
- → Erarbeitung von Assoziogrammen,
- → Hypothesenbildung über den zu erwartenden Inhalt von Fachtexten anhand von Überschriften, Zwischenüberschriften, Schlüsselwörtern aus dem Fachtext,
- → der Beigabe von Wortschatzlisten (vgl. Ideenteil S. 187).

Komplexe grammatische Strukturen

Der o.g. Text verlangt jedoch neben der Kenntnis des Fachwortschatzes die Beherrschung komplexer grammatischer Strukturen:

- → diverse Nebensatzarten, u.a. Kausalsätze *(Da die meisten Zulieferbetriebe ...)*, Finalsätze *(... um minutengenau die abgerufene Menge an Teilen bereitzuhalten)*, Infinitivsätze *(... die Lagerhaltung auf die Straße zu verlagern)*, Temporalsätze *(... bis über Sprechfunk die Anweisung kommt, ...)*
- → Passivkonstruktionen mit und ohne Modalverben *(... Teile am Band benötigt werden, ... müssen die Teile transportiert werden ...)*
- → Passiversatzkonstruktionen *(Deshalb begann man, ...; ... lässt sich am besten mit Hilfe des Lkw erreichen ...)*
- → trennbare Verben *(zusammenbauen, bereithalten)*
- → Partizipialkonstruktionen *(die hergestellten und montierten Teile).*

Texte sprachlich vorbereiten und entlasten

Sind Satzstrukturen in Fachtexten komplex, so kann man DaZ-SchülerInnen die Erarbeitung der Inhalte erleichtern, indem man beispielsweise

- → vereinfachte Paralleltexte dem Originaltext vorschaltet oder beifügt,
- → Strukturskizzen, Flussdiagramme usw. zu den Originaltexten bietet (und vor der Lektüre im Unterricht behandelt),
- → Schlüsselinformationen typo- und topographisch hervorhebt, z. B. durch Fettdruck bzw. Kursivschrift oder Unterstreichungen, um die Aufmerksamkeit auf die wesentliche Information zu lenken.

Hinweis zur Arbeit mit Paralleltexten

Werden vereinfachte Paralleltexte geboten, muss jedoch im Unterricht sichergestellt und überprüft werden, dass sich DaZ-SchülerInnen letztlich **mit dem Originaltext** beschäftigen und sich nicht ausschließlich auf den Paralleltext bzw. die Strukturhilfen stützen. Dieser hat nur Hilfsfunktion, nämlich die Lektüre des Originaltextes zu erleichtern (vgl. z.B. KV 1).

Altertümliche Sprache verstärkt den Fremdheitseffekt

Ein gesondertes Problem stellen historische Quellentexte dar, die nicht nur den o.g. hoch spezialisierten Fachwortschatz enthalten, sondern außerdem in einer altertümlichen (historischen) Schriftsprache verfasst sind, die den Schülern sonst nirgendwo begegnet. Sie bewirken bei DaZ-SchülerInnen häufig einen extremen Fremdheitseffekt, der den Zugang zum Textinhalt blockiert. Neben den o.g. Vorbereitungsverfahren sind bei Quellentexten schriftliche Worterklärungen unter dem Quellentext unerlässlich.

Zwischenbilanz

Diese vorbereitenden Verfahren erleichtern die Lektüre von Fachtexten und aktivieren passives Sprachwissen sowie inhaltliches Vorwissen. Sie sollten daher integraler Bestandteil des Fachunterrichts sein. Verzichtet man auf solche Vor-Phasen, riskiert man, dass DaZ-SchülerInnen den Zugang zu Texten mit abstrakten Inhalten, die in Form komplexer sprachlicher Strukturen und unter Verwendung eines hoch spezialisierten Fachwortschatzes geboten werden, nicht finden bzw. den Überblick verlieren und dadurch die jeweiligen Inhalte nicht er- bzw. verarbeiten können.

Fachwortschatz und Grammatik wiederholen und festigen

In späteren Phasen des Unterrichts müssen Fachwortschatz und grammatische Strukturen wiederholt und gefestigt werden, z.B. durch Lückentexte, Zuordnungsübungen, Ergänzungsübungen usw., und, was Formbildung und Funktion anlangt, bewusst gemacht werden.

Arbeitsstrategien vermitteln

Der Unterricht in Geschichte und Sozialwissenschaften mit DaZ-SchülerInnen hat ferner die Aufgabe, Arbeitsstrategien zu vermitteln, mit deren Hilfe die SchülerInnen sprachliche Defizite kompensieren können (Wörterbücher benutzen, Notizen machen, Texte kursiv lesen, Mind-Maps anfertigen usw.), und fachspezifische Mitteilungsformen zu trainieren. Dazu gehören konkret:

Zusätzliche sprachliche Hilfen bieten

- → sprachliche Hilfen für die Formulierung von Gelenkstellen in Kurzreferaten bzw. mündlichen Präsentationen,
- → Modelltexte z.B. für die Zusammenfassung eines Text(teil)es, die Auswertung und Interpretation von Quellentexten usw.,
- → Textbausteine für die Anfertigung spezieller Textsorten, z.B. der Inhaltsangabe eines Textes,
- → sprachliche Hilfsmittel für die Auswertung spracharmer Informationsträger (Diagramme, Schaubilder usw.); die zwar, was den Inhalt anlangt, leicht zu rezipieren sind, deren Versprachlichung aber an DaZ-SchülerInnen erhebliche sprachliche Anforderungen stellt. Hier kann eine Aufbereitung der Unterrichtsmaterialien erhebliche Hilfestellung leisten.

Aufgaben des fachsprachlich orientierten Unterrichts in Geschichte und Sozialwissenschaften

Aufgabe des Fachunterrichts Geschichte und Sozialwissenschaften mit DaZ-SchülerInnen ist

- → die sprachliche Aufbereitung von Unterrichtsmaterialien,
- → die Heranführung an charakteristische Arbeitsweisen und Mitteilungsformen sowie an die Fachsprache Geschichte und Sozialwissenschaften.

Dadurch werden DaZ-SchülerInnen in die Lage versetzt,

- → fachspezifische Textsorten und Lehrbuchtexte möglichst in derselben Geschwindigkeit zu rezipieren wie DaM-SchülerInnen und
- → Fachinhalte in fachspezifischen Präsentationsformen (Textsorten, Texttypen) möglichst normgerecht darzustellen.

5.11. Fachunterricht: Mathematik und Naturwissenschaften[7]

Fachwörter = Nomen

Werden Wörter wie *Addition, Halbgerade* oder *Kurvendiskussion* verwendet, ist auch dem Laien klar, dass es sich um mathematische Inhalte handelt. In Fachsprachen kommen Nomen allgemein sehr häufig vor, d.h., in Fachtexten nehmen Nomen einen Anteil von bis zu 44% ein, während sie in Prosatexten 28% ausmachen (vgl. Hoffmann 1985, S. 136). Die Fachsprache der Mathematik macht da keine Ausnahme. Nomen bezeichnen hier mathematische Objekte (*Trapez, Summe, Polyeder, Gleichung, Relation, Funktion, Ring, Körper* usw.) und entstehen durch den häufigen Gebrauch von Nominalisierungen *(Gleichung)* und Attributierungen *(rechtwinkliges Dreieck)*.

Verben

Die Häufigkeit von Verben ist in Fachsprachen gegenüber der Allgemeinsprache gering. Verben bezeichnen in der mathematischen Fachsprache Handlungen: *subtrahieren, differenzieren, zuordnen, punktspiegeln, scheren, potenzieren, integrieren* usw. Dabei liegt der mathematischen Fachsprache die Vorstellung zugrunde, dass mathematische Gegenstände selbst wie Subjekte handeln *(die Gerade schneidet den Kreis, 2 teilt 12)*, obwohl die Verben keine Vorgänge, sondern Zustände bezeichnen. Denn der Satz *2 teilt 12* beschreibt kein Geschehen, sondern gibt Eigenschaften der natürlichen Zahlen 2 und 12, also einen Zustand, an.
In Arbeitsanweisungen stehen Verben allerdings für Vorgänge: *Addiere die Zahlen 2 und 12.* Häufig zu finden sind in der Mathematik Modalverben: *können – man kann beweisen, wollen – wir wollen zeigen, dürfen –müssen – man muss voraussetzen* usw.

Konjunktionen

Konjunktionen nehmen in mathematischen Aussagen wichtige Funktionen ein und können leicht zu Problemen führen, z.B. wenn bei der Verbindung von zwei Hauptsätzen das Subjekt getilgt wird. Richtig sind die Aussagen: *Es gibt Dreiecke mit einem rechten Winkel. Es gibt Dreiecke mit einem stumpfen Winkel.* Eine Verbindung dieser beiden Sätze mit Tilgung des Subjekts des zweiten Satzes führt aber zu der falschen Aussage: *Es gibt Dreiecke mit einem rechten Winkel und mit einem stumpfen Winkel.* Das gleichzeitige Vorkommen eines rechten Winkels und eines stumpfen Winkels in einem Dreieck ist nicht möglich.

Mathematische Logik in der Allgemeinsprache?

Im Unterschied zur Allgemeinsprache ist die Sprache der Mathematik sehr präzise und auf Logik bedacht. So sind dem Mathematiker die unterschiedlichen Bedeutungen der folgenden Sätze klar, wohingegen die Bedeutungen in der Alltagssprache eher schwammig sind: *Wenn es morgen regnet, gehe ich ins Kino. Nur wenn es morgen regnet, gehe ich ins Kino. Genau dann, wenn es morgen regnet, gehe ich ins Kino.* Bezeichnet man die Aussage *Es regnet morgen* mit x und *Ich gehe ins Kino* mit y ergeben sich für den Mathematiker für die drei Sätze eindeutige Aussagen: $x \Rightarrow y$, $y \Rightarrow x$ und $x \Leftrightarrow y$ ($\Rightarrow$: *wenn, dann ...*; $\Leftrightarrow$: *genau dann, wenn ...*).

[7] Eine wesentliche Grundlage dieses Kapitel bildete die Staatsexamensarbeit von Wiebke Kiehlmann zur Fachsprache der Mathematik (vgl. 2001).

GRUNDLAGEN

Kennzeichen von Aufgabentexten

Beispiele

Gegeben ist ein gerader Kreiszylinder mit den Maßen r = 1,5 cm und h = 3,5 cm sowie ein Quader mit den Grundkantenlängen a = b = 3,0 cm und der Höhe h = 3,5 cm.

Es gilt a|b und a|c. Kann man daraus schließen, dass a|(b – c) gilt?

In diesen Aufgabenbeispielen müssen die Symbole von den SchülerInnen „gelesen" werden: So muss klar sein, dass der Buchstabe *r* für den Radius der Grundfläche des Kreiszylinders steht. Des Weiteren muss die Bedeutung des Begriffes *Radius* bekannt sein, und es muss eine bildhafte Vorstellung eines Kreiszylinders existieren, um hier dem mathematischen Zeichen *r* die richtige Bedeutung zuordnen zu können. Der senkrechte Strich | steht für *teilt* oder *ist Teiler von*.
Im ersten Beispiel stehen die Buchstaben *a* und *b* für die Längen der Grundkanten des Quaders. Ihnen wird ein bestimmter Wert zugewiesen. Im zweiten Beispiel erhalten die SchülerInnen keine Information darüber, wofür hier die Buchstaben *a* und *b* stehen. Es wird ihnen zur Aufgabe gemacht, eine sinnvolle Bedeutung zu finden; so z.B. könnten *a* und *b* Variablen aus der Menge der natürlichen Zahlen sein.

Das Lesen der Symbolsprache stellt schon eine Schwierigkeit an sich dar. Nun ist diese aber noch zusätzlich in die natürliche Sprache eingebettet, welche Charakteristika aufweist, die von der Alltagssprache abweichen und deshalb SchülerInnen ebenfalls Probleme bereiten können.
Das Streben nach allgemein gültigen Formulierungen wird durch die Verwendung des Passivs oder der pronominalen Form *(Gegeben ist ...)* erreicht. Aus diesem Grund werden Aufgabentexte auch meistens in einem „unzeitlichen Präsens" formuliert (Laborde 1990, S. 594f).

Die mathematische Symbolsprache erfordert genaueres Lesen als alltagssprachliche Texte

Die Schwierigkeiten, die die Symbolsprache mit sich bringt, und die besonderen Merkmale der natürlichen mathematischen Sprache zwingen SchülerInnen dazu, von ihren normalen Lesegewohnheiten abzuweichen. SchülerInnen bilden bei jedem Satz nach wenigen Worten Hypothesen über dessen weiteren Verlauf und überprüfen dann nur noch stichprobenartig die Richtigkeit ihrer Vermutung. Nur in zwingenden Fällen wird die aufgestellte Hypothese noch einmal überdacht. Diese Form des Lesens erweist sich bei alltäglichen Texten als unschädlich. Die Gewohnheit des schnellen Lesens muss im Umgang mit mathematischen Texten und Aufgabentexten abgelegt werden.

Weitere Voraussetzungen zum Verstehen von mathematischen Aufgaben

Aufgrund dieser Merkmale mathematischer Aufgabentexte sollte der Mathematikunterricht Folgendes vermitteln (vgl. Maier/Schwaiger 1999, S. 239f):

- ➔ Zugang zu speziellen mathematischen Bedeutungen von Wörtern und Sätzen finden und mit der minimalen Redundanz zurechtkommen,
- ➔ komplexe grammatische Strukturen in mathematischen Texten entschlüsseln: Einbettungs- und Unterordnungsstrukturen (z.B. *Sei M die Menge der positiven rationalen Zahlen, so gilt für Elemente aus M ...*), komplexe Ver-

knüpfungen (*... gilt dann und nur dann nicht, wenn ...*), schwierige Wortverbindungen (z.B. *größter gemeinsamer Teiler* oder *kleinste obere Schranke*) und Auslassungsstrukturen (z.B. *es gibt ein ...* anstatt von *es gibt mindestens ein ...* oder *kleiner-gleich* für *kleiner oder gleich*),
→ die ausgedrückten Ideen (wie besondere Ereignisse oder Tatsachen, eine räumliche oder zeitliche Beziehung, eine Teilmengenbeziehung) erfassen.

Naturwissenschaftlicher Unterricht

Die Sprache der Mathematik kommt auch in den naturwissenschaftlichen Fächern (v. a. Physik und Chemie) vor und hat deshalb grundlegende Bedeutung. Hinzu kommt die naturwissenschaftliche Fachsprache mit ihren fachspezifischen Merksätzen, Definitionen, Fachbegriffen und spezifischen Satz- und Textkonstruktionen, die in der Alltagssprache nur selten vorkommen, aber in allen Fachsprachen gehäuft auftreten. Eine wichtige Rolle spielt in der Mathematik die Symbolssprache (+, <, ⇔ usw.) und in den Naturwissenschaften außerdem die Bildsprache (Grafiken, Skizzen, Diagramme und anderes zur Veranschaulichung und Erklärung von Sachverhalten).

Symbol- und Bildsprache

Der Umgang mit dieser Symbol- und Bildsprache wird in dem jeweiligen Fachunterricht selbstverständlich auch vermittelt, aber oft wird dabei zu wenig reflektiert, dass auch das Lesen solcher Symbole und Bilder, die komplexe Prozesse ja vereinfacht darstellen sollen, erst gelernt werden muss, bevor sie als Hilfsmittel oder Verdichtung genutzt werden können. Das Gleiche gilt für die hoch komplexe naturwissenschaftliche Fachsprache. Gottfried Merzyn (vgl. 1998, S. 1) merkt kritisch an: „Je weniger die Schüler die Fachsprache schon beherrschen, desto eher behindert ein Unterricht auf rein fachsprachlicher Ebene eine Verständigung. Der naturwissenschaftliche Unterricht überfordert die SchülerInnen durch eine zu große Zahl von Fachbegriffen, die in der verfügbaren Zeit nicht angemessen gelehrt und deshalb auch nicht gelernt werden können. Die Überfülle an Begriffen – viele davon ganz nebensächlich – verstellt den Blick für zentrale Ideen des Unterrichts."

Fachsprache entwickelt sich aus der Alltagssprache heraus; Alltagssprache ist Voraussetzung und Hilfsmittel zur allmählichen Vervollkommnung der Fachsprache (vgl. Merzyn 1998, S. 1).

Fachsprache und Begriffsbildung

Selbstverständlich wird der naturwissenschaftliche Unterricht nicht auf die Vermittlung von Fachbegriffen verzichten, aber es gilt zu bedenken, dass dies einen langwierigen Prozess darstellt, der auch als Prozess der Begriffsbildung zu vollziehen ist. Da viele DaZ-SchülerInnen aufgrund ihrer spezifischen Sprachsozialisation in der deutschen Schule Verzögerungen in der Begriffsbildung zeigen, ist im Blick auf diese Schülerschaft eine begriffsbildende Arbeit mit Fachtermini zu leisten: Um einen neuen Fachbegriff zu lernen, ist eine breite Repräsentation des Begriffes wichtig; positive und negative Beispiele für den Begriff und Abgrenzung gegen benachbarte Fach- und Alltagsbegriffe müssen hinzukommen. Das Lernen schwieriger Begriffe zieht sich über Jahre hin und sollte deshalb auch entsprechend begleitet werden.

Fachsprache reduzieren

Hierbei ist der bewusste Einsatz der Alltagssprache sinnvoll, denn sie ist viel geeigneter als die Fachsprache, um den Erwerbsprozess der SchülerInnen auch wirklich zu begleiten. Die bewusste Orientierung an der Alltagssprache bedeutet gleichzeitig eine Reduktion der Fachsprache, und das bedeutet für die Lehrkräfte, dass sie
→ kurze Satzteile, Aktiv- statt Passivformen verwenden,
→ Nominalisierung und Satzschachtelungen vermeiden,

- → Satzglieder mit wichtiger Bedeutung mehrfach wiederholen und auf allzu große Prägnanz verzichten,
- → schwierige Fachwörter und Symbolisierung im Aufgabentext reduzieren; den Text aber auch grafisch gestalten.

Lautes Denken anregen

Die Reduktion der Fachsprache ist auch sinnvoll, um Teilschritte abzusichern und den SchülerInnen die Möglichkeit zu geben, Hypothesen zum Fachinhalt in der ihnen geläufigen Sprache zu formulieren. Versteht man Lernen nicht nur als Instruktion durch die Lehrkraft, sondern als Konstruktion der SchülerInnen, so ist das laute Denken (als Versprachlichung von Hypothesen, Äußern von Gedanken usw.) ein wichtiges Element gerade im naturwissenschaftlichen Unterricht, und es unterstützt die Forderung von Gottfried Merzyn, die Sprache als „bildendes Organ der Gedanken" (vgl. ebd., S. 1) zu nutzen.

Wechsel der Symbolisierungsformen

Ein weiteres Prinzip ist der systematische Wechsel von Symbolisierungsformen, der gleichzeitig auch zum Wechsel der Sprachebenen (von der Alltags- über die Bild- zur Fachsprache) auffordert und damit die steigende Abstraktion im Umgang mit einem Sachverhalt sowohl sprachlich als auch fachlich nachvollziehbar macht.

Checkliste: fachsprachliche Texte

Checkliste zur Überprüfung des Verständnisses fachsprachlicher Texte

1. Verstehen die SchülerInnen die Fremdwörter und weitere außergewöhnliche und/oder komplizierte Wörter im Text?
2. Verstehen die SchülerInnen die verschachtelten Sätze?
3. Verstehen die SchülerInnen die komplizierten Verbformen?
4. Verstehen die SchülerInnen die Nominalisierungen?
5. Verstehen die SchülerInnen die Abkürzungen?
6. Verstehen die SchülerInnen die Genitiv- und Präpositionalattribute?
7. Verstehen die SchülerInnen die Passivkonstruktionen und die anderen unpersönlichen Formulierungen?
8. Verstehen die SchülerInnen die Ersatzformen?
9. Verstehen die SchülerInnen die typografischen Besonderheiten?

Sie können einen Sachtext, der im Unterricht besprochen werden soll, auf die genannten Merkmale durchsehen und vor der weiteren Arbeit mit dem Text mit Nachfragen dessen generelles Verständnis überprüfen. Sie können sich auch während des Unterrichts einzelnen SchülerInnen widmen und mit gezielten Fragen überprüfen, ob sie mit der Fachsprache zurechtkommen. Auf der Grundlage der gewonnenen Erkenntnisse könnten Sie Fördermaßnahmen einleiten.

6. Leistungseinschätzung

6.1. Sprachstandsdiagnose

Seitdem in der PISA-Studie den in Deutschland getesteten Jugendlichen mit Migrationshintergrund enorme Probleme beim Leseverstehen und deshalb große Wettbewerbsnachteile in der Bildungsbeteiligung bescheinigt wurden, werden im Bildungsbereich landesweit zahlreiche Projekte mit dem Ziel der sprachlichen Förderung dieser SchülerInnen durchgeführt. Die Bemühungen konzentrieren sich hauptsächlich auf den Elementarbereich und die Schuleingangsphase, um Kindern mit geringen Deutschkenntnissen einen Erfolg versprechenden Schulbeginn zu ermöglichen. Leider wird zum Teil davon ausgegangen, dass Deutschkurse vor der Einschulung genügen, einen ausreichenden Sprachstand im Deutschen ein für allemal zu sichern. Jahrelange Erfahrungen von Lehrkräften, von SchülerInnen und die Ergebnisse von Untersuchungen aus dem angloamerikanischen Bereich zeigen jedoch, dass die besten Erfolge erzielt werden, wenn Kinder in ihrer gesamten Schullaufbahn eine bedarfsgerechte Förderung im Deutschen erhalten, im Idealfall aber in allen ihren Sprachen, und zwar auf miteinander verzahnte Weise (vgl. Reich/Roth 2002, S. 24f). Auf dieser Erkenntnis begründet sich die Notwendigkeit, den Sprachstand von SchülerInnen mit Migrationshintergrund auch in der Sekundarstufe I zu überprüfen, um die Jugendlichen passgenau fördern zu können.

Erfassung der globalen Deutschkompetenz:

Testverfahren für DaF

Bekannte und hauptsächlich von den Goethe-Instituten international durchgeführte Testverfahren wie TestDaF (www.testdaf.de) und ÖSD (Österreichisches Sprachdiplom; www.osd.at) sind kostenpflichtig und sind von den Inhalten her für junge Erwachsene, Studienanfänger bzw. Erwachsene konzipiert und daher für SchülerInnen der Sek. I nicht zu empfehlen. An dem Zertifikat Deutsch für Jugendliche (ZDj; www.sprachenzertifikate.de) wird derzeit gearbeitet; allerdings ist auch dieser Test kostenpflichtig und soll die Altersgruppe 12–16 ansprechen; im Moment sind die Inhalte des Tests teilweise, wie in dem Vorlauftest Zertifikat Deutsch, noch stark an der Lebenswelt der Erwachsenen orientiert.

C-Test für Schülerinnen der Sekundarstufe I

Für eine einmalige Prüfung des Sprachstandes im Deutschen mit einem testtheoretisch abgesicherten Verfahren kann im Sekundarschulbereich bei **älteren SchülerInnen** auf den C-Test zurückgegriffen werden. Für jüngere SchülerInnen ist der Test aufgrund der gewählten Themen nicht geeignet. Der Test enthält fünf kurze Texte mit 125 Lücken, die von den SchülerInnen online ausgefüllt werden können (www.edition-deutsch.de/lernwerkstatt/ctest). Mit dem Test kann die lexikalisch-grammatische Deutschkompetenz überprüft werden. Die Testergebnisse sind online abrufbar, sodass die Erhebung und die Auswertung wenig Zeit erfordern und eine Einstufung der neuen SchülerInnen im Hinblick auf die genannten Bereiche ermöglicht wird.

Interne Verfahren

Über diesen Test hinaus haben mehrere Schulen verschiedene Verfahren zur Einschätzung der Deutschkompetenzen von DaZ-SchülerInnen im Eingangsbereich der Sekundarstufe I entwickelt, die allerdings nur intern zugänglich und nutzbar sind. Diese Verfahren haben den Vorteil, dass mit ihnen häufig auch unterrichtsrelevante Kompetenzen im Deutschen abgefragt werden können, die über die Bereiche Lexik und Grammatik hinausgehen (z.B. Hörverstehen).

Auf die Prüfung von sprachübergreifenden Fähigkeiten kann weitgehend verzichtet werden, wenn der/die jeweilige SchülerIn im Herkunftsland bereits zur Schule gegangen ist. Es kann in diesem Fall davon ausgegangen werden, dass grundsätzliche Fähigkeiten im Hinblick auf das Erzählen oder das Verfassen unterschiedlicher Textsorten bereits entwickelt wurden und dass diese Fähigkeiten von einer Sprache in die andere übertragen werden. Deshalb gilt es, eher die sprachgebundenen Kompetenzen im Deutschen zu überprüfen.

Leider kann bei den schulinternen Verfahren nicht immer davon ausgegangen werden, dass sie testtheoretisch gültig sind. Daher sollten diese Tests niemals wichtigen schullaufbahnbezogenen Entscheidungen zugrunde gelegt werden! Wenn möglich, wäre es ratsam, dass Lehrkräfte sich einen Überblick über Testgütekriterien verschaffen und das jeweilige Instrument wenigstens auf dieser Grundlage kritisch bewerten, bevor sie es einsetzen. Der Test sollte bei einer unprofessionellen, aber dennoch sorgfältigen Überprüfung zumindest den Anschein erwecken, objektiv, reliabel und valide zu sein. Unter „Objektivität" wird der Grad der Unabhängigkeit vom jeweiligen Bewerter verstanden; unter „Reliabilität" der Grad der Genauigkeit des Instruments und unter dem Kriterium „Validität" wird begutachtet, ob der Test tatsächlich das prüft, was er zu prüfen vorgibt, oder ob nicht doch andere Eigenschaften (wie Gedächtnisleistung) mitgemessen und bewertet werden.

Erhebung besonderer sprachlicher Kompetenzen im Deutschen

Die Messung der globalen sprachgebundenen Deutschkompetenz empfiehlt sich allerdings tatsächlich eher bei Seiteneinsteigern, die neu nach Deutschland eingereist sind. Wenn der Sprachstand von SchülerInnen, die bereits in Deutschland zur Schule gegangen sind, erhoben und bewertet werden soll, wäre es ratsam, sich auf erfahrungsgemäß problematische Bereiche des Deutschen und auf das Verständnis von fachsprachlichen Mitteln zu beschränken, auf deren Beherrschung es in der Sekundarstufe ankommt.

Der Sprachstand im Hinblick auf die erfahrungsgemäß schwierigen Bereiche des Deutschen, also der Stolpersteine (s. KV 29/30), kann im Unterrichtsverlauf systematisch mit Hilfe eines Bogens beobachtet und dokumentiert werden. Ein Bogen für diese Beobachtungen findet sich weiter hinten (KV 31–34). Im Hinblick auf die Arbeit mit diesem Bogen ist es unerlässlich, dass eine reibungslose Kooperation zwischen den Fachlehrern und den DaZ-Lehrkräften stattfindet, sodass die DaZ-Lehrkräfte regelmäßig Informationen zum Sprachstand der SchülerInnen im Hinblick auf die Stolpersteine bekommen und die SchülerInnen entsprechend bedarfsgerecht fördern können.

Erfassen, ob die SchülerInnen die deutschen „Stolpersteine" überwunden haben

Ein besonderer Blick sollte hierbei auf der Entwicklung im orthographischen Bereich liegen. Gerade in diesem Bereich hält das Deutsche – auch nach der Schriftreform – viele Stolpersteine bereit. Möglich ist bei Seiteneinsteigern zudem, dass sie Rechtschreibregeln ihrer Herkunftssprache auf das Deutsche übertragen. Das Ergebnis dieser Übertragungen ist meistens sehr hilfreich, sofern die Herkunftssprache mit dem lateinischen Alphabet geschrieben

wird. Dennoch können hier bestimmte Interferenzfehler auftreten, die den SchülerInnen bewusst gemacht werden können. So kann es zum Beispiel passieren, dass ein Schüler türkischer Herkunft *ştraße* schreibt, weil der der deutschen Buchstabenkombination ‹sch› zugrunde liegende Laut im türkischen Alphabet mit dem Buchstaben ‹ş› wiedergegeben wird.
Bei den Stolpersteinen des Deutschen handelt es sich u.a. um fachsprachliche Elemente. Da die sichere Beherrschung dieser Elemente eine sehr wichtige Basis für den Lernerfolg der DaZ-Schülerinnen darstellt, wurden entsprechende Aspekte in den Beobachtungsbogen für die Sekundarstufe I aufgenommen (vgl. KV 34 und auch die Checkliste, S. 90). Die Erhebung mit diesem Bogen kann im Fachunterricht stattfinden, aber auch in einer der DaZ-Förderstunden. Die anschließende Deutschförderung sollte darauf abzielen, die Probleme in diesem Bereich zu beheben. Auch die Lehrkräfte des Fachunterrichts sollten einen Überblick über die Fähigkeiten und Probleme in diesem Bereich bekommen, um im Unterricht darauf Rücksicht nehmen zu können.

6.2. Leistungseinschätzung und -bewertung

Leistungseinschätzung und -bewertung im DaZ-Unterricht

Wenn DaZ-SchülerInnen der Sekundarstufe eine DaZ-Förderung erhalten, sind die Lernfortschritte in diesem Unterricht wie in jedem anderen Unterrichtsfach auf den Lerngegenstand bezogen und systematisch im Hinblick auf die mündlichen und schriftlichen Leistungen zu überprüfen. Sinnvoll könnte darüber hinaus sein, dass die DaZ-Lehrkräfte in regelmäßigen Abständen, z.B. am Anfang, in der Mitte und gegen das Ende eines Schuljahres, den Entwicklungsstand im Hinblick auf die Stolpersteine des Deutschen erheben, besonders dann, wenn von den FachlehrerInnen keine Rückmeldungen dazu erfolgen. Diese Erhebungen können noch oder erneut vorhandene Probleme zu Tage fördern, die in dem gerade durchgeführten DaZ-Unterricht übersehen werden können, falls nicht sie selbst Thema des Unterrichts sind.

Leistungsbewertung im Fachunterricht

Eine große Herausforderung stellt die Leistungseinschätzung und -bewertung der DaZ-SchülerInnen im Rahmen des Fachunterrichts dar. Die Fehler im Deutschen, die von SchülerInnen mit Migrationshintergrund begangen werden, wurden in der Vergangenheit leider allzu häufig bei der Festlegung der jeweiligen Fachnote mitberücksichtigt und führten dazu, dass die Fachkenntnisse der SchülerInnen niedriger bewertet wurden, als sie sind. Der in dieser Situation tatsächlich begangene Fehler ist allerdings nicht der Deutschfehler, sondern die Vermengung von Kenntnissen und Fertigkeiten bei der Bewertung der Leistung, die unterschiedlichen Bereichen angehören. Auch in der Gegenwart unterläuft Fachlehrkräften dieser Fehler, sodass es wichtig ist, auf die folgenden Grundsätze hinzuweisen:

→ Schriftliche Fehler im Deutschen sollten nur dann mitbewertet werden, wenn der schriftliche Deutschgebrauch selbst Gegenstand der Prüfung war bzw. wenn die mitbewerteten Deutschfehler zuvor explizit behandelt wurden. In diesem Fall sollten sie aber nach Möglichkeit nicht der Fachnote zugerechnet werden bzw. von ihr abgezogen werden, sondern eine eigenständige DaZ-Note bilden.

- Falls der schriftliche Gebrauch des Deutschen in die Benotung einer schriftlichen Leistung einbezogen werden muss, sollten die DaZ-SchülerInnen dies rechtzeitig erfahren, um sich darauf vorbereiten zu können. In diesem Fall sind den SchülerInnen angemessene Lernhilfen zur Verfügung zu stellen.

Schulinterne Klärung über den Umgang mit Sprachfehlern im Fachunterricht

- Jede Schule muss entscheiden, ab wann die Sprachfehler im Deutschen in die Bewertung von schriftlichen und mündlichen Fachleistungen einbezogen werden dürfen. Der Zeitpunkt hängt davon ab, ob die Jugendlichen an der jeweiligen Schule in DaZ gefördert werden und wann der Lernprozess im Deutschen als weitgehend abgeschlossen betrachtet werden kann. In diesem Fall muss beschlossen werden, wie sich welcher Fehler auf die Leistung wie auswirkt und auch wie ein guter Deutschgebrauch positiv berücksichtigt werden kann oder ob es eine eigenständige Benotung in Form einer DaZ-Note geben wird.

Fehlerkorrektur auch im Fachunterricht

- Auch wenn Deutschfehler nicht in die Bewertungen einbezogen werden, haben die SchülerInnen das Recht zu erfahren, dass und in welchen Bereichen sie Fehler gemacht haben. Aus diesem Grund müssen die Fehler auf dem Prüfungsbogen von den Lehrkräften eigens markiert und korrigiert werden.
- Auch wenn die Fehler nicht mitbewertet werden, ist den SchülerInnen klarzumachen, dass in der Berufsausbildung und im Arbeitsleben in Deutschland der korrekte Deutschgebrauch gefordert wird! Ziel dieser Aufklärung ist es, bei den SchülerInnen den Eindruck zu verhindern, dass man immer wohlwollend über ihre Deutschfehler hinwegsehen wird. Wenn dieses Thema besprochen wird, sollten die Lehrkräfte allerdings darauf achten, dass die betroffenen SchülerInnen nicht vor ihren deutschen MitschülerInnen bloßgestellt werden und dass diese SchülerInnen nicht das Gefühl bekommen, den DaZ-Jugendlichen im gesellschaftlichen Wettbewerb von vornherein überlegen zu sein!

Gleichbehandlung der mündlichen Leistung

Für mündliche Leistungen gelten bis auf die Fehlerkorrektur dieselben Grundsätze wie oben. Die in mündlichen Beiträgen gemachten Fehler sind nicht in jedem Fall sofort zu korrigieren, insbesondere deshalb nicht, um zu vermeiden, dass die SchülerInnen durch die Korrekturen demotiviert werden und im schlimmsten Falle sogar verstummen! Um den mündlichen Deutschgebrauch zu verbessern, wäre es wichtig, eigens zu diesem Zweck Übungssequenzen zu konstruieren, zu denen die SchülerInnen Rückmeldungen erhalten. Der Ort dieser Übungen sollte idealerweise die DaZ-Förderung sein, um zu verhindern, dass DaZ-SchülerInnen vor ihren MitschülerInnen aus deutschen Familien bloßgestellt werden.

Fehler auch als Lernleistung

Schließlich sollten alle Fachlehrkräfte wissen, dass Fehler nicht immer etwas Negatives sind, sondern auf dem Weg zum guten Deutschgebrauch kreative Versuche darstellen können. Besser ist es, wenn SchülerInnen etwas sprachlich fehlerhaft ausdrücken, als dass sie auf Deutsch nichts sagen oder schreiben! Jede mündliche oder schriftliche Äußerung ist eine Übung auf dem langen Weg des Erwerbs der deutschen Sprache und ist deshalb grundsätzlich zu würdigen, auch wenn sie noch so viele Fehler enthält!

Übungsideen

Einleitung 98

1. Grammatik 100

1.1. Wortschatz und Wortbildung 100
1.1.1. *Das schafft ihr allein!* – Übung zur Wortschatzfestigung (Klasse 9/10) 103
1.1.2. *Wortbildung reflektieren* – Übung zur Kompositabildung (Klasse 7–10), KV 1 103
1.1.3. *Ich weiß, was hier nicht hingehört!* – Übung zu Wortbedeutungen (Klasse 5–10) 104
1.1.4. *Fernsehen und andere Unterhaltung* – Übung zur Nominalisierung (Klasse 7–10), KV 2 104
1.1.5. *Spielregeln für den Arbeitskampf* – Übung zur Vernetzung des Fachwortschatzes (Klasse 9/10) 105

1.2. Verben 106
1.2.1. *„Jandeln für Ausländer"* – Aktivität zur Konjugation (Klasse 5/6) 107
1.2.2. *Für Verben werben* – Übung zu unregelmäßigen Verben (Klasse 5/6) 108
1.2.3. *Zeiten beherrschen* – Würfelspiel zu den Zeitformen (Klasse 7/8), KV 3a–c 109
1.2.4. *Nachdenken, überlegen, reflektieren* – Aktivität zu trennbaren und nicht trennbaren Verben (Klasse 7/8) 110
1.2.5. *Der/die Handelnde bleibt unbenannt* – Übung zu Aktiv und Passiv (Klasse 7/8) 111
1.2.6. *Karl der Große* – Übung zum Passiv (Klasse 7/8) 112
1.2.7. *Was muss erledigt werden?* – Übung zur Verwendung des Passiv (Klasse 9/10) 113

1.3. Deklination 114
1.3.1. *Wir erstellen die Deklinationstabelle* – Aufgaben zur Deklination (Klasse 5–7), KV 4 115
1.3.2. *Ich sehe was, das du nicht siehst!* – Aktivität zum Akkusativ (Klasse 5–7) 119
1.3.3. *Wer sieht wie aus?* – Übung zur Adjektivdeklination (Klasse 7), KV 5 119
1.3.4. *Was ziehst du gerne an?* – Aktivität zur Adjektivdeklination (Klasse 6–8) 120
1.3.5. *Wer schenkt was?* – Aktivität zu Dativ- und Akkusativergänzungen (Klasse 6–8) 121
1.3.6. *Gegenstände und ihre Besitzer* – Übung zur Verwendung des Genitivobjekts (Klasse 5–8) 121

1.4. Präpositionen 122
1.4.1. *„In der Schule" oder „in die Schule"?* – Übung zu Präpositionen im Satz (Klasse 6/7), KV 6 123
1.4.2. *Wohin fährst du in den Ferien?* – Aktivität zu lokalen Präpositionen (Klasse 5–7) 124
1.4.3. *Wo ist was?* – Aufgabe zur Verwendung von lokalen Präpositionen (Klasse 5/6) 125
1.4.4. *„Mit Hilfe von" Präpositionen Texte besser verstehen* – Übung von Präpositionen der Schriftsprache (Klasse 7/8) 126

1.5. Satzbau 127
1.5.1. *Das Verb ist der Chef im Satz* – Übung zur Verbstellung im Aussagesatz (Klasse 5/6), KV 7 130
1.5.2. *Ich habe Durst – habe ich Durst?* – Übung zu Satzarten (Klasse 5/6), KV 8 130
1.5.3. *Wo ist das Verb?* – Übung zur Identifikation des Verbs (Klasse 5/6) 131
1.5.4. *Sätze werden interessanter* – Aktivität zu adverbialen Bestimmungen (Klasse 5/6) 132
1.5.5. *Abläufe organisieren* – Übung zur Akkusativergänzung (Klasse 5/6) 133
1.5.6. *Wem gehört was?* – Übung zur Dativergänzung (Klasse 5/6) 133
1.5.7. *Familienbande* – Aufgabe zu Sätzen mit Akkusativ- und Dativergänzungen (Klasse 5/6) 134
1.5.8. *Sie singt, er spielt Trompete* – Übung zu Satzreihen (Klasse 6/7), KV 9 134

1.5.9. *Antworten gefragt* – Übung zu Satzgefügen (Klasse 7/8), KV 10 135
1.5.10. *Ein Kunde, der stöbert, kauft nicht* – Aufgabe zu Relativsätzen (Klasse 7/8), KV 11 136

1.6. **Prowörter** 137
1.6.1. *Wer ist er, sie oder es?* – Übung zur Verwendung von Pronomen (Klasse 5–7) 138
1.6.2. *Welches Wort gehört wohin?* – Aufgabe zu verschiedenartigen Prowörtern (Klasse 6) 139
1.6.3. *Textvernetzung* – Aufgabe zu Prowörtern in komplexen Texten (Klasse 6–8), KV 12 140

1.7. **Mehrsprachigkeit einbeziehen** 141
1.7.1. *W-Fragen im Vergleich: Deutsch – Türkisch – Arabisch – Russisch* 141
1.7.2. *Hier und da und dort im Deutschen, im Türkischen und im Russischen* 143
1.7.3. *Zusammengesetzte Nomen: Deutsch – Türkisch – Russisch* 144
1.7.4. *Deutsche, türkische, arabische und russische Verwandtschaft* 145
1.7.5. *Genus im Türkischen, Persischen, Arabischen und Russischen* 146
1.7.6. *Singular, Dual und Plural im Deutschen, Arabischen, Türkischen und Russischen* 147

2. Sprachlich interagieren 148

2.1. **Lerntechniken** 148
2.1.1. *Wörter suchen, ohne zu fluchen!* – Übungen zum Gebrauch des Wörterbuchs (Klasse 5–7) 148
2.1.2. *Sprach-Bingo* – Übung zum Hörverstehen (Klasse 7), KV 13 149
2.1.2. *So machst du dir Notizen!* – Übung zum Verfassen eines Textes (Klasse 7/8) 151
2.1.3. *Stopp! Ich habe es nicht verstanden* – Übung zum Nachfragen im ‚schnellen Diktat' (Klasse 5–7) 152
2.1.4. *Texte überarbeiten!* – Übung zur selbstständigen Korrektur (Klasse 6/7), KV 14 153
2.1.5. *Texte knacken* – Aufgabe zur Entschlüsselung eines komplexen Fachtextes (Klasse 9/10), KV 15 154

2.2. **Sprechen und (zu)hören** 155
2.2.1. *Plapperschlange* – Aktivität zum gelenkten Sprechen (Klasse 5) 158
2.2.2. *Sprechblasen* – Aktivität zum sachorientierten Sprechen (Klasse 7/8) 159
2.2.3. *Freisprechschein* – Übung und Aktivität zum freien Vortrag (alle Klassen) 159
2.2.4. *Argumentationskette* – Aktivität zum dialogischen Sprechen (Klasse 9/10) 160
2.2.5. *Diskussionszirkel* – Aufgabe und Aktivität zum dialogischen Sprechen (Klasse 10) 160

2.3. **Lesen: Sachtexte und Literatur** 161
2.3.1. *Textvermessung: Das Zeilometer* – Aktivität zum detaillierten Lesen (Klasse 5/6) 163
2.3.2. *Experten gefragt* – Übung zum selektiven Lesen (alle Klassen) 163
2.3.3. *Hauptsache wichtig* – Aufgabe zum sortierenden Lesen (Klasse 7/8) 166
2.3.4. *Kino im Kopf* – Aktivität zum globalen Lesen (alle Klassen) 166

2.4. **Schreiben: Texte entwerfen und verfassen** 167
2.4.1. *Autorenkollektiv* – Übung zum gemeinsamen Schreiben zu Bildimpulsen (Klasse 5/6), KV 16 170
2.4.2. *Sichtwechsel* – Übungen zum Schreiben mit literarischen Textvorlagen (alle Klassen) 170
2.4.3. *Gedankenflug* – Aufgaben zum kreativen Schreiben (Klasse 7–10), KV 17 171
2.4.4. *Stilblüten* – Übungen zum Schreiben von formalisierten Briefen (Klasse 9/10), KV 18 172
2.4.5. *Gedankenschritte* – Übungen zur Textplanung und Gliederung (Klasse 9/10) 172

2.5. **Richtig schreiben** 173
2.5.1. *Verb oder Nomen?* – Übung zu Nomen und Verben (Klasse 5) 174
2.5.2. *Wer findet die meisten Ableitungen?* – Aufgabe zu Wörterfamilien (ab Klasse 5) 175
2.5.3. *Wörterschlangen – Schlangenwörter* – Aufgabe zur Segmentierung auf der Wort- und Satzebene (ab Klasse 5) 175
2.5.4. *Generatives Schreiben* – Training für schriftsprachliche Richtigkeit (ab Klasse 5), KV 19 176

3. DaZ im Fachunterricht 179

3.1. **Deutsch und Fremdsprachen** 179
3.1.1. *„die dienen ihnen"* – Aktivität zur Verbrektion und zu Proformen (Klasse 9/10) 180
3.1.2. *„Herzflattern"* – Aufgabe zu Sprachbildern (Klasse 8) 181
3.1.3. *Die Zeit für ein Verbrechen* – Übung zum Gebrauch des Präteritums (Klasse 8), KV 20 183

3.2. **Geschichte und Sozialwissenschaften** 184
3.2.1. *Autos* – Aktivität zum Aufbau einer Leseerwartung (Klasse 9/10), KV 21 185
3.2.2. *Was steckt dahinter?* – Übung zur Versprachlichung von Grafiken (Klasse 7–10) 186
3.2.3. *Der Hexenhammer* – Aufgabe zur Arbeit mit historischen Quellentexten (Klasse 7/8), KV 22 187
3.2.4. *Fassen wir also zusammen!* – Übung zum Schreiben von Zusammenfassungen (Klasse 7–10) 188

3.3. **Mathematik und Naturwissenschaften** 190
3.3.1. *Einer passt nicht!* – Übung zu synonymen Begriffen (Klasse 9/10), KV 23 191
3.3.2. *Sags noch einmal!* – Übung zur Begriffserschließung (Klasse 7/8) 192
3.3.3. *Wir halten zusammen* – Übung zu Wortfeldern und Wortfamilien der Grundrechenarten (ab Klasse 5), KV 24 193
3.3.4. *Es kann nur einen geben!* – Übung zu zusammengesetzten Verben (Klasse 7/8), KV 25 194

ÜBUNGSIDEEN

Übungsideen – Einleitung

Die folgenden Ideen sollen zeigen, dass und wie sich das Konzept eines integrativen DaZ-Unterrichts in der Praxis der Sekundarstufe I umsetzen lässt. Deshalb greifen die Übungsideen die Aspekte des integrativen Sprachunterrichts (Kapitel 5 des Grundlagenteils) auf und machen dazu konkrete Vorschläge.

Die Schwerpunktsetzungen zeigen eine deutliche grammatische Orientierung. Doch es geht nicht darum, Grammatik durchzunehmen, sondern sie den Kindern und Jugendlichen als Referenzsystem zu vermitteln. Denn DaZ-SchülerInnen brauchen diese Strukturierungshilfe, um sich ihrer Sprache bewusst zu werden und diese zu entfalten.

DaZ-Lehrkräfte brauchen Grammatikkenntnisse, um die Sprache der Lernenden, aber auch die Qualität von Lernangeboten beurteilen zu können und sie zur Entfaltung des natürlichen Zweitspracherwerbs funktional im Sinne einer behutsamen Intervention einzusetzen. Deshalb enthalten die Einleitungen der Ideenkapitel jeweils eine „kurze Grammatik" des sprachlichen Phänomens. Die Probleme der DaZ-SchülerInnen werden benannt, und es werden allgemeine Hinweise zum Üben gegeben.

Als Orientierungshilfe haben wir einen Beobachtungsbogen entwickelt, der auf den Einsatz unserer Materialien zugeschnitten ist (KV 31–34). Ergänzend dazu steht die Checkliste zum Verstehen fachsprachlicher Texte (S. 90), denn ein weiteres wichtiges Anliegen ist die Integration von DaZ in den Fachunterricht, die wir durch Anregungen für die Fächer Deutsch und Fremdsprachen, Geschichte und Sozialwissenschaften sowie Mathematik und Naturwissenschaften umgesetzt haben.

Zur Methodik

Die Lernangebote sind so gestaltet, dass sie strukturiertes Sprachlernen auch ohne ausgefeilte grammatische Terminologie unterstützen. Denn es geht nicht um Grammatikwissen, sondern um Grammatikkönnen und dabei müssen Sie vor Ort entscheiden, wie viel explizite Grammatikvermittlung notwendig ist. Dafür stellen wir Ihnen grammatische Erklärungen zur Verfügung. Sie entscheiden, wie Sie damit umgehen.
Unser DaZ-Material enthält auch Vorschläge zur Einbeziehung der Erstsprachen (S. 141ff). Denn es gilt, diese Sprachkompetenz anzuerkennen und das mit der Erstsprache erworbene Welt- und Sprachwissen zumindest punktuell für die Entfaltung der Sprachkompetenz im Deutschen zu nutzen. Dabei orientieren wir uns an den im deutschen Sprachraum verbreiteten Minderheitensprachen. Um die entsprechenden Vorschläge umzusetzen, brauchen Sie keine besonderen Kenntnisse in diesen Sprachen; wichtiger ist Offenheit und Vertrauen in die erstsprachlichen Kompetenzen der Kinder und Jugendlichen.
Die Lernangebote sind so gestaltet, dass sie verschiedene Formen der Gruppenarbeit ermöglichen: Vom Lernen in der ganzen Gruppe über die Arbeit mit Kleingruppen bis hin zum individuellen Lernen. Da Sprachlernen ein höchst individueller, aber auch interaktiver Lernprozess ist, sind die Aufgaben so gestaltet, dass möglichst viele SchülerInnen sprachlich aktiv sein und sich auf sprachliche Interaktionen einlassen müssen.
DaZ-Förderung zielt auf die Verbindung von Sprach- und Sachlernen. Dennoch steht Sprachlernen hier im Mittelpunkt, d.h., wir konzentrieren uns auf die Beschreibung der sprachlichen Aspekte der Lernangebote. Diese sind aber immer kontextuell eingebunden; an manchen Stellen werden Vorschläge für die Nutzung des beschriebenen Lernangebots in anderen Kontexten unterbreitet. Oft sind die genannten Kontexte exemplarisch zu sehen, und wir setzen auf Ihre Kreativität, die Vorschläge in andere Situationen zu übertragen.

Zu den Lernangeboten

Die Angebote haben exemplarischen Charakter und können leicht für die Bedürfnisse einer konkreten Lerngruppe abgewandelt werden, indem z.B. ein anderer Bezugswortschatz gewählt wird. Die einzelnen Ideen benennen in der Unterüberschrift die Form des Lernangebots, das sprachliche Feld, das Niveau und weisen auf Kopiervorlagen hin.

Wir unterscheiden folgende Formen:
→ Übung (als zielgerichtetes Lernangebot),
→ Aufgabe (als freisetzendes Lernangebot)
→ und Aktivität (als freies Lernangebot).

Wir nennen die Klassenstufe, für die sich das Angebot eignet. Oft lässt sich dasselbe Angebot z.B. durch einen komplexeren oder einfacheren Bezugstext für andere Klassenstufen adaptieren.

Unter **Vorbemerkung/Lernziel** wird das Lernangebot hinsichtlich der Zielsetzung skizziert. Manchmal wird auch das zu bearbeitende Problem in einer Art Kurz-Sachanalyse noch einmal umrissen.

Die Angaben zur **Vorbereitung** erleichtern Ihnen die konkrete Planung.

Im **Ablauf** wird die Durchführung beschrieben. Er wird durch **Varianten** ergänzt, die in der Regel auch Differenzierungsangebote vorsehen:
▼ meint die Differenzierung nach unten,
▲ meint die Differenzierung nach oben.

Bemerkungen über Besonderheiten oder mögliche Schwierigkeiten runden das Lernangebot ab. Hier finden sich ggf. auch zusätzliche Hinweise zum Einsatz der Kopiervorlagen, die am Ende des Bandes gesammelt abgedruckt sind.

Materialkiste

DaZ-Förderung kann mit verschiedenen Lernmedien gestaltet werden. Allerdings muss die spezifische Eignung für DaZ geprüft und oft genug von Lehrkräften erst hergestellt werden:

→ Sprachbücher setzen oft intuitives Sprachwissen voraus, das DaZ-SchülerInnen nicht haben, und folgen einer Progression, die sich nicht auf den Zweitspracherwerb übertragen lässt. Aber sie enthalten auch Texte, Aufgaben und Anregungen, die sich adaptieren lassen.
→ Gleiches gilt für andere Materialien aus dem Regelunterricht. Sie liefern einen Materialschatz, den Lehrkräfte für ihre DaZ-SchülerInnen aufbereiten können. Oft ist es dabei sinnvoller, altersgerechte Materialen zu entlasten, als Materialen, die für Jüngere erarbeitet wurden, zu nutzen. Dazu liefert der vorliegende Ideenteil einige Anregungen.
→ Lernmaterialien (Spiele, Arbeitshefte, CD-ROMs), die losgelöst oder explizit zu Fachlehrwerken erstellt wurden, eignen sich vor allem, wenn sie den Fokus auf Sprache legen und als „didaktische Schleifen" zum Sprachgebrauch und zur Sprachreflexion von DaZ-Lernenden konzipiert sind.
→ Lehrwerke für DaZ gibt es kaum und die für Deutsch als Fremdsprache sind im Blick auf SchülerInnen der Sekundarstufe I nur bedingt geeignet, weil sie den ungesteuerten Spracherwerb unberücksichtigt lassen und den Anforderungen an eine Verbindung von Sach- und Sprachlernen nicht genügen. Dennoch lassen sich einzelne Lektionen oder auch nur Übungen und dergleichen adaptieren.
→ Jugendbücher, Hörspiele und Filme liefern nicht nur sprachlichen Input, sondern bieten Sprechanlässe. Bei gleichzeitiger Nutzung unterschiedlicher Medienfassungen können damit Fertigkeiten wie Hör- und Leseverstehen, durch die Bearbeitung des Materials in der DaZ-Förderung auch Sprechen und Schreiben geübt werden.

- Anderssprachliche Materialien (Lieder, Bücher, Reime, Kassetten) geben vielen DaZ-SchülerInnen das Gefühl von Sicherheit und Anerkennung ihrer Mehrsprachigkeit. Sie unterstützen Sprachvergleiche und das Entdecken von Gemeinsamkeiten und Unterschieden.
- Wörterbücher, Lexika, Grammatiken und andere Nachschlagwerke, sind für SchülerInnen der Sekundarstufe I wichtige Hilfsmittel. Allerdings muss der Umgang damit geübt werden. Sinnvoll ist auch das Erstellen eigener Nachschlagwerke, wie die Arbeit mit Wörterkarteien. Eine eigene Grammatik entsteht, wenn Sie behandelte Phänomene auf Lernplakaten festhalten, verkleinert in einem Ringbuch zusammentragen und alphabetisch oder thematisch sortieren. Für Lexika gilt dasselbe: Erkenntnisse zu bestimmten Themen werden aus verschiedenen Quellen zusammengesucht und zu einem Nachschlagewerk ausgebaut.

Wie in jedem Unterricht entscheiden nicht die Medien als solche über ihre Eignung, sondern, was Sie im Unterricht damit machen. In jedem Fall sollten SchülerInnen auch in der DaZ-Förderung unterschiedliche Medien kennen, nutzen und beurteilen lernen. Gerade bei authentischen, nicht für die Zielgruppe aufbereiteten Materialien, sind DaZ-SchülerInnen aber aus sprachlichen Gründen oft überfordert, sodass sie Ihre Unterstützung brauchen, – die einfach darin bestehen kann, Vertrauen in die eigene Sprachlernkraft zu entwickeln und auch kleine Fortschritte als solche anzuerkennen.

Da kaum spezifisches DaZ-Material für die Sekundarstufe I vorliegt, müssen Lehrkräfte v.a. im Fachunterricht vorhandene Materialien adaptieren. Um dies zu unterstützen, arbeiten wir auch in unseren Ideen oft mit Auszügen aus Lehrmaterialien oder greifen schultypische Aufgabenformen auf und arbeiten dieses Material für die DaZ-Förderung auf. Gleichzeitig zeigen wir daran den Prozess der Adaption exemplarisch auf.

1. Grammatik

1.1. Wortschatz und Wortbildung

Ein nicht genügend ausdifferenzierter Wortschatz ist eine der Hauptursachen dafür, dass DaZ-SchülerInnen im Fachunterricht Inhalte nicht er- bzw. verarbeiten können. Fachwortschatz wird immer aus dem unterrichtlichen Kontext gewonnen und muss auch dort verarbeitet werden, damit er für weitere Operationen abrufbar ist. Daher spielt eine lebendige und anschauliche Wortschatzvermittlung eine wichtige Rolle, damit Fachinhalte in der gewünschten Eindeutigkeit für weitere Denkoperationen im Fach genutzt werden können.

Probleme für DaZ-SchülerInnen

DaZ-SchülerInnen sind gezwungen, sich neben ihrer mehr oder weniger entwickelten Allgemeinsprache in jedem Fachunterricht zeitgleich die jeweilige Fachsprache sowie die eigentlich zu erlernenden Fachinhalte anzueignen.

Im Bereich des Wortschatzes bereiten mehrgliedrige Komposita (*Angestelltentarifvertrag*) Schwierigkeiten, v.a., wenn das zusammengesetzte neue Nomen, z.B. *Eselsbrücke*, eine völlig andere Bedeutung erhält als die wörtliche Umschreibung der Zusammensetzung (*Brücke für Esel*). Ähnliches gilt für viele Zusammensetzungen, die ohne Klärung durch die Lehrkraft nicht entschlüsselt werden können: *Kreislauf*, *Wasserstoff*, *Nährstoffkette* usw.

Schwer sind auch ungewöhnliche Adjektive oder Verben mit komplexen Bedeutungsstrukturen (wie *gehen*: *es geht voran, die Uhr geht nicht, Zeit vergeht* usw. oder *arbeiten: Menschen arbeiten, Geld arbeitet, wir verarbeiten das Material*). Um solche Wörter zu erschließen, bedarf es der Kompetenz, die Wörter in Wortfamilien einzuordnen. Genau darin sind DaZ-SchülerInnen aber oft nur ungenügend geübt.

Kleine Grammatik der Wortbildung

Wortzusammensetzungen
Da Fachsprachen durch einen Nominalstil gekennzeichnet sind, sind Zusammensetzungen von Nomen aus Grund- und Bestimmungswort sehr häufig. Das Grundwort steht an letzter Stelle und bestimmt die Wortart und das Genus des zusammengesetzten Wortes. Dabei können Fugenelemente auftreten, wie *-(e)n* in *Familie-n-feier*, *-(e)s* in *Arbeit-s-amt*, *-e* oder *-er*. Da diese kaum systematisch zu vermitteln sind, sollten die auftauchenden Fugenelemente aufgegriffen werden, damit auch DaZ-SchülerInnen ein Gespür entwickeln, wann Fugenelemente auftreten.

Wortfamilien
Eine Wortfamilie umfasst Wörter gleicher Herkunft mit ab- und umlautenden Formen, Ableitungen und Zusammensetzungen. Zum Kernwort *arbeiten* gehören z.B.:

- → Verben: *einarbeiten, aufarbeiten, nacharbeiten, zuarbeiten, weiterarbeiten, vorarbeiten, mitarbeiten* ...
- → Nomen: *die Arbeitskraft, der Arbeitsplatz, die Arbeitsstunde, die Arbeitsbeschaffungsmaßnahme, der Arbeitslohn, die Arbeitszeit, der Arbeitsaufwand, die Arbeitskosten, die Arbeitsbedingungen* ...
- → Adjektive: *arbeitsam, arbeitsaufwendig, arbeitsintensiv, arbeitslos* ...

Wortfamilien eignen sich gut, um Zusammenhänge in Wortschatz und Wortbildung deutlich zu machen und SchülerInnen zum plausiblen Erschließen von Wortbedeutungen und der Bildung von Wörtern zu ermutigen.

Ableitungen
Während bei Wortzusammensetzungen (Komposita) mindestens zwei Wörter beteiligt sind, bedarf die Ableitung (Derivation) eines Wortes und mindestens eines Morphems. Ableitungen entstehen durch:

- → Vorsilben: Präfix + Grundform: *Um-welt, In-land, Aus-land, Hin-flug* ... Weit verbreitete Vorsilben bei Nomen und Verben sind *ver-, zer-, ent-, wider-, mit-, auf-, ab-, zu-, miss-, be-*. Ihre Bedeutung kann auch über das konkrete Wort hinaus vermittelt werden.
- → Nachsilben: Grundform + Suffix: *Liefer-ung, Klug-heit, Wissenschaft-ler* ... Die Endung *-ung* weist auf einen Prozess hin und bestimmt genau wie die Endung *-heit*, dass das Wort zum Nomen mit femininem Genus wird, d.h. den Artikel *die* erhält. Andere Nachsilben wie *-los* und *-voll* bestimmen die Bedeutung von Adjektiven und können wiederum über das konkrete Adjektiv hinaus in ihrer Bedeutung vermittelt werden.

Konversion
Der fachsprachliche Nominalstil kommt vornehmlich durch Verfahren der nominalen Wortbildung zustande, also durch die o.g. Verfahren der Zusammensetzung (*Windschutzscheibe*), der Ableitung (*Arbeitserleichterung*) und der Konversion (*das Überspielen der Kassette*).
Nominalisierte Verben (*das Rechnen fällt mir schwer*) und Adjektive (*das Schöne daran ist, dass ...*) zu verstehen, ist nicht schwer, sie zu erkennen schon eher. Notwendig wird dies allerdings nur wegen der Großschreibung von Nomen und Nominalisierungen in der deutschen Sprache.

Verfahren der Wortschatzvermittlung
In der DaZ-Förderung und im Fachunterricht ist nicht nur die systematische Vermittlung der Wortbedeutung unerlässlich, sondern auch die Wiederholung und Festigung des Fachwortschatzes. Dazu eignen sich folgende Verfahren:

- → **Bezüge herstellen:** Sollen z.B. die Begriffe *saisonale* und *konjunkturelle Arbeitslosigkeit* eingeführt werden, kann *Arbeitslosigkeit* als bekannter Oberbegriff vorausgesetzt werden. Denkbar sind jetzt Erklärungen wie: *Ihr wisst, was das Wort „Arbeitslosigkeit" bedeutet. Man unterscheidet verschiedene Formen der Arbeitslosigkeit, z.B.* ***saisonale*** *Arbeitslosigkeit. Darunter versteht man, dass die Arbeitsplätze von der Saison, also der Jahreszeit, abhängig sind, z.B. in der Bauindustrie. Viele Menschen in der Bauindustrie sind in der Winterzeit arbeitslos, in der Sommerzeit finden sie meistens wieder Arbeit.* –

ÜBUNGSIDEEN

Denkbar ist aber auch, dass die SchülerInnen selbstständig den Begriff *saisonal* auf *Saison* zurückführen und sich so die Bedeutung erschließen.

→ **Analogien bilden:** Die Lehrkraft möchte das Wort *Atelier* einführen. Sie weiß, dass die SchülerInnen die Wörter *Sekretärin* und *Büro* kennen. Daher greift sie auf dieses Vorwissen zurück und bietet z.B. folgende Erklärung: *Die Sekretärin arbeitet im Büro. Der Maler arbeitet im **Atelier**.* Der vom Lerner verlangte Analogieschluss ist der: *Sekretärin* verhält sich zu *Büro* wie *Maler* zu *Atelier*. Also ist ein Atelier für den Maler das, was ein Büro für eine Sekretärin ist, nämlich der Arbeitsort.

→ **Rückgriff auf Synonyme:** Die Lehrkraft möchte den SchülerInnen das Wort *Knabe* erklären. Die SchülerInnen kennen das Wort *Junge*. Sie greift auf dieses Vorwissen der SchülerInnen zurück und sagt beispielsweise: *Ein Knabe ist ein Junge* bzw. *„Knabe" ist ein altertümlicher Ausdruck für „Junge"*. – Die SchülerInnen suchen einander entsprechende sprachliche Ausdrücke in Einzel- oder Partnerarbeit und finden beispielsweise: *Arbeitnehmer – Beschäftigte, Arbeitgeber – Vorgesetzter (meistens), Fusion – Zusammenschluss, Firma – Unternehmen, Rezession – Flaute ...* Dadurch festigen sie den zuvor erworbenen Fachwortschatz und ergänzen die jeweiligen Artikel- und Pluralformen.

→ **Rückgriff auf Antonyme** (Wörter mit entgegengesetzter Bedeutung): *Langsamkeit* wird z. B. im Rückgriff auf die bekannten Wörter *Schnelligkeit* und *Geschwindigkeit* erklärt. Die SchülerInnen bilden Antonyme zu Begriffen wie: *beschäftigt – arbeitslos, die Erwerbstätigengeneration – die Rentnergeneration, Arbeitgeber – Arbeitnehmer* usw.

→ **Ableitung von Grundwörtern:** An der Tafel oder auf einer OH-Folie wird z.B. die Wortableitung rund um das Grundwort *Rente* entwickelt, dabei wird die Bedeutung der abgeleiteten Wörter erklärt: *die Rente, der Rentner, die Zusatzrente, die Rentenversicherung, der Rentenversicherungsbeitrag, die Rentenansprüche, die Grundrente ...*

→ **Ober- und Unterbegriffe unterscheiden:** Dazu durchsucht die Lehrkraft das eingesetzte Unterrichtsmaterial nach Fachlexik, die sich in Ober- und Unterbegriffe einteilen lässt und entwickelt daraus Wortreihen wie: *die Gewerkschaften, die Arbeitgeberverbände, die Tarifpartner; die Aussperrung, der Dienst nach Vorschrift, der Arbeitskampf, der wilde Streik, der Warnstreik, der Bummelstreik; das Wohngeld, die Sozialleistung, die Altersversorgung, das Arbeitslosengeld; die Rezession, die Talsohle, das Wachstum; die Konjunktur, die Depression, der Aufschwung.* Die SchülerInnen finden jeweils den Oberbegriff.

Diese Verfahren lassen sich in jedem Fachunterricht anwenden, sie können lehrerzentriert (durch entsprechende Erklärungen) oder aber schülerzentriert erfolgen, indem die SchülerInnen dazu angeregt werden, in die entsprechende Richtung zu denken.
Übungen dieser Art müssen nicht lang und aufwändig sein, sondern sollten regelmäßig angewendet werden, damit DaZ-SchülerInnen den Fachwortschatz wiederholen und Bedeutungsnuancen klären, über die sie sich normalerweise keine Gedanken machen würden. Alle Übungen können in Einzel-, Partner- oder als Hausarbeit bearbeitet werden.
Um alle SchülerInnen in die Lage zu versetzen, sich Wortschatz aktiv anzueignen, ist neben der Bedeutungsvermittlung und Festigung auch die Vermittlung von Einsicht in Wortbildungsprinzipien geboten.
Im Folgenden wurden vornehmlich Übungstypen gewählt, die sich in möglichst vielen Fächern einsetzen lassen. Die meisten Übungen haben prototypischen Charakter und sind daher, je nach Fach und Niveaustufe, von den Klassen 5 bis 10 einsetzbar.

Tipps für die Praxis: Wortschatz und Wortbildung

1.1.1. Das schafft ihr allein!

Übung zur Wortschatzfestigung (Klasse 9/10)

Lernziel

Ziel ist die Wiederholung bzw. Einübung des Fachwortschatzes mit Hilfe von Wortkarten mit Zusatzinformationen zur Worterklärung, die es den DaZ-SchülerInnen ermöglichen, die Bedeutung eines Fachworts, an das sie sich nicht mehr erinnern, selbstständig zu erschließen und behaltensgerecht zu vernetzen.

Vorbereitung

Auf die Wortschatzkarte wird das Fachwort, z.B. *die Vergreisung*, geschrieben, darunter stehen die Worterklärung, Wortableitungen und ein Beispielsatz.

die Vergreisung (meistens kein Plural)

Worterklärung:

(die) **Vergreisung** (einer Gesellschaft) = die Zunahme der älteren bei gleichzeitiger Abnahme der jüngeren Menschen in einer Gesellschaft, die Überalterung einer Gesellschaft

verwandte Wörter:

der Greis = altertümlicher Ausdruck für *alter Mann*
vergreisen = sehr alt werden, überaltern
greisenhaft = sehr, sehr alt

Beispielsatz:

In Deutschland werden immer weniger Kinder geboren. Das führt langfristig zu einer **Vergreisung** der Gesellschaft.

Ablauf

Es werden Kleingruppen (höchstens vier Personen) gebildet. Ein/e SchülerIn erhält ca. 8–10 Wortschatzkarten und fragt ein Gruppenmitglied nach der Bedeutung des Fachworts einer Wortkarte. Kann der/die Gefragte nicht antworten, wird die Frage an das nächste Gruppenmitglied weitergegeben. Kennt niemand die Wortbedeutung, wird dies von dem Fragenden auf einer Strichliste festgehalten. Die Wortkarte wird nun allen Gruppenmitgliedern gezeigt; die SchülerInnen lesen zusammen die dort festgehaltenen Informationen. Sie versuchen, durch die Lektüre der Informationen auf den Wortkarten die Bedeutung des jeweiligen Fachworts zu erschließen, und tauschen sich untereinander aus, indem sie sich z.B. klarmachen, dass aufgrund der Wortverwandtschaft von *Greis* und *Vergreisung* die Bedeutung von *Vergreisung Altern/Überalterung* sein muss. Wenn Wortbedeutungen auf diese Weise nicht erschlossen werden können, verwenden die SchülerInnen Wörterbücher oder fragen die Lehrkraft.
Am Ende sammelt die Lehrkraft die Strichliste ein und kann z.B. in Einsetz- oder Zuordnungsübungen die unbekannten Fachwörter erneut trainieren.

Variante

Die SchülerInnen erhalten eine Reihe einschlägiger fachsprachlicher Nomen und bilden dazu die entsprechenden Verben.
Wie heißen die Verben? *die Strömung: ...; die Versiegelung: ...; die Verdunstung: ...*

1.1.2. Wortbildung reflektieren

Übung zur Kompositabildung (Klasse 7–10), KV 1

Lernziel

Erkennen der Wortbildung von zusammengesetzten Nomen.

Ablauf

Die Lehrkraft erarbeitet den Inhalt des Textes *In der Stadt herrschen besondere Lebensbedingungen* anhand des Paralleltextes und führt *Überwärmung* und anderen Fachwortschatz (*versiegelte Flächen, Wärmespeicher, Freiflächen, Luftstrom, Abgase, Dunstglocke ...*) ein.
Die SchülerInnen lesen den Originaltext, im Klassengespräch wird das Textverständnis (ggf. durch gezieltes Nachfragen) überprüft.

Ist der Inhalt erarbeitet, richtet sich die Aufmerksamkeit auf Wortbildungsprinzipien und die Zuordnung des grammatischen Geschlechts bei zweigliedrigen Komposita, z.B. *Naturschutz*. Dazu schreiben die SchülerInnen in Kleingruppen (höchstens drei Personen) aus dem zweiten Abschnitt des Textes alle Wortzusammensetzungen heraus, die aus zwei Nomen bestehen: *Luftstrom, Luftmasse, Stadtzentrum, Stadtrand, Luftströmung, Dunstglocke, Wärmeausstrahlung, Stadtkern, Bauwerk, Windbewegung, Straßenschlucht, Windstille* ... Anschließend finden sie den Artikel und überlegen, nach welchem Wortteil sich das grammatische Geschlecht richtet. (Ggf. erklärt die Lehrkraft, dass sich Komposita Nomen + Nomen aus einem Grund- und Bestimmungswort zusammensetzen, wobei das Grundwort an letzter Stelle steht und das grammatische Geschlecht des Kompositums bestimmt.) Abschließend bearbeiten sie die Aufgaben auf der Kopiervorlage, die ihnen die Trennung von Grund- und Bestimmungswort sowie die Angabe von Artikel und Plural (Aufgabe 1) und eine Umschreibung der Wortzusammensetzungen (Aufgabe 2) abverlangt.

1.1.3. Ich weiß, was hier nicht hingehört!

Übung zu Wortbedeutungen
(Klasse 5–10)

Lernziel
Festigung des Fachwortschatzes durch das Streichen eines unpassenden Wortes aus einer semantisch zusammenhängenden Wortreihe.

Vorbereitung
Die Lehrkraft durchsucht das von ihr eingesetzte Unterrichtsmaterial nach Fachwortschatz, der komplex und nuancenreich ist, und stellt Wortreihen mit bedeutungsähnlichen Wörtern zusammen wie die folgenden:

- *Tarifverhandlungen, Arbeitgeberverbände, Tarifverträge, Rentner*
- *Kolben, Motor, Kühler, Pumpen, Kurzarbeit*
- *Lohn, Gehalt, Einkommen, Verdienst, Streikgeld*
- *Schwerpunktstreik, Warnstreik, wilder Streik, Protest*

Ablauf
Die SchülerInnen arbeiten zu zweit oder in Einzelarbeit die Wortreihen durch und entscheiden, welches Wort nicht in den gegebenen semantischen Zusammenhang passt. Bei der mündlichen Auswertung im Klassengespräch begründen sie ihre Entscheidung.

Bemerkung
Die Übung eignet sich für nahezu jede Alters- bzw. Klassenstufe und ist in ihrem Schwierigkeitsgrad von der Dichte der Fachtexte bzw. der Bedeutungsähnlichkeit der Wörter abhängig. Je ähnlicher die Bedeutung der einzelnen Wörter ist, desto schwerer wird es für DaZ-SchülerInnen, Unterschiede zu ermitteln und zu benennen. Manchmal erfährt die Lehrkraft ausschließlich anhand solcher Übungen, inwieweit bzw. ob Lerner die Bedeutungsnuancen von (bedeutungsähnlichen) Fachwörtern erfasst haben.

1.1.4. Fernsehen und andere Unterhaltung

Übung zur Nominalisierung
(Klasse 7–10), KV 2

Lernziel
Sprachbewusstsein über nominale Wortgruppen entwickeln.

Ablauf
Die Lehrkraft bearbeitet den Text zunächst inhaltlich, indem sie z.B. unbekanntes Vokabular (wie *der Kulturträger, der Anbieter* ...) einführt oder Leitfragen bearbeiten lässt und auswertet. Dann lenkt sie die Aufmerksamkeit auf nominale Wortgruppen im Text (... *ist ein Symbol des technischen Fortschritts, ... bietet Möglichkeiten der Information, Bildung und Unterhaltung* usw.) und fordert die SchülerInnen auf, zu zweit weitere Beispiele herauszusuchen. Die Beispiele werden an die linke Seite der Tafel geschrieben *(... führt zur Ausweitung der Unterhaltungsprogramme auf Kosten der politischen und kulturellen Ange-*

bote, ... bewirkt die Gefährdung der Demokratie, ... führt zu größerer Wahlfreiheit des Zuschauers usw.). Die SchülerInnen lösen die nominalen Wortgruppen auf, indem sie Nebensätze bilden (*... symbolisiert technischen Fortschritt, ... führt dazu, dass Unterhaltungsprogramme ausgeweitet/verstärkt angeboten werden, indem man politische und kulturelle Angebote streicht* usw.). Im Unterrichtsgespräch werden weitere Beispiele entwickelt und an der Tafel festgehalten. Anhand des Tafelanschriebs wird die Wirkung beider Formulierungsmöglichkeiten verglichen. Dabei erkennen die SchülerInnen, dass der nominale Ausdrucksstil eine Informationsverdichtung bewirkt und dass die Sprache formaler/abstrakter wirkt. Sie erkennen, dass dieser Stil charakteristisch für Fachtexte ist und der raschen Wissensübermittlung dient. Zum Abschluss formen sie Nominalgruppen in Nebensätze um.

Bemerkung

Schwerer wird die Übung, wenn vorgegebene Nebensätze zu nominalen Gruppen umgeformt werden sollen.

1.1.5. Spielregeln für den Arbeitskampf

Übung zur Vernetzung des Fachwortschatzes (Klasse 9–10)

Lernziel

Festigen des Fachwortschatzes im Umgang mit visuellen Impulsen, z.B. einem Schaubild wie diesem:

Vorbemerkung

Oft haben solche Schaubilder eine „Zwischenfunktion", d.h., sie dienen dem Einstieg in ein Thema oder verdeutlichen einen Aspekt eines komplexeren Themas. Daher werden sie meistens nur mündlich behandelt. Für DaZ-SchülerInnen geht jedoch dieser nur mündlich gebotene Sprachinput oft rasch wieder verloren. Daher ist es sinnvoll, sie einen kleinen Lückentext oder Ergänzungsübungen bearbeiten zu lassen, sodass sie zu einem späteren Zeitpunkt, z.B. bei der Vorbereitung einer Klassenarbeit, darauf zurückgreifen können.

Ablauf

Die Lehrkraft präsentiert die Grafik als Folie und stellt ggf. allgemeine Redemittel zur Versprachlichung von Schaubildern zur Verfügung: *Das Schaubild zeigt, ...; anhand des Schaubildes kann man erkennen, wie ...; das Schaubild gibt Auskunft über ...*

Die SchülerInnen erklären sich zunächst in Partnerarbeit gegenseitig die möglichen Stationen auf dem Weg zum neuen Tarifvertrag und verwenden dabei folgende Fachausdrücke: *Tarifverhandlungen führen, Tarifverträge aushandeln, einen Tarifvertrag kündigen, Tarifverhandlungen für gescheitert erklären, einen Schlichter bestellen, eine Mitgliederversammlung einberufen, eine Urabstimmung durchführen, zum Streik aufrufen* usw. Anschließend werden die Ergebnisse präsentiert.

Die SchülerInnen vervollständigen vorgegebene Satzanfänge und beantworten Fragen zum Text schriftlich:

- *Wer sind die Tarifpartner?*
- *Welche Aufgabe haben sie?*
- *Was passiert, wenn sie sich in den Tarifverhandlungen nicht einigen können?*
- *Was soll in einem Schlichtungsverfahren erreicht werden?*
- *Was passiert, wenn eine Partei den Schlichterspruch ablehnt?*
- *Worüber wird in einer Urabstimmung abgestimmt?*
- *Wann darf gestreikt werden?*

1.2. Verben

Verben haben wie alle Wortarten eine semantische und eine syntaktische Dimension, d.h., Verben transportieren Bedeutung und sind Strukturelemente des Satzes. Entsprechend der Valenzgrammatik lässt sich schon GrundschülerInnen die Funktion des Verbs als Chef des Satzes vermitteln. In der Sekundarstufe I lässt sich an dieser Erkenntnis anknüpfen.

Kleine Grammatik der Verben

Verben drücken Handlungen *(jemand tut etwas)*, Vorgänge *(etwas läuft ab, entwickelt sich, passiert ...)* und Zustände *(etwas ist so, befindet sich in einem Zustand ...)* aus.

Verben spielen eine zentrale Rolle im Satz:

- ➔ Ihre Stellung im Satz bestimmt die Satzart: Im Aussagesatz und in Fragen mit Fragepronomen steht das Verb an zweiter Stelle, in der Satzfrage und im Aufforderungssatz als Imperativ am Anfang und im Gliedsatz (Nebensatz) am Ende.
- ➔ Umschriebene Verbformen treten im Satz auseinander und bilden eine Klammer bei Verben mit trennbarer Vorsilbe, bei Modalverben und bei zusammengesetzten Zeiten.
- ➔ Verben bestimmen Zahl und Art der Ergänzungen/Objekte in einem Satz:
  Erhan schläft. (Nominativergänzung).
  Erhan trinkt Saft. (Nom.- u. Akkusativerg.)
  Er gibt mir die Kreide. (Nom.-, Akk.-, Dativerg.)
  Er legt sie auf den Tisch. (Nom.-, Akk.-, Präpositionalerg.)
- ➔ Verben regieren den Kasus: Die Verben *suchen, bringen, tragen, holen, haben, kaufen, gewinnen, fragen, lesen, sehen, nehmen* und viele andere verlangen den Akkusativ; *helfen, antworten, geben, gehören, gefallen, schenken, gehorchen, bringen* und einige andere den Dativ; *sich erinnern, gedenken, bedürfen, sich schämen* und wenige andere Verben fordern den Genitiv.
- ➔ Verben werden konjugiert, um Verschiedenes auszudrücken:
  Person und Numerus: *ich laufe – wir laufen* (1. Pers. Singular – Plural), *du läufst – ihr lauft* (2. Pers. Singular – Plural), *er/sie/es läuft – sie/Sie laufen* (3. Pers. Sing. – Plural)
  Modus: *Er geht in die Schule.* (Indikativ)
  Er sagt, er gehe hin. (Konjunktiv I)
  Er ginge hin, wenn ... (Konjunktiv II)
  Tempus/Zeit: *sie schneidet* (Präsens), *sie schnitt* (Präteritum), *sie hat geschnitten* (Perfekt), *sie hatte geschnitten* (Plusquamperfekt), *sie wird schneiden* (Futur I), *sie wird geschnitten haben* (Futur II)
  Genus verbi: *Sie trägt einen Korb.* (Aktiv)
  Sie wird getragen. (Passiv)

Probleme für DaZ-SchülerInnen

Verben bereiten DaZ-Schülerinnen auf allen Ebenen Probleme, v.a. aber in Verbindung mit der Konjugation und der Deklination.

Bezogen auf die Konjugation sind es zunächst die unregelmäßigen Verben,

– die im Präsens den Stammvokal ändern: *ich fahre – du fährst, ich esse – du isst, ich helfe – du hilfst ...*

– die im Präteritum und beim Partizip Perfekt besondere Stammformen *bilden: singen – sang – gesungen, fahren – fuhr – gefahren, kennen – kannte – gekannt, lassen – ließ – gelassen ...*

Die Übergeneralisierung der regelmäßigen Verbkonjugation auch bei unregelmäßigen Verben (*er fahrt, sie helft, ich gehte, wir nimmten, sie lesten ...*) gehört zu den auffälligsten Abweichungen in DaZ-Schülertexten. Außerdem bereitet DaZ-SchülerInnen die Verwendung von Konjunktiv und Passiv länger Probleme als ihren DaM-MitschülerInnen. Oft vermeiden DaZ-SchülerInnen diese Formen. Dennoch müssen v.a. Passivformen, die in Fachtexten sehr häufig vorkommen, zumindest verstanden werden.

Oft können DaZ-SchülerInnen Passiv und Futur nicht unterscheiden und verstehen deshalb Aussagen wie *ich werde anrufen – ich werde angerufen* nicht.

Ein zweiter großer Problembereich ist die Rektion der Verben und damit die Markierung der korrekten Kasusform in den Ergänzungen/Objekten (*Er nehmte der Ball.*). Diese Schwierigkeit hat mindestens zwei Ursachen – Unsicherheit in der Deklination (bezogen auf Genus und Kasus) und

hinsichtlich der Frage, welchen Kasus das gewählte Verb nun verlangt.
Probleme mit der Verbstellung bleiben hier unberücksichtigt, denn sie werden im Zusammenhang mit dem Satz geübt (s. S. 127ff).

Zum Üben

Da Sätze und Texte ohne Verben nicht auskommen, dürfte es kein Problem sein, Verben immer wieder in den unterschiedlichsten Zusammenhängen anzusprechen und zu üben. Möglichst frühzeitig sollte das Verb als grammatischer Begriff eingeführt sowie seine Stellung und Bedeutung im Satz aufgezeigt werden. So sollten auch Wortschatzübungen zu Verben syntaktische Kriterien berücksichtigen und z.B. vermitteln, welchen Kasus das Verb fordert.
Die Konjugation gerade unregelmäßiger Verben muss zunächst bewusst gemacht, dann geübt und schließlich eingeschliffen werden. Dabei helfen Übersichtstabellen, die es in fast allen Grammatiken gibt, und die zu Listen in alphabetischer Reihenfolge umformuliert werden, die den SchülerInnen bei schriftlichen Arbeiten zur Verfügung stehen.
Die Behandlung des Konjunktivs im Deutschunterricht sollte im Blick auf DaZ-Schülerinnen größeres Gewicht auf das Erkennen und Bilden der Formen legen. Gleiches gilt für Passivformen. Hier kommt allerdings noch die semantische Ebene hinzu, d.h., dass nicht nur die Form analysiert und geübt, sondern auch die Bedeutung und der Unterschied von Passiv und Aktiv geklärt wird.
Die Verbtabelle (KV 26/27) enthält die Konjugation in verschiedenen Zeitformen regelmäßiger und unregelmäßiger Verben. Sie muss mit der Lerngruppe sukzessive erarbeitet werden. Die Präsensformen können als bekannt vorausgesetzt werden, deshalb ist es sinnvoll, sie aufzugreifen, um Sprachkönnen in Sprachwissen zu überführen und daran die grammatischen Kategorien (Endung, Zeitform, Grundform, Stamm, Stammvokal) einzuführen bzw. zu festigen. Nachdem die Zeitformen geübt wurden, kann die Tabelle als Nachschlageinstrument verwendet werden.

Tipps für die Praxis: Verben

1.2.1. „Jandeln für Ausländer"

Aktivität zur Konjugation (Klasse 5/6)

Vorbemerkung/Lernziel

Anhand des Gedichts von Gino Chiellino soll die Konjugationskompetenz gefestigt und entfaltet werden. Außerdem bietet die Beschäftigung mit dem Gedicht eine Auseinandersetzung mit der Situation von Minderheiten im deutschen Sprachraum.

Jandeln für Ausländer

ich wandel
du handelst
er jandelt
oder sie jandelt
wir mandeln
ihr gandelt
sie jandeln
oder auch nicht[1]

Gino Chiellino

Ablauf

Das Gedicht wird produktiv erarbeitet:

1. *Was ist das für ein Text: ein Sachtext, eine Sprachübung, ein Gedicht?* Die SchülerInnen erhalten zunächst den Text ohne Titel und sollen die oben genannte Aufgabe klären. Fragen nach der Bedeutung von *mandeln, gandeln* und *jandeln* sollten zugunsten der Bestimmung der Wortart (Verb) und woran man das erkennt (an der Verbindung zum Personalpronomen und der Endung) noch zurückgestellt werden. Denn es geht um die Bestimmung der Textsorte, und die lässt sich als Gedicht, das wie eine Sprachübung gestaltet ist, beschreiben. Interessant ist die erste Zeile: Heißt es *ich wandel* oder *ich wandle*? Die SchülerInnen konjugieren einige der Verben aus dem Gedicht oder auch andere, um die Endungen im Präsens zu festigen. Der „Fehler" kann vor dem Hintergrund der dichterischen Freiheit diskutiert oder auch im Text korrigiert werden.

[1] Gino Chiellino: Sehnsucht nach Sprache. Kiel: Neuer Malik Verlag 1987, S. 83.

2. *Inszeniert den Text.* Denkbar ist, dass ein Schüler anderen sagt, was sie tun. Denkbar ist auch, dass die SchülerInnen die Tätigkeit ausführen und versprachlichen.
Im Anschluss werden die Fantasiewörter (*mandeln, gandeln*) und, über den Bezug zu einem Gedicht von Ernst Jandl, der Begriff *jandeln* (*lyrische Sprachspiele gestalten*) geklärt – z.B. über das bekannte Gedicht von Ernst Jandl[2]:

lichtung

manche meinen
lechts und rinks
kann man nicht velwechsern
werch ein illtum

Ernst Jandl

3. *Findet einen Titel.* Nachdem die SchülerInnen ihre Titel präsentiert und ihre Wahl begründet haben, erhalten sie den Originaltitel: *Jandeln für Ausländer* und deuten ihn. Dabei wird die Wortwahl (welche Verben drücken Aktivität, welche Passivität aus) und die Frage nach dem lyrischen Ich und seiner Rolle als „(Schlaf-)Wandler", Beobachter, Analytiker thematisiert. Es bringt auch den Autor ins Gespräch und sein Prinzip, ein in der deutschen Lyrik anerkanntes Verfahren auf die Situation von „Ausländern" anzuwenden.

4. *Schreibt ein Gedicht mit anderen Verben.* Hier üben die SchülerInnen konjugieren. Komplexer wird die Aufgabe, wenn es heißt: *Schreibt ein ähnliches Gedicht*, denn dann können die SchülerInnen auch auf andere Art mit der Sprache spielen. Nach der Präsentation wird das verwendete Spielprinzip benannt.

5. *Übertragt den Text in eine andere Zeitform.* Dadurch dass die Zeitformen z.T. an Fantasieverben geübt werden, bietet sich ein Gespräch über die Formenbildung bei regelmäßigen Verben an. Die Wahl der Zeit kann den SchülerInnen überlassen werden oder gesteuert werden:
▼ dass alle eine Zeit wählen (z.B. Präteritum)
▲ oder Arbeitsgruppen je eine Zeit (Präteritum, Perfekt oder Futur I) bearbeiten.
Nach Erledigung wird über die veränderte Wirkung gesprochen.

Bemerkungen
Wichtig ist, dass eine inhaltliche und formale Auseinandersetzung mit dem Text stattfindet und die SchülerInnen über Sprache sprechen und Begriffe wie *Verben, Endung, Konjugation* festigen.

1.2.2. Für Verben werben

Übung zu unregelmäßigen Verben
(Klasse 5/6)

Vorbemerkung/Lernziel
Durch den Rhythmus prägen sich die Formen der unregelmäßigen Verben ein.

Vorbereitung
Ein Raptext wird mit den SchülerInnen erfunden und sollte auf Tonträger vorliegen.

Ablauf
Verbreime werden als Sprechgesang mit Gestik oder Mimik unterstützt vorgetragen:

1. *singen – sang – gesungen,*
   klingen – klang – geklungen,
   da ist mir was gelungen!
2. *schwingen – schwang – geschwungen,*
   schlingen – schlang – geschlungen,
   das ist mir nicht misslungen!
3. *springen – sprang – gesprungen,*
   ringen – rang – gerungen,
   das hab ich jetzt verschlungen!
4. *spinnen – spann –gesponnen,*
   rinnen – rann – geronnen,
   da ist was mit gewonnen!
5. *beißen – biss – gebissen,*
   schmeißen – schmiss – geschmissen,
   Ich bin ganz schön gerissen!
6. *fliegen – flog – geflogen,*
   biegen – bog – gebogen,
   da hab ich nicht gelogen!
7. *streiten – stritt – gestritten,*
   was habe ich gelitten!

[2] Ernst Jandl: Poetische Werke. Hrsg. v. Klaus Siblewski. Bd. 2. München: Luchterhand 1977. S. 171.

8. *schwimmen – schwamm – geschwommen,*
   das ist auch vorgekommen!
9. *frieren – fror – gefroren,*
   das hab ich auserkoren!
10. *binden – band –gebunden,*
   ich hab genug gefunden!!

Bemerkungen

Durch Klang, Rhythmus und/oder Bewegung prägen sich schwierige Wörter besser ein und die SchülerInnen gewöhnen sich daran, Verben mit den Zeitformen zu lernen.
Um die Übung auszudehnen, erstellen Sie mit den SchülerInnen eine alphabetische Liste unregelmäßiger Verben (vgl. z.B. Übungsgrammatik für DaF von Hueber). Denkbar ist auch die Arbeit mit einem vorbereiteten Text, aus dem die Verben herausgesucht werden.

Ergänzung: Verbviper

Ein Schüler nennt ein unregelmäßiges Verb im Präteritum: z.B. *er lo**g***. Der nächste nennt ein Verb, das mit dem letzten Buchstaben des genannten Verbs, also mit *g*, beginnt: z.B. *er **goss***. Die Reihe wird fortgesetzt: *er **sah** – er **hielt** – er **trat** – er **trank** – er **kam** …*
Im Vergleich zur 3. Person im Präsens (*er sieht – er trägt – er t…*) wird klar, dass unregelmäßige Verben im Präteritum der 1. und 3. Pers. Singular endungslos sind.
Diese Übung wird zum Wettkampf, wenn mehrere Gruppen z.B. an der Tafel gegeneinander spielen. Das Startverb wird vorgegeben, zehn weitere Verben müssen gefunden werden. Wurden zehn Verben hingeschrieben, unterbrechen alle ihre Verbviper, und die Spielleiterin überprüft die Schnellsten. Sind alle Formen korrekt, ergeben sich zehn Punkte, und die erreichte Anzahl korrekter Formen der anderen Mannschaften wird auch notiert.

1.2.3. Zeiten beherrschen

Würfelspiel zu den Zeitformen
(Klasse 7/8), KV 3a–c

Lernziel

Das Spiel dient der Wiederholung und Festigung der Zeitformen.

Vorbereitung

Pro Gruppe kopieren sie das Spielfeld auf A3-Karton, das Aufgabenblatt und die Verbkarten auf A4. Die Verbkarten werden zerschnitten. Ggf. laminieren Sie die Vorlagen. Jede Gruppe braucht einen Würfel.

Ablauf

Die SchülerInnen erhalten pro Gruppe ein Spielfeld mit Aufgabenblatt und Verbkarten sowie einen Würfel.
Die einzelnen Gruppen spielen und kontrollieren sich gegenseitig hinsichtlich der korrekten Zeitformen. Sie beginnen in der Mitte. Wer auf eines der Zahlenfelder kommt, nimmt eine Verbkarte und bildet die Form, die dort verlangt wird, im Präsens und in der auf dem Feld angegebenen Zeit. Ist beides korrekt, erledigt er die Aufgabe zu der Nummer, auf der er steht. Sieger ist derjenige, der es als erstes ins Ziel schafft.

Bemerkungen

Die Verben sind so ausgewählt, dass alle Aufgaben mit allen Verben zu erfüllen sind (Ausnahme: zu *sein* und *werden* findet man keine Vorsilben). Als Hilfestellung nennen Sie den SchülerInnen mögliche Vorsilben (*auf-, unter-, vor-, nach-, er-, ver- …*)
▼ Wird das Spiel ohne Aufgaben gespielt, ist es einfacher und geht schneller. Zur Unterstützung erhalten die SchülerInnen eine Übersicht über die Bildung der Zeiten (vgl. die Konjugationstabelle, KV 26/27) oder erstellen gemeinsam ein Lernplakat mit den Zeitformen – zunächst mit regelmäßigen, dann mit unregelmäßigen Verben:
Sie können an dieser Stelle auch wiederholen, dass Bewegungsverben das Perfekt mit *sein* bilden und über die Funktion der Zeiten sowie ihren Einsatz in mündlichen und schriftlichen Texten sprechen.

1.2.4. Nachdenken, überlegen, reflektieren

Aktivität zu trennbaren und nicht trennbaren Verben (Klasse 7/8)

Vorbemerkung/Lernziel

Anhand des folgenden Gedichts werden trennbare und nicht trennbare Verben thematisiert. Anschließend wird der Text gedeutet.

Das bin ich mir schuldig

Bevor ich ein Wort spreche aus
nachdenke ich gründlich darüber
Mir soll laufen unter kein Fehler
damit ich nicht falle auf
vor einem so erlesenen Publikum
als unkundiger Trottel
der sich benimmt immer daneben

Ivan Tapia Bravo

Ablauf

Die SchülerInnen erhalten das Gedicht ohne Überschrift und ohne Autor:
Zunächst kreisen die SchülerInnen die Verben ein (*spreche aus, nachdenke, (soll) laufen unter, falle auf, benimmt daneben*). Unsicherheiten treten vermutlich bei den trennbaren Vorsilben auf, die vielleicht nicht als zum Verb gehörig erkannt werden.
Die SchülerInnen schreiben den Infinitiv dazu und bilden Sätze zunächst nur mit den trennbaren Verben: *Ich spreche meine Meinung aus. Er denkt über die Liebe nach. Hasan fällt mit seiner Mütze auf. Meike benimmt sich im Unterricht manchmal daneben.*
Sie erkennen, dass diese Verben als trennbare Verben im Satz eine Klammer bilden und festigen diese Erkenntnis, indem sie ihre Sätze verlängern: *Ich spreche meine Meinung immer wieder gern und deutlich aus.*
Die SchülerInnen ergänzen nun in ihren eigenen Sätzen je ein Modalverb (*Ich will meine Meinung aussprechen. Hasan muss über die Liebe nachdenken.*) und erkennen die Infinitivform wieder, in der die Vorsilbe nicht abgetrennt wird. Sie bilden die Perfektform und erkennen, dass die Partizipmarkierung *ge* zwischen Vorsilbe und Verb geschoben wird.

▼ Sollte dies Schwierigkeiten bereiten, verteilen Sie einer Gruppe Karten mit den Verben *machen* und *binden*, der anderen *geben* und *fallen*. Einzeln oder in Partnerarbeit schreiben die SchülerInnen möglichst viele passende Vorsilben vor die Verben und formulieren anschließend mündlich oder schriftlich Sätze mit diesen Verben, die dann in der oben beschriebenen Weise variiert werden. Sollten die SchülerInnen auch nicht trennbare Verben finden, werden diese zurückgestellt und im zweiten Schritt behandelt. Wenn nicht, ergänzen Sie diese Verben *(unterbinden, verbinden, entbinden, zerfallen, entfallen)* und führen damit die gleichen Schritte durch, um den Unterschied zu erkennen: Die nicht trennbaren Verben bleiben als Einheit zusammen und bilden das Partizip ohne *ge* (*zerfallen, verbunden, entbunden* ...).

Auch ohne diesen Zwischenschritt konzentrieren sich die SchülerInnen nun auf das bis dahin ausgesparte nicht trennbare Verb aus dem Gedicht: *unterlaufen*. Sie bilden einen Satz *(Mir unterlaufen immer wieder Fehler.)*, ergänzen ein Modalverb, bilden das Perfekt und vergleichen die Ergebnisse mit denen zu den trennbaren Verben. Um eine Analogiebildung zu erkennen, experimentieren sie mit weiteren nicht trennbaren Verben (wie den oben genannten).

Zur Wiederaufnahme des Gedichts erhalten die SchülerInnen folgenden Text:
Bevor ich meine Meinung ausspreche, denke ich gründlich darüber nach.
Wenn ich nachdenke, fallen mir Fehler auf.
Wenn mir Fehler auffallen, korrigiere ich sie.
Wenn ich sie korrigiert habe, spreche ich meine Meinung sicher aus.

▲ Schwieriger wird es, wenn Sie nur die Nebensätze vorgeben und die Schüler die Hauptsätze selbst finden lassen.
Die SchülerInnen klassifizieren die Sätze als Haupt- und Nebensätze, ggf. unter Zuhilfenahme der Satzmuster (vgl. unter Satzbau) und analysieren, was mit den trennbaren Verben passiert: In Nebensätzen werden die Vorsilben nicht abgetrennt.

Anschließend wird das erarbeitete Wissen auf das Gedicht angewendet und dort werden die fehlenden Satzzeichen ergänzt:

Bevor ich ein Wort spreche aus, (NS)
nachdenke ich gründlich darüber. (HS)
Mir soll laufen unter kein Fehler, (HS)
damit ich nicht falle auf
vor einem so erlesenen Publikum
als unkundiger Trottel, (NS)
der sich benimmt immer daneben. (NS)

Die SchülerInnen formulieren den Text mündlich normgerecht um und merken, dass dadurch der „Witz" des Gedichts verschwindet.

Dies ist der Auftakt zur Textdeutung:

1. *Welche „Fehler" enthält der Text?* Der Autor macht systematische „Fehler", d.h., er verwechselt das Prinzip der Trennung bzw. Nichttrennung systematisch.

2. *Wer ist unkundig? Was heißt erlesen? Wen bezeichnet der Autor als erlesen?* Diese Fragen helfen, zwischen der expliziten und impliziten Textebene zu unterscheiden, und verdeutlichen, dass der Autor auch hier konsequent Sachverhalte verwechselt, sodass sich die nächste Frage – *wer benimmt sich immer daneben* – wie von selbst beantwortet.

3. *Was ist er sich schuldig?* Nachdem der Titel präsentiert wurde, wird er als Frage an die SchülerInnen gegeben. Diese finden Antworten wie: auf das Verhalten von Besserwissern hinzuweisen, die Schwierigkeiten mit der deutschen Sprache zu benennen, die Arroganz und Intoleranz bloßzustellen usw.

4. *Schreibt eine korrigierte Fassung und setzt diese in die Vergangenheit.* Ein Teil der SchülerInnen wird den Text ins Präteritum setzen und ein anderer in das Perfekt. Daran lässt sich auf die bevorzugte Verwendung von Präteritum in der Schriftsprache und von Perfekt im Mündlichen hinweisen. Außerdem wird die Bildung der Zeitformen wiederholt (*ich dachte nach – ich habe nachgedacht, mir fiel auf – mir ist aufgefallen, mir unterlief ein Fehler – mir ist ein Fehler unterlaufen*), und es kann erneut der Fokus auf die Partizipbildung bei trennbaren und nicht trennbaren Verben gelenkt werden.

5. *Gebt das Gedicht wieder und verwendet dabei die Verben: nachdenken, überlegen, reflektieren.* Zunächst wird die Bedeutung der Verben geklärt und entschieden, ob sie trennbar oder nicht trennbar sind. Um die SchülerInnen zu verwirren, können Sie Sätze einstreuen wie: *Ich lege ein Tuch über mein Gesicht.* Um zu erkennen, dass dieses *legen über* nichts mit *überlegen* zu tun hat und *über* hier eine Präposition ist, kann semantisch oder auch syntaktisch argumentiert werden: Die trennbare Vorsilbe steht am Satzende, bildet mit dem finiten Verb eine Verbklammer (*Ich denke über das Gedicht nach.*). Das Verb *reflektieren* kennen die Schüler vermutlich nicht und müssen sich demzufolge auf ihr implizites Sprachwissen verlassen. Sie suchen andere Verben, die mit *re-* beginnen (*regieren, reservieren* ...) und bilden Analogien.
Die SchülerInnen können bei dieser Aufgabe nah am Text bleiben oder auch ihre Deutungen wiedergeben: *Er denkt über die Sprache (oder ihre Benutzer) nach. Er überlegt, wie es richtig heißt, warum man ihn für einen Trottel hält ...*

1.2.5. Der/die Handelnde bleibt ungenannt

Übung zu Aktiv und Passiv (Klasse 7/8)

Vorbemerkung/Lernziel
Die SchülerInnen lernen Passiv bilden und von Futurformen zu unterscheiden.

Ablauf
Sie geben einen Satz vor, wie *Jemand kauft eine Glühbirne*, und fragen: *Was passiert mit der Glühbirne?* Die SchülerInnen antworten vermutlich mit einem Satz im Aktiv, wie: *Er schraubt sie in die Fassung* (oder: *Er wechselt sie aus*). Dieser Satz wird an die Tafel geschrieben und durch einen passivischen ergänzt: *Die Glühbirne wird in die Fassung geschraubt* (oder: *Die Glühbirne wird*

ausgewechselt). Die SchülerInnen vergleichen die beiden Sätze hinsichtlich ihrer Struktur und erkennen, dass der Satz im Passiv keine handelnde Person nennt, sondern aussagt, was mit der Glühbirne passiert.
Die Bildung des Passivs aus *werden* + Partizip wird verdeutlicht. Außerdem wird überlegt, was passiert, wenn es zwei Glühbirnen sind (*Sie werden in die Fassung/en geschraubt.*) Das macht deutlich, dass in diesem Satz durchaus ein Subjekt existiert (*die Glühbirne*).
Anschließend erhalten die SchülerInnen Wortkarten mit Gegenständen (wie *Regal, Wände, Wäsche* usw.), zu denen sie Passivsätze formulieren, um auszudrücken, was damit passiert: *Das Regal wird aufgebaut.*

▼ Einfacher wird es, wenn Sie passende Verben im Infinitiv ergänzen: *das Regal (aufbauen, einräumen, abstauben), der Papierkorb (leeren), die Wäsche (waschen, bügeln, aufhängen, trocknen), die Wände (streichen, bemalen), die Uhr (aufziehen, stellen), die Waren (bezahlen, einscannen, prüfen), der Computer (starten, reparieren, programmieren), die Waschmaschine (füllen, verschrotten), die Sender (suchen, programmieren), das Plakat (aufhängen), die DVD (einlegen, kopieren), die Rechnung (bezahlen), die Muskeln (trainieren), der Tisch (decken)* usw.

Die Sätze werden auf Richtigkeit geprüft, ggf. wird eine Tabelle mit unregelmäßigen Verben zu Hilfe genommen, um die Partizipien korrekt zu bilden.

Anschließend schreiben Sie Verben wie *verfolgen, lieben, untersuchen, pflegen, stehlen, hassen, besuchen, unterrichten* usw. an die Tafel. Die SchülerInnen überlegen, wer (von wem) verfolgt werden könnte, welche Menschen (wo) gepflegt werden, wer (bei welcher Gelegenheit) untersucht wird usw., damit passivische Aussagen, wie *Patienten werden untersucht*, entstehen, in denen es um Menschen geht.
Einige dieser Aussagen werden mit Personalpronomen an die Tafel geschrieben und mit verwechselbaren Futurformen konfrontiert: *er wird untersucht – er wird untersuchen; sie wird gepflegt – sie wird pflegen ...*
Die SchülerInnen erklären den Unterschied, sollte ihnen das nicht möglich sein, so vergleichen sie zunächst die Struktur der Verben (Partizip – Infinitiv) und suchen in der Verbtabelle (vgl. Anhang), welche Zeitform mit *werden* + Partizip und welche mit *werden* + Infinitiv gebildet wird. Sie mischen die Sätze und lassen die SchülerInnen jeweils erklären, ob es um ein zukünftiges Ereignis oder um eine an Menschen vollzogene Handlung geht.

1.2.6. Karl der Große

Übung zum Passiv (Klasse 7/8)

Vorbemerkung/Lernziel

Die SchülerInnen sollen für die Verwendung von Passivformen in Sachtexten wie dem folgenden sensibilisiert werden[3]:

> Der Frankenkönig Karl der Große wurde im Jahr 800 in Rom zum römischen Kaiser gewählt. Durch seine zahlreichen Feldzüge erweiterte er sein Reich ständig, bis bald ganz Mitteleuropa von ihm beherrscht wurde. Damit war der Grundstein für das Heilige Römische Reich Deutscher Nation gelegt worden.
> Karl der Große zeichnete sich nicht allein durch seine militärischen Erfolge, sondern auch durch seinen Beitrag zur Entwicklung der Kultur aus. Gelehrte wurden an seinen Hof geholt, Bischofsschulen und Klöster standen in der Gunst des Kaisers.
> Karl setzte sich auch für die Erneuerung antiker Traditionen ein. So ist in seiner Zeit die römische Literatur kopiert und das Lateinische zur Literatursprache Europas erhoben worden.
> Karl der Große starb im Jahre 814 und wurde in der Aachener Pfalzkirche beigesetzt.

Vorbereitung

Die SchülerInnen sollten Passiv und Aktiv bereits durchgenommen haben oder z.B. anhand der

[3] Aus: Das Superbuch der Fragen und Antworten. © der deutschsprachigen Übersetzung von Anne Braun: 1994 Arena Verlag GmbH, Würzburg.

vorab beschriebenen Übung die Begriffe *Aktiv* und *Passiv* geklärt haben.

Ablauf

SchülerInnen lesen den Text, klären unbekannte Begriffe und erledigen die Aufgaben:

1. *Kreise die Verben ein.* Der erste Abschnitt sollte gemeinsam erledigt werden, um abzusichern, dass alle die Aufgabe verstanden haben und auch die Verbklammer erkennen.

2. *In welcher Zeit ist der Text verfasst?* Diese Aufgabe dient der Festigung der grammatischen Terminologie und der Sprachbewusstheit über Zeiten. Die SchülerInnen sollten auch benennen, woran sie die Zeit erkennen.

3. *Unterstreiche im Text die Aktivsätze rot und die Passivsätze blau. Formuliere die Aktivsätze in Passivsätze um und die Passivsätze in Aktivsätze. Wenn es dir schwerfällt, überlege, worin das Problem besteht.*

Diese Aufgaben stellen die eigentliche Übung zum Passiv und Aktiv dar. Wichtig ist der Hinweis, dass die SchülerInnen die Aufgabe ernst nehmen, ihre Probleme (wie z.B.: *Ich weiß ja nicht, wer ihn gewählt hat.*) zu verbalisieren und zu lösen.

Ergänzungen

Die SchülerInnen suchen in ihren Geschichtsbüchern einen Text aus und verfahren mit ihm genauso wie mit dem Beispieltext.

Damit die SchülerInnen diese Strategie auch in anderen Fächern anwenden, bringen sie als schwierig empfundene Fachtexte mit in die DaZ-Förderung und räumen den Stolperstein Passiv aus dem Weg.

Die SchülerInnen schreiben kurze Biografien zu Persönlichkeiten der Geschichte (Atatürk, Napoleon, Bismarck, Katharina die Große ...), der Literatur (Goethe, Yaşar Kemal, Dostojewski ...) oder der Wissenschaft (Marie Curie, Albert Einstein, Thomas Edison, Werner von Siemens ...), indem sie sich in Lexika informieren und einen passivischen Schreibstil übernehmen.

1.2.7. Was muss erledigt werden?

Übung zur Verwendung des Passivs (Klasse 9/10)

Vorbemerkung/Lernziel

Die SchülerInnen formulieren im Zusammenhang mit einem Arbeitsablauf Passivsätze.

Ablauf

Die Lehrkraft verteilt Arbeitsaufträge: Wäsche waschen, Schulfest organisieren, Glühbirne auswechseln (oder Lichtschalter einbauen), Zeitungen austragen, Pizza backen.

Die SchülerInnen machen sich Stichworte zu den anfallenden Arbeiten, bringen sie in eine sinnvolle Abfolge und stellen sie unter Verwendung von Passivformen den anderen vor.

Die Zuhörenden überprüfen die Abfolge und Vollständigkeit der Arbeitsschritte und die sprachliche Form.

▼ Ist die Verwendung von Passivsätzen schwierig, wird ein Beispiel gemeinsam erarbeitet und dient als Vorlage.

Variante 1

Die SchülerInnen berichten von ihrem Betriebspraktikum unter Verwendung von Passivsätzen, ohne die Handelnden zu nennen. (z.B. *es wird diktiert, es wird Kaffe gekocht, die Post wird sortiert, die Briefe werden unterschrieben* usw.). Die Zuhörenden raten, wer die Tätigkeit ausgeführt hat.

Variante 2

Die SchülerInnen formulieren aus eigenen Notizen z.B. zu einer Gesamtkonferenz ein Protokoll; ggf. geben Sie Notizen wie die auf S. 114 zu einer Gesamtkonferenz vor.

1. Nazire, 10b, will eine gemütliche Ecke mit Bänken auf dem Schulhof
2. Frau Müller, Chemielehrerin, fordert besseres Angebot im Kiosk: belegte Brötchen, Obst, Kuchen und warme Getränke
3. Frau Streicher, Elternvertreterin, kritisiert den Stundenausfall
4. Frau Meinart, Kunstlehrerin, will, dass Schüler putzen
5. Kolja und Raimund, Schülervertreter, fordern mehr Computer im Unterricht
6. Frau Behr geht in Rente (Chor: musikalische Untermalung; 8b: kleine Abschiedsrede, Rektor: offizielle Verabschiedung, Elternvertreter: Blumenstrauß)
7. Herr Dietrich, Rektor, fordert Herrn Hinze auf, die Liste mit bewährten Praktikumsplätzen vorzulegen
8. Herr Özdemir, Hausmeister, beruhigt die Eltern: Vermeintlich geklaute Jacken lagen in den Büschen

Zur Formulierung des Ergebnisprotokolls nennen Sie die Verben: *vorschlagen, meinen, beantragen/den Antrag stellen, vorbringen, aufgreifen, wünschen, anfragen, überlegen, besprechen, kritisieren, abstimmen ...*

▼ Die SchülerInnen erhalten zusätzlich zu den genannten Verben Redemittel wie: *Ich meine, dass ..., es wird kritisiert, ich beantrage Abstimmung, er stellt einen Antrag auf ...* usw.

1.3. Deklination

Kleine Grammatik der Deklination

Nomen gehören zu den flektierenden Wortarten. Sie werden dekliniert (lat. *declinare = abbiegen, abändern, beugen*), d.h., sie verändern ihre Endungen nach Kasus, Numerus und Genus.
Als Subjekt steht das Nomen im Nominativ, als Objekt im Dativ, Akkusativ oder Genitiv. Dabei ist die Kasuswahl oft festgelegt durch ein Verb oder eine Präposition, durch die das Nomen bestimmt wird.
Artikel, Adjektive und einige Pronomina werden ebenfalls dekliniert. Der Artikel steht entweder unmittelbar vor einem Nomen oder vor einem dazwischenstehenden Adjektiv und richtet sich in Genus, Numerus und Kasus nach dem Nomen.

Probleme für DaZ-SchülerInnen

Sicherlich ist es einfach, eine Deklinationstabelle auswendig zu lernen. Trotzdem ist die Deklination im gesprochenen oder geschriebenen Kontext schwierig, weil sie durch die sprachliche Umgebung des Nomens bestimmt wird. Man muss also wissen, welchen Kasus das Verb (*jemanden rufen*), Adjektiv (*jemandem behilflich sein*) oder die Präposition (*auf den Tischen*), die man gerade verwendet, bestimmt, um sich grammatisch richtig auszudrücken oder einen Satz zweifelsfrei zu verstehen.
Problematischer wird es noch bei Verben, die mehrere Kasus regieren (*Sie fragt die Lehrerin nach dem Buch*) oder bei Wechselpräpositionen (*in die Schule* = Präp. + Akk., *in dem Klassenzimmer* = Präp. + Dat.) Eine automatisierte Verwendung von Nomen in Sätzen setzt also ein komplexes grammatisches Basiswissen voraus.

In einer bildhaften und differenziert verwendeten Sprache kommen Adjektive vor und, wenn sie nicht prädikativ verwendet werden (*das Haus ist hoch*), werden sie abhängig von ihrer sprachlichen Umgebung dekliniert. Hier entstehen Fehlerquellen: z.B. durch die Stellung vor dem Nomen können Irritationen im Hinblick auf die Groß- und Kleinschreibung erfolgen (*das Hohe haus*); inhaltliche Ähnlichkeiten zwischen Adverbien und Adjektiven können zur Verwechslung z.B. zwischen „oft" und „häufig" führen; ähnliche Endungen (*mutig, königlich, tragisch*) erschweren die richtige Bildung.

Zum Üben

Die Deklination von Nomen, Adjektiven, Artikeln und Pronomina sollte immer wieder an vollständigen Satzbeispielen sowohl rezeptiv als auch produktiv geübt werden. Sinnvoll ist es, sich an der Abhängigkeit der Deklination vom Verb zu orientieren und Muster anzubieten, die die SchülerInnen für Analogiebildungen heranziehen können (*Ich zeichne einen Kegel* wird gebildet wie *Ich schlage einen Kreis*).

Die aus dem Deutschunterricht bekannten Fragen nach „wer" und „wem" zur Bestimmung des Kasus helfen DaZ-SchülerInnen im Gegensatz zu DaM-SchülerInnen nicht, sondern müssen als eigener Lerngegenstand erarbeitet werden. Sie können aber dann dazu genutzt werden, um z.B. Beziehungen zwischen *wem-dem-einem-ihm, wen-den-einen-ihn* nachvollziehbar zu machen.

Um die DaZ-SchülerInnen auf die sprachlichen Feinheiten (Kasus- und Genusmarkierung) aufmerksam zu machen, ist es sinnvoll, den Deklinationsprozess transparent zu machen, indem z.B. eine Deklinationstabelle über verschiedene Zwischenstufen zusammen mit den SchülerInnen entwickelt wird. Eine Deklinationstabelle als Lernplakat im Klassenzimmer ist ein sinnvolles Hilfsmittel für eine sprachentfaltende Korrektur. Operative Verfahren fördern die bewusste Anwendung der Deklination. Ergänzende Übungen, in denen komplexe Strukturen auf intuitiver Ebene geübt werden (Lieder, Spiele), führen zum automatisierten Gebrauch.

Tipps für die Praxis: Deklination

1.3.1. Wir erstellen die Deklinationstabelle

Aufgaben zur Deklination (Klasse 5–7), Deklinationstabelle KV 28, KV 4a+b

Vorbemerkung

Die Erstellung der Deklinationstabelle auf einem Lernplakat zieht sich über verschiedene Zwischenstufen hin, in denen mehrere Lernplakate zur Artikel- und Pronomenzuordnung, zum Akkusativ- und zum Dativobjekt entstehen. Im Rahmen einer mehrstündigen Unterrichtseinheit, die hier nur in der thematischen Abfolge, aber nicht als vollständige Reihe vorgestellt wird, werden verschiedene grammatische Themen zum Bereich Deklination erarbeitet. Dementsprechend sollten zu jeder Zwischenstufe verschiedene Anwendungsübungen erfolgen, die hier nur als Kurzbeispiele skizziert sind.

Vorbereitung

Die Lehrkraft besorgt drei Gegenstände, die den drei Genera zugeordnet werden, z.B. *der Atlas, das Buch* und *die Zeitung*. Außerdem bereitet sie Wortkarten mit Verben, die den Akkusativ regieren, und mit Nomen ohne Artikel vor. Auf einer Folie sammelt sie Verben, die den Dativ regieren, und dazu passende Nomen. Für die Lernplakate sind große A0-Bögen geeignet. Zum Anheften der Wortkarten eignen sich Tafelmagneten.

Lernziele

Die SchülerInnen erfassen die Zuordnung des bestimmten und unbestimmten Artikels, des Personal- und Possessivpronomens und von „kein/e" zu maskulinen, femininen und neutralen Nomen. Sie verstehen, dass sich die Artikel und Nomen abhängig vom Verb verändern können. Sie bilden den Akkusativ und Dativ mit unterschiedlichen Verben und entwickeln aus den Beispielen mehrere Lernplakate und eine Deklinationstabelle.

Ablauf: Nomen/Pronomen im Akkusativ

Die Lehrkraft legt die drei Gegenstände auf den Tisch und lässt die Schülerinnen sagen, was das jeweils für ein Gegenstand ist: *Das ist der Atlas.*

Das ist die Zeitung. Das ist das Buch. Sie schreibt die drei Sätze untereinander an die Tafel. Dann gibt sie einer SchülerIn den Atlas und fragt: *Was machst du*? Die SchülerIn antwortet: *Ich nehme den Atlas.* Die Lehrkraft schreibt den Satz an die Tafel. Ebenso verfährt sie mit der Zeitung und dem Buch:
Das ist der Atlas. – Ich nehme den Atlas.
Das ist die Zeitung. – Ich nehme die Zeitung.
Das ist das Buch. – Ich nehme das Buch.

Die SchülerInnen formulieren, was sich verändert, und die Lehrkraft trägt die Überschrift in die obere Zeile ein: *Artikel verändern sich: der Atlas → den Atlas (Akkusativ)*

Die SchülerInnen spekulieren, woran es liegt, dass sich der Artikel verändert, und benennen wahrscheinlich, dass die Veränderung durch das Verb verursacht wird. Die Lehrkraft erklärt daraufhin, dass es verschiedene Verben gibt, denen wie bei *nehmen* der Akkusativ folgt.
Die Lehrkraft holt zwei SchülerInnen nach vorne. Eine/r hält Wortkarten mit den Verben *suchen, finden, holen, tragen, zeichnen, sehen, hören, riechen, lesen* hoch. Die/der andere SchülerIn hält Wortkarten hoch, auf denen Nomen der verschiedenen Genera stehen, wie *Zeichenblock, Zirkel, Schulranzen, Lineal, Englischbuch, Klassenbuch, Zeichnung, Kreide, Lesebrille*. Die anderen SchülerInnen bilden aus diesen Elementen Sätze. Dann werden die Wortkarten an der Tafel unter die Überschriften *Verben* und *Nomen* geheftet, und die SchülerInnen notieren sich Beispielsätze zu sechs weiteren Nomen (z.B. *der Radiobeitrag, das Gewürz, die Meldung, der Computer, die Tabelle, das Diagramm*). Je ein Beispielsatz wird an der Tafel notiert und in verkürzter Form mit Pronomen darunter geschrieben:
1. *Ich höre den Radiobeitrag – Ich höre ihn.*
2. *Ich zeichne das Diagramm – Ich zeichne es.*
3. *Ich lese die Meldung – Ich lese sie.*

Dann ergänzt die Lehrkraft die Pronomen auf dem Lernplakat:
Die SchülerInnen bilden im nächsten Schritt mündlich Beispielsätze aus den Verben und Wortkarten, die an der Tafel hängen, aber mit dem unbestimmten Artikel. Mit den Beispielsätzen zu *Atlas, Zeitung* und *Buch* ergänzt die Lehrkraft das Lernplakat; es sieht mittlerweile folgendermaßen aus:

Artikel verändern sich: *der Atlas* (Nominativ) → *den Atlas* (Akkusativ)
Das ist der Atlas. *... ein Atlas. (er)*
Ich nehme den Atlas. *... einen Atlas. (ihn)*
Das ist die Zeitung. *... eine Zeitung. (sie)*
Ich nehme die Zeitung. *... eine Zeitung. (sie)*
Das ist das Buch. *... ein Buch. (es)*
Ich nehme das Buch. *... ein Buch. (es)*

Im nächsten Schritt nimmt die Lehrkraft die Nomen-Wortkarten ab und hängt Karten an die Tafel, auf denen Gegenstände bezeichnet sind, die die SchülerInnen garantiert nicht besitzen: z.B. *Ferrari, Motoryacht, Diamantenhalsband, Rennboot, Luxusdampfer, Villa*. Sie fährt fort: *Ich habe keine Motoryacht. Selin, hast du eine Motoryacht? Nein, ich habe keine Motoryacht, kein Rennboot, keinen Luxusdampfer.* So werden verneinende Sätze gebildet, und das Lernplakat wird mit entsprechenden Deklinationsbeispielen ergänzt.
Die Lehrkraft fährt fort, dass sie ein Rennboot im Lotto gewonnen hat, und bildet den Satz *Das ist mein Rennboot. Murat hat einen Ferrari gewonnen. Ist das dein Ferrari, Murat? – Ja, das ist mein Ferrari.* Dann ergänzt sie das Lernplakat mit den Possessivpronomina. Die gleichen Endungen von unbestimmtem Artikel, Possessivpronomen und *kein* werden markiert.

Im nächsten Schritt lernen die SchülerInnen, nach den Ergänzungen zu fragen. Die Lehrkraft legt einige Gegenstände auf den Tisch und setzt zwei

SchülerInnen dazu. Sie fragt die SchülerInnen *Wer sitzt da?* und *Was liegt da?* und zeigt auf einen Gegenstand oder eine Person. Die SchülerInnen antworten, dann stellen sie Fragen zu weiteren Gegenständen und anderen SchülerInnen. Drei Beispiele werden an der Tafel oder auf einem Lernplakat notiert. Die Lehrkraft hält das Lineal hoch und fragt *Was siehst du, Mert? – Ich sehe das Lineal.* Sie zeigt auf einen Schüler und fragt *Wen siehst du? – Ich sehe Murat.* So werden Sätze zu den drei Genera im Akkusativ formuliert und mit den Fragesätzen auf dem Lernplakat festgehalten:

Nominativ: Wer/Was ist das?	**Akkusativ:** Wen oder was sehe ich?
der Freund *(m)ein Freund (er)*	*den Freund* *(m)einen Freund (ihn)*
die Freundin *(m)eine Freundin (sie)*	*die Freundin* *(m)eine Freundin (sie)*
das Kind *(m)ein Kind (es)*	*das Kind* *(m)ein Kind (es)*
die Kinder *meine Kinder (sie)*	*die Kinder* *meine Kinder (sie)*

Einschleifen des Akkusativs:

→ *Kofferpacken:* Die SchülerInnen sitzen im Stuhlkreis. Die erste Person sagt: *Ich packe meinen Koffer und nehme einen Pullover mit.* Die Person neben ihr wiederholt und ergänzt: *Ich packe meinen Koffer und nehme einen Pullover und zwei T-Shirts mit* usw.).
▼ Treten Schwierigkeiten auf, wird je eine Runde mit Nomen mit bestimmtem, dann mit unbestimmten und schließlich mit Possessivartikel unter Verweis auf die Tabelle gespielt.

→ *Rätselspiel:* Die Lehrkraft erzählt eine Fantasiegeschichte, die Aussagen enthält wie: *Ich sehe etwas ganz Rätselhaftes.* Die SchülerInnen fragen: *Wen oder Was siehst du? – Es hat Flügel und wird von etwas sehr komisch Aussehenden festgehalten? – Wer oder was hält es fest? Wer oder Was ist es denn?* usw.

Ablauf: Nomen/Pronomen im Dativ

Im letzten Schritt wird das Dativobjekt erarbeitet. Die Lehrkraft nimmt die Schultasche einer Schülerin und fragt: *Wem gehört die Schultasche?* Die Schülerin antwortet: *Die Schultasche gehört mir.* Andere SchülerInnen werden gefragt und antworten: *Sie gehört ihr; sie gehört meiner Freundin.* Die gleichen Beispiele werden für *Freund* und *Kind* gebildet, sodass ein Lernplakat entsteht, das das Lernplakat zum Nominativ und Akkusativ ergänzt:

Nominativ: Wer/Was ist das?	**Dativ:** Wem gehört das?
der Freund *(m)ein Freund (er)*	*dem Freund* *(m)einem Freund (ihm)*
die Freundin *(m)eine Freundin (sie)*	*der Freundin* *(m)einer Freundin (ihr)*
das Kind *(m)ein Kind (es)*	*dem Kind* *(m)einem Kind (ihm)*
die Kinder *(m)eine Kinder (sie)*	*den Kindern* *meinen Kindern (ihnen)*

Auch hier nennen die SchülerInnen die Bezüge, z.B. auf die Frage *Wer ist mit „ihr" gemeint? – die Freundin.* Die Lehrkraft lässt die SchülerInnen die beiden Spalten vergleichen. Die SchülerInnen erkennen die Veränderung der Artikel und Pronomen. Sie formulieren reihum Sätze mit dem Dativobjekt: *Meiner Freundin gehört ..., meinem Freund gehört ...* usw. Die Lehrkraft legt eine OH-Folie auf, auf der Verben, die den Dativ regieren (z.B. *helfen, antworten, gehören, gefallen*), und Nomen (*Freund, Mutter, Vater, Freundin, Polizistin, Lehrer* o.Ä.) in zwei Kästchen angeordnet sind. Dazu bilden die SchülerInnen Sätze. Als weitere Übung werden die SchülerInnen dazu angehalten, Pronomen als Dativobjekte zu verwenden.

Als Ergebnis der verschiedenen Lernplakate kann ein Skelettlernplakat im Klassenzimmer aufgehängt werden:

	Nominativ	Akkusativ	Dativ
m	*der (er)* → *ein* →	*den (ihn)* → *einen* →	*dem (ihm)* *einem*
f	*die (sie)* → *eine* →	*die (sie)* → *eine* →	*der (ihr)* *einer*
n	*das (es)* → *ein* →	*das (es)* → *ein* →	*dem (ihm)* *einem*
Pl.	*die (sie)* →	*die (sie)* →	*den (ihnen)*

Ablauf: Adjektive
Erst nachdem die Deklination von Nomen geklärt und gefestigt ist, werden Adjektive ergänzt. Dazu können die einzelnen Schritte nun mit Adjektiven nachvollzogen und durch Spiele automatisiert werden:

➔ **Nominativ:** Die Schülerinnen sitzen im Stuhlkreis und stellen sich mit Namen und einem mit dem gleichen Buchstaben beginnenden Adjektiv vor: Die erste sagt: *Ich bin die nette Nazire.* Der nächste wiederholt und ergänzt: *Das ist die nette Nazire, und ich bin der große Gregor.* Das geht reihum, bis alle an der Reihe waren. (Vorbereitend können Adjektive zu jedem Buchstaben gesammelt werden.) Anschließend wird der unbestimmte Artikel ergänzt: *Das ist ein mutiges Mädchen (f), ein klasse Kerl (m), eine liebe Lehrerin (f), ihr seid schlaue Schüler (Pl.)* Die Ergebnisse werden in der Tabelle ergänzt. Dabei wird auf die Besonderheit beim unbestimmten Artikel und Possessivpronomen hingewiesen: *(m)ein nettes Kind (das Kind), (m)ein netter Freund (der Freund), (m)eine nette Freundin (die Freundin),* denn die Adjektivendung greift – so könnte man umgangssprachlich sagen – die Endung des bestimmten Artikels auf.

➔ **Akkusativ:** Erneut wird *Kofferpacken* gespielt – zunächst wie üblich nur mit Nomen, die mal mit bestimmtem, mal mit unbestimmtem Artikel verwendet werden können. In der zweiten Runde werden Adjektive ergänzt: *Ich packe meinen Koffer und nehme einen warmen Pullover, zwei schicke T-Shirts und eine schwarze Hose mit* usw.
▼ Treten Schwierigkeiten auf, steuern Sie das Spiel, indem Sie die Nomen zunächst mit bestimmtem, dann mit unbestimmtem bzw. Possessivartikel vorgeben und jeweils eine Runde spielen und das Ergebnis in die Tabelle eintragen, bevor Sie weitermachen.

➔ **Dativ:** Alle SchülerInnen geben ein persönliches Pfand ab, während ein/e SchülerIn draußen wartet. Er/sie kommt ins Zimmer und verteilt die Pfänder: *Der Stift gehört der netten Nazire, der Armreif gehört dem tollen Tom* usw. Die anderen kontrollieren nicht nur, ob der Besitzer richtig erkannt wurde, sondern auch, ob der Dativ richtig gebildet wurde. Anschließend werden die Ergebnisse der Adjektivdeklination in der Tabelle festgehalten.

Danach wird die Deklinationstabelle (vgl. KV 28) vergrößert im Zimmer aufgehängt. In Gruppen betrachten die SchülerInnen je eine Zeile (zunächst ohne die Spalte Genitiv, denn der wurde ja noch nicht behandelt) und erläutern den anderen, worauf sie bei der Deklination zu achten haben. Erst wenn Akkusativ und Dativ gefestigt sind, wird der Genitiv ergänzt (vgl. 1.3.6., S. 121).

Ergänzung: Frageterzett (KV 4a+b)
Um Akkusativ und Dativ zu üben, spielen die SchülerInnen das Frageterzett. Die Lehrkraft schneidet die Kopiervorlage zurecht und laminiert die Terzettkärtchen.
Sie zeigt eine Karte und erklärt, dass immer drei Karten zusammengehören und die SchülerInnen versuchen müssen, zu der Karte, die sie bereits haben, die anderen durch grammatisch korrektes Fragen von den MitspielerInnen zu bekommen. Sie spielt eine Beispielrunde, sie hat die Nominativkarte und sagt: *In meiner Hand ist das Rennrad. Hast du das Rennrad?* Ein/e MitspielerIn antwortet entsprechend mit *Ja*, wenn sie die Akkusativkarte hat und gibt sie ab. Der Frager ist noch einmal dran und erfragt nun die Dativkarte: *Spielst du mit dem Rennrad?* Er ist so lange an der Reihe, bis er ein *Nein* als Antwort erhält, dann

ist diese Person mit Fragen dran. Nachdem die SchülerInnen das Frageprinzip durchschaut haben, wird daraus ein Kartenspiel.

▲ Als vertiefende Übung bekommen die SchülerInnen die Aufgabe, passende Adjektive den Nomen zuzuordnen und das Terzett mit Adjektiven und Nomen zu spielen.

1.3.2. Ich sehe was, das du nicht siehst!

Aktivität zum Akkusativ (Klasse 5–7)

Vorbemerkung

Das Spiel eignet sich zur Übung des Akkusativs, auch an Wandertagen, vor Ferienbeginn oder in Vertretungsstunden.

Lernziele

Die SchülerInnen deklinieren Adjektive und Nomen in einem spielerischen Kontext.

Ablauf

Die Lehrkraft gibt den Spielanfang vor: *Ich sehe was, das ihr nicht seht, und das ist grün!*

Die SchülerInnen raten, was gemeint ist, und müssen sich dabei an dem Satzmuster *Meinst du …?* orientieren: *Meinst du die grüne Tafel, meinst du Merts grünen Pullover, meinst du Selinas grüne Federtasche* usw. Die MitschülerInnen achten darauf, ob richtig dekliniert wurde und korrigieren ggf. Wenn vorhanden, verweist die Lehrkraft auf die Deklinationstabelle, wodurch der Umgang mit der Tabelle geübt wird.

1.3.3. Wer sieht wie aus?

Übung zur Adjektivdeklination (Klasse 7), KV 5

Lernziele

Die SchülerInnen deklinieren Adjektive und Nomen, die für eine Personenbeschreibung nützlich sind, unter Zuhilfenahme der Deklinationstabelle (KV 28).

Vorbereitung

Die Deklinationstabelle sollte schon häufiger zur Bestimmung oder Korrektur eines falsch deklinierten Nomens/Adjektivs verwendet worden sein, sodass die SchülerInnen wissen, wie sie sich in der Tabelle orientieren können. Die Deklinationstabelle hängt als Lernplakat an der Wand, damit die Lehrkraft für alle sichtbar darauf verweisen kann.

Ablauf

Die SchülerInnen bearbeiten die Kopiervorlage in Kleingruppen (maximal vier SchülerInnen). In Aufgabe 1 füllen die SchülerInnen einen Lückentext mit Adjektiven, um die Beschreibung eines (fiktiven) Mädchens zu vervollständigen. Nachdem die SchülerInnen fertig sind, sollten verschiedene Vorschläge vorgelesen und durch die MitschülerInnen korrigiert werden (Passen die Adjektive zu den Nomen? Stimmen die Endungen?). In Aufgabe 2 sammeln die SchülerInnen Nomen, die für eine Personenbeschreibung hilfreich sind, in einer Mind-Map mit den dazugehörenden Artikeln. Die gesammelten Wörter werden von den SchülerInnen genannt und zur Ergebnissicherung auf einer Folie von der Lehrkraft gesammelt, sodass alle SchülerInnen alle Begriffe abschreiben können.

Im Anschluss verwenden die SchülerInnen einige dieser Nomen, um eine/n MitschülerIn zu beschreiben. Dazu verwenden sie Adjektive, die sie entweder dem Wörterkasten auf der Kopiervorlage entnehmen oder die ihnen selbst einfallen: z.B. *Gina hat eine grüne Bluse an. Sie hat lange, schwarze Haare.*

In Aufgabe 3 schreiben die SchülerInnen eine Personenbeschreibung eines ihrer Mitschüler. Diese Beschreibung soll so genau sein, dass die anderen erraten können, wer gemeint ist. Beim Vorlesen sollen die MitschülerInnen außerdem darauf achten, ob die Nomen und Adjektive richtig dekliniert sind und sie ggf. verbessern.

1.3.4. Was ziehst du gerne an?

Aktivität zur Adjektivdeklination (Klasse 6–8)

Vorbemerkung

Die Übung basiert auf einer Wortliste aus dem Lehrbuchkapitel *In sein - Out sein - Ich sein*; dort geht es um Trends und die Sprache der Werbung[4]. Die morphologisch komplexen Wortkombinationen sollten vor der Aktivität entschlüsselt worden sein.

Lernziele

Die SchülerInnen setzen verschiedene Verbindungen von Adjektiven und Nomen in den Akkusativ.

Vorbereitung

Die Lehrkraft erstellt Karten mit den einzelnen Begriffen bzw. Wortkombinationen wie:

Wendeweste, Hemdjacke mit Zipper, Blusenjacke in Strukturkaro, bi-elastischer Rippenpulli, Outdoor-Jacket, Ringeltop, Kapuzenweste, Bindebluse, Hüfthose, aerodynamisches Radlershirt, Minikleid mit reflektierenden Sicherheitsstreifen, stretchiger Rippenrock, knallfroschgrüne Satinhose, Neckholder-Top mit freiem Rücken, Blumen und Karos im Mustermix, papageibunte Hawaiihemden, grelle Plateauschuhe, bleistiftschmale Hosen, nadelgestreifter Blazer, klassisches Sweatshirt, bequeme Sneakers, schwingender Wickelrock, enge Jeans, fette Bomberjacke ...

Sie schreibt an die Tafel: *Was ziehst du heute an? - Ich ziehe heute ... an.*

Hinter der zugeklappten Tafel bereitet sie die folgende Tabelle vor:

Subjekt	Verb	???	Verb
Ich	ziehe	einen nadelgestreiften Anzug	an.

Ablauf

Gruppen mit vier SchülerInnen erhalten je einen Stapel Wortkarten, der in der Mitte des Gruppentisches liegt. Ein/e SchülerIn zieht die erste Karte und bildet mit dem Begriff auf der Karte und dem Satzmuster an der Tafel einen Satz wie: *Ich ziehe heute einen stretchigen Minirock an. Was ziehst du an, Naila?* Naila zieht eine Karte und bildet einen Satz nach dem gleichen Muster: *Ich ziehe heute ein papageibuntes Hawaiihemd an. Was ziehst du heute an, Murat? - Ich ziehe heute einen nadelgestreiften Blazer an* usw. Jede/r SchülerIn legt die gezogene Karte vor sich auf den Tisch. Nach einigen Minuten stoppt die Lehrkraft die Aktivität und einzelne SchülerInnen aus jeder Gruppe wiederholen ein bis zwei Satzbeispiele, die sie sich gemerkt haben. Sie können dazu auch auf die Karten gucken, die vor ihnen liegen: *Murat zieht heute einen nadelgestreiften Anzug an* usw. Zum Schluss zeigt die Lehrkraft das schematisierte Satzmuster an der Tafel.
Die SchülerInnen schauen im Wörterbuch nach, welchen Kasus das Verb *anziehen* bestimmt. Nachdem sie die Antwort *Akkusativobjekt* gefunden haben, werden die Fragezeichen ersetzt. Die Lehrkraft hält einige großformatige Wortkarten hoch, und einzelne SchülerInnen ersetzen den *nadelgestreiften Anzug* an der Tafel durch die gezeigten Beispiele, indem sie in die Akkusativspalte weitere Kleidungsstücke *(einen nadelgestreiften Anzug, ein Neckholder-Top mit freiem Rücken, einen Rennmini ...)* eintragen.
Zum Schluss werden die Gruppen neu gemischt, und jede/r SchülerIn notiert drei Beispielsätze aus der neuen Gruppe.

Differenzierung

Die SchülerInnen arbeiten mit einer visuellen Werbung, in der verschiedene Personen bunte, auffällige Kleidung tragen und beschreiben diese Personen schriftlich, ohne dass ihnen Satzmuster oder Worthilfen zur Verfügung stehen.

---

[4] Vgl. Wortstark 8. Themen und Werkstätten für den Deutschunterricht. Hannover: Schroedel 1998. S. 121.

1.3.5. Wer schenkt was?

Aktivität zu Dativ- und Akkusativergänzungen (Klasse 6–8)

Lernziele

Üben der Deklination nach einem vorgegebenen Satzmuster und in einem eigenen Text.

Ablauf

An der Tafel werden Bezeichnungen von Familienmitglieder gesammelt wie: *Mutter, Tante, Onkel, Schwester, Bruder, Vater, Großvater, Großmutter, Freundin, Freund, Cousin, Cousine ...*

Die SchülerInnen denken sich für mindestens fünf dieser Personen ein Geschenk aus, das sie dieser Person zum Geburtstag schenken würden. Sie notieren die Geschenke und fragen einige MitschülerInnen, was sie wem schenken würden. Die Antworten tragen sie nach dem Muster (*Melina schenkt ihrer Mutter ein Armband*) in die Tabelle ein. Im Anschluss lesen möglichst viele SchülerInnen ihre Ergebnisse vor. Die Lehrkraft gibt den MitschülerInnen den Hörauftrag, grammatisch falsche Formen zu korrigieren. Hierzu wird bei Bedarf die Deklinationstabelle herangezogen, um auf den Dativ (*Wem schenkt Melina das Armband? – Ihrer Mutter*) oder den Akkusativ (*Was schenkt sie ihrer Mutter? – Ein Armband*) zu verweisen.

Als Hausaufgabe fragen die SchülerInnen drei Familienmitglieder, was diese einem anderen Familienmitglied gerne zum Geburtstag schenken würden, und schreiben darüber einen kurzen Text.

Bemerkungen

Die SchülerInnen markieren Adjektiv-Nomen-Verbindungen in einem Text und ordnen sie der Deklinationstabelle zu. So bestimmen sie den Kasus, Numerus und Genus und gewinnen ein vertieftes Verstehen der Grundgrammatik. Zur Vertiefung kann die Kasusbildung des Englischen der des Deutschen gegenübergestellt werden, z.B.:

Subjekt	**Verb**	**Dativobjekt**	**Akkusativobjekt**
Frau Lütke	*gibt*	*Selin*	*das Buch.*
Mrs Lütke	*gives*	*Selin*	*the book.*
Subjekt	**Verb**	**Akkusativobjekt**	**Dativobjekt**
Frau Lütke	*gibt*	*das Buch*	*Selin.*
Mrs Lütke	*gives*	*the book*	*to Selin.*

Nun beschreiben die SchülerInnen Parallelen und Unterschiede und vertiefen so ihre Kenntnisse zur Stellung der Objekte im Satz.

1.3.6. Gegenstände und ihre Besitzer

Übung zur Verwendung des Genitivobjekts (Klasse 5–8)

Vorbereitung

Die Lehrkraft schreibt einen Beispielsatz und die Aufgabenstellung auf eine Folie:

> *Das ist der Ring meiner Mutter.*
>
> 1. Bilde Sätze zu den Personen und Gegenständen nach diesem Muster.
> 2. Frage nach dem Besitzer der Gegenstände. *Wessen Ring ist auf dem Bild?*
> 3. Wiederhole die Antworten und bilde dabei Sätze nach diesem Muster: *Das ist der Ring von Aysuns Mutter.*

Lernziele

Die SchülerInnen verwenden das Genitivobjekt in den verschiedenen Genera. Sie deklinieren das Possessivpronomen und das Nomen, fragen nach dem Genitivobjekt und bilden den Genitiv mit -s.

Ablauf

Die Lehrkraft stellt die Aufgabe, dass jede/r SchülerIn die Namen von fünf Personen aus der Fa-

milie oder dem Freundeskreis aufschreiben und zu jedem Namen einen Gegenstand auf einem DIN-A4-Blatt zeichnen soll, der dieser Person gehört. Sie deckt Aufgabe 1 auf und liest den Beispielsatz vor. Dann halten die SchülerInnen reihum die Zeichnungen hoch und bilden Sätze nach dem Satzmuster (Aufgabe 1): z.B. *Das ist das Fahrrad meines Bruders.*
Falls hier die Version *Das ist das Fahrrad von meinem Bruder* genannt wird, sollten beide Alternativen als richtige Möglichkeiten, den Genitiv auszudrücken, nebeneinandergestellt und in der schriftlichen Abschlussphase auch notiert werden.
Die Lehrkraft deckt Aufgabe 2 auf und liest die Beispielfrage vor. Dann fragen die SchülerInnen sich in Partnerarbeit gegenseitig nach den Besitzern der Gegenstände: *Aysun, wessen Armband ist auf dem Bild? - Das Armband meiner Mutter.*
Dann deckt die Lehrkraft Aufgabe 3 auf und liest den Beispielsatz vor. Die SchülerInnen halten die fünf Bilder ihrer/s PartnerIn nacheinander hoch und geben die Antworten wieder (Aufgabe 3): *Das ist das Armband von Aysuns Mutter* usw.
Zum Schluss notieren sie die fünf Sätze zu ihren eigenen Bildern nach dem Satzmuster (*Das ist der Ring meiner Mutter* usw.) und die fünf Sätze zu den Zeichnungen ihres/r NachbarIn.

Bemerkung
Um die Adjektivdeklination zu üben, wird der Besitzer des Gegenstandes mit einem aussagekräftigen Adjektiv versehen: *Das ist der Ring meiner mutigen Mutter. - Das ist der Ring von Aysuns mutiger Mutter; Das ist das Fahrrad meines frechen Freundes. - Das ist das Fahrrad von Ginas frechem Freund* usw.

1.4. Präpositionen

Präpositionen geben Informationen, die für das differenzierte Verstehen einer mündlichen oder schriftlichen Mitteilung wichtig sind, u.a. zur räumlichen Position einer Sache/Person oder zur zeitlichen Einordnung eines Ereignisses.
In der Sekundarstufe I hängen das Textverstehen und die Schreibkompetenz vom Verstehen der Strukturwörter ab, zu denen auch die Präpositionen gehören. Ein differenzierter mündlicher Gebrauch von Präpositionen wird im Unterrichtsgespräch, bei Präsentationen, in Rollenspielen, in Vorträgen und letztendlich beim Bewerbungsgespräch erwartet.

Was macht den Gebrauch von Präpositionen für DaZ-SchülerInnen so schwierig?
Der Gebrauch von Präpositionen ist für DaZ-SchülerInnen aus verschiedenen Gründen schwierig:

- ➔ Je nach Sprache werden teilweise unterschiedliche Präpositionen für den gleichen Kontext benutzt: arabisch *auf der Tür* – deutsch *an der Tür*; italienisch *in piazza* – deutsch *auf dem Platz*.
- ➔ Es gibt eine Vielzahl an Präpositionen mit mehreren, zum Teil verschiedenen Bedeutungen (z.B. *sich vor der Gefahr schützen – vor dem Haus stehen*), deren Bedeutung aus dem Kontext abgeleitet werden muss. Dies ist nur mit differenzierten Wortschatzkenntnissen möglich.
- ➔ Dieselbe Präposition kann Kausal-, Modal-, Raum- und Zeitbeziehungen ausdrücken (*in die Schule, in der 1. Stunde, in Aufregung*), sodass Unsicherheit bei der selbstständigen Verwendung auftreten kann.
- ➔ Es gibt Präpositionen, die nur mit dem Akkusativ, nur mit dem Dativ oder mit Akkusativ oder Dativ verwendet werden können, sodass die Zuordnung von Präposition und Kasus schwierig ist.
- ➔ Komplexe Präpositionen mit dem Genitiv (*oberhalb der Stadt, infolge eines Unfalls*) oder dem Dativ (*der Aussage zufolge*) tauchen zumeist in schriftlichen (Fach)Texten auf, sind aber in der mündlichen Sprache

eher ungebräuchlich und deshalb teilweise schwer zu verstehen.

- Präpositionen können von Verben (*sich freuen auf*) oder von Adverbien abhängen (*erfreut sein über*) und eine entsprechende nominale Wendung bilden (*Freude auf*), sodass leicht Fehlanalogien gebildet werden können (*erfreut sein auf*).

Deswegen entwickeln DaZ-SchülerInnen häufig Vermeidungsstrategien, wie z.B. das Auslassen des Kasusbezuges (*Ich gehe in Schwimmbad*), die Verwendung von Kurzformen (*im, um, ums, aufs* usw.), bei denen das Kasussignal verschluckt wird, oder die übergeneralisierte Verwendung der ihnen bekannten Präpositionen (*in* und *bei* für alle Lagebeziehungen).

Kleine Übersicht über Präpositionen

Präpositionen stehen zumeist vor dem Nomen, Pronomen oder Artikel. Einige stehen immer dahinter (*entgegen, entlang, gegenüber* usw.). Es gibt auch Positionen vor und hinter dem Wort (*um ... willen*).

- Präpositionen mit Akkusativ: *bis, durch, entlang, für, gegen, ohne, um, wider*
- Präpositionen mit Dativ: *ab, aus, außer, bei, mit, nach, samt, seit, von, zu, zufolge*
- Präpositionen, die mit Akkusativ oder Dativ gebraucht werden: *an, auf, hinter, in, neben, über, unter, vor, zwischen*
  a. Wenn eine Bewegung mit Richtung auf ein Ziel angegeben wird, steht die Präposition mit dem Akkusativ. (Frage: Wohin?)
  b. Wenn ein fester Punkt, ein Ort, eine Fläche oder ein Raum angegeben wird, steht die Präposition mit dem Dativ. (Frage: Wo?, Woher?)
- Präpositionen mit dem Genitiv: a) temporal: *während, binnen, anlässlich*; b) lokal: *abseits, außerhalb, diesseits, inmitten, innerhalb, jenseits, oberhalb, unterhalb, unweit*; c) kausal: *angesichts, aufgrund, halber* (nachgestellt), *kraft, laut, mangels, zufolge, zugunsten;* d) konzessiv: *trotz*; e) alternativ: *statt, anstelle*; f) instrumental: *anhand, mit Hilfe* (auch von + Dativ), *mittels*; g) final: *um ... willen, zwecks*

Zum Üben

Präpositionen können im Unterrichtskontext immer wieder gezielt geübt werden, z.B. indem die SchülerInnen aufgefordert werden, den (richtigen) Kasus zu markieren. Dies kann durch den Hinweis auf eine Deklinationstabelle, die als Lernplakat an der Wand hängt, unterstützt werden. Eine festgelegte Zeitspanne, in der die Lehrkraft den Kasusgebrauch in den Mittelpunkt ihrer Korrektur stellt und die SchülerInnen veranlasst, bei den Äußerungen ihrer MitschülerInnen ebenfalls darauf zu achten, fördert die bewusste Verwendung.
Durch Ersetzungsübungen können Verwendungsmöglichkeiten durchgespielt und die verschiedenen Bedeutungen erklärt werden: *einen Ring im Ohr, am Finger, aus Rauch.*
Verben, Nomen oder Adverbien, die in Verbindung mit einer Präposition stehen, werden als Verbindung eingeführt und in regelmäßigen Zyklen wiederholt, bis der Gebrauch automatisiert erfolgt.
In Unterrichtsthemen, die sich auch zum Üben von Präpositionen eignen (z.B. Vorgangs- und Bildbeschreibungen, Protokolle) können kurze Phasen, in denen der Gebrauch im Mittelpunkt steht, integriert werden.

Tipps für die Praxis: Präpositionen

1.4.1. In der Schule oder in die Schule?

Übung zu Präpositionen im Satz (Klasse 6/7), KV 6

Vorbemerkung

Für diese Übung benötigen die SchülerInnen ein Wörterbuch, in dem Präpositionen mit Kasus eingetragen sind (z.B. *bei + Dat*). Sie können die Deklinationstabelle verwenden (KV 28).

Lernziel

Die SchülerInnen bestimmen die passende Präposition und den Kasus mit Hilfe der Fragen auf dem Arbeitsblatt und des Wörterbuchs. Sie üben sich im Gebrauch des Wörterbuchs. Sie verwenden die Deklinationstabelle als Kontrollinstrument und korrigieren ihr Ergebnis ggf. damit. Sie üben sich darin, die Frage nach dem Kasus zu stellen. Durch die systematische Bestimmung und das Einordnen in die Tabelle entwickeln sie ein Verständnis für das grammatische System und üben sich im Gebrauch der Metasprache.

Vorbereitung
Die Lehrkraft kopiert das Arbeitsblatt, auf dem Sätze durch ein vorgegebenes Nomen (*Schule, Freund/Freundin*) und die dazu passenden Präpositionen ergänzt werden sollen. Die Präpositionen sind auf dem Arbeitsblatt angegeben.

Ablauf
Die Lehrkraft verteilt die Arbeitsblätter und bildet Paare oder Gruppen mit max. vier SchülerInnen. Sie erklärt die Aufgabe und macht ein Beispiel mit der Klasse. Sie erklärt, dass sie als BeraterIn zur Verfügung steht, falls eine Gruppe Probleme hat. Die Paare/Gruppen bearbeiten das Arbeitsblatt. Zunächst ergänzen die Gruppen die Sätze nach ihrem Sprachgefühl. Dann überprüfen sie die Ergebnisse, indem sie nach dem Nomen fragen und/oder im Wörterbuch nachschlagen, welcher Kasus den Präpositionen folgt. Wenn sie herausfinden, dass auf die Frage *Wohin?* der Akkusativ folgt, schauen sie auf die Deklinationstabelle und vergleichen ihr Nomen mit dem Akkusativ in der Deklinationstabelle. In Aufgabenteil B schauen sie die Präposition im Wörterbuch nach und notieren *Dativ* als Ergebnis in die Tabelle. Dazu formulieren sie die Frage. Zur Kontrolle des Nomens schauen sie auf den Dativ in der Deklinationstabelle.
Im Anschluss wird jeder Satz vorgelesen und von den anderen Gruppen bestätigt oder korrigiert. Als Hausaufgabe oder abschließende Schreibaufgabe schreiben die SchülerInnen in Einzelarbeit einen kurzen Text über ihre beste Freundin/besten Freund, in dem sie die Präpositionen verwenden müssen. Im Verlauf der Aufgabe bietet es sich an, auch die Verwendung kontrahierter Formen (*im – in dem*) als Alternativen anzubieten.

Bemerkung
▲ Fortgeschrittene Gruppen können die Aufgabe bearbeiten, ohne mit der Tabelle zu arbeiten. Zudem können die Satzanfänge durch Einzelelemente ersetzt werden (z.B. *Schule, lernen → Ich lerne in der Schule*), sodass die SchülerInnen auch noch das Verb konjugieren, also den Gesamtkontext formulieren müssen. Dementsprechend können die Präpositionen vorgegeben oder durch die SchülerInnen selbst gefunden werden.

1.4.2. Wohin fährst du in den Ferien?

Aktivität zu lokalen Präpositionen (Klasse 5–7)

Vorbemerkung
Die Aktivität kann im Anschluss an 1.4.1. durchgeführt werden, da sie auf dem Teil der Vorübung aufbaut, in dem die Fragen nach dem Nomen formuliert und gesammelt wurden (z.B. *Wo lerne ich Englisch?*).

Lernziel
Die SchülerInnen verwenden die vorher geübten Präpositionen *in, auf, aus, bei, von* und *zu* in einem freieren mündlichen Kontext, indem sie auf Fragen, die mit *wo, wohin* oder *woher* eingeleitet werden, antworten.

Vorbereitung
Die Lehrkraft stellt max. zehn Fragen zusammen, wie z.B.
Wohin fährst du in den Ferien?
Wo warst du zuletzt eingeladen?
Woher kommt deine Familie?
Wo willst du später einmal wohnen?
Wohin gehst du nach der Schule?
Wo machst du Sport?
Woher kommt deine beste Freundin?
Wo wohnst du?
Wo arbeitet dein Vater?

Wichtig ist, dass die Fragen nur unter Verwendung der zuvor geübten Präpositionen beantwortet werden können.

Ablauf
Die Lehrkraft verteilt die Fragezettel und erklärt den Ablauf. Alle SchülerInnen sollen durch die

Klasse gehen und möglichst vielen MitschülerInnen die aufgelisteten Fragen stellen. Bei großen Lerngruppen können Kleingruppen gebildet werden, in denen sich die SchülerInnen gegenseitig befragen. Hinter den Fragen sollen sie stichwortartig den Namen und die Antwort notieren wie: Melisa fragt Emre, dann Bilge: *Wohin fährst du in den Ferien?* → Sie notiert: *Emre, Tante; Bilge, Türkei* usw.

Nachdem die SchülerInnen einige MitschülerInnen befragt haben, setzen sich alle wieder auf ihren Platz. Die Lehrkraft fragt dann z.B. Melisa, wen sie befragt habe und was sie über ihre/n MitschülerIn erfahren habe. Sie antwortet z.B. *Emre fährt zu seiner Tante* oder *Bilge fährt in die Türkei*. Die MitschülerInnen müssen darauf achten, ob die Sätze richtig sind und sie ggf. korrigieren. Unklarheiten sollten mit Hilfe des Wörterbuchs und der Deklinationstafel geklärt werden. Als Hausaufgabe können die SchülerInnen einen kurzen Text verfassen, in dem sie die von ihnen gesammelten Informationen über eine/n MitschülerIn verarbeiten (z.B. Melisa schreibt über Emre: *Emre fährt zu seiner Tante. Er war auf dem Geburtstag von Murat. Seine Familie kommt aus der Türkei* o.Ä.) Auch wenn die Texte je nach Auswahl der Fragen künstlich klingen, wird doch die Verwendung von Präpositionen und Nomen in einem schülerorientierten schriftsprachlichen Kontext geübt.

Bemerkung

▲ Bei zunehmender Sicherheit im Umgang mit Präpositionen können die Fragen angereichert und somit eine größere Anzahl an Präpositionen in neuen Verwendungskontexten geübt werden: z.B. *Wofür hast du gestern Geld ausgegeben?* oder *Worüber hast du dich zuletzt geärgert?*

1.4.3. Wo ist was?

Aufgabe zur Verwendung von lokalen Präpositionen (Klasse 5/6)

Vorbemerkung

Die Aufgabe ist als Tandemaufgabe konzipiert, in der die SchülerInnen in Partnerarbeit die gleiche Aufgabe erfüllen, allerdings mit unterschiedlichen Bildvorlagen.

Lernziele

Die SchülerInnen verwenden lokale Präpositionen bei der Versprachlichung von Bildinhalten.

Vorbereitung

Die Lehrkraft wählt zwei Bilder aus, die vom Thema und der Gestaltung ähnlich sind. Sie kopiert ein Bild auf das Arbeitsblatt A, das andere Bild auf das Arbeitsblatt B mit folgender Aufgabenstellung: *Beschreibe deiner/m NachbarIn das Bild ganz genau! Er/Sie darf es nicht sehen und soll dazu eine Skizze anfertigen! Verwende dazu z.B. auf, vor, unter, hinter, neben, aus, über, an, in!*

Ablauf

Die Lehrkraft verteilt die Arbeitsblätter, sodass ein/e SchülerIn Arbeitsblatt A und ihr/e NachbarIn Arbeitsblatt B hat. Die Lehrkraft lässt die Präpositionen vorlesen. Zu jeder Präposition wird ein Beispielsatz gebildet. Zuerst beschreiben die SchülerInnen mit Arbeitsblatt A ihrem/r NachbarIn das Bild, der/die es nicht sehen darf, möglichst genau, damit der/die ZuhörerIn eine Skizze anfertigen kann. Anschließend vergleichen die SchülerInnen die Skizze und die Vorlage, wobei sie wieder die Präpositionen verwenden müssen (*Du hast den Sonnenschirm neben den Stand gemalt. Er steht aber davor.*). Wenn Gruppe A fertig ist, erfolgt der gleiche Vorgang mit Gruppe B. Anschließend legt die Lehrkraft eine Folie mit dem Bild von Gruppe A auf und lässt einzelne SchülerInnen das Bild beschreiben. Ebenso verfährt sie mit Gruppe B. Die MitschülerInnen hören zu und machen ggf. Ergänzungsvorschläge oder korrigieren.

Bemerkung

Als Hausaufgabe sucht sich jede/r SchülerIn ein Bild, das er/sie zu Hause beschreibt. Die MitschülerInnen hören zu und bewerten, ob sie sich das Bild gut vorstellen können. Sie achten auf eventuelle Fehler beim Gebrauch der Präpositionen.

1.4.4. „Mit Hilfe von" Präpositionen Texte besser verstehen

Übung von Präpositionen der Schriftsprache (Klasse 7/8)

Lernziel

Die SchülerInnen verwenden Präpositionen der Schriftsprache in einem selbst gewählten Kontext.

Vorbereitung

Die Lehrkraft wählt eine kurze Zeitungsmeldung aus, die inhaltlich nicht zu komplex sein sollte, und unterstreicht die Präpositionen im Text:

> Infolge eines Schulbusunfalls unweit der Stadtgrenze sind 13 Schüler und der Fahrer verletzt worden. Der Bus war Polizeiangaben zufolge auf eisglatter Fahrbahn ins Schleudern geraten und gegen einen Baum geprallt. Anhand des Unfallhergangs konnte ermittelt werden, dass überhöhte Geschwindigkeit nicht die Ursache war. Zum Unfallzeitpunkt hätten sich zwischen 80 und 90 Schüler im Bus befunden, die mittels schneller Hilfe aber schon kurze Zeit später bei ihren Eltern eintrafen.

Ablauf

Die Lehrkraft präsentiert den Text auf Folie und lässt ihn durch eine/n SchülerIn vorlesen. Sollte es zu Leseproblemen bei den unterstrichenen Formen kommen, fragt sie, ob diese Wörter den SchülerInnen bekannt sind. Falls nicht, erklärt sie, dass es sich bei den unterstrichenen Wörtern um Präpositionen handelt, die besonders in schriftlichen Texten wie Zeitungsmeldungen, Gerichtstexten und wissenschaftlichen Texten vorkommen, aber in der gesprochenen Sprache nur selten verwendet werden. Als nächsten Schritt paraphrasieren die SchülerInnen die Sätze, in denen die Präpositionen verwendet werden, um den Inhalt richtig zu verstehen. Es bietet sich in diesem Zusammenhang auch an, Ableitungen zu den einzelnen Präpositionen zu bilden (*in-folge, zu-folge – in der Folge von; an-hand; mittel-s – Mittel*) und die unterschiedlichen Bedeutungen zu klären bzw. darüber zu spekulieren (*an-hand – auf der Hand*). Zum Schluss bilden die SchülerInnen Sätze unter Verwendung der vier Präpositionen zu einem anderen Thema (z.B. *Sportunfall*). Als Hausaufgabe kann eine vollständige Zeitungsmeldung zu einem selbst gewählten Thema unter Verwendung der Präpositionen verfasst werden. Sinnvoll ist es, wenn die SchülerInnen die Satzbeispiele mit den Präpositionen unter der Überschrift „Präpositionen der Schriftsprache" in dem Grammatikteil ihres Ordners abheften, um die Liste erweitern und verwenden zu können.

Bemerkung

Als Alternative können Satzelemente vorgegeben werden, die die SchülerInnen mit Hilfe von vorher geübten Präpositionen zu vollständigen Sätzen ausbauen sollen. Hierfür bieten sich auch Versuchsbeschreibungen in naturwissenschaftlichen Fächern an.

1.5. Satzbau

Beim Sprechen und Schreiben kommen Wörter eigentlich nur bei Ausrufen wie *Raus! Stopp!* oder als Antworten auf Fragen: *Wie geht es dir? – Gut!* allein vor. Äußerungen, die aus mehreren Wörtern bestehen und nach gewissen Regeln miteinander verbunden sind, nennt man Sätze, die nach festen Mustern gebaut werden. Satzmuster (auch Satzbaupläne genannt) sind in jeder Sprache zentraler Aspekt der Grammatik.

DaZ-SchülerInnen müssen Sätze richtig bilden und in ihrer Struktur durchschauen, damit sie Sätze und darüber hinaus Texte verstehen und inhaltlich und schriftsprachlich korrekt produzieren können.

Kleine Grammatik des Satzbaus

Betrachtet man die Funktion von Sätzen, also das, was man damit machen kann (*fragen, antworten, etwas mitteilen, sich entschuldigen* usw.), so sind folgende **Satzarten** zu unterscheiden:

- Aussagesatz: *Jugendliche gehen in die Schule.*
- Fragesatz:
  Entscheidungsfrage: *Gehst du in die Schule?;*
  Frage mit Fragepronomen: *Wohin gehst du?*
- Aufforderungssatz: *Gib mir (bitte) den Stift!*

Aussagesatz und Entscheidungsfrage unterscheiden sich durch die Stellung des Verbs (an zweiter bzw. an erster Stelle).
Beim Aufforderungssatz steht das Verb auch an erster Stelle, allerdings im Imperativ.

Satzmuster unterscheiden sich im Wesentlichen nach Zahl und Art der verwendeten Satzglieder[5].

Einfacher Satz:

Hans trinkt (Saft). Ein einfacher Satz enthält mindestens ein Subjekt und ein Prädikat. Zwischen Subjekt und Verb/Prädikat[6] existiert eine grammatische Kongruenz, d.h., beide sind aufeinander abgestimmt.
Das **Verb** entscheidet über die Anzahl und Art der Ergänzungen: Ist das Verb transitiv (z.B. *sehen, essen, tragen, malen, schreiben, spielen, lernen, reparieren, suchen, finden, mögen* usw.), so muss der Satz auch ein Akkusativobjekt enthalten.
Neben den transitiven Verben, die den Akkusativ regieren, gibt es Verben, die den Dativ regieren (z.B. *helfen, gehören, begegnen, antworten, gefallen*).
Die **Verbklammer** wird bei trennbaren Verben (*Er macht die Tür zu.*), bei zusammengesetzten Zeiten (*Er hat seinen Saft getrunken.*) und bei Modalverben mit Infinitiv (*Sie kann sehr gut lesen.*) gebildet.
Ein Satz ergibt kontextfrei einen Sinn. Ein Hauptsatz enthält kein Element, das ihn anderen Einheiten unterordnet (z.B. keine Konjunktion).

Erweiterter Satz:

Hans trinkt jeden Tag ein großes Glas Saft. Erweiterte Sätze enthalten neben Subjekt, Prädikat und Akkusativobjekt auch Attribute (Beifügungen, z.B. Adjektive, die ein Nomen näher bestimmen – vgl. oben: *großes*) und Umstandsbestimmungen, z.B. Orts- oder Zeitangaben (vgl. oben: *jeden Tag*).
Sätze, die mit Orts- und Zeitangaben beginnen, folgen der Inversionsregel:
Hans trinkt Saft. → Jetzt trinkt Hans Saft.

[5] Den Ausführungen liegt die Valenzgrammatik zugrunde, die das Verb als zentrales, strukturierendes Element des Satzes versteht. Entsprechend finden Sie im Folgenden analog zu „Satzgliedern" die Bezeichnung „Ergänzungen zum Verb", „Nominativergänzung" statt „Subjekt" usw.

[6] Mittlerweile wird in vielen Grammatiken auch das Prädikat nicht mehr als Satzglied, *„sondern als strukturelles Zentrum des Satzes, von dem aus die Satzglieder aufgerufen werden"* (Dudengrammatik 1984, S. 567), betrachtet. Das legt eine gleichsetzende Verwendung der Begriffe Verb und Prädikat nahe.

Inversion bedeutet, dass das Verb an zweiter Stelle bleibt, das Subjekt aber hinter das Verb, an die dritte Stelle, tritt.

Komplexer Satz:

Satzreihe: *Hans trinkt Saft, Helma trinkt Wasser, Hilde isst einen Salat, und Gregor schaut zu.* (Aneinanderreihung gleichberechtigter geordneter Sätze)

Satzgefüge: *Hans, der sich beim Fußball immer verausgabt, trinkt nach dem Spiel Wasser, um den Flüssigkeitsverlust auszugleichen.* (Satzgefüge aus Haupt- und Gliedsätzen[7]).

In den Gliedsätzen steht das finite Verb am Ende.

Beispiele für **Gliedsätze**:

Dass-Sätze stehen an Stelle eines nominalen (*Dass du kommst, freut mich.*) oder adverbialen (*Ich hoffe, dass ich kommen kann.*) Satzglieds.

Relativsätze (*Hans, der sich immer verspätet, kommt heute mal pünktlich.*) treten an die Stelle von Attributen.

Konjunktionalsätze, die mit Konjunktionen wie *weil, wenn, nachdem, obwohl* usw. eingeleitet werden, treten an die Stelle adverbialer Bestimmungen. (*Aufgrund des Zeitmangels → Weil ich keine Zeit habe, ...)*

Satzwertige (erweiterte) Infinitive können an die Stelle von Gliedsätzen treten und müssen durch ein Komma abgetrennt werden (*Damit es schnell geht, nehme ich die U-Bahn. Um Zeit zu sparen, nehme ich die U-Bahn.*).

Probleme für DaZ-SchülerInnen

Einfache Satzmuster (aus Subjekt, Verb und Objekt) verwenden DaZ-SchülerInnen meist von Anfang an weitgehend richtig, allerdings entsprechen die so gebildeten Sätze nicht immer in allen Elementen der Norm – besondere Schwierigkeiten bereitet auch bei einfachen Sätzen die Nominativergänzung, weil die SchülerInnen das Genus des Nomens nicht wissen. Eine zweite Schwierigkeit ist die Konkordanz zwischen Subjekt und Verb (*Ein Mann und eine Frau geht ins Theater.*).

Die größte Schwierigkeit bereitet die korrekte Bildung von Akkusativ- und anderen Ergänzungen. (*Die Schüler gehen in der Theater*).

Schwierigkeiten bereiten innerhalb erweiterter Sätze die Adjektivdeklination bzw. die Deklination mehrteiliger Gruppen (aus Nomen und Adjektiv), durchaus auch der Nominalgruppe (*Der schöne Krug ist leider zerbrochen.*) sowie die Verbklammer und die Inversion.).

In komplexen Sätzen bereitet das Erkennen von Gliedsätzen große Probleme, was negative Auswirkungen auf die Zeichensetzung hat. Zum Teil entfallen Satzglieder, oder Gliedsätze stehen alleine, die Verbendstellung im Gliedsatz (besonders bei zusammengesetzten Verbformen) wird missachtet. Schwierigkeiten bereitet auch die semantische Bedeutung von Konjunktionen wie *nachdem* und *seitdem* oder *wenn* und *als.*

Nicht nur DaZ-SchülerInnen haben Schwierigkeiten, *das* und *dass* zu unterscheiden oder zu klären, ob *wie* in dem konkreten Satz einen Gliedsatz einleitet und mit Komma abgetrennt werden muss oder z.B. nur einen Vergleich ermöglicht (*Ich mache das genau wie du auch. Ich mache es so, wie ich es bei dir gesehen habe.).*

[7] Ein Satzgefüge bilden heißt Sätze in andere Sätze einfügen und unterordnen. Die untergeordneten Sätze stehen an der Stelle von Satzgliedern und heißen deshalb Gliedsätze, manchmal auch Nebensätze.

Zum Üben: Operationale Verfahren

In Übungsphasen findet – im Unterschied zu anderen Phasen des Unterrichts – eine Konzentration auf die bewusst zu machende Struktur statt. Sprachliche Strukturen sollen also nicht nur richtig angewandt, sondern darüber hinaus bewusst werden.
Wichtige Übungsformen orientieren sich an operationalen Verfahren, die nicht nur im DaZ- und DaF-, sondern auch im erstsprachlichen Deutschunterricht genutzt werden, um grammatische Strukturen zu erkennen und zu entfalten:

→ Die **Austauschprobe** bezieht sich auf einzelne Satzglieder (z.B. auf Akkusativergänzungen wie in dem Lied: *Jetzt zieht Hampelmann seine Hose / seinen Pulli usw. an.*) und unterstützt den Erwerb von Kasusformen, Pronomen, Verb- und Zeitformen usw.

→ Die **Umstellprobe** eignet sich zur Übung und Festigung von Satzbauplänen, zur Stellung des Verbs und zur Überprüfung, worauf sich der Satzanfang bezieht (ob er an vorher Gesagtes anknüpft) oder was er enthält (meist die wichtigste Information).

→ Die **Umschreibung**: unterstützt nicht nur den Wortschatzerwerb, sondern schult auch Ausdrucksvermögen und situationsangemessenes Sprechen.

→ Die **Umformungsprobe** eignet sich zur Bildung (oder Auflösung) von Satzgefügen und -verbindungen, zum Gebrauch (oder Erkennen) von Konjunktionen und Relativpronomen sowie zur Stellung des Verbs im Haupt- und Nebensatz.

→ Die **Erweiterungsprobe** erfolgt innerhalb eines Satzglieds (*Ich kaufe ein Eis – ein großes Eis – ein großes, mit Schokolade überzogenes Eis.*) oder durch die Ergänzung weiterer Satzglieder (*Ich kaufe mir ein Eis. – Ich kaufe mir nach der Schule ein Eis.*), zu deren Gebrauch man SchülerInnen auffordern kann, indem man deren unvollständige Sätze fragend vervollständigt (*Ich sehe .... Ja, was denn? Einen Bagger.*) oder Aussagen durch die Beantwortung von W-Fragen präzisiert.

→ Die **Weglassprobe** ist das gegenläufige Verfahren und erfolgt ebenfalls innerhalb eines Satzglieds (*Ich sehe einen kräftigen, stark schwitzenden, hart arbeitenden Mann mit Vorschlaghammer. – Ich sehe einen Mann mit Vorschlaghammer. – Ich sehe einen Mann.*) oder durch das Weglassen von fakultativen Satzgliedern (*Ich nehme mir ein Buch aus dem Regal. – Ich nehme ein Buch.*) Dieses Verfahren eignet sich v.a. zum Verstehen von komplexen Sätzen oder Texten, die auf das Nötige reduziert werden.

Hilfreich für das Bewusstmachen grammatischer Strukturen ist die Verwendung einer Symbolik wie der folgenden, die immer wieder zum Einsatz kommt und die auch hilft, eine grammatische Terminologie aufzubauen und zu festigen:

________ (Verb)

Satzmuster für Aussagesätze

(Verb) ________ ?

Satzmuster für Satzfragen

(Verb) ________ !

Satzmuster für Aufforderungssätze

..., ________ (Verb)

Satzmuster für Nebensätze

Tipps für die Praxis: Satzbau

1.5.1. Das Verb ist der Chef im Satz

Übung zur Verbstellung im Aussagesatz (Klasse 5/6), KV 7

Vorbemerkung/Lernziel

Gearbeitet wird mit Satzgliedkarten aus Subjekt, finiten Verben, Zeit- und Ortsangaben, aus denen die SchülerInnen sinnvolle Sätze bilden können, wie: *Wir gehen am Nachmittag mit einer ganzen Clique ins Schwimmbad am Stadtrand. Meine Mutter arbeitet jeden Tag mit anderen Frauen in einer Wäscherei am Bahnhof. Selma sitzt heute in Erdkunde neben mir. Die Schultasche steht immer neben dem Tisch. Igor spielt abends mit seinem Freund am Computer. Maurer arbeiten auch im Winter auf dem Bau. Wir fahren im Sommer mit der ganzen Familie ans Meer in die Türkei.*

Ablauf

Drei SchülerInnen erhalten Satzgliedkarten zu dem Satz: *Wir / gehen / ins Schwimmbad.* und stellen sich mit ihren Karten vor der Gruppe so auf, dass ein Satz entsteht. Die Lehrkraft schreibt die erste Variante an die Tafel.
Danach stellen sich die Schüler so um, dass ein neuer Satz entsteht: *Ins Schwimmbad gehen wir.* Sollte eine Frage entstehen (*Gehen wir ins Schwimmbad?*), wird dies gelobt, aber ausgeklammert, denn es geht um Aussagesätze, nicht um Fragen. Die Lehrkraft hält auch den zweiten Satz an der Tafel fest, und zwar so, dass beide Verben untereinanderstehen.
Ein Schüler erhält das Satzglied *am Stadtrand* und stellt sich zu den anderen, sodass ein Satz entsteht. Wieder werden durch Umstellaktionen weitere Sätze gebildet.
Ein fünftes Satzglied *mit einer ganzen Clique* kommt hinzu, und das Spiel beginnt von vorn. Nach einer gewissen Zeit wird geklärt, welches Satzglied sich am meisten und welches sich gar nicht verschieben lässt. Es kann auch passieren, dass der Schüler mit der Verbkarte ohne Aufforderung feststellt, dass er sich gar nicht bewegt. Das kann genauso gut zum Anlass genommen werden, um die feste Stellung des Verbs im Satz zu erkennen.
Anschließend schneiden die SchülerInnen die Satzgliedkarten (der Kopiervorlage) aus und legen daraus Sätze. Sie schreiben zu jedem Satz mindestens zwei Varianten auf.
Nach dem Vorlesen der Sätze wird überlegt, was am Anfang eines Satzes steht (das wichtigste, evtl. auch das, was sich auf den vorigen Satz bezieht).

Ergänzung

▲ Die SchülerInnen formen ihre Sätze in Perfekt um und überprüfen die Regel der Verbzweitstellung im Aussagesatz: Sie bleibt bestehen, gilt aber nur für das finite (konjugierte) Verb, nicht für das Partizip, das mit dem finiten Verb eine Klammer bildet.

1.5.2. Ich habe Durst – habe ich Durst?

Übung zu Satzarten (Klasse 5/6), KV 8

Vorbemerkung/Lernziel

Die SchülerInnen sollen entdecken, dass die Verbstellung die Satzart bestimmt.

Ablauf

Wenn sie diese Übung im Anschluss an die vorige machen, beginnen Sie einen der Sätze mit dem Verb. Die SchülerInnen entdecken, was sich dadurch an dem Satz verändert: Er wird zur Frage!
Anhand der Kopiervorlage werden weitere Satzarten bestimmt (Aussage-, Frage- und Aufforderungssätze) und mit den entsprechenden Satzzeichen versehen

Bemerkungen

Als ergänzende Aufgabe können die SchülerInnen überprüfen, wie Anzeigen (in herkunftssprachigen Zeitungen) gestaltet sind.

1.5.3. Wo ist das Verb?

Übung zur Identifikation des Verbs (Klasse 5/6)

Vorbemerkung/Lernziel
In den folgenden Sätzen schaffen gleich lautende Verben und Nomen Verwirrung.

Vorbereitung
Die Lehrkraft schreibt folgende Sätze in Großbuchstaben auf eine Folie und lässt darunter je eine Zeile Platz:

DIESE SPIELE SPIELE ICH NICHT.
BEI DER WETTE WETTE ICH NICHT MIT.
HINTER FLIEGEN FLIEGEN FLIEGEN.
DAS SCHLOSS SCHLOSS NICHT RICHTIG.
WETTERN GEHÖRT ZUM WETTER.
IN DER FABRIK MEISTERN MEISTER DIE MEISTE ARBEIT.
IM AUFZUG ZOG EINE SCHLECHTE STIMMUNG AUF.

Zusätzlich werden die Sätze auf Streifen geschrieben und für die Schüler kopiert.

Ablauf
Zur Einstimmung liest die Lehrkraft folgenden Text Satz für Satz vor und lässt die SchülerInnen die Verben bestimmen:
Es war einmal eine Prinzessin, die hieß Ursula. Mit ihrem Hund lief, sprang und schwamm sie um die Wette. Mit dem Raben krächzte sie im Chor. Sie tröstete ihre Freundinnen. Sie backte einen guten Kuchen, und allen Küchenmädchen lief das Wasser im Munde zusammen. Den Riesengugelhupf aßen sie gemeinsam auf und gaben auch dem Hund und dem Raben etwas davon ab.
Anschließend wird geklärt, in welcher Zeit der Text steht und woran man das erkennt.
▼ Sollte diese Übung Schwierigkeiten machen, wird der Text auf Folie vorgelegt oder mit einem anderen den SchülerInnen schriftlich vorliegenden Text wiederholt.

Nun sehen die SchülerInnen den ersten der oben genannten Sätze und identifizieren das Verb. Auch wenn sie es intuitiv gleich erfassen, gilt, dass sie eine Regel finden, wie man das Verb identifizieren kann. (Als Orientierung: Verben lassen sich konjugieren, sie geben die Zeit an und stehen in Aussagesätzen an der zweiten Stelle.). Anschließend wenden sie die Regel auf den zweiten Satz an.
Dann erhalten die SchülerInnen in Kleingruppen nacheinander diese und ein bis drei weitere Sätze als Satzstreifen und klären unter sich, wo das Verb steht. Sie schreiben die Sätze in korrekter Orthografie in ihr Heft.
Einzelne schreiben die Ergebnisse auf die Folie. Normverstöße werden zum Anlass genommen, die Regeln der Groß- bzw. Kleinschreibung von Nomen und Verben zu wiederholen.
Zum Abschluss versuchen sich alle an dem komplexeren Satz: *Wenn Fliegen hinter Fliegen fliegen, fliegen Fliegen Fliegen hinterher.* Auch er wird in Großbuchstaben oder nur mündlich präsentiert. In Partnerarbeit schreiben die SchülerInnen diesen Satz auf.

Bemerkungen
Die SchülerInnen suchen in Zeitungs- oder Lehrbuchtexten zunächst das Verb und kreisen es ein (auch in der Überschrift, wo es durchaus auch fehlen kann), sie bestimmen die Zeitform und suchen nach langen Sätzen, wo sie wegstreichen, was man wegstreichen kann, damit es noch ein Satz ist, um das Gefühl für die Abgeschlossenheit von Sätzen zu stärken.

1.5.4. Sätze werden interessanter

Aktivität zu adverbialen Bestimmungen (Klasse 5/6)

Vorbemerkung/Lernziel

Die SchülerInnen lernen spielerisch, Aussagen durch die Ergänzung von adverbialen Bestimmungen zu präzisieren.

Vorbereitung

Schreiben Sie folgenden Text an die Tafel oder auf Folie:

Zwei Jugendliche gehen spazieren. Sie treffen andere, setzen sich. Es bricht ein Streit aus. Zwei gehen aufeinander los. Leute bleiben stehen. Eine Frau greift zum Handy. Ein Mann hält sie fest und geht zu den Jugendlichen. Er redet mit ihnen. Es wird ruhiger, und die Streitenden geben sich die Hand.

Ablauf

Die SchülerInnen lesen den Text und überlegen (gemeinsam oder in Gruppen), wie sie den Text informativer gestalten können. Als Orientierung erhalten sie die Fragen *wie, womit, wozu, wann, wo/wohin* und *warum*, von denen sie jeweils mindestens eine pro Satz nutzen müssen, um die Aussage zu präzisieren. Entstehen kann ein Text wie dieser:

Zwei Jugendliche gehen im Park spazieren. Sie treffen zufällig andere, setzen sich gemütlich auf eine Parkbank. Plötzlich bricht ein Streit aus. Zwei gehen mit Worten wütend aufeinander los. Leute bleiben neugierig stehen. Dann greift eine Frau entschlossen zum Handy. Ein Mann hält sie am Arm fest und geht mit schnellen Schritten zu den Jugendlichen. Er redet beruhigend mit ihnen. Schließlich wird es ruhiger, und die Streitenden geben sich die Hand zur Versöhnung.

▼ Die Aufgabe wird schriftlich ausgeführt. Die SchülerInnen benennen, welche Frage sie beantwortet haben, und prüfen, ob die Aussage damit präziser geworden ist und ob sie grammatisch korrekt formuliert wurde.

▲ Ein Text wird ausgewählt und mittels Erweiterungsprobe noch weiter ausgeschmückt.

Ergänzung: Würfelspiel

Die SchülerInnen entscheiden sich in der Gruppe für einen der Sätze:

Lisa baut ein Regal zusammen.
Mehmet hängt ein Bild auf.
Die ganze Familie geht spazieren.
Die fünf Freunde spielen zusammen.
Männer stellen einen Maibaum auf.

Sie erhalten Würfel, wobei die Anzahl der Augen zu folgenden Satzergänzungen auffordern:

1: Angabe des Ortes
2: Angabe der Zeit
3: Aussetzen
4: Angabe der Art und Weise
5: Angabe des Grundes
6: Freie Wahl der Angabe

Der/die älteste SpielerIn beginnt zu würfeln und ergänzt die gewürfelte Umstandsbeschreibung zu dem ausgewählten Satz. Die anderen MitspielerInnen kontrollieren, ob die Antwort inhaltlich und grammatisch richtig ist.
Nach einer Runde, schreiben sie den Satz mit allen Ergänzungen auf.
In der zweiten Runde nehmen sie einen anderen Satz und verfahren genauso.
Am Ende machen Sie aus den verschiedenen Sätzen einen Text.
▼ Ein kleinschrittigeres Vorgehen lässt die SchülerInnen zunächst die gewünschten Angaben in Fragen umformulieren und dazu Redemittel sammeln.

1.5.5. Abläufe organisieren

Übung zur Akkusativergänzung (Klasse 5/6)

Vorbemerkung/Lernziel

Sehr viele Verben regieren den Akkusativ; allerdings bereitet er nur bei maskulinen Nomen Schwierigkeiten, denn dort (aber auch nur dort) ändert sich der Artikel (*der* → *den*).

Nominativ: Was (oder wer) ist das?

der Film	*ein Film*	*er*
die Kassette	*eine Kassette*	*sie*
das Band	*ein Band*	*es*
die Filme	*viele Filme*	*sie*

Akkusativ: Was (oder wen) sehe ich?

den Film	*einen Film*	*ihn*
die Kassette	*eine Kassette*	*sie*
das Band	*ein Band*	*es*
die Filme	*viele Filme*	*sie*

Dativ: Wem gehört das?

dem Freund	*einem Freund*	*ihm*
der Freundin	*einer Freundin*	*ihr*
dem Kind	*einem Kind*	*ihm*
den Leuten	*vielen Leuten*	*ihnen*

Ablauf

Die SchülerInnen planen einen (möglichst realen) Videonachmittag in der Schule, der sprachlich vor- und nachbereitet wird.

Eine Gruppe erstellt eine Liste: *Wir brauchen einen oder mehrere Filme (als Videokassette/n oder DVD/s), einen Fernseher, einen Videorekorder oder einen DVD-Player oder einen Computer, einen Beamer und eine Leinwand.* Sie bereitet das Ausleihen von Filmen in der Videothek bzw. Videoabteilung der Bibliothek vor: *Ich möchte einen Jugendfilm. Haben Sie Abenteuerfilme?*

Die zweite Gruppe plant den Ablauf: *Wir checken die Geräte und schalten den Fernseher/den Videorekorder ein, stellen den Sender bzw. Videokanal ein. Wir nehmen die Kassette aus der Hülle, legen sie ein/spulen den Film vor oder zurück, halten ihn an, nehmen die Kassette heraus* usw.

Nach dem Ende der Party wird aufgeräumt: *Wir bringen den Fernseher zurück. Der Hausmeister schließt die Videothek ab. Wir geben die Videos ab. Wir sprechen über die Filme, spielen eine Szene nach.*

Hat der Videonachmittag stattgefunden, wird ein Bericht erstellt, in dem die Verben eingekreist und die Akkusativformen markiert werden. Es wird ein Lernplakat erstellt, das auch bei der Erarbeitung von Dativergänzungen zum Einsatz kommen kann.

Bemerkungen

▼ Sollten die SchülerInnen im Umgang mit den Genera unsicher sein, lassen Sie die SchülerInnen die benötigten Begriffe nach den Genera sortieren, bevor sie mit der Übung beginnen.

▲ Die Personalpronomen werden durch die Ersatzprobe eingeführt und in den Berichten entsprechend eingefügt.

▲ Ist das Prinzip der Akkusativbildung klar, können auch Adjektive einbezogen und damit mehrere Wortarten in Deklinationsübungen einbezogen werden. Mit der Erweiterungsprobe werden die Akkusativergänzungen an den verschiedenen Stellen der Übung ergänzt: *einen spannenden Film, eine leere Kassette, einen großen Fernseher, eine weiße Leinwand.*

1.5.6. Wem gehört was?

Übung zur Dativergänzung (Klasse 5/6)

Vorbemerkung/Lernziel

Die Dativergänzung sollte erst bewusst bearbeitet werden, nachdem die Akkusativergänzung sicher beherrscht wird. Im Dativ ändern sich alle Formen des Artikels (*dem Mann, dem Kind, der Frau*) sowie alle Formen der Personalpronomen im Vergleich zum Nominativ.

Ablauf

Die Verben *helfen, gehören, begegnen* werden an die Tafel geschrieben, und die SchülerInnen bilden damit Sätze. Sollten Sätze wie *Ich helfe dir* entstehen, werden die Pronomen durch Nomen ersetzt. In Sätzen wie *Die Tasche gehört Mehmet* werden die Namen ersetzt durch *Schüler, Junge* usw. Sie greifen einen Satz heraus und variieren die Ergänzung, damit eine Deklinationstabelle entsteht, z.B.

Die Lehrerin hilft dem/einem Schüler.
der/einer Schülerin.
dem Kind/einem Kind.
den/vielen Schülern.

Anhand der Endungen von maskulinen Nomen (Nominativ: *der*, Akkusativ: *den*, Dativ: *dem*) werden die nach wie vor üblichen Fragen nach dem jeweiligen Kasus (Nominativ – wer?, Akkusativ – wen?, Dativ – wem?) nachvollziehbar. Diese lassen sich anwenden, indem Sie die SchülerInnen fragen:

Was gehört wem – der Ball den SchülerInnen oder die SchülerInnen dem Ball?

Wer hilft wem – der Arzt dem Kranken oder der Kranke dem Arzt?

Die SchülerInnen stellen sich gegenseitig solche Fragen, ggf. indem sie auf die vorher formulierten Sätze zurückgreifen.

Abschließend vervollständigen die SchülerInnen die bereits mit dem Nominativ und Akkusativ begonnene Tabelle (vgl. oben).

Bemerkungen

▲ Denkbar ist eine Ausweitung auf andere Formen der Dativergänzung: Neben Dativergänzungen zu Verben gibt es Dativergänzungen zu Adjektiven (*Er sieht seiner Mutter ähnlich.*) und Verben mit mehreren Ergänzungen (*Die Lehrerin gibt dem Schüler ein Heft.*).

▲ Die SchülerInnen suchen in kurzen Sachtexten nach Dativformen. Dabei werden sie auch auf Präpositionen stoßen, die den Dativ verlangen (z.B. *mit*) oder auf Passivsätze (*Die Katze wird von dem Hund verfolgt.*).

1.5.7. Familienbande

Aufgabe zu Sätzen mit Akkusativ- und Dativergänzungen (Klasse 5/6)

Vorbemerkung/Lernziel

Die SchülerInnen verwenden Akkusativ- und Dativergänzung und überprüfen anschließend die Endungen.

Vorbereitung

Eine Deklinationstabelle (wie S. 133), evtl. ergänzt um Adjektive (vgl. KV 28), sollte vorliegen und spätestens am Ende der Aufgabe zum Einsatz kommen.

Ablauf

1. Beschreibe deine Familie, allerdings nicht mit Namen, sondern mit den Verwandtschaftsbezeichnungen (z.B. *Ich habe drei Geschwister, zwei jüngere Schwestern, einen älteren Bruder, vier Cousinen und sechs Cousins, vier nette Tanten und drei sympathische Onkel.*).

2. Nun erläutere, was du mit der Familie so treibst. Benutze dazu die Verben *geben, nehmen, schenken, zeigen, erklären*. Es entstehen Sätze wie: *Meinem kleinen Bruder erkläre ich die Hausaufgaben. Meiner Schwester schenkte ich vor Kurzem mein altes Skateboard.*
Sollten die SchülerInnen auf Adjektive verzichten, so können diese in einem zweiten Schritt durch die Erweiterungsprobe ergänzt werden.

3. Bestimme in deinen Sätzen das Verb (durch Einkreisen), die Akkusativergänzung (mit blauem Kasten) und die Dativergänzung (mit rotem Kasten). Findest du auch die Nominativergänzung? Gib ihr einen gelben Kasten.

4. Markiere die Endungen der Artikel und der Adjektive und überprüfe anhand der Lerntabelle, ob die Endungen stimmen.

1.5.8. Sie singt, er spielt Trompete

Übung zu Satzreihen (Klasse 6/7), KV 9

Vorbemerkung/Lernziel

Sätze als solche zu identifizieren, ist die Grundlage, um Satzreihen zu entschlüsseln bzw. zu bilden und die einzelnen Sätze durch Kommas abzugrenzen.

Vorbereitung

Wählen Sie Situationen aus, in denen mehrere Personen handelnd tätig sind, z.B. ein Mannschaftsspiel. Bereiten Sie zu einer der Situationen Satzreihen und Sätze vor mit zwei Handlungen, wie:

Der Schiedsrichter pfeift und zieht die gelbe Karte. Der Schiedsrichter pfeift und hebt den Arm. Einige Spieler bauen sich auf, und einer legt sich den Ball zurecht. Einer der Spieler rennt ins Tor und wehrt den Ball ab.

Ablauf

Die SchülerInnen beschreiben in Kleingruppen eine Szene schriftlich in einem Satz und überlegen sich, wo Kommas gesetzt werden und warum – z.B.: wenn beim Fußball ein Tor fällt: *Der Torschütze schießt, ein Spieler der gegnerischen Mannschaft versucht, den Ball abzuwehren, der Torwart hechtet nach dem Ball, die Zuschauer halten den Atem an, der Schiedsrichter beobachtet die Szene* usw.

▼ Bei Schwierigkeiten wird das Verb eingekreist und überlegt, welche Ergänzungen zu diesem Verb gehören.

Danach wenden sich die SchülerInnen den vorbereiteten Sätzen zu und formen jeweils einen der Sätze in zwei um. Sie überlegen, warum die Sätze im einen Fall kürzer und im anderen länger werden. Sie erkennen, dass jeweils der erste Satz eine Satzreihe und der zweite ein (erweiterter) Satz ist.

Die Sätze werden verlängert: *Der Schiedsrichter pfeift, zieht die gelbe Karte und hält sie dem Spieler vors Gesicht. Der Schiedsrichter pfeift, hebt den Arm und bricht damit das Spiel ab.* Diese Übung sollte schriftlich erfolgen, damit das Augenmerk auf die Kommasetzung gerichtet wird.

Abschließend beschreiben die SchülerInnen ein (konkretes) Mannschaftsspiel und verwenden dabei Satzreihen und (erweiterte) Sätze.

▲ Ermuntern Sie die SchülerInnen, möglichst lange Sätze zu bilden und darin „Ordnung" zu halten (durch Kommas oder Verbindungselemente wie *und, oder* usw.).

Bemerkungen/Hinweise zur Kopiervorlage

Es genügt, wenn die Termini *Satz* und *Satzreihe* verwendet werden.

Die Kopiervorlage zeigt, dass Kommas Sätzen einen Sinn geben. Der zweite Abschnitt besteht aus einer Satzreihe und schließt unmittelbar an die Einheit an. Deshalb ist er auch zur Grundlage für einen Analogtext gewählt worden.

1.5.9. Antworten gefragt

Übungen zu Satzgefügen
(Klasse 7/8), KV 10

Vorbemerkung/Lernziel

Satzgefüge sind auch immer wieder Thema im Deutschunterricht, hier geht es darum, Gliedsätze anhand der Subjunktion (unterordnenden Konjunktion) und der Verbendstellung als solche zu identifizieren und ihre Bedeutung zu entschlüsseln.

Vorbereitung

Suchen Sie einen Sachtext mit möglichst vielen unterschiedlichen Gliedsätzen und präparieren Sie ihn, a) indem sie Haupt- und Gliedsätze auseinanderschneiden, oder b) die Gliedsätze aus dem Text entfernen.

Ablauf

Die SchülerInnen bearbeiten die ersten beiden Aufgaben der Kopiervorlage *(Antworten gefragt)* und bestimmen ergänzend die Verben in den Gliedsätzen. Aufgabe 3 und 4 festigen die Bedeutung der Subjunktionen.

Anschließend arbeiten die SchülerInnen mit dem vorbereiteten Text.

▼ Sie erhalten sowohl die Haupt- als auch die Gliedsätze als Schnipsel und setzen sie zusammen. In den Gliedsätzen wird das (finite) Verb gesucht und seine Stellung (am Ende) thematisiert.

Im nächsten Schritt wird die Bedeutung der Subjunktion geklärt, indem die Schüler beschreiben, was der Gliedsatz angibt (*weil* den Grund, *als* die Zeit, *wenn* die Bedingung usw.) bzw. welche Frage er beantwortet.

▲ Die SchülerInnen erhalten nur die Hauptsätze und erarbeiten in Partnerarbeit die offenen Fragen und finden darauf Antworten, indem sie Gliedsätze selbstständig formulieren. Auch sie analysieren die Gliedsätze hinsichtlich der Verbstellung und der Subjunktion.

Zum Abschluss diktieren Sie den SchülerInnen einen der beiden Texte von Bertolt Brecht[8]:

Erfolg

Herr K. sah eine Schauspielerin vorbeigehen und sagte: „Sie ist schön." Sein Begleiter sagte: „Sie hat neulich Erfolg gehabt, weil sie schön ist." Herr K. ärgerte sich und sagte: „Sie ist schön, weil sie Erfolg gehabt hat."

Bertolt Brecht

Der Zweckdiener

Herr K. stellte folgende Fragen. Jeden Morgen macht mein Nachbar Musik auf einem Grammophonkasten. Warum macht er Musik? Ich höre, weil er turnt. Warum turnt er? Weil er Kraft benötigt, höre ich. Wozu benötigt er Kraft? Weil er seine Feinde in der Stadt besiegen muß, sagt er. Warum muß er Feinde besiegen? Weil er essen will, höre ich.

Bertolt Brecht

Die SchülerInnen rekonstruieren den Inhalt und sprechen über die Bedeutung. Anhand des ersten Texts vergleichen sie die beiden Sätze: *Sie hat neulich Erfolg gehabt, weil sie schön ist. Sie ist schön, weil sie Erfolg gehabt hat.* hinsichtlich ihrer Struktur (Welcher ist jeweils Haupt- und Gliedsatz?)
Anhand des zweiten Texts wird die Stellung des Gliedsatzes (mal am Anfang, mal am Ende) thematisiert. Die SchülerInnen erzählen den Text nach.

Bemerkungen
Bei DaZ-SchülerInnen mit großen Schwierigkeiten im Umgang mit Satzgefügen empfiehlt sich eine sukzessive Einführung

- ➔ von dass-Sätzen in Verbindung mit Redemitteln zur Meinungsäußerung: *Ich denke, dass, ich meine, dass, ich behaupte, dass* usw. und dem Üben von Diskussionen zu schülernahen Themen
- ➔ über Kausalsätze (*weil, da*) im Zusammenhang mit Begründungen und
- ➔ Finalsätze (*damit, auf dass*) im Zusammenhang mit der Angabe eines Ziels oder Zwecks,
- ➔ zu Konditionalsätzen (*wenn, falls*) im Zusammenhang mit Wenn-Dann-Bedingungen, die es im Alltag, aber auch in mathematischen Funktionen häufig gibt.
- ➔ und Temporalsätzen (*als, seitdem, während* usw.), die in jeder Erzählung, Schilderung und natürlich auch im Geschichtsunterricht sehr häufig vorkommen.

Sie schaffen eine Situation, in der die SchülerInnen ihre Meinung äußern, Begründungen liefern, Bedingungen nennen, Ziele formulieren oder Zeitangaben machen müssen, lassen die SchülerInnen den Satztyp analysieren und schleifen seine Verwendung ein, indem sie weitere Situationen schaffen, in denen die SchülerInnen Satzgefüge mit genau dieser Subjunktion nutzen. Konzessivsätze (*obwohl, obgleich, wenn auch*), Modalsätze (*indem*), Konsekutivsätze (*sodass*) und Adversativsätze (*während, anstatt dass*) müssen zunächst rezeptiv erfasst werden, da sie in Fachtexten häufig vorkommen. Dabei steht die Vermittlung der Bedeutung der Subjunktion im Vordergrund und weniger das Satzmuster als solches.

1.5.10. Ein Kunde, der stöbert, kauft nicht

Aufgabe zu Relativsätzen (Klasse 7/8), KV 11

Vorbemerkung/Lernziel
Anhand einer Bildbeschreibung wird die Bildung von Relativsätzen geübt.

Vorbereitung
Folie zu *Im Kaufhaus* erstellen.

Ablauf
Sie entfalten mit Ihren SchülerInnen zunächst die Berufe, die auf dem Bild zu erkennen sind: *Verkäuferin, Kassiererin, Einzelhandelskauffrau/-mann, SubstitutIn, AbteilungsleiterIn, Detektiv, DekorateurIn, HaustechnikerIn*, evtl. werden weitere Berufe ergänzt, obwohl sie nicht abgebildet sind (*Putzkräfte, Bürokaufleute, Computertechniker, Personalchef*).

[8] Bertolt Brecht: Gesammelte Werke. Bd. 12: Prosa 2. © Suhrkamp Verlag 1967. „Erfolg", „Der Zweckdiener"

Die SchülerInnen beantworten folgende Fragen, ohne dass sie auf das Bild zeigen: *Wer ist der Dekorateur? - der Mann, der die Auslage drapiert.*

▼ Sollten die SchülerInnen nicht in der Lage sein, die Relativsätze zu formulieren, stellen Sie Fragen wie: Ist der Mann, der kassiert, der Dekorateur? Die SchülerInnen beantworten sie, indem sie sie wiederholen: *Nein, der Mann, der kassiert, ist nicht der Dekorateur, sondern ein Verkäufer.* Dadurch wird die Bildung von Relativsätzen vermittelt und geübt.

Einige der Sätze werden so an die Tafel geschrieben, dass die Relativpronomen untereinanderstehen, und die SchülerInnen leicht erkennen können, wonach sie sich richten.

In einer weiteren Runde werden die KundInnen betrachtet: *Wer möchte ein T-Shirt kaufen? - das Mädchen, das sich im Spiegel betrachtet, möchte eine Hose kaufen. Von wem stammen die Kleidungsstücke in der leeren Kabine? - von Jugendlichen, die nur probieren, aber nichts kaufen wollten. Wer kauft etwas? - die KundInnen, die an der Kasse anstehen. Usw.*

Anschließend übernehmen die SchülerInnen die Rolle der Fragenden (ggf. wird dazu ein anderes Bild verwendet, auf dem viele Personen mit unterschiedlichen Tätigkeiten zu sehen sind). Abschließend beschreiben sie dieses, das andere oder auch ein weiteres Bild schriftlich.

Bemerkungen

Bei dieser Übung kommen Relativsätze nur im Nominativ vor.

▲ Schwieriger wird es, wenn Beziehungen zwischen den Personen ausgedrückt werden. Dies erreichen Sie durch Fragen wie: *Was hat der Junge, den der Detektiv abführt, gestohlen? - ein T-Shirt. Was trägt das Mädchen, mit dem die Verkäuferin spricht? - einen langen Rock.* Fordern Sie die SchülerInnen, solche Aussagen zu formulieren, indem Sie zwei Personen vorgeben, die miteinander interagieren.

▲ Die SchülerInnen stellen Fragen wie die oben genannten.

1.6. Prowörter

Textverstehen ist nur möglich, wenn die im Text vorkommenden Prowörter (auch als Proformen bezeichnet) ihrem jeweiligen Bezugswort inhaltlich zugeordnet werden. Denn Prowörter greifen vorher im Text erwähnte Elemente sprachlich auf und dienen als Stellvertreter für diese Formen.

Probleme für DaZ-SchülerInnen

DaZ-SchülerInnen haben bei der Verwendung von Prowörtern häufig Probleme. Dies liegt u.a. daran, dass Prowörter keine eigene inhaltliche Bezugskraft haben und in ihrer Funktion als Ersatzwörter zunächst einmal als Leerformen wirken. Diese Leerformen können nur gefüllt werden, wenn ihre Bezüge zu den jeweils ersetzten Wörtern oder Wortgruppen erkannt werden. Da Prowörter aber keine genau definierte Reichweite haben, ist ein solcher Bezug für DaZ-SchülerInnen oftmals nur schwer herzustellen. Besondere Schwierigkeiten ergeben sich bei Pronominal- oder Konjunktionaladverbien (z.B. darüber, deshalb), weil diese sich auf Wortgruppen oder ganze Textabschnitte beziehen können.

Kleine Grammatik der Prowörter

Es gibt Prowörter verschiedener Art:

→ Die häufigsten Prowörter sind Pronomen. Personalpronomen können das Nomen vertreten, meist als Subjekt oder Objekt: *Selin ist krank. Sie bleibt zu Hause.*

→ Verbindungen von Präpositionen und Personalpronomen können die Verbindung von Präposition und Nomen vertreten: *Murat geht mit Freunden ins Kino. Nachher geht er mit ihnen essen.*

→ Pronominaladverbien einschließlich der Konjunktionaladverbien (z.B. *daher, deshalb*) können Präposition-Nomen-Verbindungen ersetzen: *Die Schülerin spricht über die Türkei. Die Schülerin spricht gerne darüber.*

→ Fragepronomen können als Subjekt oder Objekt fragend das Nomen vertreten: *Murat geht mit seiner Freundin ins Kino. Mit wem geht er ins Kino?*

- Possessivpronomen können Nomen, die als Genitivattribute fungieren, vertreten: *das Buch der Lehrerin – ihr Buch*
- Relativpronomen als Vertreter des Nomens: *Bilge sprach über die Türkei. Bilge, die über die Türkei gesprochen hat, ist eine gute Schülerin.*
- Des Weiteren können Demonstrativpronomen (*Murats Mutter sprach mit dem Lehrer. Dieser gab ihr einen Überblick*) und Indefinitpronomen (*Die SchülerInnen haben viele Fragen. Einige wurden schon beantwortet.*) das Nomen vertreten.

Zum Üben

Prowörter sollten im Unterricht regelmäßig thematisiert werden. Wichtig ist, dass:

- die SchülerInnen die Wörter in ihrer Funktion verstehen und zu einem bewussten Gebrauch angeleitet werden,
- die SchülerInnen lernen, Prowörter zu identifizieren und die Bezugswörter zu suchen,
- Bezüge zum besseren Nachvollziehen durch Farben, Fettdruck, Pfeile o.Ä. hervorgehoben werden und
- Prowörter (z.B. Pronominaladverbien) bei der Präsentation von Schülertexten von der Lehrkraft als Ersatzmöglichkeiten vorgeschlagen werden, sodass die Verwendung nicht nur in der Textrezeption, sondern auch bei der Produktion geübt wird.

Tipps für die Praxis: Prowörter

1.6.1. Wer ist er, sie oder es?

Übung zur Verwendung von Pronomen (Klasse 5–7)

Vorbereitung

Die Lehrkraft bereitet eine Geschichte mit männlichen und weiblichen Protagonisten wie die folgende vor:

1. Ein Junge und ein Mädchen fahren Schlittschuh. Sie heißen Tom und Selin. Eine Katze sitzt am Ufer.
2. Selin fährt an einem Schild vorbei: Vorsicht! Dünnes Eis! Tom ruft und will sie warnen.
3. Kurz danach bricht sie im Eis ein und ruft ihn um Hilfe. Er guckt ängstlich zu ihr. Die Katze ist aufgestanden. Sie schaut erschreckt zu dem Mädchen.
4. Tom liegt auf dem Bauch und hat seinen Schal zu Selin geworfen, die daran hängt. Er versucht, sie aus dem Eisloch zu ziehen. Die Katze zieht an seinem Hosenbein. Sie will mithelfen.
5. Das nasse Mädchen, der Junge und die Katze sitzen erschöpft auf dem Eis und ruhen sich aus.
6. Anschließend gehen beide mit den Schlittschuhen über der Schulter nach Hause. Die Katze läuft fröhlich nebenher.

Lernziel

Die SchülerInnen identifizieren im Text die Prowörter, welche die Nomen ersetzen. Sie erklären, auf welche Figur sich das jeweilige Prowort bezieht und ordnen die Prowörter in einer Tabelle der jeweiligen Figur zu. Sie fragen nach dem Bezugswort, um die Zuordnung nachzuweisen.

Ablauf

Die Lehrkraft präsentiert den Text. Die SchülerInnen benennen kurz, wer in der Geschichte mitspielt und erzählen sie in eigenen Worten nach. Einzelne SchülerInnen lesen die Sätze vor. Nach jedem vorgelesenen Satz werden im Unterrichtsgespräch Unklarheiten besprochen, z.B. die Fra-

ÜBUNGSIDEEN

ge, um wen es in dem Relativsatz (4) geht. So wird der Bezug zwischen dem Relativpronomen und dem Nomen thematisiert.
Anschließend werden folgende Aufgaben erledigt:

1. Markiere alle Wörter oder Wortgruppen, die sich auf Tom beziehen, in einer Farbe.
2. Markiere alle Wörter oder Wortgruppen, die sich auf Selin beziehen, in einer anderen Farbe.
3. Markiere alle Wörter oder Wortgruppen, die sich auf die Katze beziehen, in einer dritten Farbe.
4. Zeichne Pfeile von den markierten Wörtern oder Wortgruppen zu der Figur.

Die Lehrkraft präsentiert eine vorbereitete Folie und markiert nach den Angaben der SchülerInnen die Wörter/Wortgruppen, die sich auf Tom, Selin und die Katze beziehen in unterschiedlichen Farben. Sie zeichnet z.B. rote, gelbe und grüne Pfeile, damit visualisiert wird, auf welche Figur sich welches Prowort bezieht. Sie sammelt die Wörter nach Angaben der SchülerInnen in einer Tabelle:

Vertreter des Nomens

Tom	Selin	die Katze
ein Junge	*ein/ das Mädchen*	*eine Katze*
ihn	*sie bzw. es*	*sie*
er	*ihr*	
seinem	*die*	
beide	*beide*	
sich	*sich*	*sich*

Im Unterrichtsgespräch wird nun die Funktion der Wörter/Wortgruppen geklärt, indem die Lehrkraft Fragen formuliert und beantworten lässt und dabei auf die Prowörter in der Tabelle zeigt oder die Prowörter durch eine/n SchülerIn zeigen lässt:
Wer läuft Schlittschuh? – beide; das Mädchen und der Junge; Tom und Selin
Wer bricht ins Eis ein? – Selin, sie, das Mädchen
Wer sind die beiden? – Tom und Selin
Wer ruht sich alles aus? – Tom, Selin und die Katze
Wer wird alles mit „sie" bezeichnet? – Die Katze und das Mädchen
usw.

Wenn *das Mädchen* als ein mögliches Prowort für *Selin* genannt wird, kann die Lehrkraft den Unterschied zwischen Genus (*Selin = sie = Femininum; das Mädchen = es = Neutrum*) und Sexus (beide Formen bezeichen eine weibliche Person) erklären. Die SchülerInnen werden angeregt, selbst nachzufragen, denn das Fragen nach dem Bezugswort ist eine Technik, die den SchülerInnen hilft, Prowörter zu identifizieren.

Bemerkung

▲ Prowörter werden in grammatisch komplexeren Texten mit mehreren Protagonisten oder Verweisen durch Pronominaladverbien, z.B. einer Erzählung, markiert und die Bezugswörter ermittelt. Im Anschluss verfassen die SchülerInnen einen Text mit Pronominaladverbien in Prowortfunktion.

1.6.2. Welches Wort gehört wohin?

Aufgabe zu verschiedenartigen Prowörtern (Klasse 6)

Vorbereitung

Die Lerngruppe hat schon öfter Prowörter bestimmt und den Bezug erklärt. Die Lehrkraft wählt einen Text aus, den sie ggf. vereinfacht, und löscht die Prowörter *(ihn, das, sie, diesen Kreis, jener Behälter, darin, dort, es, ihnen usw.)*, sodass ein Lückentext entsteht.

Lernziel

Die SchülerInnen finden die passenden Prowörter heraus und erklären die Stellvertreterfunktion, indem sie das Prowort und das Bezugswort markieren und benennen.

Ablauf

Vor der Erarbeitung wird der Text ggf. im Hinblick auf unbekannte Wörter entlastet. Die Wörter sollten auf einer Folie präsentiert, von den SchülerInnen gelesen und in Sätzen kontextualisiert werden.
Der Lückentext wird in Kleingruppen von maximal vier SchülerInnen bearbeitet. (Einfacher wird es, wenn die fehlenden Prowörter an der Tafel stehen.) Wenn alle Lücken gefüllt sind, liest jede

Gruppe einen Beispielsatz vor, die anderen Gruppen bestätigen das Ergebnis bzw. korrigieren es. Die Lehrkraft deckt auf der Folie jeden Satz auf und fragt nach dem Bezugswort.

Variante
Die Lehrkraft gestaltet nur einen Teil des Textes als Lückentext und gibt den Schülerinnen nun weitere Textteile, in denen die SchülerInnen alle Prowörter zunächst markieren, um dann die jeweiligen Bezugswörter zu finden.
Als Hausaufgabe können die SchülerInnen eine Fortsetzung verfassen (dazu eignen sich v.a. literarische Texte). Der Schülertext sollte ungefähr eine halbe Seite lang sein. Die Partner gehen den Text zusammen durch und suchen nach Prowörtern, die markiert werden. Der/die VerfasserIn liest der Klasse den Text langsam vor. Nach jedem Satz, in dem ein Prowort vorkommt, macht sie/er eine Pause und der/die PartnerIn nennt das vorher zusammen gefundene Prowort und das jeweilige Bezugswort.

1.6.3. Textvernetzung

Aufgabe zu Prowörtern in komplexen Texten (Klasse 6–8), KV 12

Vorbereitung
Die Lehrkraft bereitet die Texte der Kopiervorlage auf Folie vor, um die Wortmarkierungen und Pfeile nach den Angaben der SchülerInnen nach- bzw. einzuzeichnen. Unbekannte Wörter sollten vorher eingeführt worden sein, um die Arbeit mit den Prowörtern nicht durch Verständnisprobleme zu behindern.

Vorbemerkung
Die auf der Kopiervorlage dargestellte Visualisierung der Bezüge zwischen Pro- und Bezugswörtern lässt sich bei jedem Text anwenden. Sie dient als Lernhilfe, um komplexe Texte zu entschlüsseln.

Lernziel
Die SchülerInnen wiederholen den Bezug zwischen Prowörtern und ihren Bezugswörtern. Sie verwenden eine Visualisierungstechnik, die ihnen hilft, die Verbindung von Pro- und Bezugswörtern in einem (biologischen) Fachtext darzustellen und üben sich damit in einem Erschließungsverfahren für komplexe (Fach)Texte.

Ablauf
Die Lehrkraft lässt die Arbeitsblätter durch Kleingruppen bearbeiten. Der Text über *Hyänen* dient dazu, den SchülerInnen das Visualisierungsverfahren deutlich zu machen und durch die Aufgaben zu üben. Dabei vollziehen sie auch den Unterschied zwischen Pro- und Bezugswörtern nach. Für die Sicherung präsentiert die Lehrkraft den Text gut lesbar auf einer Folie. Sie markiert die Prowörter und ihre Bezugswörter nach den Angaben der SchülerInnen farbig und zeichnet die Pfeile, die den Bezug der Wörter veranschaulichen, ein. So wiederholen die SchülerInnen die einzelnen Bezüge mündlich und Unklarheiten können im Plenum geklärt werden.
Dann bearbeiten die Gruppen den zweiten Text nach dem gleichen Muster. Die Auswertung erfolgt ebenfalls mit Hilfe einer Folie, wobei die Gruppen abwechselnd ein Ergebnis nennen und die anderen es ggf. korrigieren. Zum Schluss erklärt die Lehrkraft an dem Textbeispiel, dass Texte u.a. durch diese Vernetzung von Pro- und ihren Bezugswörtern zu einem Textganzen verbunden werden.

Bemerkung
Diese Technik hilft den SchülerInnen, wenn sie selbstständig Texte entschlüsseln wollen. Deshalb sollten sie regelmäßig an unterschiedlichen Fachtexten zur Vernetzung von Pro- und Bezugswörtern angeregt werden.

1.7. Mehrsprachigkeit einbeziehen[9]

Schulleistungsstudien haben ergeben, dass es zum Erfolg von zweisprachigen Migrantenkindern erheblich beiträgt, wenn sie in beiden Sprachen Unterricht erhalten, und zwar auf miteinander verzahnte Weise (vgl. Reich & Roth 2002, S. 17f). Dies ist derzeit in Deutschland leider nur im Rahmen von einzelnen Projekten realisierbar. Dennoch wäre der Deutschunterricht bzw. die DaZ-Förderung ein Rahmen, in dem man die Mehrsprachigkeit der Kinder in Form von Sprachvergleichen in das sprachliche Lernen einbeziehen und so zur bewussten Entwicklung ihrer Mehrsprachigkeit beitragen könnte. Die unten vorgestellten Beispiele machen deutlich, dass Lehrkräfte hierfür nicht die Sprachen als Ganzes Lernen müssen, sondern dass es genügt, sich Grundlegendes zu den einzelnen Sprachen anzueignen bzw. bereit zu sein, die SchülerInnen als Experten einzubeziehen und von ihnen Sprachliches zu lernen.

Besonderheiten der Mehrsprachigkeit

Mehrsprachig aufwachsende Kinder erwerben und verwenden unterschiedliche grammatisch-syntaktische Strukturen und einen weit ausgefächerten Wortschatz. Sie lernen im Laufe der Jahre, in welcher Situation sie welche sprachlichen Mittel anwenden müssen. Allerdings erhalten sie leider meist nur im Deutschen Unterricht und bleiben zuweilen in ihren Herkunftssprachen Analphabeten!

Chancen für DaZ-SchülerInnen

Auch wenn es nicht immer möglich ist, den Schülerinnen und Schülern in ihren Herkunftssprachen Unterricht anzubieten, so könnte man auf ihre Mehrsprachigkeit eingehen und ihnen die Chance geben, sich mit dieser auf der „Metaebene" auseinanderzusetzen und sie im Sinne der Bildung zu kultivieren. Dies wird zweifellos auch ihrer Entwicklung im Deutschen zugutekommen.

[9] Wir danken Dr. Olga Frik, Universität Omsk/Universität Hannover für Ihre Unterstützung beim Einbezug des Russischen.

Zum Üben

Eine gute Möglichkeit, andere Sprachen so einzubeziehen, dass sie sich auch auf die Entwicklung des Deutschen als Zweitsprache positiv auswirken, ist das Anstellen kleiner Sprachvergleiche im Unterricht. Hierbei können Bereiche behandelt werden, die in den verschiedenen Sprachen unterschiedliche Funktionen haben oder auf unterschiedliche Weise versprachlicht werden. Ziel dieser Betrachtungen wäre es, das Bewusstsein im Hinblick auf die einzelnen Sprachen durch Wissenserwerb zu schärfen.

Tipps für die Praxis: Mehrsprachigkeit einbeziehen

1.7.1. W-Fragen im Vergleich: Deutsch – Türkisch – Arabisch – Russisch

Es ist sinnvoll, bei der Einführung in die Struktur der Fragen die Herkunftssprachen der SchülerInnen mit einzubeziehen, um ein Grundverständnis zu sichern. Im Folgenden werden Vorschläge zur Integration des Türkischen, des Arabischen und des Russischen gemacht.

Während der Einführung der W-Fragen kann eine leere Tabelle, die an der Wand hängt, nach und nach durch die SchülerInnen mit den herkunftssprachlichen Entsprechungen der einfachen Fragepronomen gefüllt werden. Die ausgefüllte Tabelle könnte wie folgt aussehen:

Deutsch	Türkisch	Arabisch	Russisch
Wer?	Kim?	مَنْ ؟	Кто?
Wie?	Nasıl?	كَيْفَ (كم)؟	Как?
Was?	Ne?	ماذا (ما)؟	Что?
Warum?	Niçin? Niye?	لماذا ؟	Почему? Зачем?
Wieso?	Niçin? Niye?	كَيْفَ بأيّ وجه؟	Отчего?
Weshalb?	Neden?	لماذا ؟	Почему?
Wann?	Ne zaman?	متى ؟	Когда?
Welche? Welcher?	Hangi? Hangisi?	أيّ؟ أيّة؟	Какая? Какой?

Anhand der Tabelle mit den Entsprechungen der Fragepronomen kann den SchülerInnen der Unterschied zwischen der Frage nach Sachen und der Frage nach Personen verdeutlicht werden.

Fragen mit den Pronomen wen (oder was)
Auch hier ist es sinnvoll, den SchülerInnen das Verständnis der „veränderten" Fragepronomen durch Vergleiche mit den Herkunftssprachen zu erleichtern. Hierzu kann erneut eine Tabelle hergestellt werden. Die Lehrkraft sollte sich hierbei allerdings die Entsprechungen der Fragepronomen vorher notieren, um Fehlern vorzubeugen. Hilfreich wären kurze Beispielsätze, die in die Herkunftssprachen übersetzt werden.

Deutsch	Türkisch	Arabisch	Russisch
Wer? Wer ist das?	Kim? Bu kim?	مَنْ ؟ مَنْ هذا ؟	Кто?[10] Кто это?
Wen? Wen hast du gesehen?	Kimi? Kimi gördün?	مَنْ ؟ مَنْ رأيت؟	Кого? Кого ты видел?
Wem? Wem gehört die Tasche?	Kimin? Bu çanta kimin?	لِمَنْ ؟ لِمَنْ هذه الحقيبة؟	Кому? Кому принадлежит сумка?
Wessen? Wessen Buch ist das?	Kimin? Bu kitap kimin?	لِمَنْ ؟ لِمَنْ هذا الكتاب؟	Чей? Чьё? Чья?[11] Чья это книга?
Was? Was ist das?	Ne? Bu ne?	ما ؟ ما هذا ؟	Что? Что это?
Was? Was hast du gesehen?	Ne? Neyi gördün?	ماذا ؟ ماذا رأيت ؟	Что? Что ты увидел?

[10] Im Russischen bezieht sich die Frage „Wer?" auch auf Tiere.
[11] In dieser Frageform verändert sich das Fragepronomen je nach Genus des folgenden Substantivs.

Bei dieser Frageform ist es ebenfalls nützlich, auf die Herkunftssprachen hinzuweisen, da in anderen Sprachen manchmal ganz andere Mittel für die Formulierung von Fragen zur Verfügung stehen und den SchülerInnen die Verbindung zwischen beiden Sprachen durch diese Hilfestellung erleichtert werden kann.

Im Türkischen werden die deutschen Fragen, die dadurch gebildet werden, dass das Verb an erster Stelle steht, mit einer Fragepartikel wiedergegeben, die vier verschiedene lautliche Formen aufweist: *mı, mi, mu, mü*. Je nachdem, nach welchem Element gefragt wird, verändert sich die Stellung der Fragepartikel im Satz. Diese komplizierten Regeln des Türkischen müssen mit den SchülerInnen allerdings nicht besprochen werden. Es genügt, wenn die SchülerInnen die Möglichkeit erhalten, die deutschen Fragesätze durch den Vergleich mit dem Türkischen zu verstehen. Die SchülerInnen könnten hierzu in der Klasse einige einfache deutsche Fragesätze übersetzen bzw. sie können einige Sätze zu Hause übersetzen lassen und die Übersetzungen in der Klasse vortragen, z.B.:
Gehst du mit ins Kino? Sinemaya gidiyor ***mu****sun?*
Hast du Geld? Paran var ***mı****?*
Spielst du gerne Ball? Top oynamasını seviyor ***mu****sun?*

Im Russischen hingegen gibt es drei Möglichkeiten, einen Fragesatz zu bilden:
- ➔ Durch ein Fragewort (*Wo? Wann? Wohin? Warum?*)
- ➔ Durch die hinter das Verb gesetzte Partikel „ли" (li), wenn kein Fragewort vorhanden ist: *Работает ли отец?*
- ➔ Durch die Intonation, wobei die im Aussagesatz übliche Wortfolge bestehen bleibt: *Отец работает?*

Die zweite und die dritte Möglichkeit der Fragebildung des Russischen sind im Deutschen nicht vertreten. Die Bildung einer Frage durch die veränderte Intonation gibt es auch im Arabischen. Den SchülerInnen müsste verdeutlicht werden, dass im Deutschen zwar auch Aussagesätze wie eine Frage betont werden können, dass man dadurch aber keine Frage, sondern Verwunderung oder Empörung zum Ausdruck bringt: „Du hast viel Geld?!"

1.7.2. *Hier* und *da* und *dort* im Deutschen, im Türkischen und im Russischen

Das Verständnis und die Funktion der Ortsadverbien und der lokalen Präpositionen des Deutschen kann den SchülerInnen mit Hilfe von Vergleichen mit ihren Herkunftssprachen erleichtert werden. Kleine Beispielsätze sind sinnvoll, da in den Herkunftssprachen nicht auch immer Ortsadverbien oder lokale Präpositionen für eine Ortsangabe verwendet werden. Im Türkischen zum Beispiel gibt es fast gar keine Präpositionen. Bei der Übersetzung der deutschen Beispielsätze können, wenn die SchülerInnen nicht weiter wissen oder wenn unter den SchülerInnen Unstimmigkeiten auftauchen, Eltern und andere der jeweiligen Sprache mächtige Personen um Hilfe gebeten werden. Die SchülerInnen sollten in den Übersetzungen selbst nach der Entsprechung des jeweiligen Adverbs bzw. der jeweiligen Präposition suchen, die im deutschen Satz verwendet wird. Die SchülerInnen werden durch die Vergleiche merken, welche Funktion die Ortsadverbien und lokalen Präpositionen im Deutschen haben und welche sprachlichen Mittel in der Herkunftssprache dieselbe Funktion erfüllen – auch wenn sie ganz anders klingen und „aussehen". Möglicherweise entsprechen nämlich mehreren deutschen Präpositionen in der Herkunftssprache nur eine oder zahlreichere oder ganz andere syntaktische Elemente. Im Folgenden werden einige Beispiele zum Deutschen und zum Türkischen vorgestellt:

Entsprechungen der Ortsadverbien *dort* und *da* im Türkischen:

Dort *ist es sehr heiß.* ***Orada*** *hava çok sıcak.*
Dort *war ich noch nie.* ***Oraya*** *hiç gitmedim.*
Ergebnis des Vergleichs: dt. *dort* = tr. *ora-*

Meine Tasche ist ***da****. Çantam* ***burada****.*
Da *möchte ich mich hinsetzen.* ***Buraya*** *oturmak istiyorum.*
Ergebnis des Vergleichs: dt. *da* = tr. *bura-*.

Entsprechungen der lokalen Präpositionen *auf* und *über* im Türkischen:

Das Buch liegt ***auf dem*** *Tisch. Kitap masanın* ***üstünde****.*
Ich lege das Buch ***auf das*** *Sofa. Kitabı kanepenin* ***üstüne*** *koyuyorum.*
Die Uhr hängt ***über*** *der Tür. Saat kapının* ***üstünde*** *asılı.*
Das Bild hänge ich ***über das*** *Bett. Resmi yatağın* ***üstüne*** *asıyorum.*
Ergebnis der Vergleiche: dt. *über, auf* = tr. *üst-*

Russischsprachige SchülerInnen haben mit den Ortsadverbien und lokalen Präpositionen des Deutschen grundsätzlich keine Schwierigkeiten, weil sie aus dem Deutschen ins Russische und umgekehrt eins zu eins übersetzt werden können. Da es im Russischen aber keine Artikel gibt, können die SchülerInnen mit der Herkunftssprache Russisch auch im Zusammenhang mit den Präpositionen Schwierigkeiten mit den Artikeln haben, die sich im Deutschen beim Verwenden von Präpositionen entsprechend ändern.
In der russischen Sprache gibt es außerdem einen Fall, den Präpositiv, der nur in Verbindung mit Präpositionen auftritt. Für DaZ-SchülerInnen stellt dies aber keine weitere Komplikation im Sinne einer falschen Übertragung dar.
Zur Bewusstwerdung der Entsprechungen der Ortsadverbien und Präpositionen könnte mit Hilfe der SchülerInnen in der Klasse eine Liste für beide Sprachen erstellt werden.

1.7.3. Zusammengesetzte Nomen: Deutsch – Türkisch – Russisch

Auch hier dient die Einbeziehung der Herkunftssprachen dazu, den SchülerInnen grundlegende Gemeinsamkeiten und Unterschiede zwischen ihrer Herkunftssprache und der Zielsprache Deutsch bewusst zu machen, um dadurch das Erlernen des Deutschen zu vereinfachen und zur Entwicklung einer fundierten Zweisprachigkeit beizutragen. Es geht also nicht darum, den SchülerInnen die Komplexität der behandelten Phänomene in aller Breite zu präsentieren, sondern darum, ihnen mit geeigneten Beispielen einen Einblick in die ‚Metaebene' ihrer Zweisprachigkeit zu ermöglichen und ihren sprachbezogenen Lernprozess zu fördern. Auch zusammengesetzte Nomen eignen sich gut für diesen Zweck. Hierfür genügt es, den ‚einfacheren' Fall der Zusammensetzungen aus zwei Nomen zu behandeln. Die Besonderheit liegt darin, dass

- → im Deutschen zwei Nomen zusammengesetzt werden können und dass dadurch eine neue Bedeutung entsteht
- → und dass für die Zusammensetzung der Nomen manchmal Fugenelemente gebraucht werden.

Die SchülerInnen können gebeten werden, herauszufinden, ob auch in ihren Herkunftssprachen Nomen zusammengesetzt werden können. Die Lehrkraft könnte von Beispielen aus dem Deutschen ausgehen und die SchülerInnen dazu auffordern, zu überlegen, wie diese Wörter in ihren anderen Sprachen heißen. Dabei wird sich herausstellen, dass einige der zusammengesetzten Wörter manchmal direkt übersetzt werden können, manche ganz andere Bestandteile haben und manche in der anderen Sprache Einzelwörter sind. Einige Beispiele zum Deutschen, Türkischen und Russischen veranschaulichen dies:

Deutsch: *Federtasche*
Türkisch: *kalemlik* (*kalem* + *lik* = Stift + wortbildende Endung)
Russisch: *пенал* (ein Einzelwort)

Deutsch: *Türgriff*
Türkisch: *kapi sapi* (*kapi* + *sap* = Tür + Griff)
Russisch: ***дверная ручка*** (Adjektiv + Nomen)

Deutsch: *Benzintank*
Türkisch: *benzin tankı* (*benzin* + *tank* + *ı* = Benzin + Tank + Fugenelement) oder *benzin deposu* (*benzin* + *depo* + *s* + *u* = Benzin + Depot + Gleitkonsonant + Fugenelement)
Russisch: ***бензохранилище*** (***бенз*** + Fugenelement + ***хранилище***)

Grundsätzlich zeigt sich, dass es auch im Türkischen und Russischen zusammengesetzte Nomen gibt und dass sie manchmal direkt ins Deutsche übersetzt werden können, wie im zweiten Beispiel das türkische und im dritten Beispiel das russische Nomen. Es zeigt sich aber auch, dass dies nicht die Regel ist! Das zweite und dritte Beispiel zeigen außerdem, dass die zusammengesetzten Nomen im Türkischen nicht immer zusammengeschrieben werden und dass auch sie ein Fugenelement haben, das allerdings am Ende der Zusammensetzung platziert ist. Diese beiden Beispiele zeigen, dass auch im Türkischen zuerst das Grundwort erfolgt. Dies ist im Arabischen zum Beispiel umgekehrt. Das zweite Beispiel zeigt, dass der Zusammensetzung Nomen + Nomen im Türkischen eine andere Art von Zusammensetzung entsprechen kann. Dies zeigt für das Russische das zweite Beispiel, wo ein Adjektiv und ein Nomen zusammengesetzt werden. Bemerkenswert ist außerdem, dass der Zusammensetzung *Federtasche* im Russischen ein Einzelwort entspricht. Typisch ist für die Zusammensetzungen in der russischen Sprache die Konstruktion Adjektiv + Nomen wie im zweiten Beispiel.

Diese Beispiele bieten bereits viel Stoff für die Reflexion. Die SchülerInnen können dazu aufgefordert werden, zu Hause weitere Beispiele in den verschiedenen Sprachen zu sammeln und diese in der Klasse zu präsentieren. Wenn erwünscht, kann der Vergleich auf andere Arten von Zusammensetzungen erweitert werden. Auch dadurch würden andere interessante Gemeinsamkeiten und Unterschiede aufgedeckt werden.

Um das Ganze etwas witziger zu gestalten, könnte mit Bildkärtchen gearbeitet werden, die auf Deutsch, Türkisch und Russisch benannt werden müssen. Da die Zusammensetzung der Namen der Bilder in den verschiedenen Sprachen nicht immer sinnvolle Wörter ergeben wird, wird es sicher mehrere Gelegenheiten zum Lachen geben!

1.7.4. Deutsche, türkische, arabische und russische Verwandtschaft

Am Beispiel der Anredeformen für die Verwandten *Tante* und *Onkel* kann herausgearbeitet werden, dass im Türkischen und Arabischen im Gegensatz zum Deutschen die Tante und der Onkel je nachdem, ob es Verwandte mütterlicher- oder väterlicherseits sind, unterschiedlich angesprochen werden.

Gehen Sie folgendermaßen vor:

Die deutschen Wörter *Tante* und *Onkel* werden an die Tafel geschrieben; die SchülerInnen werden dazu aufgefordert, die türkischen und arabischen Entsprechungen zu nennen. Diese Wörter werden unter die deutschen Bezeichnungen geschrieben. Gemeinsamkeiten und Unterschiede zwischen den Sprachen werden besprochen. Zum Schluss könnte folgendes Schema entstehen:

dt.:	*Tante*	mütterlicherseits
	Tante	väterlicherseits
türk.:	*teyze*	mütterlicherseits
	hala	väterlicherseits
arab.:	خَالَة	mütterlicherseits (ausgesprochen etwa „chale")
	عَمَّة	väterlicherseits (ausgesprochen etwa „amme")

dt.:	*Onkel*	mütterlicherseits
	Onkel	väterlicherseits
türk.:	*dayı*	mütterlicherseits
	amca	väterlicherseits
arab.:	خَال	mütterlicherseits (ausgesprochen etwa „chal")
	عَمّ	väterlicherseits (ausgesprochen etwa „amme")

Ein zusätzliches Gespräch über Sprachen kann angeregt werden, indem über die lautlichen Ähnlichkeiten zwischen den türkischen und arabischen Wörtern nachgedacht wird.

Die Anredeformen für Verwandte haben im Russischen mit den Diminutivformen zu tun.
Einige davon sind in das Deutsche übernommen worden. Daher könnte es sinnvoll sein, die oben angeführten Sprachvergleiche für das Deutsche und das Russische etwas breiter zu gestalten. Dabei können die folgenden Besonderheiten ausgearbeitet werden:
Im Russischen werden Diminutiva, d.h. Wörter, die eine Verkleinerung, Zärtlichkeit u.Ä. ausdrücken, wesentlich häufiger gebraucht als im Deutschen. Die Diminutiva werden von Ausgangsformen des betreffenden Wortes mittels verschiedener Suffixe gebildet. Die Diminutivformen kommen besonders bei den Eigennamen vor, dies ist eine sehr persönliche Art der Anrede.
Eine noch intimere, zärtliche Form der Anrede benutzen Familienmitglieder (besonders zu kleinen Kindern) oder sehr intime Freunde untereinander. Sie verwenden einen von diesen Diminutivformen abgeleiteten Kosenamen („verkleinerte Verkleinerungsform").

Vorname	Diminutivform	Kosename
Olga	Olja	Olenka, Olechka
Petr	Petja	Petenka
Tatjana	Tanja	Tanjuscha, Tanechka
Vladimir	Volodja, Vova	Volodenka, Vovochka

Die im Deutschen als zwei unterschiedliche männliche Vornamen bekannten *Alexander* und *Sascha* bedeuten im Russischen denselben Vornamen, wobei *Sascha* als eine Diminutivform von *Alexander* auftritt. *Tanja* ist im Russichen eine Diminutivform von *Tatjana*, *Katja* ist eine Diminutivform von *Ekaterina*, *Anja* ist eine Diminutivform von *Anna*. SeiteneinsteigerInnen aus russischsprachigen Gebieten werden sich zu Beginn ihrer Schullaufbahn in Deutschland darüber wundern,

dass sie von den Lehrkräften mit ihrem Vornamen (z.B. *Alexander*) angesprochen werden und nicht mit der Diminutivform (z.B. *Sascha*) des Namens und dass andere SchülerInnen mit der Diminutivform angesprochen werden, mit der sie selbst immer angesprochen worden waren.
Die Diminutivformen werden auch in den Familien für die Bezeichnung der Familienmitglieder häufig gebraucht.

Ausgangswort	**Diminutivsuffix**	**Diminutivum**
БАБА, ДЕД (Baba, ded)	- УШКА -uschka	БАБУШКА, ДЕДУШКА (Babuschka, deduschka)
МАМА, ПАПА (Mama, papa)	- ОЧКА -ochka	МАМОЧКА, ПАПОЧКА (Mamochka, papochka)

Genauso wie im Deutschen, werden Tanten und Onkel väterlicherseits und mütterlicherseits im Russischen gleich angesprochen. Es gibt aber auch Unterschiede in den Verwandtschaftsbezeichnungen zwischen dem Russischen und dem Deutschen. Zum Beispiel: *Schwager* bedeutet im Deutschen gleichzeitig folgende Verwandtschaftsbeziehungen: Bruder des Mannes, Bruder der Frau, Mann von der Schwester der Frau, Mann der Schwester. Für die genannten vier Bezeichnungen gibt es im Russischen vier unterschiedliche Begriffe:

ДЕВЕРЬ (dever') – Bruder des Mannes,
ШУРИН (schurin) – Bruder der Frau,
СВОЯК (cvojak) – Mann der Schwester der Frau,
ЗЯТЬ (sjat') – Mann der Schwester.

1.7.5. Genus im Türkischen, Persischen, Arabischen und Russischen

Das Türkische und das Persische sind Sprachen, die kein Genussystem besitzen. Daher ist es besonders für ältere SchülerInnen, die als Erstsprache diese Sprachen gelernt haben und als Seiteneinsteiger Deutsch lernen müssen, manchmal sehr schwer nachzuvollziehen, dass sich Nomen nach ihren Genera voneinander unterscheiden – hier ist also von Seiten der Lehrkräfte viel Geduld angesagt. Die SchülerInnen, die als Herkunftssprache das Arabische mitbringen, besitzen hingegen einen ganz anderen Zugang zum Genus, da die Unterscheidung in *männlich* und *weiblich* die arabische Sprache sogar viel stärker durchdringt, als dies im Deutschen der Fall ist. Im Arabischen unterscheiden sich die Nomen im Hinblick auf ihre Genera voneinander; das Genus bestimmt außerdem weitere strukturelle Phänomene, zum Beispiel die Deklination der Verben. Ein anderer Unterschied zwischen dem Deutschen und dem Arabischen besteht darin, dass das Genus der Nomen im Arabischen nicht in dem Artikel sichtbar wird. Der Artikel selbst taucht immer in derselben Form auf. Daher haben arabischsprechende SchülerInnen zwar ein Grundverständnis der Existenz von Genera – hier aber „nur" von zwei Genera – die Verwendung unterschiedlicher Artikel als „Erscheinungsort" des Genus ist ihnen nicht bekannt.
Es ist aber möglich, Arabisch sprechende SchülerInnen im Unterricht während der Behandlung der Genera im Deutschen danach zu fragen, welches Genus die arabischen Entsprechungen einzelner deutscher Nomen haben, um ihnen diesbezügliche Gemeinsamkeiten und Unterschiede zwischen den beiden Sprachen bewusst zu machen. So könnte es für sie hilfreich sein, zu erfahren, dass das deutsche Nomen *Tee* maskulin ist, obwohl die arabische Entsprechung feminin ist. Außerdem können ältere SchülerInnen, die Arabisch schreiben können, dazu angeregt werden, einen kleinen Vergleich der Nomen beider Sprachen in Form einer Liste anzufertigen.

Im Russischen gibt es auch die drei Geschlechter wie im Deutschen. Es gibt aber im Gegensatz

ÜBUNGSIDEEN

zum Deutschen keine Artikel. Das Geschlecht eines Nomens erkennt man an seiner Bedeutung oder an seiner Endung. Es könnte sinnvoll sein, den SchülerInnen diesen Unterschied mit einigen Beispielen zu verdeutlichen. Die Beispiele sollten von den SchülerInnen selbst ausgesucht werden. Zusätzlich könnten die SchülerInnen, wie oben für das Arabische vorgeschlagen, mit Wortlisten arbeiten, da sich die Genera der Nomen nicht immer entsprechen.

1.7.6. Singular, Dual und Plural im Deutschen, Arabischen, Türkischen und Russischen

Um den SchülerInnen die Möglichkeit zu geben, in die Rolle des „Experten" zu schlüpfen und induktives Lernen anzuregen, ist es ratsam, mit Bildmaterial zu arbeiten und die SchülerInnen zu bitten, selbst zu den Bildern passende sprachliche Bezeichnungen zu formulieren. Nach der Einführung des Plurals im Deutschen kann auf folgende Weise auf das Türkische, Arabische und Russische Bezug genommen werden:
Den SchülerInnen wird ein Bild gezeigt, auf dem ein Auto zu sehen ist; sie werden dazu aufgefordert, das Gesehene auf Deutsch, auf Türkisch, auf Arabisch und Russisch zu benennen. Das Arabische wird dabei – wenn möglich – an der Tafel mit dem arabischen Alphabet und einer einfachen Wiedergabe in lateinischen Buchstaben verschriftlicht; mit dem Russischen kann auch so verfahren werden.

dt: *Auto*
arab.: سيارة (etwa: „sijara")
türk.: *araba*
russ.: *автомобиль (avtomobil')*

Den SchülerInnen wird ein Bild gezeigt, auf dem zwei Autos zu sehen sind, und sie werden erneut aufgefordert, zu sagen, was sie sehen.

dt: *Autos*
arab.: سيارتين (etwa: „sijarateyn")
türk.: *arabalar*
russ.: *автомобили (avtomobili)*

Die Antworten werden an der Tafel verschriftlicht; Endungen bunt hervorgehoben.

Den SchülerInnen wird ein Bild gezeigt, auf dem mehrere Autos zu sehen sind; es wird wie oben beschrieben verfahren.

dt: *Autos*
arab.: سيارات (etwa: „sijarat")
türk.: *arabalar*
russ.: *автомобили (avtomobili)*

Gemeinsamkeiten und Unterschiede, die die SchülerInnen wahrscheinlich schon bemerkt haben, werden besprochen.

2. Sprachlich interagieren

2.1. Lerntechniken

DaZ-SchülerInnen bedürfen besonders solcher Techniken, die ihnen helfen, Sprachprobleme selbstständig zu lösen. Das aktive Entschlüsseln von Sprachproblemen mit Hilfe solcher Lerntechniken fördert neben der Problemlösungskompetenz den gesamten Sprachlernprozess, weil die SchülerInnen ihr Wissen aktiv aufbauen, wiederholt darauf zugreifen und es nach einer Weile ohne Instruktion der Lehrkraft selbstständig verwenden können. So erhöhen sich die Chancen für DaZ-SchülerInnen, auch komplexere (schriftliche) Aufgaben zu bewältigen.

Übersicht über Lerntechniken

- ➔ Umgang mit Wörterbüchern, der Schülergrammatik und anderen Nachschlagewerken
- ➔ Textentlastung, dazu gehört auch Wort- und Satzentlastung, Darstellung grammatischer Bezüge (Beispiel: Prowörter), Markierungen von Schlüsselwörtern, Visualisierungsformen (Lernplakate, DaZ-Mind-Maps, Tabellen)
- ➔ Textüberarbeitung (z.B. Textlupe) und selbstständige Korrektur
- ➔ Notizen machen und daraus einen Text verfassen
- ➔ Lernplakate entwickeln (siehe Deklination)
- ➔ Informationen systematisieren (z.B. ein Sprach-Merk-Heft und Wortlisten führen)
- ➔ grammatische Fachsprache verwenden
- ➔ Ableiten von Fragestellungen
- ➔ Nachfragen
- ➔ Paraphrasieren

Probleme für DaZ-SchülerInnen

DaZ-SchülerInnen erhalten in der Schule oftmals keine Strategien, die sie ihre sprachlichen Probleme selbst lösen lassen. Die in den Lehrplänen geforderten Methoden überfordern sie zum Teil sprachlich. Ihr individueller Sprachstand findet bei der Erarbeitung von Lerntechniken oftmals keine Beachtung. Insgesamt wird der Sprachlernprozess in der Sekundarstufe I nicht systematisch geplant und langfristig methodisch kaum unterstützt.

Zum Üben

Lerntechniken sollten konzeptuell gestützt vermittelt werden. Dabei bilden Übungen zum Umgang mit Nachschlagewerken den Anfang, da fast alle Lerntechniken darauf basieren. An zweiter Stelle stehen Techniken, Texte sprachlich zu entlasten. Dies kann bei fachsprachlichen Texten den Wortschatz, den Satzbau, aber auch textgrammatische Bezüge (Bezüge von Prowörtern und ihren Bezugswörtern) betreffen. Es ist wichtig, bei der Planung von Unterrichtseinheiten methodische Schwerpunkte zu setzen, sodass die jeweiligen Lerntechniken in regelmäßigen Zyklen wiederholt und kontrolliert werden. Die Anwendung sollte auch im Fachunterricht gezielt geübt werden, wobei auch Wortlisten für die jeweilige Fachsprache angelegt werden sollten. Sinnvollerweise sollten die SchülerInnen zur Selbstkontrolle angeregt werden, was z.B. durch das Sprach-Merk-Heft unterstützt wird. So werden Lücken sichtbar und können in Kooperation mit der Lehrkraft behoben werden.

Tipps für die Praxis: Lerntechniken

2.1.1. Wörter suchen, ohne fluchen!

Übungen zum Gebrauch des Wörterbuchs (Klasse 5–7)

Vorbereitung

Die Lehrkraft wählt Wörter aus und orientiert sich dabei z.B. an Wortarten, Redewendungen, Fragestellungen, die die Wortbildung betreffen oder den Satzbau einbeziehen. Sie besorgt ausreichend viele Wörterbücher für die Lerngruppe.

Lernziele

Die SchülerInnen üben sich im Gebrauch des Wörterbuchs, indem sie Wörter suchen, Informationen zu diesen Wörtern herausschreiben, die Informationen in ihrer Nützlichkeit bewerten und Systematisierungen erkennen. Sie verwenden Satzbeispiele des Wörterbuchs, um eigene Sätze zu bilden oder um Bedeutungen in eigenen Worten wiederzugeben.

Ablauf

Die Lehrkraft stellt Wörterbücher zur Verfügung und stellt Aufgaben, die die SchülerInnen anleiten, sowohl nach Bedeutungen als auch nach Strukturen zu forschen und sich mit dem Suchergebnis und der Nützlichkeit des Wörterbuchs kritisch auseinanderzusetzen. Die Beispielaufgaben sind mit grammatischen Bereichen verknüpft, in denen DaZ-SchülerInnen häufig Probleme haben. Die Aufgaben zeigen exemplarisch, wie das Wörterbuch zum Lösen dieser Sprachprobleme verwendet werden kann:

Finden (un)regelmäßiger Verben

1. Suche die unterstrichenen Wörter im Wörterbuch und notiere zu jedem Wort einen Beispielsatz, den du im Wörterbuch findest: *ich binde; du bringst; er schwimmt; sie fühlt; sie gurrt; es kippt* ...

Tipp: Bilde die Wir-Grundform (z.B. *wir binden*), dann findest du die Wörter leichter!

2. Bilde nun eigene Sätze mit diesen Wörtern. Orientiere dich an den Satzbeispielen des Wörterbuchs.

3. Setze die Sätze in die Vergangenheit. Welche Hilfe gibt dir das Wörterbuch?

4. Was haben die unterstrichenen Wörter gemeinsam? Worin unterscheiden sie sich? Versuche, diese Fragen mit Hilfe des Wörterbuchs zu lösen. Achte besonders auf die Informationen, die direkt hinter dem fett gedruckten Beispielwort stehen!

Wortbildung

1. Suche vier Wörter, die mit *Kirsch-...* (z.B. *der Kirschbaum*) und mit *Kopf-...* (z.B. *das Kopfende*) beginnen, schreibe sie mit dem Artikel auf und erkläre sie in deinen eigenen Worten!

2. Worin unterscheiden sich die verschiedenen *Kirsch-* bzw. *Kopf*-Wörter?
(die Kirschblüte, der Kirschkuchen, der Kirschlikör, der Kirschsaft; das Kopfgeld, der Kopffüßer, die Kopfgrippe, das Kopfkissen)

Konjunktionen und Satzbildung

1. Suche die Wörter *nachdem, obwohl, weil, indem* und notiere zu jedem Wort einen Beispielsatz.

2. Welche Informationen, die das Wörterbuch zu diesen Wörtern gibt, findest du hilfreich?

Adverbien und Satzbildung

1. Suche die Wörter *nacheinander, oft, schon, kürzlich*. Bilde Sätze mit diesen Wörtern.

2. Welche Hilfe gibt dir das Wörterbuch dafür?

Redewendungen

1. Finde die Redewendungen: *das wäre ja gelacht; nicht Nein sagen können; außer sich sein; alles durch die rosarote Brille sehen*

2. Notiere das Wort, unter dem du die Redewendung gefunden hast.

3. Erkläre die Redewendung in deinen eigenen Worten.

2.1.2. Sprach-Bingo

Übung zum Hörverstehen
(Klasse 7), KV 13

Vorbemerkung

Diese Übung dient als Einstieg in die Erarbeitung eines Sachtexts.

Lernziel

Die SchülerInnen üben sich im genauen Zuhören, indem sie in einem Kurzvortag Lerntipps und Leitfragen zur Textarbeit identifizieren. Sie vergleichen die verschiedenen Satzstrukturen und wiederholen einzelne Charakteristika des Fragesatzes wie die ansteigende Stimmführung, die Inversion und den Einsatz von Fragepronomen.

Vorbereitung

Die Lehrkraft bereitet einen kurzen Vortrag (max. fünf Minuten) vor, in dem sie in die methodische Textarbeit einführt und Fragen und Aussagen (Tipps) einbettet, die dafür relevant sind:

Hier sind einige Methoden, die du immer anwenden kannst, wenn du dir einen Sachtext erschließen willst[1].

[1] Aus: Wortstark 8. Themen und Werkstätten für den Deutschunterricht. Braunschweig: Schroedel 2004. S. 250.

Tipp 1: Einen ersten Eindruck gewinnen
Lies zunächst die Überschrift. Verschaffe dir dann einen Überblick über den ganzen Text: Besteht er aus verschiedenen Absätzen? Gibt es Zwischenüberschriften? Siehst du fett gedruckte oder unterstrichene Wörter? Gibt es Abbildungen, Zeichnungen, Grafiken, Diagramme?
Tipp 2: Überfliegend lesen, sich orientieren
Lies den Text rasch und orientiere dich, worum es geht:
Enthält der Text das, was du nach dem ersten Ansehen oder der Überschrift vermutet hast?
Tipp 3: Unverstandenes markieren
Gibt es unbekannte Wörter oder Sätze, die du nicht verstehst? Unterschlängele unbekannte Begriffe und kläre die Bedeutung aus dem Textzusammenhang, durch Nachfragen oder Nachschlagen in einem Wörterbuch oder Lexikon.
Tipp 4: Gliedern und Zwischenüberschriften formulieren
Was in einem Absatz steht, gehört inhaltlich zusammen. Mache nach dem Lesen eines jeden Absatzes eine kurze Pause und frage dich: „Welche Informationen bekomme ich in diesem Absatz?"; „Wie kann eine Überschrift für diesen Absatz lauten?"
Tipp 5: Wichtige Textstellen markieren
Bevor du Textstellen markierst, musst du dir klarmachen, was wichtig ist. Das hängt von deinem Lesinteresse ab und von den Aufgaben, die dir zu dem Text gestellt worden sind: Suchst du wichtige Informationen zu dem Thema des Textes? Möchtest du Antworten auf die Fragen bekommen, die du dir gestellt hast? Musst du Aufgaben bearbeiten, die dir gestellt wurden?
Oft wird zu viel markiert! Beachte deinen Suchauftrag und unterstreiche die Schlüsselbegriffe und die wichtigen Aussagen des Textes.
Tipp 6: Informationen schriftlich festhalten
Wenn du den Text erarbeitet hast, denke noch einmal an deine Fragen: Hat der Text meine Fragen beantwortet? Welche Informationen habe ich außerdem erhalten?
Um sich die Textaussagen gut einzuprägen, ist es sinnvoll, sie schriftlich festzuhalten, z.B. als geordneten Stichwortzettel, als Mind-Map, als Zusammenfassung in wenigen Sätzen, als Diagramm oder Tabelle mit Spaltenüberschriften.

Ablauf

Die Lehrkraft verteilt die Kopiervorlage. Die Leitfragen werden geklärt und ggf. die Aufgaben erläutert.

Die Lehrkraft liest den Text langsam vor und betont die Fragen und Tipps durch ihre Aussprache. Sie macht nach jeder Frage und jedem Tipp eine kurze Pause, um den SchülerInnen die Möglichkeit zu geben, ein Kreuz zu machen. Sollten viele SchülerInnen im ersten Durchgang nicht alle Kreuze gemacht haben, wird der Text noch einmal vorgelesen. Im Anschluss fragt die Lehrkraft, woran die SchülerInnen die Fragen und woran sie die Lerntipps erkannt haben. Dafür präsentiert sie Beispiele an der Tafel oder auf Folie:

Lerntipp: Wichtige Textstellen markieren
Frage (1): *Welche Informationen habe ich außerdem erhalten?*
Frage (2): *Suchst du wichtige Informationen zu dem Thema des Textes?*

Jeder Satz wird vorgelesen, und die SchülerInnen vergleichen die Intonation (Ergebnis: Bei Fragesätzen steigt die Stimme am Satzende; bei den Lerntipps sinkt die Stimme am Ende ab.) Im nächsten Schritt werden die beiden Fragen verglichen. Woran erkenne ich, dass es sich um eine Frage handelt? (Ergebnis: Frage (1) hat ein Fragepronomen, Frage (2) kann an der veränderten Wortstellung (Inversion) und der Intonation erkannt werden.) Diese Ergebnisse werden mit den Beispielfragen im Sprach-Merk-Heft (vgl. 2.1.4) unter der Überschrift „Fragesätze" eingetragen. Die ansteigende Stimmführung wird durch einen Schrägstrich markiert. So wiederholen alle SchülerInnen die Charakteristika des Fragesatzes. Die DaZ-SchülerInnen gewinnen zudem Anhaltspunkte, wie sie Fragen von anderen Sätzen in einem gesprochenen Text unterscheiden können. Alle SchülerInnen erhalten eine Checkliste für das methodische Erarbeiten von Sachtexten. Anschließend verwenden die SchülerInnen die Lerntipps- und Leitfragen-Checkliste bei der Erarbeitung eines Sachtextes.

Differenzierung
Die Schwierigkeit der Aufgabe erhöht sich, wenn sich das Sprechtempo normalisiert und die Lerntipps und Fragen nicht mehr besonders betont werden. In fortgeschrittenen Lerngruppen können statt des Bingos, das die Lerntipps und Leitfragen vorgibt, Notizen erstellt werden. Auch hier sollte die Lehrkraft die Fragen und Tipps besonders betonen, damit sie identifiziert werden können. Außerdem muss sie eine Pause nach jedem Tipp und jeder Frage einlegen, damit die SchülerInnen eine kurze Notiz machen können. Anschließend werden die Fragen und Tipps mit Hilfe der Notizen von den SchülerInnen reformuliert.

Bemerkung
Die Lerntipps und die Leitfragen des Sprach-Bingo lassen sich bei der späteren Textarbeit als Checkliste nutzen.

2.1.3. So machst du dir Notizen!

Übung zum Verfassen eines Textes (Klasse 7/8)

Lernziel
Die SchülerInnen notieren Schlüsselwörter, systematisieren diese in einer Mind-Map und erstellen einen zusammenhängenden Text.

Vorbereitung
Die Lehrkraft bereitet einen kurzen Text vor. Dieser kann auch die Lerntechnik selbst zum Thema haben:

> Manchmal musst du dir im Unterricht Notizen machen und daraus später einen Text verfassen. Hierfür einige Tipps: Es ist wichtig, dass deine Notizen kurz, klar, lesbar und verständlich sind, damit du hinterher noch weißt, was du aufgeschrieben hast. Gut ist es, wenn du sie gleich übersichtlich anordnest, zum Beispiel als Mind-Map oder Tabelle. Lass auf dem Blatt noch genug Platz, um Ergänzungen zu machen. Hefte alle Notizzettel in deinem Fachordner ab, möglichst geordnet, sodass du sie direkt findest. Verwende dann deine Notizen, um den Inhalt in ganzen Sätzen aufzuschreiben.

Ablauf
Die Lehrkraft liest den Text langsam, ggf. mehrmals vor und lässt die SchülerInnen Stichwörter notieren. Bei ungeübten Lerngruppen sollten Pausen nach jedem Satz gemacht werden, um den SchülerInnen die Möglichkeit zu geben, ihre Notizen in ihrem Tempo aufzuschreiben. Die bedeutungstragenden Wörter können durch eine besondere Betonung hervorgehoben werden. Die Lehrkraft kann auch nachfragen, was die SchülerInnen zu dem vorgelesenen Satz notiert haben oder Leitfragen stellen.
Wenn die SchülerInnen die Notizen gemacht haben, systematisieren sie die Informationen. Dafür bietet sich z.B. eine Mind-Map an, die bei Bedarf beispielhaft an der Tafel erstellt wird:

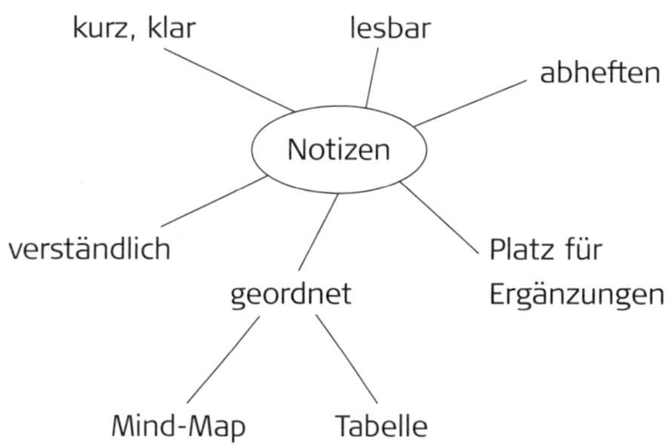

Mit Hilfe der Mind-Map wird der Text zum Thema zunächst mündlich vorformuliert. Dann schreiben die SchülerInnen den Text mit Hilfe der Mind-Map. Ziel ist es, aus diesem Material einen Text zu rekonstruieren, der dem Inhalt des Ausgangstexts möglichst nahekommt. Dabei soll der vorgelesene Text nicht sprachlich kopiert werden, sondern ein aussagekräftiger Text entstehen, den die SchülerInnen mit Hilfe des Wortmaterials selbstständig verfassen.

Bemerkung
Die Aufgabe kann auch in Gruppenarbeit gelöst werden. Dann steht der kooperative Schreibvorgang im Vordergrund, und Formulierungs- und Inhaltsfragen können innerhalb der Gruppen geklärt werden. Am Schluss werden die verschiedenen Versionen verglichen, wodurch überprüft wird, ob auch alle Gruppen den Inhalt zutreffend wiedergegeben haben. Diese Übung wird im Fremdsprachenunterricht eingesetzt, um einerseits das Hörverstehen zu schulen; andererseits als Übung zum Verfassen von Texten mit Hilfe von vorgegebenem Sprachmaterial (den Notizen).

2.1.4. Stopp, ich habe nicht verstanden!

Übung zum Nachfragen im „Schnellen Diktat"[2] (Klasse 5–7)

Lernziel
Die SchülerInnen wiederholen und verwenden verschiedene Aussage- und Fragestrukturen.

Vorbereitung
Die Lehrkraft sammelt Fragen und Aussagesätze, welche die SchülerInnen verwenden können, wenn sie im Unterrichtsgespräch, im Diktat oder im Vortrag etwas sprachlich nicht verstehen. Sie sammelt diese Beispiele gut lesbar auf einem Lernplakat. (Beispiele: *„Können Sie das Wort noch einmal wiederholen?"; „Kannst du den Satz noch einmal wiederholen?"; „Was kommt nach dem Komma?"; „Wie lautet der letzte Satz?"; „Was bedeutet das?"; Wie wird das Wort geschrieben?"; „Können wir zu dem Wort ‚dampft' einen Satz bilden?"* oder Aufforderungen wie *„Warten Sie bitte, ich muss etwas notieren!"* oder *„Stopp! Ich brauche einen Moment Zeit!"*)
Für das „Schnelle Diktat" kann ein Text vorbereitet werden, der die Notwendigkeit des Nachfragens für die SchülerInnen thematisiert. (Auszug aus einem Beispieldiktat: *Manchmal verstehe ich nicht richtig, was mein/e LehrerIn oder meine MitschülerInnen sagen. Dann ist es wichtig, dass ich nachfrage. Fragen wie „Können Sie den Satz noch einmal wiederholen?"* usw.) Wichtig ist, dass einige der Fragen bzw. Aufforderungen auch im „Schnellen Diktat" auftauchen.

Ablauf
Die Lehrkraft erklärt den SchülerInnen, dass sie heute einmal ein etwas anderes Diktat schreiben, in dem die Lehrkraft den Text nicht im Diktattempo, also langsam, diktiert, sondern im normalen Sprechtempo. Jedes Mal, wenn sie etwas nicht verstehen, sollen die SchülerInnen aufzeigen und eine der Fragen oder Aufforderungen des Lernplakats verwenden. Die Fragen und Aufforderungen sollten zuvor laut vorgelesen, ggf. sprachlich geklärt werden und können mit Schülerhilfe ergänzt werden. Ein/e SchülerIn sollte den Diktattext an die Tafel schreiben, damit sich am Schluss eine Möglichkeit zur Korrektur durch die MitschülerInnen ergibt. Die anderen SchülerInnen schreiben das Diktat in Einzelarbeit. Die Lehrkraft liest den Text im normalen Sprechtempo vor und lässt sich immer wieder durch die aufzeigenden SchülerInnen unterbrechen, die mit Hilfe des Lernplakats Fragen bzw. Aufforderungen formulieren. Auf diese Weise werden die Frage- und Aufforderungssätze geübt und in einem typischen Unterrichtskontext automatisiert. Zudem werden Rechtschreibung und Partnerkorrektur geübt. Abschließend können die Vor- und Nachteile der Methode in der Klasse diskutiert werden, wodurch die Schülerinnen zur Nutzung von Metasprache und theoretischem Denken angeregt werden.

Differenzierung
Da das Lernplakat bis zum autonomen Gebrauch der aufgelisteten Strukturen im Klassenzimmer hängen sollte, können die SchülerInnen auch im Unterrichtsgespräch oder bei Vorträgen damit arbeiten. Ebenso können die Diktattexte so variiert werden, dass die SchülerInnen z.B. auf Fachbegriffe (*Was bedeutet „Konjunktiv"?*) oder literarische Themen in Verbindung mit Fachterminologie (*Können Sie die erste Gedichtzeile wiederholen?; Was hat der Zauberlehrling gesagt?*) gelenkt werden.

[2] In Anlehnung an Tessa Woodward (vgl. 1991, S. 34f)

2.1.5. Texte überarbeiten

Übung zur selbstständigen Korrektur (Klasse 6/7), KV 14

Lernziel
Die SchülerInnen korrigieren einen fehlerhaften Text selbstständig mit Hilfe der Deklinationstabelle (vgl. KV 28). Sie reflektieren ihren Lösungsweg und entwickeln Problemlösungsstrategien.

Vorbereitung
Die SchülerInnen haben im Vorfeld ein Lernplakat zur Deklination entwickelt und können die Tabelle anwenden. Sie haben im Zusammenhang mit Präpositionen bereits die Kasusbestimmung geübt.

Ablauf
Die Lehrkraft verteilt die Kopiervorlage und lässt den Text und die Aufgabenstellung vorlesen. Dann markieren die SchülerInnen die Stellen, an denen der Fehlerteufel in Tommys Text gewütet hat. Nachdem alle SchülerInnen fertig sind, werden die Zeilen genannt, in denen Fehler bzw. Lücken entdeckt wurden.
Die Lehrkraft erklärt die Beispiellösung. Die SchülerInnen wiederholen, welcher Kasus auf die Fragen „Wo?" bzw. „Woher?" und „Wohin?" folgt. Außerdem weist die Lehrkraft auf die Deklinationstabelle als Lösungshilfe hin. Die SchülerInnen lösen in Partner- oder Gruppenarbeit die Aufgaben, indem sie die richtige Form bzw. das fehlende Pronomen mit Hilfe der Deklinationstabelle bestimmen und in die Tabelle eintragen. In der dritten Spalte notieren sie, wie sie auf die Lösung gekommen sind (siehe Beispiellösung oder z.B. das Stichwort *Deklinationstabelle*).
Die SchülerInnen nennen die korrigierte Form, lesen den Satz mit der richtigen Form vor und erklären ihren Lösungsweg. Die anderen SchülerInnen korrigieren ggf. das Ergebnis.
Zum Abschluss schreiben die SchülerInnen den Text in korrigierter Fassung auf.

Ergänzung: Mein Sprach-Merk-Heft
Ergänzend können die SchülerInnen die Ergebnisse in ein Sprach-Merk-Heft eintragen. Dies fördert die Selbstkontrolle, bietet einen Überblick über den Leistungsstand und unterstützt die Sprachreflexion. Das Sprach-Merk-Heft könnte z.B. so aussehen:

Mein Sprach-Merk-Heft

Thema: Texte überarbeiten
Datum: ...

Heute habe ich mich damit beschäftigt:
(Notiere das Sprachthema und das Fach!)
Heute habe ich einen fehlerhaften Text überarbeitet, in dem die Endungen der Pronomen und Artikel und zwei Pronomen fehlten.

Ich hatte dabei folgende Probleme:
(Überlege genau, was dir Schwierigkeiten bereitet hat, und schreibe es auf!)
Es war schwierig, den richtigen Kasus herauszufinden und die Deklinationstabelle anzuwenden.

So kann ich mir selbst helfen:
Ich kann die Fragen „Wo?" und „Woher?" stellen: Dann folgt nach einer Präposition der Dativ. Auf die Frage „Wohin?" folgt der Akkusativ. Die Deklinationstabelle hilft mir bei der Bestimmung des Kasus und bei der Schreibung der Endungen des Artikels und Pronomens.

Merksatz:
Auf die Fragen „Wo?" und „Woher?" folgt nach einer Präposition der Dativ, auf die Frage „Wohin?" der Akkusativ. Das Verb bestimmt, welche Ergänzungen (Nominativ-/Akkusativ-/Dativobjekt) es benötigt. Die Fragen und Satzbeispiele der Deklinationstabelle helfen bei der Bestimmung.

Trainingstipp: Überprüfe einen Monat lang einmal in der Woche die Endungen in deinen schriftlichen Hausaufgaben!

2.1.6. Texte knacken

Aufgabe zur Entschlüsselung eines komplexen Fachtextes (Klasse 9/10), KV 15a–c

Lernziele

Die SchülerInnen entschlüsseln und bilden komplexe Morpheme, indem sie die Wortbestandteile zusammenfügen, ihre Bedeutung erklären und die Fachbegriffe anschließend erklären (KV 15a). Sie vollziehen die Bildung von Ableitungen nach, indem sie Wörter zu zwei Wortteilen sammeln und die unterschiedlichen Bedeutungen erklären (KV 15b). Sie entschlüsseln komplexe Sätze, indem sie diese verkürzen, Schlüsselwörter markieren, Inhaltsbezüge durch Pfeile hervorheben und die Sätze in ihren eigenen Worten wiedergeben.

Vorbereitung

Die Lehrkraft bereitet Wortkarten für die Tafel vor (vgl. KV 15a) und hängt diese verdeckt an die Innenseite der Tafel.

Ablauf

Die Lehrkraft verteilt die Kopiervorlage 26a und liest den Text vor, klärt Verständnisfragen, nennt die Quelle (Internet) und das Ziel des Textes (Information über das Berufsvorbereitungsjahr).
Um das Textverstehen zu erleichtern, werden folgende Übungen durchgeführt:

KV 15a: Zuerst suchen die SchülerInnen in Kleingruppen aus den Wortbestandteilen möglichst viele sinnvolle Wörter im Rückgriff auf den Text.
In der Auswertungsphase setzt die Lehrkraft die vorbereiteten Wortkarten nach den Vorschlägen der SchülerInnen zu Wörtern zusammen. Dabei kann z.B. folgende Wortliste entstehen:

Einricht-		-ung
Ausbild-		-ung
Berufs-	-ausbild-	-ung
Berufs-	-vorbereitungs-	-jahr
Berufs-	-find-	-ung
Regel-		-ung
Haupt-	-schul-	-abschluss
Einricht-		-ung
Grund-		-kenntnisse
Grund-		-fertigkeiten

Nun wird besprochen, was die einzelnen Wortteile für eine Bedeutung haben:
- Die Endung *-ung* zeigt immer ein Nomen mit dem Artikel *die* an, die Wörter mit der Endung *-ung* sind von Verben abgeleitet.
- Das erste (und zweite) Wort definieren den Schlussteil genauer (bei *Grund-fertigkeiten, Grund-kenntnisse*); es gibt ein Grund- und ein Bestimmungswort; der letzte Wortteil könnte auch alleine stehen (*-jahr, -abschluss*) usw.

Wichtig ist, dass die SchülerInnen die Wortbildungsregeln nachvollziehen, indem sie eigene Beispiele finden, die das Tafelbild ergänzen.

KV 15b: Hier stehen Wortableitungen im Mittelpunkt. Die SchülerInnen suchen zunächst im Text, dann im Gespräch bzw. im Wörterbuch so viele Wörter zu den Grundelementen *Beruf-/beruf-* und *-bild-* wie möglich und sammeln diese in den dazugehörenden Schaubildern. Sie erklären sich die Begriffe gegenseitig und markieren Wörter, die sie nicht erklären können.
In der Auswertungsphase werden die Begriffe an der Tafel gesammelt und gemeinsam geklärt. An den Wörtern werden Wortbildungsregeln veranschaulicht: z.B. *Bild-ung/Ausbild-ung*: *-ung* zeigt Nomen an, *um-bild-en*: *-en* zeigt Grundform des Verbs an, die Vorsilbe *um-* verändert das Grundwort *bilden* inhaltlich; *Be-ruf-ung* hat eine andere Wortbedeutung als *Beruf* usw.
Im Anschluss schreiben die SchülerInnen zu fünf Wörtern Definitionen in eigenen Worten. Hier sollte darauf geachtet werden, dass sie unterschiedliche Wortarten definieren (z.B. *Ausbildungsjahr – bildungsnah – sich bilden*). Es ist sinnvoll, die Wörter auf die Gruppen aufzuteilen, damit am Schluss Definitionen zu möglichst vielen Wörtern vorgelesen werden können. Die Besonderheiten der Wortbildung sollten im Auswertungsgespräch thematisiert werden.
Die ZuhörerInnen entscheiden, ob sie die Definition verstanden haben oder nicht.

KV 15c: Zum Entschlüsseln der komplexen Sätze wurden die vier verschachtelten Sätze visuell entlastet.
Die SchülerInnen formulieren die Sätze gemeinsam neu, in ihren eigenen Worten, und verkürzen

sie ggf. Sie unterstreichen Schlüsselwörter und markieren Inhaltsbeziehungen mit Pfeilen. Auch dies kann in Gruppenarbeit geschehen, sodass jede Gruppe einen Satz entschlüsseln muss. Dann werden die Sätze vorgelesen und im Hinblick auf ihre Verständlichkeit kommentiert. Es kann auch gewählt werden, welche Gruppe den verständlichsten Satz gebildet hat.
Als Hausaufgabe schreiben die SchülerInnen den Text neu. Sie sollen eine Infoseite für die Schulwebseite erstellen, müssen den Inhalt also verständlich wiedergeben.

2.2. Sprechen und (zu)hören

Um Sprechen zu üben, muss man sich weitgehend vom Frontalunterricht befreien. Erzählte Erlebnisse oder Geschichten, interessante Gesprächsanlässe, Inszenierungen von Dialogen und Diskussionsrunden und das Ausarbeiten und Üben von Vorträgen und Präsentationen ergeben erst einen Sinn, wenn sich der Unterricht in Formen vollzieht, die tatsächlich Zeit und Raum zum Sprechen eröffnen, und zwar möglichst für alle SchülerInnen. Diesem Postulat widerspricht nicht, dass bestimmte Sprachhandlungen ritualisiert werden können und dass Verabredungen vorgegeben und eingehalten werden müssen.
Zum Sprechen gehört auch das Hören und Zuhören, und Letzteres muss manchmal erst wieder gelernt werden. Die SchülerInnen lassen sich von den Medien mit so vielen Informationen zuschütten, dass vieles nur noch an ihnen vorbeirauscht. Aber erst aufmerksames Hinhören und Zuhören ermöglicht eine vernünftige Kommunikation.

Varianten des Sprechens: ein Überblick

Freies, authentisches Sprechen
Gemeint ist jede Äußerung, die selbst initiiert wird und bei der die Wortwahl frei gestaltet werden kann. Die Kommunikation mit MitschülerInnen in der Pause, aber auch das Sprechen in Alltagssituationen gehören in diese Gruppe. Es handelt sich hierbei um authentische Sprache. Der Sprecher ist ganzheitlich beansprucht, weil er bedeutsame und komplexe Handlungen planen und versprachlichen muss.
Wie aber kann die Schule echte Kommunikation erzeugen? Soll freies, authentisches Sprechen geübt werden, kommt es darauf an, im Unterricht den Rahmen für solche Kommunikationssituationen zu schaffen.
Das einzig Authentische im Unterricht ist der Klassenraumdiskurs selbst (abgesehen von kleinen echten Fragesituationen zwischendurch: *Mehtap, was meinst du dazu?*). Daher sollten SchülerInnen bei der Auswahl sprachlicher Mittel eigene Akzente setzen dürfen und das Ziel und den Verlauf des Unterrichts mitbestimmen. In-

dem kommunikative Sozialformen nach ihren Kräften gewählt werden und sich alle SchülerInnen in die Unterrichtshandlung einbringen können, wird ein hohes Anregungspotenzial freigesetzt.
Das freie Sprechen findet meist auf umgangsevtl. alltagssprachlichem Niveau statt, sprachliche Normen bzw. Korrektheit stehen nicht im Vordergrund.

Gelenktes Sprechen

Jede Übungssituation bedingt gelenktes Sprechen, denn der Sprecher wird in der Wahl dessen, was er sagen will, vorstrukturiert.
Zwar sollte DaZ-Förderung ein selbstständiges Arbeiten nach individuell entwickelten Lernstrategien ermöglichen, doch bedeutet dies nicht, gelenkte Sprechsituationen aus dem Unterricht zu verbannen. Die Automatisierung wichtiger Sprach- und Satzmuster ist die Voraussetzung für freies richtiges Sprechen, das mit zunehmendem Alter der SchülerInnen auch schul- und fachsprachlichen Anforderungen genügen muss.

Artikuliertes Sprechen

Um Anerkennung zu finden und Unsicherheiten und Fehler zu vertuschen, wird unter Umständen viel zu schnell gesprochen, oder es werden Endungen verschluckt oder genuschelt. Gerade für das Deutsche mit seinen zahlreichen Deklinationsendungen ist es aber von großer Bedeutung, dass deutlich und richtig gesprochen wird, sonst schleifen sich die korrekten Formen nie ein. Den DaZ-SchülerInnen muss also die Angst vor Fehlern genommen werden. Zusätzlich müssen nonverbale lernleitende Signale verabredet werden, sodass die SchülerInnen sich entweder selbst korrigieren oder nachfragen können, wenn signalisiert wird, dass etwas nicht stimmt. Formen der Korrektur müssen mit der ganzen Klasse verabredet werden, und alle SchülerInnen müssen wissen, dass das Deutsche bestimmte Stolpersteine aufweist, über die man erfahrungsgemäß ausgesprochen lange stolpern kann.
In den unteren Klassenstufen sind Übungen zum Nachsprechen, Gruppensprechen und Chorsprechen auf jeden Fall angebracht. Diese Übungen ermutigen zum öffentlichen Sprechen in individuell gestalteten Vorträgen oder gemeinsam erarbeiteten Szenen und Stücken.

Sprechen und Erzählen

Beim Sprechen und Erzählen geht es um die Förderung des narrativen Aspekts der Sprache. Nicht nur im Rahmen von PISA werden Sprachlosigkeit und mangelnde Sprachkompetenz von Kindern und Jugendlichen, und zwar von allen, beklagt. Man kann von jungen Menschen nicht erwarten, dass sie sich differenziert über sich selbst, ihre Empfindungen, Erlebnisse, Vorstellungen und Wünsche äußern, wenn man nicht mit ihnen spricht. Auf nie gestellte Fragen gibt es auch keine Antworten.
Tägliche Gesprächskreise sollten in den Klassen 5 und 6 nicht fehlen. Es muss nicht der aus der Grundschule bekannte Morgenkreis sein, aber die Kinder müssen Gelegenheit zum Erzählen und zum Austausch haben. Um das Erzählen nicht ausufern zu lassen, kann man bestimmte Gesprächsformen verabreden, zum Beispiel das Einhalten bestimmter Zeiteinheiten oder bestimmter Regeln zum Zuhören.
Gesprächkreise können selbstverständlich auch über die Klassen 5 und 6 hinaus angeboten werden, aber in höheren Klassen werden sie eher durch inszenierte Dialoge und Diskussionen abgelöst.

Gestaltendes Sprechen

Dass man das Sprechen und die Stimme steuern kann und muss, lernen eigentlich alle als Erstes beim Lesen: Pausen werden gemacht und Betonungen vorgenommen. Dass das eine Technik ist, die man nach allen möglichen Seiten ausbauen kann, entdecken Kinder am schnellsten bei spannenden Textstellen. Von solchen Beispielen und Erfahrungen ausgehend, kann man gezielt Lesepassagen verteilen bzw. übernehmen lassen, um das gestaltende Lesen zu üben. Für Lesewettbewerbe kann man mit der Klasse gemeinsam Beurteilungskriterien ausarbeiten. Auf diese Art und Weise schult man das Zuhören und beteiligt alle SchülerInnen, selbst wenn die besten Leseratten schon ausgewählt sind.
Freie Vorträge von Gedichten oder Balladen und das interpretierte Sprechen von Szenen stellen

bezogen auf literarische Textformen ein höheres Anspruchsniveau dar und dürfen im Unterricht nicht fehlen. SchülerInnen sollten dabei auch ihre eigenen Rhythmen, z. B. den Rap, einbringen oder auch zur Umgestaltung einsetzen dürfen, wenn es sich anbietet.
Dass der Ton die Musik auch außerhalb künstlerischer Darbietungen macht und in Gesprächssituationen im Alltag – z. B. bei Auseinandersetzungen – ausschlaggebend sein kann, sollte allen SchülerInnen im Laufe ihrer Schulzeit klar werden. Gesprächsverläufe und Vortragssituationen sollten auf jeden Fall im Unterricht geübt werden. Werden zusätzlich entsprechende Beobachtungsaufgaben eingesetzt, lernen die SchülerInnen, über den stimmlichen Ausdruck ihrer Sprache und seine Wirkung nachzudenken.

Dialogisches Sprechen

Entwicklung und Lernprozesse können nur stattfinden, wenn sich junge Menschen in geistiger Aktivität mit Sachverhalten, Problemen und vor allem anderen mit Menschen auseinandersetzen. Dieser Gedanke liegt der kommunikativen Sprachvermittlung zugrunde, sodass Sprachbücher meist dialogische Texte enthalten und der Sprachunterricht in Form von Rollenspielen Alltagssituationen dialogisch simuliert. Dieser Unterricht ist im Vergleich zum reinen Grammatikunterricht sicher motivierender.
Darüber hinaus sollten aber, wann immer möglich, echte Dialogsituationen geschaffen werden. Die einfachste Form besteht darin, Gespräche in kleinen Gruppen zu initiieren: Alle bekommen beispielsweise die Aufgabe, den anderen zu einer gezogenen oder gewählten Themenkarte etwas zu erzählen, das Gespräch geht reihum.
Unkomplizierter ergibt sich der Austausch untereinander, wenn in der Gruppe gemeinsam eine Aufgabenstellung zu lösen ist, zum Beispiel bei kleinen Projekten. Da das Ergebnis immer in irgendeiner Form dokumentiert werden sollte – das ist für die SchülerInnen eine wichtige Orientierung und ein Ziel – fällt dann natürlich auch ein Teil der Aufgabe ins Schriftliche.
Gerade in den Klassen 9 und 10 sollten zunehmend Gesprächssituationen simuliert und Diskussionsrunden initiiert werden, die etwas mit der Berufsweltorientierung zu tun haben. Die SchülerInnen sollten auch lernen, sich untereinander in Gesprächssituationen zu beobachten, zu beurteilen und zu korrigieren. So werden sie in ihren „Auftritten" sicherer. Die SchülerInnen üben darüber hinaus das adressatengerechte Sprechen, Formen der Einflussnahme im Gespräch und Gesprächsführung.
Bezüglich relativ authentisch aufgezogener Bewerbungsgespräche sollte man nach Angeboten vor Ort suchen: Oft bieten auch das Arbeitsamt oder bestimmte Firmen spezielle Trainingsprogramme an.

Sachorientiertes Sprechen

In der Sekundarstufe I sollen Vorträge zum Repertoire aller SchülerInnen gehören. Um das freie Sprechen zu einem Thema über einen längeren Zeitraum durchzuhalten, muss es in kleinen Schritten geübt werden. Ein Kurzvortrag beginnt damit, dass man lernen muss, im Mittelpunkt zu stehen, sich dennoch auf eine Sache zu konzentrieren und das Ganze auch noch sprachlich und inhaltlich korrekt und ansprechend darzubieten.
Die genannten Schritte sollten einzeln geübt und trainiert werden, an dieser Stelle interessieren vor allem mögliche sprachliche Hilfen. Um etwas sachlich und verständlich darstellen zu können, muss man sich vom Text lösen, man darf auf keinen Fall nacherzählen, sondern man muss zusammenfassen. Für die Zusammenfassung gibt es vielleicht Formulierungshilfen, die man vorher in der Gruppe erarbeiten kann. Sachorientiertes Sprechen trägt auf jeden Fall Züge des gelenkten Sprechens, und zwar auch, um Sicherheit zu bekommen. Ziel ist letztlich das freie Sprechen.

Mediengestütztes Sprechen

Die Krönung eines Vortrags ist die Präsentation, die nicht nur einen längeren Vortrag, der im Grunde eine Ausarbeitung als Referat beinhaltet und unterstellt, sondern auch noch dessen ansprechende Darbietung mit entsprechendem Anschauungsmaterial umfasst.
Das Thema muss erarbeitet und durchdrungen sein, Fachbegriffe müssen geklärt sein, Anschauungsmaterial muss gesammelt und Medien müssen ausgewählt sein. Eigentlich müsste ein aus-

gearbeitetes oder zumindest ein gut konzipiertes Referat zugrunde liegen, und das heißt eine gekonnte Textrezeption mit Exzerpten usw. und eine gelungene Textproduktion mit einer klaren Gliederung.
Dass man für eine Präsentation also etwas anderes braucht als ein paar ausgedruckte Seiten, die aus dem Internet gezogen, nicht aber bearbeitet, und manchmal sogar noch nicht einmal verstanden wurden, muss allen SchülerInnen klargemacht werden.
Hat man ein gut ausgearbeitetes Referat, verfügt man über eine inhaltliche Sicherheit, aber noch lange nicht über den Text für die Präsentation. Die Kunst besteht nun darin, sich vom geschriebenen Text zu lösen und einen Vortrag auf der Grundlage von Stichworten und Notizen zu planen. Zur Vortragsplanung gehören auch die Planung des Ablaufs insgesamt und die Klarheit darüber, wann welche Medien und wann welche Anschauungsmaterialien eingesetzt werden.

Tipps für die Praxis: Sprechen und zuhören

2.2.1. Plapperschlange

Aktivität zum gelenkten Sprechen (Klasse 5)

Lernziel

Die SchülerInnen sollen lernen, konzentriert zuzuhören und sich aufeinander zu beziehen.

Ablauf

Sie suchen ein Thema aus, beispielsweise Lieblingsbeschäftigungen, Hobbys oder Geburtstagswünsche, und legen die Reihenfolge durch die Bankreihen fest, in der „geplappert" werden soll. Das Spiel eignet sich auch gut zum Kennenlernen. Der Erste beginnt: *Ich heiße Phil und spiele am liebsten am PC.* Die Zweite wiederholt die Aussage des Vorredners und fügt ihren Satz hinzu: *Das ist Phil, er spielt am liebsten am PC. Ich heiße Maren und gehe nachmittags am liebsten zu meiner Oma.*
Für die DaZ-SchülerInnen beinhaltet diese Aktivität, den Wechsel von der 1. in die 3. Person mit der entsprechenden Änderung des Verbs zu üben.

Variante

Es gibt ein nettes Spiel zum Merken der Namen, bei dem jedes Kind seinem Namen ein Eigenschaftswort mit gleichem Anfangsbuchstaben hinzufügen muss: *die anspruchsvolle Anna, der bissige Bert, der chaotische Claus, die drollige Danuta, die eifrige Elfie* usw. Die Adjektive sollte man gemeinsam in einer Wortschatzübung erarbeiten, auch um gemeine Titulierungen zu vermeiden, z.B. bei d: *dumm, dick* usw. Dann kann man das Spiel in der Art der Plapperschlange mit einer gezielten Übung zur Adjektivdeklination einsetzen. Die Erste sagt: *Ich bin die mutige Monika.* Der Zweite fährt fort: *Monika ist ein mutiges Mädchen, und ich bin der komische Klaus.*

2.2.2. Sprechblasen

Aufgabe zum sachorientierten Sprechen (Klasse 7/8)

Lernziel
Die SchülerInnen sollen Formulierungshilfen finden und zu Hilfe nehmen können.

Vorbereitung
Als Variation für ein Lernplakat zeichnen Sie eine Schablone in Form einer Sprechblase auf Plakatkarton (50 x 70) – oder lassen SchülerInnen das machen – und schneiden sie aus. So kann sie vielfach auf Tonpapier reproduziert werden.

Ablauf
Sie erarbeiten mit den SchülerInnen – entweder im Unterrichtsgespräch oder in Gruppenarbeiten – standardisierte Sätze, beispielsweise zur Auswertung von Diagrammen. Diese werden dann in die Sprechblasen übertragen, und die Sprechblasen werden aufgehängt. So dienen sie als Formulierungshilfen oder *Sprechgeländer* bei Kurzvorträgen, bei denen u.a. Diagramme eine Rolle spielen.

Variante
Solche Sprechgeländer könnte man als Satzanfänge für einen ganzen Kurzvortrag erarbeiten und an der Wand aufhängen, sodass die SchülerInnen damit improvisieren und frei sprechen lernen.

2.2.3. Freisprechschein

Übung und Aktivität zum freien Vortrag (alle Klassen)

Lernziel
Die SchülerInnen sollen in einzelnen Übungen lernen, einen Vortrag frei und ansprechend zu halten.

Ablauf
Das Präsentieren von Arbeitsergebnissen sollte in der Sekundarstufe I von Anfang an zum Methodenrepertiore jeden Unterrichts gehören. Es beginnt damit, dass die SchülerInnen – nach Zufallsverfahren ausgewählt – nach vorne kommen und ein Arbeitsergebnis deutlich und verständlich vortragen und alle anderen zuhören.
Wie dann in der Klasse 10 eine umfassende Präsentation auszusehen hat, ist den Schritten des Freisprechscheins zu entnehmen.

Wie man sein Publikum anspricht
oder
7 goldene Regeln für einen Vortrag

1. Atme tief durch, sammele dich, bewege dich ruhig, aber konzentriert zu dem Platz, von dem aus du den Vortrag halten willst, suche einen festen Stand und lege deine Notizen und Materialien so ab, dass du sie griffbereit hast bzw. daraufschauen kannst.

2. Nun nimm das Publikum in Augenschein: lasse deine Blicke schweifen, denke daran, dass das jetzt dein Auftritt ist, und suche dir irgendwo einen Fixpunkt für die Augen, zu dem du immer wieder zurückkehren kannst, wenn du dich konzentrieren musst.

3. Nenne nun das Thema und erläutere den Aufbau des Vortrags im Überblick, eventuell mit entsprechender Folie.

4. Mache deine Zuhörer mit einem beispielhaften interessanten Einstieg aufmerksam, sprich sie am besten direkt an und gewinne sie für deinen Vortrag.

5. Sprich möglichst frei und lebendig, variiere Stimme und Tonlage, unterstreiche deine Ausführungen mit Mimik und Gestik und lege ruhig mal kurze Pausen ein. Du darfst auch Wiederholungen einfügen.

6. Der Vortrag muss auch inhaltlich ansprechend gestaltet sein: mit lebensnahen Beispielen, Anregungen, rhetorischen Fragen, aber auch mit Anschauungsmaterialien, wie Stichworten, Grafiken oder sonstigen Anschauungsmaterialien auf Folie. (Nie einen langen Text einblenden und quasi ablesen!)

7. Sichere dir einen guten Abgang: Du hast das letzte Wort und hast zusammenfassend am besten noch einmal ein Highlight parat.

Die Zwischenschritte müssen in allen Fächern in allen Klassenstufen geübt werden. Worauf Sie bei den Übungen jeweils einen Schwerpunkt legen, auf die Körperhaltung, Mimik und Gestik, auf die Stimmgestaltung, auf die inhaltliche Bearbeitung oder die ausgewählten Materialien, bleibt Ihnen überlassen, wichtig ist nur, dass Sie jeweils die ganze Klasse zur Beobachtung und Beurteilung mit einbeziehen, indem Sie die Beobachtungsaufgabe klar benennen oder Beobachtungsbögen ausgeben.

2.2.4. Argumentationskette

Aktivität zum dialogischen Sprechen (Klasse 9/10)

Lernziel

Die SchülerInnen sollen lernen, einander zuzuhören und sich argumentativ aufeinander zu beziehen.

Ablauf

Sie wählen ein Thema, das nicht unbedingt ganz ernsthaft abgehandelt werden muss, z. B. *Tanzkurs*, und formulieren es als kurze These aus, z.B. *Tanzkurse sollten in der Schule Pflichtfach werden*. Die Klasse wird in zwei Gruppen aufgeteilt, eine Pro-Gruppe und eine Kontra-Gruppe. Alle SchülerInnen müssen sich ein Argument zu dem Thema ausdenken – je nachdem, welcher Gruppe sie zugeteilt sind, ein Pro-Argument oder ein Kontra-Argument – und müssen dieses Argument auf ein Blatt schreiben. Jemand von der Pro-Gruppe beginnt und trägt sein Argument vor. Sein Gegenüber von der Kontra-Gruppe muss das Pro-Argument wiederholen, aufgreifen und sein Kontra-Argument mit Hilfe einer Satzverbindung dagegensetzen. Im Zickzack geht es dann wieder auf die andere Seite: Das Kontra-Argument muss wiederholt werden und das eigene Pro-Argument muss dagegengesetzt werden.

Bemerkungen

Argumente sollen in vollständigen und ausformulierten Sätzen vorgetragen werden. Dazu sollten Sie an der Tafel oder auf einem Lernplakat Einleitungssätze sammeln: *Ich meine, dass ..., Ich nehme an, dass ..., Ich vermute, dass ..., Ich glaube, dass ...* usw. Desgleichen sollten Konjunktionen (*weil, da, denn, falls, obwohl, aber*) gesammelt und Satzmuster damit geübt werden.

2.2.5. Diskussionszirkel

Aufgabe und Aktivität zum dialogischen Sprechen (Klasse 10)

Lernziel

Die SchülerInnen sollen lernen, unterschiedliche Standpunkte zu einem Thema sprachlich und inhaltlich aufeinander zu beziehen.

Ablauf

Sie wählen einen Themenbereich, der im Erfahrungsbereich der SchülerInnen liegt und der ein Spektrum von Standpunkten mit unterschiedlichen Interessen eröffnet, z.B. das Rauchen. Eine These wird vorgegeben: Das Rauchen in der Öffentlichkeit soll grundsätzlich untersagt werden.

Es gibt dann beispielsweise fünf Fraktionen zu dem Thema oder dem Themenbereich: die Jugendlichen, die Eltern, die Schule, die Ärzte und die Zigarettenindustrie. Entsprechend den Fraktionen werden Gruppen eingeteilt, die gemeinsam ihre Standpunkte erarbeiten. Aus den jeweiligen Gruppen wird anschließend je ein Vertreter ausgewählt oder bestimmt. Die fünf Gruppenvertreter müssen nun mit ihren jeweils unterschiedlichen Standpunkten eine Diskussion führen.

Die zentrale Bedeutung der Konjunktionen in Argumentationszusammenhängen kann anhand einfacher Beispiele verdeutlicht werden: Die Ärzte argumentieren: *Weil die Gesundheit gefährdet ist, soll das Rauchen auf öffentlichen Plätzen verboten werden.* Die Zigarettenindustrie hat zu vermelden: *Obwohl der Konsum drastisch sinken wird, soll das Rauchen auf öffentlichen Plätzen verboten werden.* Was passt?

Mit Hilfe der Beobachtungsaufgaben sollen die Argumente der Diskutierenden von den SchülerInnen sprachlich und inhaltlich überprüft werden. Sprachliche Überprüfungskriterien können sein: Ist das Argument im ganzen Satz formuliert und sind grammatisch korrekte und sinnvolle Satzverknüpfungen vorgenommen worden? Bezieht sich der Redner angemessen auf seinen Vorredner? Inhaltliche Überprüfungskriterien können sein: Ist das Argument für den zu vertretenden Standpunkt stichhaltig? Steht wirklich die Sache im Mittelpunkt oder etwa der Redner?

Bemerkungen

Grundsätzlich ist zu sagen, dass alle Aktivitäten zum Argumentieren sehr nützlich für die schriftliche Erörterung sind, u.a. weil sie kleinschrittig und arbeitsteilig vorgehen.

2.3. Lesen: Sachtexte und Literatur

Lesen und Schreiben erfährt in Deutschland eine hohe Wertschätzung. Abgesehen davon, dass es eine unabdingbare Voraussetzung für beruflichen Erfolg bedeutet, wird es auch als Bildungsgut geschätzt – und das nicht umsonst: Lesen bedeutet sprachlichen Input in schönster und effektivster Form. Dieser Input kann sich auf verschiedenen Ebenen vollziehen:

- Inhaltliche Ebene: ein Zuwachs an Weltwissen entsteht, jeder Text enthält Aufgaben und Denkanstöße.
- Sprachliche Ebene: neue Wörter werden gelernt, der gängige Wortgebrauch schleift sich ein, Konjugation und Deklination ergeben im Satz einen Sinn.
- Strukturelle Ebene: Satzmuster und Erzählmuster schleifen sich ein, Textaufbau wird deutlich, aufgegriffen und eingesetzt.

Im Verstehensprozess selbst sind diese Ebenen nicht zu trennen, für die Aufgabendifferenzierung kann die Trennung aber sehr sinnvoll sein.

Varianten des Lesens: ein Überblick

Es lassen sich – je nach Leseziel – vier Lesestile unterscheiden. Diese Lesestile greifen alle ineinander und sie werden von einem geübten sprachkompetenten Leser auch nebeneinander vollzogen, aber gerade den DaZ-SchülerInnen sollten die Herangehensweisen auch im Einzelnen bekannt sein. Alle Lesestile sollten also einzeln geübt und möglichst weiter differenziert werden, damit die SchülerInnen selbst mitentscheiden können, welche Lesart ihnen den Zugang zu bestimmten Texten am besten eröffnet.

Detailliertes (oder auch totales) Lesen

Darunter wird ein sehr genaues Lesen verstanden. Auch Kinder der Klassenstufen 5 und 6 benötigen Übungen zum genauen Lesen, sie lesen oft noch mit dem Finger unter der Zeile und stolpern über einzelne Wörter, das flüssige und sinnentnehmende Lesen muss noch geübt werden. Die Klärung von unverstandenen Wortbedeutungen, die entweder dem Zusammenhang zu entnehmen oder nachzuschlagen sind, also Wortschatzarbeit, gehört zum detaillierten Lesen.

Globales (oder auch kursorisches) Lesen

In der Literatur wird oft angegeben, es gehe beim globalen Lesen darum, sich einen Überblick zu verschaffen; daher stammt auch die Gleichsetzung mit dem kursorischen Lesen. Für den erwachsenen Leser mag diese Gleichsetzung auch zutreffen, denn er erkennt unter Umständen beim Überfliegen des Textes gleich die Sinnzusammenhänge.

In der englischsprachigen Fachliteratur kommt dem globalen Lesen hingegen eine sich im Text orientierende Funktion zu; so wird es hier auch aufgegriffen: Globales Lesen dient dem Verstehen von Sinnzusammenhängen und vollzieht gedankliche Handlungen: der Leser hat Erwartungen an den Text, Hypothesen werden aufgestellt und bestätigt oder enttäuscht, Zusammenhänge ergeben einen Sinn.

Globales Lesen beinhaltet, wie gesagt, das Verstehen von Sinnzusammenhängen. Werden zur Rekonstruktion von Inhalten also Lückentexte eingesetzt, sollten sie so aufgebaut sein, dass das gesuchte Wort tatsächlich inhaltlich aus dem Kontext zu schließen ist und nicht geraten werden muss.

Suchendes (oder auch selektives) Lesen

Beim selektiven Lesen geht es um das Herausarbeiten von Einzelinformationen mit Hilfe gezielter Aufgabenstellungen.

Die Aufgabenstellungen sind grundsätzlich zu unterscheiden nach

- ➔ textentlastenden Methoden, wie der Einteilung in Abschnitte, der Gliederung durch Überschriften, der Anfertigung von Randnotizen usw. und
- ➔ schon formulierten Leitfragen, die nach bestimmten Inhalten suchen.

SchülerInnen tun sich mit der sachlichen Seite von Einzelinformationen oft schwer: Entweder bleiben sie an den Einzelheiten hängen, weil sie das Interessanteste für sie sind, oder sie überlesen sie großzügig, oft auch, weil sie sie gar nicht verstanden haben oder einzuordnen wissen.

Sortierendes (oder auch orientierendes) Lesen

Leseziel ist die Unterscheidung von Hauptsachen und Nebensachen in einem Text, die von den SchülerInnen selbst vorgenommen werden muss. Anders als beim selektiven Lesen wird nicht mit gezielten Aufgabenstellungen gelenkt. Der Leser selbst muss Wichtiges von weniger Wichtigem trennen.

Wendet man das Ganze formal, so kann man unter dem sortierenden Lesen auch eine Lesegrammatik bzw. die Elemente der Textgrammatik verstehen.

Satzmuster, und vor allem auch Attribute, sollten immer wieder visualisiert werden. Denn Satzbaupläne zu erkennen bzw. zu verstehen, stellt eine große Hilfe zur Orientierung im Text dar.

Zum Üben

Im Rahmen von Methodentraining und der Erarbeitung von Lerntechniken hat die 5-Gang-Lesetechnik Einzug in den Unterricht gehalten: 1. Grob überfliegen, 2. Fragen stellen, 3. Gründlich lesen, 4. Wichtiges zusammenfassen, 5. Wiederholen (vgl. Endres 2001). Die Verbreitung dieser Technik ist grundsätzlich sehr zu begrüßen und Lernplakate dazu sollten in keinem Klassenraum fehlen. An dieser Stelle soll nur darauf hingewiesen werden, dass diese Methode eigentlich einen schon geübten Leser unterstellt und die in diesem Kapitel genannten Lesestile in gewisser Weise zu einem Konzept der Texterschließung zusammenfasst. Damit das aber funktioniert, müssen die einzelnen Lesarten bekannt und vor allem geübt sein. Lesetraining ist ein kleinschrittiger mühsamer Prozess.

Tipps für die Praxis: Lesen

2.3.1. Textvermessung: Das Zeilometer

Aktivität und Übungen zum detaillierten Lesen (Klasse 5/6)

Lernziel

Die SchülerInnen sollen zum genauen Lesen angehalten werden. Sie sollen Einzelheiten im Text mit Zeilen- und Seitenangabe finden, wiederfinden und wiedergeben können.

Vorbereitung

Im Rahmen einer Schullektüre soll für das zu lesende Taschenbuch ein Zeilometer angefertigt werden; das Zeilometer dient der Orientierung auf einer Textseite und kann gleichzeitig als Lesezeichen genutzt werden.
Für alle SchülerInnen müssen weiße Pappstreifen – wie ein kurzes Lineal – geschnitten werden: wenn man von der gängigen Taschenbuchgröße ausgeht, müssen die Streifen 18 cm hoch und etwa 3 cm breit sein. (Die Breite ist variabel.)

Ablauf

Sie basteln mit den SchülerInnen ein Zeilometer. Jeder bekommt einen Pappstreifen mit dem Hinweis, dass daraus eine Art Lineal für den Text entstehen soll, damit Textstellen gut benannt und wiedergefunden werden können.
Der Pappstreifen wird auf einer Buchseite mit möglichst vielen Zeilen und wenig Abschnitten angelegt, die Zeilen werden markiert und durchnummeriert.
Aufgaben können unter unterschiedlichen Aspekten gesellt werden:

- Semantik: Unverstandenes anstreichen, Eigenschaften und Verhaltensweisen von Personen herausarbeiten
- Syntax: lange Sätze, die über mehrere Zeilen gehen, nach HS und NS sortieren
- Pragmatik: Leitfragen zum Handlungsverlauf über mehrere Seiten beantworten, kleine Nacherzählungen zu Textpassagen anfertigen

Bemerkungen

Aufgaben mit dem Zeilometer können auch gut in Gruppenarbeit bewerkstelligt werden, es ist für alle Beteiligten oft zufriedenstellender, wenn nur eine kleine Personengruppe über die Korrektheit der Angaben diskutiert.
Zeilometer können selbstverständlich für alle Textsorten und Bücher angefertigt werden, also auch für Fachbücher.

2.3.2. Experten gefragt!

Übungen zum selektiven Lesen (alle Klassen)

Vorbemerkung/Lernziel

Die Arbeit mit Expertenrollen sollte zum Methodenrepertoire jeden Unterrichts gehören, weil sie zum einen aus lernpsychologischen Gründen – SchülerInnen schlüpfen in die Rolle der kompetenten Ansprechpartner – positiv und motivierend sind und weil sie in der hier vorgeschlagenen Form eine bestimmte Art von Textarbeit schulen, nämlich das selektive Lesen. Um Experte zu sein, muss man auf seinem Gebiet fit sein und entsprechend Einzelinformationen aus einem Text herausziehen oder sie in ihm wiederfinden. Gerade DaZ-SchülerInnen lesen oft über Unverstandenes hinweg, ohne Wörter oder Begriffe nachzuschlagen oder aus dem Kontext zu klären.

Expertentreffen kann man in unterschiedlichen Formen organisieren; drei sollen an dieser Stelle vorgestellt werden: Expertengespräche, Experteninterview, Expertenkongress.

Anhand des folgenden Textes „Unter wilden Wölfen“ (vgl. auch: Wortstark, Werkstattheft 7) sollen Fragestellungen, die man in Expertenrunden einsetzen kann, exemplarisch gezeigt werden.
Der Text hat zwei Schwerpunkte:

- Eigenschaften und Verhaltensweisen von Wölfen allgemein
- Die besondere Stellung, die Forscher Werner Freund zu ihnen hat

Unter wilden Wölfen

Wölfe gelten oft als böse und heimtückisch. Dabei sind sie eher scheu und meiden uns Menschen, so gut es geht. Dem Forscher Werner Freund ist es trotzdem gelungen, von den Tieren akzeptiert zu werden – indem er selbst „zum Wolf" geworden ist ...

Da ist es wieder! Dieses klagende Geheul. „Huuuuu-Wuuu-Wooouuuu!", schallt es aus dem Wald. Ein bisschen unheimlich klingt das. Aber die Menschen in den Häusern am Waldesrand kann das nicht mehr schocken. Sie wissen nämlich: Das sind die Wölfe von Werner Freund, die mal wieder ihren „Chor" angestimmt haben. Und bestimmt sitzt der bärtige Mann mitten unter ihnen, hat den Kopf in den Nacken gelegt und heult kräftig mit.

Seit über 30 Jahren verbringt Werner Freund jede freie Minute mit seinen Tieren. 21 Wölfe leben in seinem Gehege in einem Wald nahe Merzig, einer kleinen Stadt im Saarland: Europäische und Indische Wölfe, Arktis- und Timberwölfe, aufgeteilt in vier Rudel. Und Werner Freund hat sich, wie kaum ein Forscher zuvor, den Tieren so angepasst, dass er von sich selbst sagt: „Ich bin erstaunt, wie sehr ich schon selbst zu einem Wolf geworden bin."

Für seine Tiere ist er sogar so eine Art „Oberwolf". Sobald Werner Freund eines der Gehege betritt, geht sofort ein „Begrüßungssturm" los. Mit Riesensätzen prescht der Rüde Igor heran, schnappt nach Freunds Hand, schnuppert, winselt. Igor ist das so genannte Alphatier des Rudels, also der Anführer – und als solcher hat er als Erster das Recht, Werner Freund zu begrüßen.

Ungerührt lässt der Forscher es zu, dass der Wolf ihn ableckt und ihm die schweren Pranken auf die Schultern legt. Werner Freund spricht leise, in einer Art geheimen Singsangs. Nach Igor darf Kalinka, die Alphawölfin, ihn willkommen heißen und dann erst, streng nach der Rangordnung, der Rest des Rudels. Als Gregor, ein rangniederer Rüde, sich vordrängeln will, wird Igor sofort wütend: Mit gefletschten Zähnen weist der Alphawolf den Schwächeren zurecht – und Gregor duckt sich mit eingezogenem Schwanz. In so einer Situation würde Werner Freund sich nie einmischen – denn Wolfsgesetze darf er nicht brechen.

Der Forscher kennt seine Tiere, seit sie Welpen waren: Gemeinsam mit seiner Frau Erika hat er fast alle aufgezogen, erst mit der Milchflasche, später mit zerkleinertem Hackfleisch, das er den Welpen mit dem Mund gab – genauso, wie es Wolfseltern tun. Monatelang hat er nachts mit den Kleinen im Gehege geschlafen.

Selbst beim Füttern der erwachsenen Tiere verhält sich Werner Freund wie ein Wolf: Wenn er mal wieder ein Stück Fleisch anschleppt, gibt er es nicht einfach her. Er zieht und zerrt daran, er knurrt und schlägt. Überließe er dem Rudel das Fleisch, ohne zu kämpfen, würde er seine Stellung riskieren – nur ein schwacher Wolf lässt sich seine Beute abnehmen. Und ein schwacher Wolf wird schnell angegriffen.

Aber Werner Freund hat auch gelernt, sich in brenzligen Situationen wie ein Wolf zu verteidigen. Als Igor ihm einmal durchs Gesicht schleckte, dann aber plötzlich gefährlich die Zähne an Freunds Hals fletschte, schlug der Mann nach bester Wolfsart zurück: Er biss Igor in die Nase. Und beendete damit den drohenden Streit.

Inka Schmeling

(Aus: Geolino 4/2003. S. 14–18.)

Variante 1: Expertengespräche
Aufgabe zum selektiven Lesen (Klasse 7/8)

Ablauf
Nachdem der Text gelesen worden ist, müssen sich die SchülerInnen in Partner- oder in Gruppenarbeit gegenseitig befragen. Die Fragen werden ihnen auf Kärtchen oder in einer Liste vorgegeben.
- Welche Verhaltensweisen werden Wölfen oft zugeschrieben?
- Wie verhalten sie sich Menschen gegenüber tatsächlich?
- Welche Laute geben Wölfe von sich?
- Wie leben Wölfe zusammen?
- Wie heißt der jeweilige Anführer einer Gruppe von Wölfen?
- Was ist oberstes „Wolfsgesetz"?
- Wie verhalten sich Wölfe beim Fressen?
- Wie verhalten sich Wölfe im Allgemeinen untereinander?

Die Fragen sind mit Hilfe des Textes zu beantworten. Bei Unklarheiten muss noch einmal nachgelesen werden.
(Zusatzfrage im Kontext nach dem Sprichwort „Mit den Wölfen heulen": Welches Sprichwort gibt es im Deutschen? Was bedeutet es?)

Variante 2: Experteninterview
Übung zum selektiven Lesen (Klasse 7/8)

Ablauf
Anhand der folgenden Fragen soll ein Interview von Reporter xy von der Zeitung xy mit dem Forscher Werner Freund geführt werden:
- Herr Freund, Sie forschen hier in Deutschland über Wölfe, das ist ungewöhnlich. Können Sie sich bitte vorstellen? Wo leben Sie?
- Wie halten Sie Ihre Wölfe? Wie viele sind es und welche Arten sind vertreten?
- Wie viel Zeit verbringen Sie mit Ihren Wölfen? Was machen Sie mit Ihnen?
- Wie ist es Ihnen insgesamt gelungen, so von Ihren Wölfen akzeptiert zu werden?
- Gibt es manchmal brenzlige Situationen mit den Wölfen? Haben Sie nie Angst?

Herr Freund, wir danken Ihnen für das Gespräch!

Bemerkungen
Die Fragen sind auf der Grundlage des vorliegenden Textes bereits formuliert worden. Gerade bei solchen Experteninterviews können die SchülerInnen die Fragen aber auch selbst erarbeiten, indem sie sie aus dem Text ziehen. Ganz ähnlich können Sie verfahren, wenn ein Text „Forschergespräche" zulässt, weil zwei Forscher an unterschiedlichen Orten oder zwei Forscher mit unterschiedlichen Standpunkten vorkommen.

Variante 3: Expertenkongress
Übung zum selektiven Lesen, Klasse 7–10

Ablauf
Um einen Expertenkongress vorzubereiten oder durchzuführen, brauchen Sie nicht nur einen Text, sondern entweder mehrere Texte oder einen Themenkomplex aus einem Lehrbuch.
Um exemplarisch beim Thema zu bleiben, könnte man an dieser Stelle verschiedene Texte zum Thema „Wölfe" hinzuziehen. Die Texte werden thematisch aufgeteilt, jedes Unterthema wird einer Gruppe zugeteilt und jede Gruppe bekommt einen Infostand.
Ähnlich wie bei dem Lernen an Stationen sind die Infostände Stationen, an denen aber keine Arbeitsblätter liegen, sondern Experten sitzen, die zu ihrem Unterthema Auskunft erteilen.
Zunächst erarbeiten die SchülerInnen ihr Thema in Gruppen. Die Tischgruppen werden anschließend zu Infoständen umfunktioniert und gekennzeichnet. Die jeweiligen Expertengruppen werden geteilt. Der eine Teil bleibt am Stand, der andere Teil geht herum, um sich an den anderen Ständen für die anderen Teilgebiete fit zu machen.
Nach Abschluss der gesamten Runde erfolgt der Wechsel, die am Stand verbliebenen SchülerInnen gehen nun herum, und informieren sich.
Abschließend sollten alle SchülerInnen in der Lage sein, unter Berücksichtigung ihres Spezialgebietes einen Kurzvortrag zu dem Gesamtthema zu halten. Per Zufallsverfahren wird aus allen Gruppen jeweils eine Person gezogen, die diesem Auftrag vor der Klasse nachkommt.

ÜBUNGSIDEEN

2.3.3. Hauptsache wichtig

Aufgabe zum sortierenden Lesen (Klasse 7/8)

Lernziel

Beim sortierenden Lesen sollen die SchülerInnen üben, Wichtiges und Unwichtiges voneinander zu unterscheiden. Es ist eine wichtige Vorübung zur Erarbeitung einer Zusammenfassung oder einer Inhaltsangabe.

Vorbereitung

Wählen Sie einen Text aus, der informative und narrative Elemente enthält, beispielsweise eine Reportage aus einer Zeitung.

Ablauf

Der Text wird von allen gelesen. In einem Unterrichtsgespräch klären Sie mit den SchülerInnen, um welches Thema es in der Reportage geht. Wie für den ersten Satz einer Inhaltsangabe kann man das Thema an der Tafel festhalten: Es geht in der Reportage z.B. um die Eröffnung einer neuen Diskothek.

Die SchülerInnen haben nun die Aufgabe, alle Textstellen, die wichtige Informationen zur Neueröffnung enthalten, zu unterstreichen oder zu markieren.

Die SchülerInnen finden oft die Einzelheiten und Beispiele in einer Reportage viel interessanter als die sachlichen Informationen, weil die genannten Textstellen emotional ansprechender sind. DaZ-SchülerInnen kommen aber auch durch sprachliche Missverständnisse auf falsche Schwerpunkte. Textarbeit beinhaltet immer Wortschatzarbeit und Arbeit mit grammatischen Strukturen! Die W-Fragen (*was, wann, wo, wie, warum*) helfen bei der Klärung der sachlichen Informationen.

2.3.4. Kino im Kopf

Aktivität zum globalen Lesen (alle Klassen)

Lernziel

Inhalte eines umfangreichen Textes sollen auf einer nicht sprachlichen Ebene umgesetzt bzw. dargestellt werden.

Vorbemerkung

In der literaturdidaktischen Diskussion heißt es immer wieder so schön, Literatur bzw. Geschichten evozieren Bilder vor dem inneren Auge. Jeder kennt dieses Phänomen, selbst wenn die Vorstellungsbilder höchst nebulös bleiben. Spätestens, wenn man sich die Verfilmung eines Buches anschaut, heißt es: *Das habe ich mir aber ganz anders vorgestellt!*

Ablauf

Die Aufgabe kann im Rahmen einer Schullektüre gestellt werden. Sie selbst kennen das Buch am besten und wählen mehrere Kapitel oder Passagen aus, die szenisch oder bildnerisch – Umgebung, Ambiente – interessant sind. Die SchülerInnen sollen – allein, in Partner- oder in Gruppenarbeit, das bleibt Ihrer Entscheidung oder der Entscheidung der Klasse überlassen – ein Bild oder eine Skizze dazu malen oder zeichnen, eine Collage anfertigen oder, wenn sie nicht gern in dieser gestalterischen Form arbeiten, eine Art Regieanweisung für den Beginn oder Schluss einer Filmszene in Stichwörtern aufschreiben. Die Ergebnisse werden der Klasse vorgestellt und darüber erfolgt auch der sprachliche Austausch.

Literarische Sprache selbst zeichnet sich durch Metaphern aus. Diese in Sprache verdichteten Bilder sollen aufgespürt und besprochen werden, denn sie spielen beim Interpretieren der entsprechenden Passagen oft eine entscheidende Rolle. Gleichzeitig können sie auch als Idee zu einer Illustration im Rahmen eines Lesetagebuches dienen.

2.4. Schreiben: Texte entwerfen und verfassen

Mündlicher und schriftlicher Sprachgebrauch sind grundsätzlich voneinander unterschiedene Sprachhandlungen: das Mündliche ist gekennzeichnet durch eine dialogische Kommunikationssituation, das Schriftliche durch eine monologische. Der Sprecher befindet sich in einer Gesprächssituation: ein Gespräch entwickelt sich durch Rede und Gegenrede, bei Unverstandenem kann nachgefragt werden, das Gespräch wird durch Mimik und Gestik ergänzt, Sätze müssen nicht vollständig sein, sogar Fragmente oder sprachlich nicht Korrektes können unmittelbar im Gespräch geklärt werden. Oft fällt deshalb erst beim Verfassen und Schreiben von Texten auf, wie umfassend die sprachlichen Schwierigkeiten der DaZ-SchülerInnen noch sind – mündlich konnten sie sich doch gut verständigen!
Beim Schreiben ist der Schreiber auf sich allein und seine Sprachkenntnisse verwiesen, und um mit dem Schreiben zu beginnen, muss er zunächst einmal die Aufgabe verstehen und einordnen können. Um dann den Text zu verfassen, muss er schreiben und formulieren können. Zu Beginn der Sekundarstufe I ist die Rechtschreibung nicht mehr unbedingt das größte Problem der DaZ-SchülerInnen, das Problem sind fehlender Wortschatz und fehlende grammatische Strukturen für Satz und Text.
Schreiben ist immer auch ein gedanklicher Prozess: das Erzählen, auch das Nacherzählen einer Geschichte, das Entwickeln einer Idee und deren Umsetzung in eine bestimmte sprachliche Form, die Auseinandersetzung mit einem Text oder die Bearbeitung komplexer Themenstellungen in Erörterungen oder Referaten verlangen eine gedankliche Auseinandersetzung mit dem Thema bzw. mit dem Stoff. In den Rahmen des gedanklichen Klärungsprozesses, der beim Erfassen des Themas beginnt und dann vor allem die Materialrecherche beinhaltet, sollten auch die Herkunftssprachen einbezogen werden können.

Varianten des Schreibens: ein Überblick

Freies Schreiben

Beim freien Schreiben können die SchülerInnen ihren Ideen, Gedanken und Gefühlen freien Lauf lassen. Themen des freien Schreibens eröffnen den SchülerInnen Möglichkeiten, etwas von sich persönlich mitzuteilen. Ich-Texte zum Beispiel können in verschiedenen Formen entstehen: Die untereinander geschriebenen Buchstaben des Vornamens können Anlass bieten, Vorlieben oder Hobbys zu benennen und auf diese Weise bereits eine kurze Charakteristik zu erstellen. Ich-Texte sollen die DaZ-SchülerInnen dazu ermutigen, Schreiben als Ausdrucksmittel zu entdecken und zu gebrauchen. Texte sollten gesammelt und vielleicht illustriert werden, um zu verdeutlichen, dass man mit Geschriebenem auch sorgfältig umgehen soll.
Zum freien Schreiben kann man auch alle Formen des kreativen Schreibens zählen. In die Schreibdidaktik ist das kreative Schreiben eingegangen, um Schreibhemmungen abzubauen, die kreativen Kräfte des Schreibenden freizusetzen und zu schöpferischen Resultaten zu gelangen. Diese Bereicherung des Sprachunterrichtes, die niemand missen möchte, ist allerdings gerade bei Aufgaben für Migrantenkinder mit Vorsicht zu genießen: Um spielerisch und kunstvoll mit Sprache umzugehen, benötigt man ein gewisses Repertoire dieser Sprache. Sehr hilfreich sind allerdings alle produktionsorientierten Schreibverfahren, die aus dem kreativen Schreiben hervorgegangen sind: Schreiben mit Bildimpulsen, Echotexte, Paralleltexte und alle Arten der Textumformung, Lückentexte, Schnipseltexte und Kettentexte sind aus den Arbeitsbüchern für den Sprachunterricht nicht mehr wegzudenken. Sie alle gehören aber nicht im engen Sinne zum freien Schreiben, sondern arbeiten mit und an – meist literarischen – Textvorlagen.

Abbau von Schreibhemmungen

Neben Ich-Texten oder anderen freien Texten können unterschiedliche Schreibspiele eingesetzt werden, um Spaß am Schreiben zu bekommen, es zu pflegen und eventuelle Schreibhemmungen abzubauen. Aber auch norm- und regelgeleitete

Verfahren können dazu dienen, Schreibhemmungen abzubauen: richtige Rechtschreibung, Modelltexte und Standardvorlagen geben Sicherheit hinsichtlich des zu erstellenden Textes.
Regelmäßige und gemeinsame Übungen zur Überarbeitung von eigenen Texten, zum Beispiel in Schreibkonferenzen, können zum offenen Umgang mit Fehlern und Unzulänglichkeiten und zu gegenseitiger Hilfe führen. Wenn man sich nicht mehr mit seinem Text blamiert, sondern die Resultate der schriftlichen Mühen ernsthaft behandelt werden, schafft das Zuversicht und Selbstvertrauen in die eigenen Texte.

Schreiben zu literarischen Texten und Themen

Wie eng Textrezeption und Textproduktion, also Lesen und Schreiben, miteinander verzahnt sind, wird an verschiedenen Stellen dieses Grundlagenbandes deutlich. Weil Texte, literarische zumal, den schönsten sprachlichen Input bilden, den man sich denken kann, sollte das Spektrum des Schreibens zu literarischen Texten und Themen auf jeden Fall ausgeschöpft werden.
Das generative Schreiben (s. S. 176) arbeitet unmittelbar mit dem sprachlichen Input des Vorlagentextes, und zwar auf Wort-, Satz- und Textebene. Wie auch andere produktionsorientierte Verfahren als Hilfe zum Schreiben für DaZ-SchülerInnen genutzt werden können, wird im Folgenden kurz benannt:

➔ Paralleltexte greifen Textstrukturen und wesentliche inhaltliche Elemente auf. Sie können am besten zu kurzen Texten mit einfachen Text- und Inhaltsstrukturen verfasst werden. Auch Gedichte eignen sich als Vorlagen für Paralleltexte.

➔ Echotexte arbeiten mit Auslassungen, den sogenannten Leerstellen im Text. Die SchülerInnen müssen Wesentliches der Handlung verstanden haben, um ergänzen zu können, müssen aber keine langen Texte verfassen. Das Ergänzen von Anfang oder Schluss bei Kurzgeschichten eignet sich für Echotexte.

➔ Lückentexte beschränken sich im Wesentlichen auf die inhaltliche Seite der Texterschließung, formuliert werden muss wenig. Lückentexte sollten aber mit tatsächlichen Informationslücken arbeiten und nicht nur mit Wortlücken, die nach irgendeinem Prinzip des Ratens auszufüllen sind. Nur in dieser Form dienen sie dem Sprachwachstum.

➔ Schnipseltexte bieten sich als Übung an, wenn grammatische Textstrukturen erkannt und angewandt werden sollen. Sie können zum Beispiel eingesetzt werden, wenn Haupt- und Nebensätze zusammengefügt oder Bezüge von Nomen und Pronomen erkannt werden sollen. Als Schnipseltexte kann man durchaus bekannte, bereits gelesene Texte verwenden.

➔ Kettentexte haben eine sehr kreative Seite und entwickeln sich beim Schreiben. Sie arbeiten mit inhaltlichen und formalen Verknüpfungen nach bestimmten vereinbarten Regeln. Meist wird vereinbart, dass das letzte Nomen oder Pronomen des jeweils abgeschlossenen Satzes den Anfang des neuen Satzes bilden muss.

➔ Bildimpulse, Bildergeschichten oder Bilderfolgen geben einen Handlungsrahmen oder einen Handlungsstrang vor und bieten so ein Gerüst zum Schreiben. Oft kann man anhand der Bilder im Vorfeld eine Wortschatzübung einschieben und so eine wichtige Hilfestellung zum Schreiben geben.

➔ Alle längeren Erzähltexte, sei es als einzelne Geschichte oder als ganzes Buch, bieten eine Fülle sprachlichen Inputs. Damit dieser auch genutzt werden kann, sollten die daran geknüpften Aufgaben nur einen Aspekt der Handlung betonen: Schilderung einer Situation aus einer anderen Perspektive oder Umformung einer bestimmten Textpassage in einen Dialog.

Schreiben von vorstrukturierten Texten
Viele der Texte, die im Laufe der Schulzeit in den unterschiedlichen Fächern erarbeitet und geschrieben werden, sind nach spezifischen Schemata aufgebaut, z.B. Versuchsbeschreibungen, die unterschiedlichen Protokollformen, bestimmte Formen des Berichtes usw. Diese sollen zwar inhaltlich mit den SchülerInnen gemeinsam erarbeitet werden, die Strukturen können aber auch vorgegeben werden, denn die SchülerInnen sollen nicht den Aufbau eines Protokolls neu erfinden, sondern damit arbeiten. Zu den Aufbauschemata der unterschiedlichen Textsorten, die die Lehrkraft als Tafelbild oder Kopie o.Ä. vorgibt, können Lernplakate erstellt werden, die zur Erinnerung im Klassenraum aushängen. Auch die Arbeit mit Checklisten empfiehlt sich bei der Erstellung und Überprüfung dieser Texte.

Schreiben von formalisierten Texten
Das Schreiben von formalisierten Texten scheint auf den ersten Blick einfach zu sein, liegen doch die Vorlagen, z.B. für Lebenslauf und Bewerbung, in umfangreichen Materialien des Arbeitsamtes und inzwischen auch oft als Angebot von Versicherungen und Sparkassen, vor. Es ist also nicht schwer, an geeignete und vernünftige Formvorlagen zu kommen, dennoch ist die Umsetzung dieser standardisierten Textformen für SchülerInnen sehr schwer, weil ihnen diese Form des Schreibens fremd ist. Die Schwierigkeiten beginnen bei einer übersichtlichen Seiteneinteilung und der Richtigkeit und Vollständigkeit von Datenangaben und enden beim Verfassen des Briefes bei der einzuhaltenden Distanz – Höflichkeitsformen – und den – meist grammatischen – Stilblüten in den Formulierungen.
Das Gleiche gilt für das Verfassen von Briefen, die einen geschäftlichen Anlass haben: Beschwerdebriefe, Reklamationen, Schreiben an Versicherungen und Behörden usw. Diese Briefe sind noch schwerer zu schreiben, weil neben der Einhaltung einer vorgegebenen Form auch der Sachverhalt sprachlich korrekt dargestellt werden muss.
Neben dem fehlenden Wortschatz sind es vor allem die grammatischen Strukturen der deutschen Behördensprache: Nominalstil, Attribution, Pronominaladverbien, die diese kurzen und dichten Texte für Migranten zu einem sprachlichen Ungetüm machen. Das gilt im Übrigen auch für jede Art von Formularen, die auszufüllen sind.

Schriftliches Bearbeiten von Frage- und Aufgabestellungen
Das schriftliche Beantworten von Fragen wird im Unterricht der Fächer eine der häufigsten Formen der Texterstellung sein. Man darf sich nicht täuschen, wie schwer das für SchülerInnen ist, auch wenn es sich oft nur um kurze Texte handelt. Das schriftliche Bearbeiten von Frage- und Aufgabestellungen muss ausgiebig und kleinschrittig geübt werden, mit einem „eben mal Hinschreiben, was gerade gesagt worden ist" ist es nicht getan. Grundsätzlich sollten Sie als Lehrkraft die Aufgabenstellung, auch die eigene, kritisch im Hinblick auf ihre Verständlichkeit prüfen. Könnten Sie die Aufgabe selbst lösen?
Des Weiteren müssen die SchülerInnen lernen, die Aufgabe in allen Einzelheiten zu erfassen. Dafür eignet sich die Markierung von Schlüsselwörtern in der Themenstellung.
Der zu erstellende Text sollte in der Art einer Inhaltsangabe oder Zusammenfassung mindestens im ersten Satz wesentliche Bestandteile der Aufgabenstellung aufgreifen, damit allen klar ist, worum es im Weiteren gehen soll. Oft bietet es sich an, Aufgaben gemeinsam schriftlich zu bearbeiten; die SchülerInnen helfen, korrigieren und ergänzen sich untereinander: sie klären gemeinsam sowohl Wortbedeutungen und Satzinhalte als auch Textstrukturen. Für die Entwicklung eines Sprachgefühls bei Formulierungen ist die gegenseitige Korrektur sehr wertvoll. Wichtig ist aber bei jeder Gruppenarbeit, dass gemeinsam erarbeitete Texte auch von allen Teilnehmern aufgeschrieben werden.

Schriftliches Erarbeiten von Themenkomplexen
Zu Beginn dieses Kapitels war die Rede davon, dass Schreiben ein gedanklicher Prozess ist. Wie sich ein Text erst beim Schreiben selbst entwickelt, kann man am deutlichsten bei längeren Texten, für die ein Themenkomplex erschlossen werden musste, verfolgen. Die schulischen Texte,

die an dieser Stelle gemeint sind, sind vor allem die Erörterung und das Referat.

Die Gliederung ist der Dreh- und Angelpunkt beim schriftlichen Erarbeiten von Themenkomplexen, denn sie enthält und repräsentiert Umfang, Tiefe und Systematisierung der verarbeiteten Gedanken. Für die Entwicklung eines Gedankenganges in einer Erörterung ist sie zentral. Die Schritte zur Erarbeitung einer Gliederung werden noch im Einzelnen vorgestellt. Gerade für DaZ-SchülerInnen, die in ihrer Schulzeit mehr oder weniger mühsam gelernt haben, dass alles Schriftliche vollständige Sätze verlangt, ist es manchmal nicht ganz leicht zu begreifen, warum mit den Ober- und Unterbegriffen einer Gliederung nun wieder Worte und Begriffe gefordert werden.

Tipps für die Praxis: Schreiben

2.4.1. Autorenkollektiv

Übung zum gemeinsamen Schreiben zu Bildimpulsen (Klasse 5–6), KV 16

Lernziel

Die SchülerInnen erarbeiten bzw. überarbeiten gemeinsam einen erzählenden Text

Vorbemerkung

DaZ-SchülerInnen fällt es oft nicht leicht, ganz allein einen erzählenden Text zu schreiben. Selbst wenn sie eine gute Idee haben, und dazu soll der jeweilige Bildimpuls oder die Bildfolge dienen, fehlen ihnen im wahrsten Sinne die Worte, und sie wissen nicht, wie sie sich grammatisch richtig ausdrücken sollen. Gemeinsames Schreiben oder zumindest eine gemeinsame Überarbeitung können Abhilfe schaffen und die SchülerInnen zum offenen Umgang mit Fehlern anleiten.

Ablauf

Die in der KV genannten Kriterien zum Aufbau eines erzählenden Textes werden als erarbeitet und bekannt vorausgesetzt. Am besten hängen sie sogar als Lernplakat an der Wand. Die SchülerInnen sitzen in Tischgruppen mit bis zu sechs TeilnehmerInnen und erarbeiten zu einem vorgelegten Bildimpuls oder einer Bildfolge eine gemeinsame Geschichte. Sie helfen und kc
sich gegenseitig, nehmen unter Umstä
Wörterbuch zu Hilfe und ziehen auf jeder
Lehrer in Zweifelsfällen zu Rate. Alle SchülerInnen schreiben die Geschichte auf.

Ihre gemeinsam erarbeitete Geschichte wird nun von den einzelnen SchülerInnen mit Hilfe des Arbeitsblattes überprüft, eventuell noch einmal stellenweise korrigiert und dann als Gruppenergebnis vorgetragen.

Variante

Wirklich als Autorenkollektiv zu arbeiten, funktioniert gut, wenn auch die entsprechende Kooperationsbereitschaft in der Klasse vorhanden ist. Ist das noch nicht der Fall, kann man auch den umgekehrten Weg gehen: Die Geschichten werden in Einzel- oder Partnerarbeit erstellt und dann gemeinsam mit Hilfe des Arbeitsblattes besprochen und mit Symbolen (+ / – / o) bewertet. Wichtig ist, dass die SchülerInnen Verfahren zur gemeinsamen Erarbeitung bzw. Überarbeitung lernen. Neben der gegenseitigen Hilfestellung ist die neutrale Haltung Fehlern gegenüber von Bedeutung: Fehler werden beim Lernen immer gemacht. Es kommt darauf an, sie zu bemerken bzw. zu finden und zu korrigieren.

2.4.2. Sichtwechsel

Übungen zum Schreiben mit literarischen Textvorlagen (alle Klassenstufen)

Lernziel

Die SchülerInnen nutzen den sprachlichen Input literarischer Textvorlagen für eigene Texte

Vorbemerkung

Im Rahmen von Lektüren und umfangreichen Texten kann man gut unmittelbar produktionsorientierte Schreibverfahren einsetzen. Was sich jeweils anbietet, ob ein Perspektivenwechsel, d.h. die Schilderung einer Situation aus der Sicht einer anderen Person, oder ein Brief, der zu einer bestimmten Problemstellung verfasst wird, oder die Umformung einer längeren erzählenden Passage in einen Dialog oder eine ähnliche Aufgabe gewählt wird, hängt von der Textvorlage ab. Gewährleistet ist immer eine aktive Auseinandersetzung mit dem Text, die auch sprachlich zu bewerkstelligen ist, weil der Text Inhalt und Sprachmaterial liefert.

Ablauf

Als Beispiel für einen Perspektivenwechsel wird an dieser Stelle die Lektüre „Die Abenteuer der schwarzen Hand" von Hans Jürgen Press für eine Klasse 5 vorgeschlagen. Alle Geschichten sind sehr überschaubar in Kapitel über eine Text- und eine Bildseite eingeteilt. Die Bildseite visualisiert den Text und enthält gleichzeitig die Lösung der im Text gestellten Rätselaufgabe. Die vier Mitglieder des Teams – Felix, Rollo, Kiki m. E. und Adele – spielen immer mit, Haupt- und Nebenrollen sind unterschiedlich verteilt. Es ist relativ leicht, aus einem bestimmten Kapitel eine Person zu wählen und den Sachverhalt aus ihrer Sicht in der Ich-Form schildern zu lassen. Die SchülerInnen arbeiten auf diese Art und Weise mit dem Sprachmaterial des Textes, können aber nicht einfach abschreibend am Text entlang erzählen, sondern müssen den Perspektivenwechsel von der 3. in die 1. Person vornehmen und die entsprechenden inhaltlichen Schwerpunkte und Veränderungen berücksichtigen.

2.4.3. Gedankenflug

Aufgaben zum kreativen Schreiben (Klassen 7–10), KV 17

Worte[3]

Worte
meine Fallschirme
mit euch
springe
ich
ab
wer euch richtig öffnet
schwebt

Horst Bienek

[3] Aus: Rudolf Otto Wiemer: Bundesdeutsch. Lyrik zur Sache Grammatik. Peter Hammer Verlag 1974.

Lernziel

Die SchülerInnen deuten das Wortmaterial, das auf dem Arbeitsblatt getrennt und durcheinandergewürfelt ist, und stellen es zu einem eigenen Gedicht zusammen.

Vorbereitung

Für die Unterrichtsstunde müssen Schere und Klebestift mitgebracht werden. Des Weiteren sollten Zeitschriften zum Illustrieren oder Collagieren vorhanden sein oder mitgebracht werden.

Ablauf

Das Arbeitsblatt wird verteilt und die Wortschnipsel werden ausgeschnitten. Je nach Altersstufe und Sprachkenntnis wird im Vorfeld unter Umständen der zentrale Begriff „Fallschirm" geklärt werden müssen. Man kann direkt an der metaphorischen Bedeutung ansetzen und die beiden Bestandteile des Kompositums in Wortclustern deuten.

Die Wortschnipsel werden von den SchülerInnen so lange hin- und hergeschoben, bis sie für sich einen sinnvollen Gedichttext gefunden haben. Die inhaltliche und grafische Anordnung in Zeilen oder auch in einer anderen Form gehört mit zur Lösung. Erfahrungsgemäß kann man sagen, dass der Inhalt aller Lösungen etwas mit Kommunikation und Verständigung zu tun hat, entweder als eine funktionierende oder als eine gestörte. Während die SchülerInnen an ihrem Gedicht arbeiten, schreiben Sie das kurze Gedicht auf eine Tafelhälfte und klappen sie weg oder bringen das Gedicht auf Folie mit. Nachdem die Lösungen der SchülerInnen ausführlich besprochen worden sind, wird das Gedicht von Bienek gelesen und gedeutet. Wie immer in solchen Fällen muss deutlich werden, dass dieser Text zwar der Originaltext ist, aber nicht die richtige Lösung, die die SchülerInnen finden sollten.

2.4.4. Stilblüten

Übungen zum Schreiben von formalisierten Briefen (Klasse 9/10), KV 18

Lernziel

Die SchülerInnen sollen auf Grundlage einer Fallschilderung ein formalisiertes Schreiben aufsetzen, in diesem Fall einen Beschwerdebrief.

Ablauf

Das Arbeitsblatt wird verteilt, die Aufgaben werden besprochen und gelöst.
Das Problem für SchülerInnen, Briefe dieser Art zu schreiben, bewegt sich auf unterschiedlichen Ebenen:
1) den Sachverhalt korrekt darzustellen, also keine wichtigen Informationen wegzulassen, aber auch keine unwichtigen Einzelheiten hinzuzufügen;
2) den Inhalt in eine höfliche und gleichzeitig verbindliche Form zu kleiden;
3) diese Aufgaben grammatisch richtig zu lösen.
Da die Texte hinsichtlich ihres Informationsgehaltes sehr dicht sind und dann auch noch besonders offiziell klingen sollen, schleichen sich Stilblüten ein, die oft auf eine falsche Attribution zurückzuführen sind. Beim Formulieren fehlt allen SchülerInnen dazu das Sprachgefühl, und DaZ-SchülerInnen haben es natürlich noch einmal besonders schwer, deshalb wird an dieser Stelle mit Satzbeispielen zur Auswahl gearbeitet.

2.4.5. Gedankenschritte

Übungen zur Textplanung und Gliederung (Klasse 9/10)

Lernziel

Die SchülerInnen sollen mit Hilfe bekannter Verfahren – Cluster und Mind-Map – lernen, eine Gliederung für eine Erörterung zu erstellen und diese mit einer Checkliste zu überprüfen.

Ablauf

Bei der Erörterung steht zu Beginn meist nur das Thema. Schlüsselbegriffe werden am besten in einem oder mehreren Clustern mit Inhalt gefüllt, so wird der Prozess des Nachdenkens in Gang gesetzt. Alle Formen des assoziativen Denkens können zunächst eingesetzt werden, Hauptsache es kommt möglichst viel Stoff zusammen, ausgewählt wird ohnehin noch. Aus dem Cluster entsteht eine Mind-Map, die Einfälle werden in einem ersten Schritt systematisiert, die bekannten Äste einer Mind-Map entstehen, das sind die Gedankenstränge, später die Ober- und Unterpunkte. Das Cluster oder die Stoffsammlung kann man auch mit Hilfe von Farben und Symbolen systematisieren. Hat man die Oberpunkte ausgesucht und nach Wichtigkeit oder nach Pro- und Kontra geordnet, kann man mit der nummerischen Gliederung beginnen.

Checkliste für eine Gliederung:
- Sind die Oberpunkte vollständig?
- Passen die Ober- und die Unterpunkte zusammen?
- Sind die Ober- und Unterpunkte in Stichworten (nicht in Sätzen) formuliert?
- Werden die angesprochenen Themenbereiche in den Ober- und Unterpunkten umfassend und nicht nur oberflächlich aufgenommen?
- Ist die Nummerierung korrekt?

2.5. Richtig schreiben

Der folgende Text stammt von einer in Deutschland geborenen und aufgewachsenen türkischen Schülerin aus einer Hauptschulklasse, 6. Schuljahr:

> Das Abentteuer Geschichte
>
> Ich habe ein freunt kennengelernt Er sa so aus:" sein haut farbe war grün er hate 4 augen und flühgeln und er hiß Gargoyles er wohnte auf der Planetten Er flog fast jeden Tag in den und ich habe ihn gefragt wie es im Mars ist ich könnten nich ihm Fehrstehen aber er hat mit hilfe des händen hat er mit seinen Händen sprache gemacht und ich habe ihn Ferstanden er sagte das es da ganz schön ist ich habe ihm gefragt op da Autos sind Er hat nein gesagt da habe ich ihn wider gefragt op da Bäume sind und widie aus sehen es bei uns er Welt giptes bunte Bäuieme er hat sein freunde so erzählt: "Meine freunde sind grün wie ich aber eine der ist ein alte oper er hat ein Bad. Und dann habe ich ihm gefraht was seine Hobby sind mit meine freunde reden, fligen und schlafen. Ich habe ihn gebittet das er immer beimir wohnt. Er hat nein gesagt sonst stirb ich in einer woche hat er gesagt. Aber er müßte zurük aber er kam immer zur besuch und Spielte mit mir. Alle Liebten ihm und manche haten angst.

Fehleranalyse
Emine verfügt einerseits über eine differenzierte kommunikative Kompetenz, Haupt- und Nebensätze, ganzheitlich erworbene Redeteile, wie z.B. Konjunktivform bei indirekter Rede: *Aber er müßte zurück* (20), die darauf schließen lassen, dass sie sich beim Sprechen kaum von ihren deutschen MitschülerInnen unterscheidet. Allerdings hat sie noch nicht gelernt, zwischen gesprochener und geschriebener Sprache zu unterscheiden. Das zeigt sich, an verschiedenen Textmerkmalen, die beim mündlichen Erzählen kaum auffallen:

→ unvollständige Sätze: *Er flog fast jeden Tag in den* (4)
→ Wiederholungen: *er hat mit Hilfe des händen hat er mit seinen Händen sprache gemacht* (6)
→ mangelnde Konsequenz bei der Nutzung sprachlicher Mittel: ‹*Bäume*› (11), aber ‹*Bäuieme*› (13), ‹*ihn gefragt*› (11), aber ‹*ihm gefragt/ gefraht*› (9, 16), ‹*händen*› aber ‹*Händen*› (7)
→ unzureichend entwickelte Fähigkeit, Satz- und Wortgrenzen zu erkennen und zu markieren

Ihre Schriftsprache ist geprägt durch eine verworrene Nutzung von Regeln, die sie z.T. noch nicht verstanden hat:

1. Phonem-Graphem-Korrespondenz
- phonetische Schreibung ‹*Bad*› statt ‹*Bart*› (15) mit einer Übergeneralisierung der Schreibregeln zur Auslautverhärtung;
- ‹*oper*› statt ‹*Opa*› (15): Übergeneralisierung der Schreibung ‹*Mutt**er** Vat**er***›, -er-Schreibung trotz der Aussprache *[muta, fata]*.

2. Vokalquantität:
‹*sa*›, ‹*flühgeln*›, ‹*hiß*›, ‹*Planetten*›, ‹*fligen*›, ‹*haten*› (aber ‹*Spielte*›, ‹*Liebten*›). Rechtschreibregeln zur Kennzeichnung kurzer und langer Vokale sind erlernt worden, bevor die *auditive* Wahrnehmung der Opposition kurzer-langer Vokal erworben worden ist.

3. Schreibung von Morphemen:
‹*Fehrstehen/Ferstanden*› (6, 8), ‹*freunt*› (1) aber ‹*freunde*› (14), ‹*giptes*› (12)

4. Groß- und Kleinschreibung
Nomen: *freunt, haut, farbe, augen, flühgeln, hilfe, sprache, besuch aber Planetten, Tag, Händen, Autos, Bäume, Welt, Bad, Hobby*
Verben: *Ferstanden, Spielte, Liebten*

5. Zusammen- und Getrenntschreibung:
- *das Abentteuer Geschichte, sein haut farbe* (2) *widie* (12), *aus sehen* (12), *giptes* (12), *beimir* (18), *uns er* (unser?) (12)

6. Interpunktion:
Die erste Hälfte des Textes ist ohne Punkt und Komma geschrieben. Satzanfänge werden jedoch mit einem Großbuchstaben begonnen. Auffallend ist der Gebrauch von Doppelpunkt und Anführungszeichen in Zeile 2, ohne dass danach tatsächlich eine wörtliche Rede folgt. Die Kennzeichnung ist offenbar vermittelt worden, allerdings sind die Kategorien „wörtliche Rede", „indirekte Rede" noch nicht geklärt. In der zweiten Texthälfte werden am Satzende Punkte gesetzt, einige Doppelpunkte und Anführungszeichen nur am Anfang, nicht aber am Ende der direkten Rede, und auch nicht konsequent (vgl. 19). Kommas werden nicht gesetzt.

7. Grammatische Abweichungen
- Artikelwörter (*sein freunt* statt *seinen Freund*; *ein Bad* statt *einen Bart*: Kasus; *sein haut farbe, aber eine der ist ein alte oper*: Genus; *zur besuch*: Genus in Verbindung mit kontrahierten Präpositionen
- Verbkonjugation: *sa, hiß, gebittet*
- Rektion der Verben: *fragen, bitten + Akk.*

Zum Üben des richtigen Schreibens
Welche Möglichkeiten gibt es, in diesem Chaos von Mündlichkeit und Schriftlichkeit, spontan erworbenen kommunikativen Fähigkeiten und erlernten, aber z.T. missverstandenen Regeln Ordnung zu schaffen? Die folgenden Ideen sollen dazu beitragen, im Rahmen des Regelunterrichts (schrift)sprachliche Strukturen bewusst zu machen und zu üben. Wichtig ist dabei die Zusammenarbeit von SchülerInnen mit DaZ und DaM. Die Vorschläge sind so konzipiert, dass sie für *alle* SchülerInnen attraktiv und nützlich sind.

Tipps für die Praxis: Richtig schreiben

2.5.1. Verb oder Nomen?

Übung zu Nomen und Verben (Klasse 5)

Lernziele
Geschult wird die kategoriale Wahrnehmung von Nomen und Verben als Voraussetzung für Groß- und Kleinschreibung, die schriftsprachliche Unterscheidung von Homophonen, d.h. gleich lautenden Wörtern, sowie Pluralbildung auf -n und der kreative Umgang mit Abweichungen.

Vorbereitung
Das folgende Gedicht von Paul Maar[4] wird vorgetragen und den SchülerInnen zur Verfügung gestellt mit der Aufforderung, einen eigenen Text zu schreiben:

Sägen sägen

Mit Sägen kann man sägen,
mit Riegeln kann man riegeln,
mit Spritzen kann man spritzen,
mit Spiegeln kann man spiegeln,
mit Zügeln kann man zügeln,
in Wiegen kann man sich wiegen,
aber mit Flügeln kann man nicht flügeln,
mit Flügeln kann man nur fliegen.

Paul Maar

Ablauf
Auf der Basis der eigenen Schreibversuche wird eine Sammlung geeigneter Verben bzw. Nomen zusammengestellt, auch für die letzen beiden Zeilen, damit der Text eine Pointe hat:

mit Schrauben, Hämmern, Feilen, Reiben, Löffeln, Trocknern, Föhnen, Fegern, Segeln, Kegeln, Säbeln, Schnäbeln, (Staub)saugern kann man ...

und für die beiden letzten Zeilen:

[4] Aus: Hans-Joachim Gelberg (Hrsg.): Überall und neben dir. 1986 Beltz & Gelberg in der Verlagsgruppe Beltz, Weinheim & Basel.

aber mit Messern kann man nicht ...
mit Messer kann man nur ...
*(Scheren/*scheren/schneiden, Nägeln/*nägeln/nageln, Stiften/*stiften/schreiben)*

Bemerkungen

Bei SchülerInnen mit geringen Deutschkenntnissen kann man diese Sammlung auch gemeinsam erarbeiten, bevor sie gebeten werden, eigene Texte zu schreiben.

2.5.2. Wer findet die meisten Ableitungen?

Aufgabe zu Wörterfamilien (ab Klasse 5)

Lernziele

Die SchülerInnen lernen, dass Morpheme beim Schreiben erhalten bleiben, auch wenn sie z.B. wegen der Auslautverhärtung anders gesprochen werden, dass die von den starken Verben her bekannten Ablaute und Umlaute auch für die Wortbildung wichtig sind. Des Weiteren lernen sie, Vorsilben wie *ver-, ent-, zer-, er-* richtig zu schreiben und für die Wortbildung zu nutzen. Sie erkennen, dass aus Nomen Verben und Adjektive werden können und umgekehrt. Die durch diese Erkenntnis geförderte *kategoriale* Wahrnehmung der Wortarten ist wichtig für die Groß- und Kleinschreibung. Schließlich lernen sie, dass man durch Ableitungen seinen Wortschatz erweitern und Bedeutungen unbekannter Wörter erschließen kann.

Vorbereitung

Am Beispiel der besonders ergiebigen Wortfamilie zu dem starken Verb *binden* wird das Clusterverfahren erarbeitet.

Ablauf

Die Möglichkeit, „Wörter zu verzaubern", d.h., aus Nomen Verben oder Adjektive zu machen und umgekehrt, kann an einfachen Beispielen, wie z.B. dem Text von Paul Maar, eingeführt und nach und nach ausdifferenziert werden. Wenn das Verfahren bekannt ist, können die SchülerInnen ad hoc, je nach auftretenden Schwierigkeiten, Wortfamilien zusammenstellen, z.B. Emine zu den Morphemen *Bart, bärtig,* **aber:** *baden, das Bad, die Bäder, Badeanstalt*. Als Grundlage für möglichst große Wortfamilien eignen sich die starken Verben. Dabei werden die verschiedenen Vorsilben rechschriftlich gesichert sowie trennbare und nicht trennbare Verbteile bewusst gemacht: *stehen, verstehen, entstehen, aufstehen, einstehen, Stand, Verstand, Aufstand, Einstand usw.*

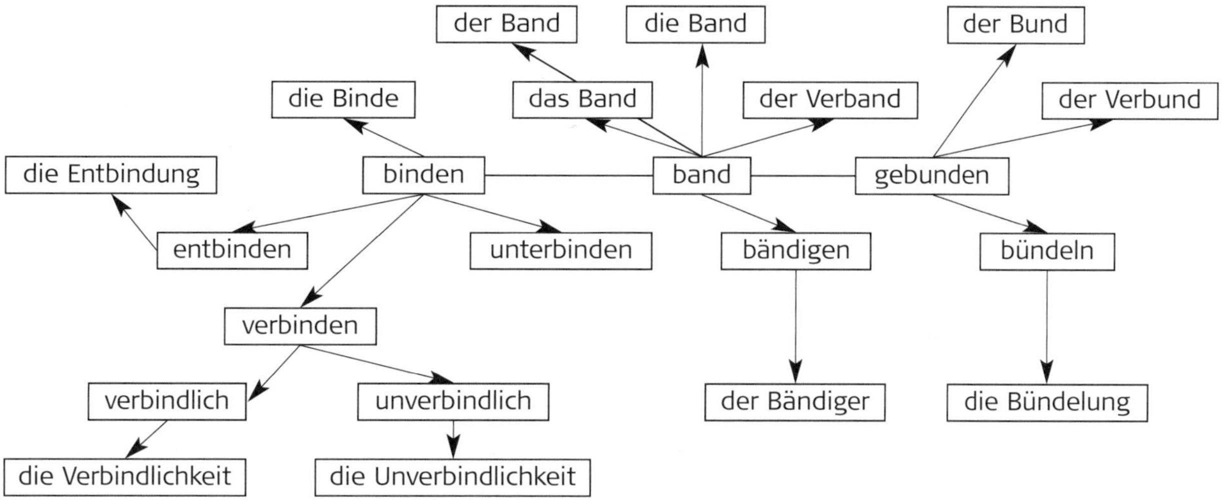

2.5.3. Wörterschlangen – Schlangenwörter

Aufgabe zur Segmentierung auf der Wort- und Satzebene (ab Klasse 5)

Lernziele

- Erkennen von Satz- und Wortgrenzen
- Groß und Kleinschreibung
- Zusammen- und Getrenntschreibung
- Interpunktion
- Funktion von Grund- und Bestimmungswort bei Zusammensetzungen
- Richtige Genuszuweisung

Vorbereitung

Den SchülerInnen wird ein Text zu einem aktuellen Ereignis vorgelegt, geschrieben ohne Punkt und Komma und ohne Wortgrenzen. Der Text sollte auch einige Wortzusammensetzungen enthalten, wie z.B. *Stadtteil, Stromausfall, Fußballländerspiel:*

HEUTEMORGENISTINEINEMSTADTTEILVONDORTM-UNDDERSTROMAUSGEFALLENWIEESZUDEMSTRO-MAUSFALLKOMMENKONNTEUNDOBERRECHTZEIT-IGZUBEGINNDESFUßBALLLÄNDERSPIELSWIEDERB-EHOBENWERDENKANNISTNOCHUNGEKLÄRTALLE-AMPELNSINDAUSGESCHALTETUNDDIEZUFAHRTZU-MWESTFALENSTADIONISTVERSPERRT

Ablauf

Die SchülerInnen versuchen, den Text in Partner- oder Gruppenarbeit zu lesen und anschließend mit markierten Wort- und Satzgrenzen abzuschreiben. Dabei stoßen sie auf die Tatsache, dass *Strom* einmal ein selbstständiges Wort ist und einmal Teil des Wortes *Stromausfall.* An weiteren Beispielen werden *echte* Schlangenwörter thematisiert und analysiert:

- *Fußballweltmeisterschaftsendspiel*
- *Arbeitsbeschaffungsmaßnahmenkatalog*
- *Hitparadenauswahlsendung*

Durch „Drehwörter" wie *Milchkuh-Kuhmilch, Ballspiel-Spielball, Fassbier-Bierfass* u.Ä. wird die Funktion von Grundwort und Bestimmungswort reflektiert und die Genuszuweisung erklärt. Zur Klärung der unterschiedlichen syntaktischen Beziehung zwischen Grund- und Bestimmungswort eignen sich Scherzfragen, wie *Was unterscheidet die Blutprobe von der Weinprobe, den Gelddiebstahl vom Ladendiebstahl?*
Als Spiel mit der falschen Segmentierung sind Wörter wie *Bluménto/pferde* u.Ä. verbreitet.

Bemerkungen

Unterschiedliche Schwierigkeitsgrade sind möglich, indem man sich auf eine Sprachebene konzentriert und z.B. zunächst nur die Interpunktion weglässt oder sich zum Erkennen der Wortgrenzen auf einen einfachen kurzen Satz ohne Wortzusammensetzungen beschränkt. Die Kombination verschiedener Aspekte der Segmentierung (Wortgrenzen bei Zusammensetzungen + Satzgrenzen) wie im obigen Beispiel ist erst bei fortgeschrittenen SchülerInnen möglich, wenn die Methode bereits eingeführt worden ist.
Eine spannende Variante für jüngere SchülerInnen ist die Deklaration des Endlostextes als Geheimschrift, die von den Detektiven in der Klasse entschlüsselt werden muss, um ein Verbrechen zu verhindern. Weiteres Spielmaterial zu Drehwörtern und Schlangenwörtern findet sich in Mario Grosses *Wörterschatz* (1989) und in Belke/Geck (2004), Kap. 2.

2.5.4. Generatives Schreiben

Systematisches Training für schriftsprachliche Richtigkeit (ab Klasse 5), KV 19

Lernziele

SchülerInnen mit unterschiedlichen Sprachkenntnissen lernen, einen richtigen Text zu schreiben, sprachliche Vorgaben für ihre eigenen Ausdrucksbedürfnisse zu nutzen, durch Analogien zu richtigen sprachlichen Formen zu kommen und Textstrukturen zu erkennen und zu variieren.

Vorbereitung

Das Schwierigste ist das Finden eines geeigneten Basistextes, der aufgrund einer regelhaften Struktur durch die systematische Substitution sprachlicher Elemente (Wörter, Satzglieder, Erzählstrukturen) variiert werden kann[5]. Es gibt zwei Möglichkeiten, zu einem geeigneten Text zu kommen: Man übernimmt einen vorgegebenen Text – das erfordert langes Suchen in Anthologien – oder man macht aus einer sprachlichen Übung einen literarischen Text. Beide Wege werden hier kurz vorgeführt.

Ablauf
a) generatives Schreiben auf der Basis vorgefundener ästhetischen Texte[6]:

Jeder Zug hat seinen Bahnhof

Jeder Zug hat seinen Bahnhof,
jede Nacht hat ihren Tag,
jedes Jahr hat seine Wochen,
jede Taube ihren Schlag.
Jedes Haus hat seine Schwelle,
jeder Besen seinen Stiel,
jeder Maurer seine Kelle,
jedes Kind sein kleines Spiel.

Bruno Horst Bull

Variationen
Jedes Kind hat seine Wünsche,
jed**er** Bauer (hat) sein**en** Hahn,
jed**e** Fliege ihr**e** Flügel,
jeder Kreisel seine Bahn.

Jeder Topf hat seinen Deckel,
jeder Würfel seine Seiten.
Jeder Text hat seinen Verfasser,
jedes Auto seinen Reifen.
Jede Schule hat ihre Pause,
jedes Kind hat sein Zuhause.
Jeder Deckel hat seinen Topf,
jede Hose ihren Knopf.

Am Anfang steht die inhaltliche Analyse der Textstruktur: Was gehört wozu?

Mensch	→ *Sprache,*
Freund	→ *Freundin,*
Lehrer	→ *Schüler,*
Kind	→ *Eltern,*
Behörde	→ *Stempel usw.*

[5] Einige gute Texte zum generativen Schreiben finden sich in Christoph Werr (1991).
[6] Aus: Bull, B.H. (1968): Aus dem Kinderwunderland. Freiburg: Herder, S. 138.

Man kann auch von Reimwörtern ausgehen und sich dazu passende Nomen aussuchen:

das Kleid	→ *der Saum*
?	→ *der Raum*
?	→ *der Traum*
?	→ *der Hase*
?	→ *die Nase*

Um aus der Wortsammlung nach dem Muster von Bruno Horst Bull einen *richtigen* Text schreiben zu können, muss das Genus der Wörter ermittelt werden:

der-Wörter	→ *jeder*
die-Wörter	→ *jede*
das-Wörter	→ *jed**es***
Plural	→ *Alle + haben*

Bei dem dazugehörigen Nomen muss das richtige Possessivpronomen gewählt werden. Das jeweilige Lexem (*sein/ihr*) richtet sich nach dem Genus des „Besitzers“, die Deklination im Akkusativ nach dem Genus des „Besitztums“:

der-Wörter	*sein, seine, seinen*
die-Wörter	*ihr, ihre, ihren*
das-Wörter	*sein, seine, seinen*
Plural	*ihre*

Indem die SchülerInnen immer wieder neue Textvarianten nicht nur schriftlich festhalten, sondern auch vortragen (*Jeder Lehrer hat seinen Tick / jede Schülerin ihren Trick*), bekommen sie den komplexen grammatischen Sachverhalt ins Ohr.

Hinweis zur Kopiervorlage 19
Geübt wird die Deklination der Nominalgruppe im Akkusativ. Die SchülerInnen sollten dazu angehalten werden, bei der eigenen Textproduktion die Deklinationstabelle zur Adjektivflexion zu nutzen:

Fernseher, zeig mir einen tollen Krimi,
eine tolle Liebesgeschichte,
ein informatives Feature.

b) Generatives Schreiben auf der Basis einer pattern-drill-Übung zur Aktiv-Passiv-Transformation:

Im Fremdsprachenunterricht sind *pattern-drill*-Übungen eine Möglichkeit, sprachliche Strukturen gezielt zu üben und dabei *richtige* Texte zu produzieren. Leider sind solche an sich sehr wichtigen Übungen im deutschen Regelunterricht weder für DaM- noch für DaZ-SchülerInnen zumutbar; denn auch sie beherrschen die in diesen Übungen thematisierten alltagssprachlichen Handlungen, wenn auch nicht immer schriftsprachlich korrekt. Die Transformation solcher Übungen in ästhetische Texte bietet aber die Möglichkeit, sich die Grammatik auf eine kreative Weise anzueignen. Auf der Grundlage der folgenden *pattern-drill*-Übung zum Passiv kann die Lehrkraft – möglichst in Zusammenarbeit mit den SchülerInnen – eine Geschichte „generieren“:

Sie haben keine leichte Aufgabe. Sie sind Portier in einem Hotel, an den sich die Gäste wenden:
- *Lassen sie bitte meine Koffer holen! – Sie werden sofort geholt!*
- *Besorgen Sie bitte Theaterkarten! – Sie werden sofort besorgt!*
- *Lassen Sie bitte den Brief einwerfen! – Er wird sofort eingeworfen!*
- *Bestellen Sie bitte ein Taxi! – Es wird sofort bestellt!* usw.

Nach einer Weile kommen die Gäste und fragen:
- *Haben Sie meine Koffer holen lassen? – Ja, ihre Koffer sind geholt worden!*
- *Haben Sie die Theaterkarten besorgt? – Ja, ...*

Aus dieser Übung kann z.B. eine Agentengeschichte werden:

James Bonds schwerster Tag!

„Q“, der Chef von 007, hat seinem besten Agenten einen Ohrhörer mit Funkempfänger spendiert. Nun muss der Superagent den ganzen Tag einen gefährlichen Auftrag nach dem anderen ausführen:
- *Beschatten Sie die Frau mit dem Hund!*
- *Bilden Sie den Agenten XYZ zum Superagenten aus!*
- *Verfolgen Sie den verdächtigen Lieferwagen!*
- *Entschlüsseln Sie die geheime Botschaft!*
- *Tauchen Sie für ein paar Tage unter!*

„Q“ ist sehr ungeduldig. Nach wenigen Minuten muss 007 den Auftrag bestätigen:
- *Die Frau mit dem Hund wird gerade beschattet.*
- *Der verdächtige Lieferwagen wird verfolgt.*
- ...

Bemerkungen

Übungen zur Aktiv-Passiv-Transformation sind sehr wichtig: Bei einem Test zum Verständnis des Passivs in einer Berufsschule stellte sich heraus, dass ein großer Teil der türkisch- und arabischsprachigen Schüler – fast alle in Deutschland geboren und aufgewachsen – nicht in der Lage war, den Bedeutungsunterschied zwischen den folgenden Satzpaaren zu erkennen:

Sie wird anrufen. – Sie wird angerufen.
Du wirst sehen. – Du wirst gesehen.
Wir werden fahren. – Wir werden gefahren.

Wenn SchülerInnen Aktiv (Futur) und Passiv (Präsens) und damit Subjekt und Objekt einer Handlung nicht unterscheiden können, wird das Verständnis schriftsprachlicher Texte erschwert bzw. verhindert.

3. DaZ im Fachunterricht

3.1. Deutsch und Fremdsprachen

Im Deutschunterricht bieten sich vielfältige Möglichkeiten, um handlungs- und situationsorientiert Sprachbewusstsein zu fördern und sprachliche Elemente funktional zu erarbeiten bzw. zu wiederholen. Hierfür eignen sich neben Sach- und literarischen Texten, in denen einzelne grammatische Elemente oder Sprachthemen betrachtet werden, auch Filme, Videos, Hörtexte und multimediale Impulse. Sprachverstehen ist dabei eine Brücke zu einem besseren Inhaltsverstehen.
Durch eine Verknüpfung des Fremdsprachenunterrichts mit dem Deutschunterricht können sprachliche Elemente im deutschen und im fremdsprachlichen Kontext gegenübergestellt und vertieft werden, wodurch der Aufbau einer deutschen und fremdsprachlichen Grundgrammatik gefördert wird. Neben der inhaltlichen Verknüpfung bietet die Fremdsprachendidaktik außerdem nützliche Hinweise, wie im Unterricht generell durch kommunikativ ausgerichtete Methoden und Sozialformen Sprachförderung erfolgen kann, von der DaZ- und DaM-SchülerInnen gleichermaßen profitieren: z.B. durch Tandemübungen (zwei SchülerInnen bearbeiten unterschiedliche Inhalte des gleichen Aufgabentyps, präsentieren sich gegenseitig ihre Ergebnisse und korrigieren sich), kooperative Schreibprozesse, gezielte, regelmäßige Wortschatzwiederholungen in mündlichen Unterrichtsphasen, Gruppenarbeit zur Förderung der Kommunikation nicht nur in, sondern über die (Ziel)Sprache, Einschleifen sprachlicher Muster durch regelmäßige Übungen (z.B. zum Nachfragen, siehe Lerntechniken), Übungen zum verstehenden Zuhören, durch Wort- und Satzmuster gestützte Dialoge, generatives Schreiben u. v. m.

Probleme für DaZ-SchülerInnen

Oftmals fällt DaZ-SchülerInnen der korrekte Sprachgebrauch in der Fremdsprache leichter, weil hier im Gegensatz zum Deutschunterricht gezielt grammatische Basisstrukturen (z.B. bei präpositionalen Verbindungen) und der Wortschatz aufgebaut werden. Im Deutschunterricht zeigen sich besondere Probleme beim

- ➔ Verstehen von fachsprachlicher Terminologie, wie ungebräuchlichen oder altertümlichen Begriffen und grammatischen Fachwörtern,
- ➔ Verstehen und Verwenden morphologischer Besonderheiten,
- ➔ Verstehen und Bilden komplexer Sätze und dem Entschlüsseln und Verwenden von Konnektoren,
- ➔ Verstehen, Erkennen und Bilden zusammengesetzter Zeitformen sowie Passivkonstruktionen
- ➔ und beim Entschlüsseln präpositionaler Verbindungen.

Im Fremdsprachenunterricht entstehen Irritationen, wenn die grammatische Terminologie nicht mit der aus dem Deutschunterricht bekannten übereinstimmt. Ansonsten sollte auch hier berücksichtigt werden, dass DaZ-SchülerInnen aus ihrer Muttersprache, z.B. im Hinblick auf Präpositionen, andere Verwendungszusammenhänge kennen als die in der Fremdsprache vorkommenden. Dieses Problem ist allerdings nicht so gravierend wie im Deutschunterricht, da beim konzeptuell gestützten Erwerb grammatischer Strukturen gerade solche Unterschiede thematisiert werden, allerdings immer im Vergleich zum Deutschen. Dieser Vergleich sollte sich nicht pauschal am grammatischen Grundwissen eines deutschen Muttersprachlers orientieren, sondern konkret am Sprachmaterial gezogen werden, z.B.: Im Englischen wird der Beruf immer durch den unbestimmten Artikel begleitet (*She works as a nurse*); hier reicht es nicht, die SchülerInnen darauf hinzuweisen, dass sie dies aus dem Deutschen so nicht kennen. Hier sollte die deutsche Verwendung mit konkreten Beispielen der englischen gegenübergestellt werden, weil die DaZ-SchülerInnen über dieses Basiswissen nicht verfügen können.
DaZ- und DaM-SchülerInnen haben oftmals Probleme beim Verstehen von Texten und Aufgaben. Dies hängt bei den DaZ-SchülerInnen auch damit zusammen, dass sie mit einer grammatisch zu komplexen (Fach)Sprache in den Lernmedien und

der Lehrersprache konfrontiert werden, die sie nicht entschlüsseln können. Dies wirkt sich negativ auf die Selbstwahrnehmung und die Lernmotivation aus. Neben dem Verstehen dieser mit fachsprachlichen Elementen durchsetzten Alltagssprache fällt die mündliche und schriftliche Produktion derselben schwer. In diesem Bereich bietet der Fremdsprachenunterricht methodisch nützliche Hilfen: Hier wird verstärkt mit Satzmustern, Textvorlagen, Skeletttexten und vorgegebenen Worthilfen gearbeitet, wodurch die SchülerInnen eine Orientierung erhalten, wie geschriebene Texte aussehen und welche Wörter darin vorkommen können.

Zum Üben

Der korrekte Gebrauch von Sprache festigt sich durch konsequentes wiederholendes Üben, d.h., dass einzelne grammatische Elemente immer wieder in unterschiedlichen Kontexten verwendet und in ihrer Funktion erklärt werden sollten.
Sinnvoll ist eine fächerübergreifende Orientierung, sodass z.B. das Präteritum parallel im Deutsch- und Fremdsprachen-, aber auch im Geschichts- oder Musikunterricht in einem funktionalen fachlichen Kontext verwendet wird, um diesen dann im Deutschunterricht einzubeziehen: z.B. in Märchen im Deutschunterricht, das Simple Past in einem erzählenden Text im Englischunterricht, die Wiedergabe von historischen Ereignissen im Präteritum, in Liedtexten wie „Wir lagen vor Madagaskar ...", in denen das Präteritum verwendet wird.
Lernhilfen (Wörterbücher, Deklinations- und Konjugationstabellen, Lerntagebücher usw.) werden fächerübergreifend verwendet.
Aufgabenstellungen werden für alle verständlich, wenn sie in eigenen Worten wiederholt und unterstützend schriftlich präsentiert werden, wobei sie vorab im Hinblick auf Klarheit und Verständlichkeit kritisch geprüft sein sollten.
Grammatische Regeln und Fachwörter sind Strategiewissen, das den SchülerInnen das Verstehen und den Gebrauch der Sprache erleichtert. Nützlich ist es, wenn die SchülerInnen eine dementsprechende Lernhaltung entwickeln und ihre Strategien beim Entschlüsseln von Sprachproblemen selbstständig anwenden lernen.

Eine gelenkte textvorbereitende Wortschatzarbeit unterstützt das Sprachverstehen zusätzlich.

Tipps für die Praxis: Deutsch und Fremdsprachen

3.1.1. „die dienen ihnen"

Aktivität zur Verbrektion und zu Proformen (Klasse 9/10)

Vorbemerkung/Lernziel

Es werden einerseits Verben, die den Dativ regieren, und andererseits Proformen, mit denen das Gedicht spielt, thematisiert.

deutsche sprache gute sprache
oder die dienen ihnen[1]

die dienen ihnen
jenen dienen
die denen dienen
denen die dienen
die dienen ihnen
die verwirr mal nicht

Zehra Çirak

Vorbereitung

Sie erstellen eine Folie zur verzögerten Präsentation des Gedichts.

Ablauf

Die SchülerInnen erhalten zunächst nur den Text ohne Titel und Autorin.

1. *Setzt Satzeichen.* Diese Aufgabe ist nicht ganz einfach: *Die dienen ihnen. Jenen dienen, die denen dienen. Denen, die dienen, die dienen ihnen. Die verwirr mal nicht!*

2. *Ersetzt die Proformen.* Die SchülerInnen überlegen zunächst, wie viele Gruppen im Spiel sind (z.B. *Diener = die, Herren = ihnen*, mindestens eine weitere Gruppe von *Dienern = jenen und denen*). Dann benennen sie Gruppen wie: Ar-

[1] Aus: Flugfänger. Gedichtband mit Illustrationen von Jürgen Walter. Karlsruhe: edition artinform.

beitgeber und Arbeitnehmer oder Verkäufer und Kunde, Ausländer und Inländer. Entscheidend ist, dass die Abhängigkeiten nicht statisch, sondern wechselseitig gesehen werden.

3. Ersetzt das Verb „dienen" durch andere. Das Verb muss semantisch und syntaktisch passen, konkret: Es muss ein Verb sein, das den Dativ regiert und ein Abhängigkeitsverhältnis benennt: *gehorchen, helfen, geben, nehmen*. Verben wie *kaufen, bezahlen, regieren* verlangen den Akkusativ und verändern dementsprechend auch die Ergänzungen, hier die Proformen. Wenn SchülerInnen solche Verben einsetzen, kann genau dies mit ihnen induktiv erarbeitet werden. Warum heißt es: *die bezahlen sie – die gehorchen ihnen*?

4. Schreibt ein ähnliches Gedicht in einer anderen Sprache.
▼ Einfacher ist die Aufgabe, das Gedicht in eine andere Sprache zu übertragen oder zu überlegen, ob man das Gedicht in ihre andere Sprache übersetzen kann bzw. was daran schwierig ist. Es sind vermutlich die Proformen und die Verbrektion als Besonderheiten der deutschen Sprache, die einerseits ermöglichen, ein komplexes Abhängigkeitsgeflecht mit wenigen Worten zu beschreiben; andererseits aber die im Gedicht angesprochene Verwirrung hervorrufen.

5. Was ist gut an der deutschen Sprache? Unter Einbindung des Titels *deutsche sprache gute sprache* stellt sich die Frage nach der Qualität der deutschen Sprache und ihrer Möglichkeit, genau durch diese Besonderheiten Verwirrung zu stiften und Abhängigkeitsverhältnisse zu verschleiern.

6. Ändert die türkische Herkunft der Autorin das Textverstehen? Erst jetzt wird die Identität der Autorin (als Kind türkischer Arbeitsmigranten mit Hauptschulabschluss, die schon viele Preise für ihre Gedichte gewonnen hat) genannt. Die Frage wird offen diskutiert.

Bemerkungen
Die Arbeit mit dem Gedicht verbindet Sprachlernen mit Literaturarbeit. Migrationsliteratur eignet sich in besonderem Maße, weil sie eine Minderheitenperspektive einnimmt und mit geringen Sprachmitteln eine sehr hohe Wirkung erzielt (vgl. Rösch 1995).

3.1.2. „Herzflattern"

Aufgabe zu Sprachbildern (Klasse 8)

Vorbemerkung
Die Übung lässt sich in eine Reihe zum Thema „Liebesgedichte" integrieren. Sprachbilder sind für DaZ-SchülerInnen manchmal schwer zu verstehen, weil ihnen der sprachliche Ausdruck oder die mit dem Bild verknüpfte Vorstellung unbekannt sind. Die in einem Gedicht verwendeten Bilder für Liebe werden als Anlass genommen, um die SchülerInnen selbst nach Bildern für die Liebe suchen zu lassen.

Lernziel
Die SchülerInnen üben sich in der Übersetzung und Verwendung von Sprachbildern. Sie identifizieren sie/es in einem mittelhochdeutschen, (fremdsprachlichen) und neusprachlichen Kontext und setzen sich mit den darin ausgedrückten unterschiedlichen Liebesauffassungen auseinander. Sie lernen sprachliche Variationsmöglichkeiten für einen Gefühlszustand kennen und erweitern ihr Ausdrucksrepertoire.

Vorbereitung
Die Lehrkraft wählt ein Gedicht aus, das sie im Unterricht erarbeitet, z.B. das mittelalterliche Gedicht:

Dû bist mîn, ich bin dîn:
des solt dû gewiss sin.
dû bist beslozzen
in mînem herzen:
verlorn ist daz slüzzelîn:
dû muost immer drinne sîn.

Die mittelalterliche Sprache und das Bild des Liebsten, der im Herzen eingeschlossen ist, sind wahrscheinlich den wenigsten SchülerInnen geläufig. Da die Sprache aber mit einigen Hilfen verständlich wird, eignet es sich für den Unterricht in einer heterogenen Lerngruppe mit DaZ-SchülerInnen. Es bietet Möglichkeiten, unterschiedliche Auffassungen von Liebe zu diskutieren (unglückliche, heimliche, sehnsüchtige Liebe), über das Rollenverständnis zu sprechen (*Wer spricht? Wieso glaubst du, es spricht ein Mann/eine Frau?*), orthografische Eigenschaften der heutigen Sprache hervorzuheben (*Wie hat sich die Sprache verändert? Schreibe den Text um in die heutige Sprache!*) oder das Bild vom verschlossenen Herzen zur Klärung des Begriffs „Sprachbild" zu nutzen.

Ablauf

Die Lehrkraft klärt zunächst die Sprache des Gedichts, sodass die SchülerInnen den Inhalt verstehen. Hierfür sollten Wort- und Lesehilfen gegeben werden (*î wird zu ei; gewiss sin = dessen kannst du dir gewiss sein = darüber kannst du dir sicher sein*; *beslozzen = eingeschlossen*). Anschließend übersetzen die SchülerInnen das Gedicht ins heutige Deutsch. Im nächsten Schritt wird das Sprachbild ins Zentrum der Aufmerksamkeit gerückt. Dafür sollte die Textstelle in einer von der Lehrkraft vorbereiteten Übersetzung markiert werden:

Du bist mein, ich bin dein:
dessen kannst du dir gewiss sein.
du bist eingeschlossen
in meinem Herzen:
verloren ist das Schlüsselchen:
du musst für immer drinnen bleiben.

Das Bild wird von den SchülerInnen erklärt, wobei auch die dahinter stehende Auffassung von Liebe kritisch diskutiert wird.
Um die Bedeutung des Begriffs „Sprachbild" deutlicher zu machen, malen die SchülerInnen ein Bild, auf dem z.B. der Liebste aus einem Herzen herausschaut. Darunter schreiben sie die übertragene Bedeutung: z.B. *Die Frau wird ihren Mann immer lieben*. Die Lehrkraft lässt die SchülerInnen die Bedeutung am Text erklären: *Wo steht das im Text? – Da steht, er muss für immer drinnen bleiben* usw.
Nachdem klar ist, was ein Sprachbild ist, sammeln die SchülerInnen ihnen bekannte Bilder zum Thema „Liebe". Dies kann auch als Hausaufgabe geschehen, sodass möglichst viele Bilder zusammenkommen. Möglich ist auch, Bilder zum Thema „Liebe" aus der Erstsprache einzubringen, zu übersetzen und zu erklären. Die Metaphern werden an der Tafel gesammelt (hier Beispiele aus einer 8. Hauptschulklasse): *Flugzeuge/Schmetterlinge im Bauch haben, Herzflattern bekommen, auf jemanden fliegen, auf jemanden stehen, krank vor Liebe sein, ein gebrochenes Herz haben, in jemanden verschossen sein, sich verknallt haben, sich bis über beide Ohren verlieben, alte Liebe rostet nicht, wo die Liebe wohnt, ist kein Weg zu weit ...*

Im nächsten Schritt wird jedes Bild in eigenen Worten erklärt und ggf. durch ein Beispiel erläutert. Zum Abschluss schreiben die SchülerInnen ein kurzes Liebesgedicht, in dem sie bis zu drei Bilder verwenden. Die Gedichte werden vorgetragen, die MitschülerInnen merken sich die verwendeten Bilder und erklären sie im jeweiligen Kontext.

Bemerkung

Zum Vergleich wird ein englisches Gedicht wie das folgende herangezogen, das den SchülerInnen aber bekannt sein sollte, um die darin verwendeten Sprachbilder zu untersuchen:

A world without[2]

Night without dark
Trees without leaves
Journey without embark
Letting go without release

Ocean without waves
Crying without sorrow
Longing without crave
Forever without tomorrow

Morning without dawn
Flower without blooms
Birds without songs
Life without you

[2] Aus: Portobello Road 6. Braunschweig: Schroedel, S. 48.

Unter der Überschrift *Ein Leben ohne dich ist wie ...* werden die Sprachbilder gesammelt und erklärt. Der fremdsprachliche Kontext beleuchtet den abstrakten Begriff des Sprachbildes noch einmal aus einer anderen Sicht, bietet Ausdrucksvariationen und kann zu einem vertieften Verständnis verhelfen.

3.1.3. Die Zeit für ein Verbrechen

Übung zum Gebrauch des Präteritums (Klasse 8), KV 20

Vorbemerkung

Der Zeitungsartikel gehört zu einer Lehrbuchreihe *Krimis lesen – Krimis sehen – Krimis schreiben* (vgl. Wortstark 8, S. 120.) Das Geschehen wird im Präteritum erzählt, sodass damit das Präteritum wiederholt werden kann.

Vorbereitung

Die SchülerInnen sollten den Text noch nicht gelesen haben. Die Lehrkraft bereitet eine Folie vor, auf der der Einleitungstext der Kopiervorlage mit unterstrichenen Verbformen steht.

Lernziel

Die SchülerInnen analysieren die Verwendung des Präteritums in einem Zeitungsartikel. Sie zeigen ihr Vorwissen zum Tempusgebrauch, indem sie die Formen nach der Konjugationstabelle bestimmen und benennen. Sie üben sich in der selbstständigen Verwendung des Präteritums unter Zuhilfenahme der Konjugationstabelle.

Ablauf

Die Lehrkraft zeigt die Folie und lässt den Text vorlesen. Zunächst fragt sie nach Wörtern oder Wendungen, die die SchülerInnen nicht verstehen, und lässt diese ggf. von anderen SchülerInnen erklären. Dann fragt sie die SchülerInnen nach den unterstrichenen Wörtern. Wenn die SchülerInnen den Begriff *Verb* sagen, nennt sie das Stundenthema: *Wir beschäftigen uns heute mit den Verben in diesem Text.* Dann verteilt sie das Arbeitsblatt, das die SchülerInnen in Kleingruppen (max. vier SchülerInnen) erarbeiten sollen. Die Lehrkraft steht als Ratgeberin zur Verfügung. Bevor die SchülerInnen Aufgabe 3 lösen, sollte eine Sicherungsphase erfolgen, in der die Ergebnisse laut vorgelesen und verglichen werden. Aufgabe 1 zu den *Wahr-Falsch-Sätzen* kann auf einer Folie präsentiert werden, um die Aufmerksamkeit der SchülerInnen auf die jeweilige Aussage zu lenken. Die Aufgabe dient einerseits dazu, den Texttyp (Zeitungsmeldung) zu klären, um dann die Konzentration auf die zeitliche Einordnung des Geschehens zu lenken: Das Geschehen ereignete sich in der Vergangenheit. Aufgabe 2 kann nur selbstständig gelöst werden, wenn die SchülerInnen schon einmal mit einer Konjugationstabelle gearbeitet haben. Auch hier empfiehlt sich, die Konjugationstabelle als Lernplakat oder auf Folie zu präsentieren, um auf Fragen für alle nachvollziehbar reagieren zu können. In Aufgabe 3 zeigt sich die Sprachkompetenz der SchülerInnen, unterschiedliche Präteritumsformen zu bilden. Hierbei orientieren sie sich an der Konjugationstabelle. Bei der Auswertung präsentiert die Lehrkraft den Text auf einer Folie, sodass die Aufmerksamkeit jeweils auf eine Form gebündelt wird. Die SchülerInnen korrigieren falsche Formen und beziehen sich dabei ggf. auf die Konjugationstabelle.

Eine selbstständige Verwendung besteht als Hausaufgabe darin, dass die SchülerInnen die Ereignisse aus der Sicht eines der Mädchen darstellen und dabei das Präteritum verwenden.

Bemerkung

Die Erarbeitung der KV kann selbstständig oder lehrergelenkt erfolgen. In höheren Klassen können die SchülerInnen in Texten, die im Unterricht durchgenommen werden, Präteritumsformen markieren und z.B. die unterschiedliche Verwendung von Perfekt und Präteritum analysieren.

Vergleichend kann ein kurzer englischer Zeitungstext herangezogen werden, in dem das Simple Past vorkommt. Die SchülerInnen vergleichen die Verbformen beider Sprachen: *sie spielten – they played*, um die Endungen *-te* und *-ed* zu verinnerlichen und Rückschlüsse auf die Bildung der Vergangenheit bei regelmäßigen Verben zu ziehen; *sie gingen – they went*, um die Parallelen unregelmäßiger Verben in beiden Sprachen zu verinnerlichen.

3.2. Geschichte und Sozialwissenschaften

Da sich viele DaZ-SchülerInnen in der Alltagssprache auf Deutsch behaupten können, kommt es ihnen folgerichtig nicht in den Sinn, dass sprachliche Defizite auf der fachsprachlichen Ebene Ursache für ihre unbefriedigenden Ergebnisse sein könnten. Auch Lehrkräften ist dieser Zusammenhang nicht immer bewusst. Entsprechend unternehmen sie nichts, um sprachliche Mehr- und Zusatzarbeit, die zwingend erforderlich wäre, verstärkt zu leisten. Hinzu kommt, dass die Fächer Geschichte/Sozialwissenschaften im Gegensatz zu „spracharmen" Fächern wie Mathematik oder Naturwissenschaften den DaZ-SchülerInnen nicht nur die Beherrschung der Allgemeinsprache abverlangen, sondern darüber hinausgehende Sprachkenntnisse. Das liegt an den Besonderheiten der Fachsprache Geschichte/Sozialwissenschaften.

Besonderheiten der historisch/sozialwissenschaftlichen Fachsprache

Während der Grundwortschatz in Fächern wie Mathematik konzentrisch wiederkehrt und entsprechend spiralcurricular wiederholt werden kann, ist dies in den Fächern Geschichte/Sozialwissenschaften nicht in gleicher Weise möglich. Das Vokabular, das man benötigt, um Themen wie *Die Reformation* zu bewältigen, unterscheidet sich enorm von dem Fachwortschatz, der für die Bewältigung von Themen wie *Die Weltmächte nach dem Zweiten Weltkrieg* oder *Entwicklungshilfe* erforderlich ist. Da der Fachwortschatz aus vielen Bereichen (Politik, Wirtschaft, Geographie, Recht usw.) stammt, ist eine systematische Wiederholung oft nicht einfach. Für DaZ-SchülerInnen bedeutet das, dass sie ihre Aufmerksamkeit verstärkt und kontinuierlich auf den zu erarbeitenden Fachwortschatz richten und diesen auch sofort verarbeiten müssen.

Hinzu kommt, dass dieser Fachwortschatz in spezifische grammatische Strukturen eingebettet ist, u.a. in Partizipialkonstruktionen (*Belagert von feindlichen Truppen entschied sich der General ...*), Passiv- und Passiversatzkonstruktionen (*Dadurch konnten Arbeitsplätze geschaffen werden, dadurch ließen sich Arbeitsplätze schaffen*), Nominalisierungen (*Angesichts der verheerenden Wirtschaftslage ...*) und Funktionsverbgefügen (*Man ist daher zu dem Entschluss gekommen, dass ...*). Die sprachlichen Anforderungen gehen also erheblich über Anforderungen im allgemeinsprachlichen Bereich hinaus.

Probleme für DaZ-SchülerInnen

Aus den obigen Ausführungen wird deutlich, wie komplex die sprachlichen Anforderungen in den Fächern Geschichte und Sozialwissenschaften sind. Probleme haben DaZ-SchülerInnen v.a. bei der gleichzeitigen Bewältigung des jeweiligen bereichsspezifischen Fachwortschatzes und der fachsprachlich charakteristischen grammatischen Strukturen, die sie einerseits verstehen und andererseits in schriftlichen oder auch komplexen mündlichen Aufgaben wie (Kurz-)Referaten produzieren müssen. Da sie mit diesen Strukturen weder in der Alltagssprache noch bei der Lektüre von Literatur konfrontiert werden, müssen sie im Unterricht explizit vermittelt und reflektiert werden.

Zum Üben

Die Textlektüre und damit das Textverständnis wird erleichtert, wenn die wichtigsten Informationen z.B. durch Fettdruck hervorgehoben werden. Dadurch wird der Blick des Lesers auf die wichtigsten Informationen gelenkt.

Zusätzlich helfen vereinfachte Paralleltexte, in denen die wichtigsten Textaussagen am (rechten) Rand zusammengefasst sind, und/oder Listen mit Worterklärungen des unbekannten Fachwortschatzes.

Sinnvoll ist auch die Arbeit mit Modelltexten, anhand derer sprachliche Merkmale von Textsorten erarbeitet und komprimierende Redemittel und Strukturen exemplarisch dargeboten werden.

Damit die SchülerInnen im Fachunterricht auch lernen, fachspezifische Textsorten zu verfassen, wie Inhaltsangaben, Zusammenfassungen, Protokolle, Berichte usw., können sogenannte Infosheets genutzt werden, die die Merkmale der entsprechenden Textsorte (ggf. in Form einer Checkliste) und Textbausteine zur Produktion derselben bereithalten.

Tipps für die Praxis: Geschichte und Sozialwissenschaften

3.2.1. Autos

Aktivität zum Aufbau einer Leseerwartung (Klasse 7–10), KV 21

Lernziel

Die SchülerInnen bauen anhand von Elementen aus dem Originaltext eine Lesererwartung auf, werden auf diese Weise auf das jeweilige Thema eingestimmt und reaktivieren das dafür relevante Vorwissen.

Vorbereitung

Die Lehrkraft schreibt die jeweiligen Sprachelemente aus dem Lehrbuchtext heraus: Reiz- oder Schlüsselwörter oder Anfangssätze von Abschnitten des Originaltextes.

Ablauf

Zur Einführung werden sämtliche Einfälle der SchülerInnen zum Reizwort *Auto* gesammelt:

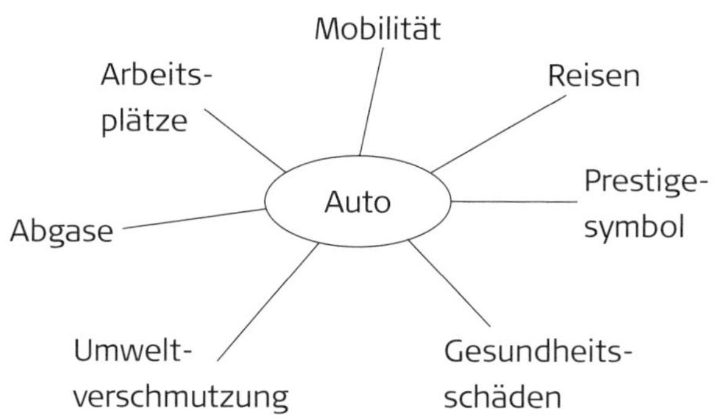

Dieses Cluster lässt sich entfalten, indem die SchülerInnen Assoziationen zu möglichen Vor- bzw. Nachteilen des Autos formulieren. Dabei werden Vor- und Nachteile des Autos in voneinander getrennten Spalten aufgelistet, in der Mitte bleibt Platz für Konjunktionen, mit denen die SchülerInnen Sätze formulieren. Auf diese Weise wird das neue Vokabular angewendet, das inhaltliche Wissen reaktiviert und komplexe Sätze werden gefestigt.

Anschließend erhalten die SchülerInnen die ersten Sätze des Lehrbuchtextes auf Folienstreifen:

Das Auto ist für viele Menschen zum wichtigsten Verkehrsmittel geworden.
Mobilität heißt seit vielen Jahren immer wieder Freizeitmobilität.
In vielen Städten nimmt die Einwohnerzahl ab, weil die Menschen ins Umland ziehen.
Große Supermärkte, Einkaufzentren oder Möbelhäuser liegen oft am Stadtrand oder im Umland.

Die SchülerInnen bilden (in Partner- oder Kleingruppenarbeit) Hypothesen über den zu erwartenden Inhalt, notieren sie auf Folienstreifen und tragen sie im Plenum vor.
Die Hypothesen der SchülerInnen werden besprochen, dabei begründen sie ihre Thesenbildung. Zu einem späteren Zeitpunkt werden die Hypothesen unter Rückgriff auf den zu bearbeitenden Text ausgewertet bzw. revidiert und ergänzt. Offensichtlich unbekannte Fachbegriffe werden von der Lehrkraft (unter Verwendung von Artikel-, Pluralformen sowie nachfolgenden Kasusformen und Präpositionen) bei dieser Gelegenheit eingeführt.

Variante 1

Die Lehrkraft liest die ersten Sätze eines Textes vor, z.B.: *Seit der Industrialisierung greift der Mensch stärker in seine Umwelt ein als je zuvor.* Anschließend fordert sie die SchülerInnen auf, ihre Vermutungen über den Fortgang des Textes zu äußern.

Variante 2

Der Titel des zu erarbeitenden Fachtextes wird den SchülerInnen genannt *(Das Auto – Verkehrsmittel Nr. 1)*. Sie werden aufgefordert, sich zu zweit oder in Kleingruppen drei Fragen zu notieren, auf die sie sich eine Antwort aus dem Text erhoffen. Auf diese Weise ordnen sie ihre bereits vorhandenen Wissensbestände und lernen, ihr Informationsbedürfnis zu artikulieren und zu spezifizieren. Das gelingt dann besonders gut, wenn die SchülerInnen zu Reihenthemen, wie z.B. *Verkehr – Umwelt – Auto*, die in verschiedenen Altersstufen thematisiert werden, bereits einige Vorkenntnisse haben. Die Ergebnisse werden im Klassengespräch gesammelt; nach der Textlektüre wird überprüft, welche Fragen beantwortet wurden bzw. unbeantwortet blieben.

Variante 3

Die Lehrkraft notiert sich die wichtigsten Schlüsselwörter des zu erarbeitenden Fachtextes und kopiert sie auf Folienstreifen.

Die Folienstreifen werden an Kleingruppen verteilt, die ihre Hypothesen darüber formulieren, was der Lehrbuchtext an Aussagen zu dem Schlüsselbegriff enthalten könnte. Die Ergebnisse der Kleingruppen werden vor der Erarbeitung des Lehrbuchtextes vorgetragen. Nach der Lektüre des Textes werden sie reflektiert: *Was haben wir richtig vorhergesehen, welche Zusatzinformation wurde außerdem geboten?*

3.2.2. Was steckt dahinter?

Übung zur Versprachlichung von Grafiken (Klasse 7–10)

Lernziel

Die SchülerInnen üben sich in der Versprachlichung von Grafiken.

Vorbereitung

Die Lehrkraft erstellt eine Folie zur Grafik *Zunahme des Individualverkehrs* und stellt Redemittel zusammen, wie:

- Verben, die einen Anstieg bzw. Rückgang ausdrücken: *steigen um/auf, sinken um/auf, sich erhöhen, abnehmen, zunehmen, zurückgehen …*
- Funktionswörter der Zeit und Kausalität: *früher, heute, in Zukunft, zuerst, dann, während, infolgedessen …*
- Redemittel des Vergleichs: *vergleicht man, verglichen mit, im Vergleich zum Vorjahr, gegenüber, im Gegensatz zu, während, nicht so … wie, jedoch, aber …*
- Redemittel für Vermutungen:
  Es ist anzunehmen, dass …
  Man kann die Prognose aufstellen, dass …
  Es ist voraussehbar, dass …

Zunahme des Individualverkehrs

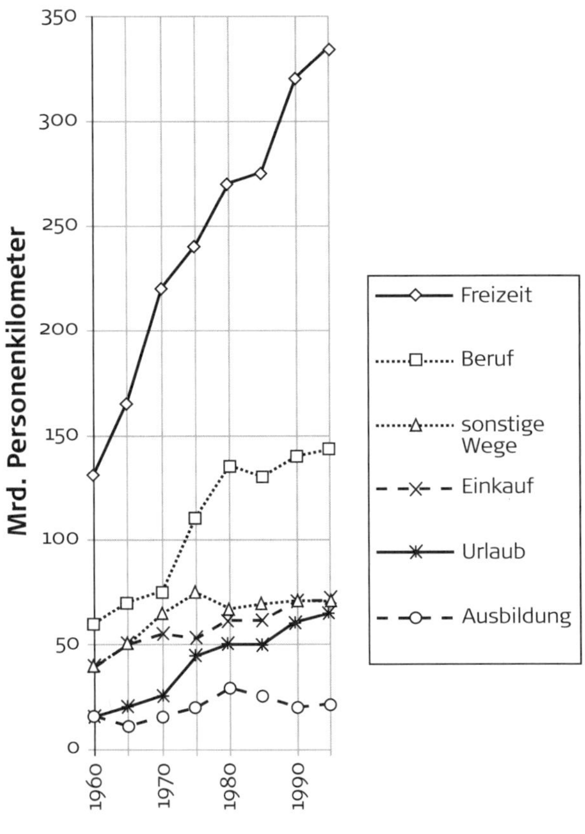

Ablauf

Die SchülerInnen klären den Begriff *Individualverkehr* in Abgrenzung zu *Berufsverkehr*, benennen weitere Formen des Verkehrs und stellen Vermutungen darüber an, welches Verkehrsaufkommen seit den 1960er-Jahren stärker zugenommen hat.

Die Grafik wird als Folie präsentiert; die SchülerInnen benennen zunächst die Graphen der verschiedenen Verkehrsaufkommen: *Hier geht es um den Freizeitverkehr, die gepunktete Linie mit dem Quadrat verweist auf den Berufsverkehr, die Linie mit dem Kreis auf Verkehr von Auszubildenden usw.*

Anschließend beschreiben sie ihren Verlauf: ggf. im Rückgriff auf die o.g. Verben und Funktionswörter. Diese werden aus dem Unterrichtsgespräch heraus entwickelt (z.B. durch Paraphrasierung der weniger fachspezifischen Begriffe der SchülerInnen) und an die Tafel geschrieben. Zur Übung des Umgangs mit diesen Redemitteln wird die Folie einem/einer Schüler/in übergeben; diese/r beschreibt die Entwicklung eines der Graphen einem/einer zweiten Schüler/in, die den Verlauf in eine entsprechende Grafik an der Tafel einzeichnet. Am Ende werden beide Graphen verglichen und ggf. am sprachlichen Ausdruck der Person, die diktiert hat, gearbeitet.
In Kleingruppen versprachlichen nun alle SchülerInnen die Hauptaussagen der Grafik und erhalten dazu die weiteren Redemittel.
Sie präsentieren ihre Ergebnisse; diese werden auf inhaltliche und fachliche Richtigkeit geprüft. Abschließend wird die am Anfang erhobene Prognose mit der der Grafik verglichen.

Bemerkung

▲ Sie formulieren ihre Ergebnisse schriftlich und erhalten dazu z.B. einen Lückentext mit Vorgaben, die die SchülerInnen in die richtige Reihenfolge bringen müssen:

Das Schaubild zeigt ____________________ (Entwicklung / die / Verkehrs / von / des / 1960 bis 1995). Man sieht auf den ersten Blick, dass ____________________ (Individualverkehr / stärksten / der / am / hat / zugenommen). Die Anzahl der Personenkilometer, die 1960 für Individualfahrten zurückgelegt wurden, ________ ____________(bei / ca. 130 Mrd. / lag). Bereits 1975 ____________________ (der / sich / hat / Individualverkehr / verdoppelt) usw.

3.2.3. Der Hexenhammer

Aufgabe zur Arbeit mit historischen Quellentexten (Klasse 7/8), KV 22

Vorbemerkung

Quellentexte enthalten nicht nur einen hoch spezialisierten Fachwortschatz, sondern sind außerdem in einer altertümlichen Schriftsprache verfasst, wodurch nicht selten ein extremer Fremdheitseffekt erzeugt wird, der den Zugang zum Textinhalt erschwert.

Vorbereitung

Die Lehrkraft kopiert Parallel- und Originaltext und schneidet beide in Streifen.

Ablauf

Die Lehrkraft schreibt das Wort *Hexe* an die Tafel und fragt die SchülerInnen nach ihren Assoziationen. Dann lenkt sie das Gespräch auf die historische Hexenverfolgung und fragt die SchülerInnen nach ihrem Vorwissen. Sie weist auf den *Hexenhammer* hin, ein Werk aus dem Jahre 1486, das früher als Rechtsgrundlage für Hexenprozesse verwendet wurde. Die SchülerInnen erhalten zunächst die zerschnittenen Sätze des Paralleltextes und setzen die Satzeile zusammen. Dieser wird im Rückgriff auf den Fachwortschatz besprochen:

das Weib, -er = altertümlicher Ausdruck für *Frau*
das Übel (meistens kein Plural) = hier: schreckliche Ereignisse, Katastrophen
die Boshaftigkeit = hier: der schlechte Charakter eines Menschen
garstig = hier: schrecklich
die Eitelkeit, -en = hier sind alle Mittel gemeint, mit denen sich eine Frau attraktiv macht, um einem Mann zu gefallen
die Ketzerei = Verbreitung einer Irrlehre, die den Glaubensprinzipien der Kirche nicht entspricht; hier: die Zusammenarbeit mit dem Teufel
der Hexer, – = Mann, der Irrlehren verbreitet bzw. mit dem Teufel zusammenarbeitet

Anschließend erhalten die SchülerInnen den Originaltext ebenfalls zerschnitten und setzen diesen anhand des Paralleltextes wieder zusammen

und unterstreichen auf der Kopiervorlage im Originaltext die Informationen, die im Paralleltext fehlen. Die SchülerInnen tragen im Klassengespräch zusammen, mit welchen sprachlichen Formulierungen Frauen negativ dargestellt werden *(... viele Reiche - durch Weiber zerstört, Kleopatra - schlechtes Weib, Welt leidet unter Boshaftigkeit der Weiber, ihre Berührungen - garstig, der Umgang mit ihnen - tödlich, Eva - Grund allen Übels ...).*
Sie wenden so den historischen Fachwortschatz (mündlich) an und bearbeiten im Anschluss die Aufgaben auf der KV. Dabei üben sie sich im Auffinden der passenden inhaltlichen Aussagen zu der Thematik und im Auffinden der korrekten Satzanschlüsse.

3.2.4. Fassen wir also zusammen!

Übung zum Schreiben von Zusammenfassungen (Klasse 7–10)

Lernziel
In Fachtexten Schlüsselwörter finden sowie Kernaussagen und eine Zusammenfassung formulieren.

Ablauf
Kleingruppen erhalten pro Textabschnitt einen Folienstreifen (also 4 Streifen) mit drei Spalten (Schlüsselwörter, Satzverknüpfer, Formulierungsvorschlag); sie schreiben auf die Folienstreifen links die Schlüsselwörter des jeweiligen Textabschnitts, überlegen sich passende Satzverknüpfer, die sie zur Versprachlichung der Schlüsselwörter verwenden wollen, notieren diese in der mittleren Spalte und tragen in der rechten Spalte die Formulierungsvorschläge ein.
Die Ergebnisse werden präsentiert und überprüft.
In Einzel- oder Partnerarbeit werden weitere Informationen auf dem Arbeitsbogen gestrichen, die für eine Zusammenfassung weniger wichtig sind. Die Ergebnisse werden im Klassengespräch überprüft. Dabei werden die für eine Zusammenfassung notwendigen Schlüsselwörter an die Tafel geschrieben.
Die SchülerInnen erstellen mit Hilfe dieser Schlüsselwörter eine Zusammenfassung aus maximal 4–5 Sätzen und tragen ihre Ergebnisse vor.

Der Lkw – die Nr. 1 im Güterverkehr

Der Straßengüterverkehr wird sich nach Meinung von Experten bis zum Jahr 2010 im Vergleich zu 1990 fast verdoppeln. Deutschland ist aufgrund seiner zentralen Lage in Europa vom wachsenden Güterverkehr besonders betroffen.
Gut zweieinhalb Millionen Lkw sind in der Bundesrepublik zugelassen, in der gesamten EU etwa 20 Millionen. Mit 150 000 km pro Jahr legen Lkw im Durchschnitt zehnmal mehr Strecke zurück als ein Pkw. Dadurch erreicht die Branche auf deutschen Straßen jährlich eine gigantische Transportleistung. Die Einheit dafür ist Tonnenkilometer (Transport von Waren mit einer Tonne Gewicht über eine Strecke von einem Kilometer = 1 Tonnenkilometer oder 1 tkm).
Die Gründe für den wachsenden Straßengüterverkehr liegen im weltweiten Wirtschaftswachstum, in veränderten Produktionsmethoden und in der schnellen Lieferzeit über das gut ausgebaute Straßenverkehrsnetz. Denn die Industrie setzt verstärkt darauf, Einzelteile von Subunternehmen herzustellen und diese dann zeitgenau (just-in-time) anliefern zu lassen.
Weitere Gründe liegen im Kauf- und Konsumverhalten. Da es in Europa kaum noch Handelsbeschränkungen gibt, ist es mittlerweile selbstverständlich, bayrische Milchprodukte in Paris und London zu kaufen und türkische Lebensmittel in Deutschland. Weil die Löhne in Italien niedriger sind, werden z.B. deutsche Kartoffeln zum Waschen dorthin gefahren, um anschließend in Deutschland weiterverarbeitet zu werden.

(Aus: Trio 9/10 Geschichtlich-soziale Weltkunde. Braunschweig: Schroedel 2003. S. 213)

Schlüsselwörter	Satzverknüpfer	Formulierungsvorschlag
Straßengüterverkehr – sich verdoppeln Deutschland – betroffen	*weil*	Von der erwarteten Verdopplung des Straßengüterverkehrs ist Deutschland stark betroffen, *weil* es innerhalb Europas eine zentrale Lage hat.
mehr Lkw als Pkw auf den Straßen große Transportleistung der Lkw	*folglich*	Lkw legen mehr Strecken auf deutschen Straßen zurück als Pkw. *Folglich* erreichen sie eine extrem große Transportleistung.
Gründe für die Zunahme des Straßengüterverkehrs: weltweites Wirtschaftswachstum veränderte Produktionsmethoden ausgebaute Straßenverkehrsnetze Just-in-time-Lieferungen möglich	*dass* *daher*	Das weltweite Wirtschaftswachstum, veränderte Produktionsmethoden und gut ausgebaute Straßenverkehrsnetze sind Gründe dafür, *dass* der Straßengüterverkehr stark zugenommen hat. *Daher* können in Subunternehmen hergestellte Einzelteile zeitgenau angeliefert werden.
kaum Handelsbeschränkungen Kauf- und Konsumverhalten	*sodass*	Es gibt kaum Handelsbeschränkungen in Europa, *sodass* man Waren fast überallhin transportieren und fast überall kaufen kann.

3.3. Mathematik und Naturwissenschaften

Im Mathematik- und naturwissenschaftlichen Unterricht wird einerseits eine hoch komplexe Fachsprache verwendet, die viele DaZ- und sicher auch DaM-SchülerInnen schlicht überfordert. Andererseits stellt gerade auch die Einbettung fachlicher Inhalte in alltagssprachliche Zusammenhänge, wie sie in Textaufgaben oder in Erklärungen von Lehrkräften vorkommen, hohe Anforderungen an die (alltags-)sprachliche und zum Teil auch kulturelle Kompetenz, die DaZ-SchülerInnen den Zugang zum fachlichen Inhalt erschweren können.

Besonderheiten der naturwissenschaftlichen Fachsprache

Die Sprache der Mathematik ist sehr präzise und auf Logik bedacht. Das führt dazu, dass z.B. Konjunktionen (wie *und* und *oder*) enger gefasst werden als in der Alltagssprache. Ein weiteres Merkmal ist die Symbolsprache (+, $<$, $\Leftrightarrow$ usw.), die auch in den Naturwissenschaften Anwendung findet. Ergänzend kommt dort eine Bildsprache hinzu, die Grafiken, Skizzen, Diagramme und anderes zur Veranschaulichung und Erklärung von Sachverhalten heranzieht.

Ansonsten zeigt sich auch in diesen Fachsprachen ein ausgeprägter Hang zum Nominalstil statt des Verbalstils, wie er z.B. in Erzählungen vorherrscht, und zur Verwendung passivischer Formen. Besonders die mathematische Fachsprache basiert darauf, dass mathematische Gegenstände selbst wie Subjekte handeln (*Die Gerade berührt den Kreis.*) In den Aufgaben werden verstärkt Imperativformen (*Berechne ...!*) verwendet.

Da die Fachsprache der Mathematik auf größtmögliche Reduktion setzt, kommen Adjektive und adverbiale Bestimmungen eher selten vor.

Probleme für DaZ-SchülerInnen

Die Merkmale der natürlichen mathematischen Sprache zwingen SchülerInnen dazu, von ihren normalen Lesegewohnheiten abzuweichen und sehr genau zu lesen.

Allerdings verlangen oft Paraphrasierungen der Fachsprache (in Aufgabentexten oder Erklärungen durch Lehrkräfte), die den Sachverhalt veranschaulichen sollen, genau das Gegenteil. Wenn SchülerInnen den Preis einer Füllung für ein Schwimmbecken berechnen sollen, verwirrt sie die Angabe, dass *pro Kubikmeter vorgewärmtes Wasser 1,30 Euro berechnet werden* vielleicht mehr als sie nutzt. Denn da sie wissen, dass in diesen Disziplinen eigentlich jedes Wort höchste Relevanz hat, interpretieren sie vielleicht in die Angabe *des vorgewärmten Wassers* etwas hinein, was in dem konkreten Fall gar nicht nötig wäre.

Insofern stellt die Vermittlung und Paraphrasierung fachlicher Inhalte durch den Gebrauch der Alltagssprache (z.B. in Textaufgaben) oft das eigentliche Problem für DaZ-Schülerinnen dar, weil dabei auf komplexe alltags- und fachsprachliche Kompetenzen zurückgegriffen wird, die sie (noch) nicht ausgebildet haben.

Zum Üben

Im naturwissenschaftlichen Unterricht sollte das Verstehen und Gebrauchen von Symbolen und Bildern systematisch und schülerzentriert geübt werden. Oft ist es sinnvoller, die SchülerInnen formulieren, was sie verstanden haben, als sie zum Nachfragen aufzufordern oder eine weitere Erklärung durch die Lehrkraft oder eine/n leistungsstarke/n SchülerIn anzubieten. Hierfür bietet sich v.a. in individualisierten Lernphasen lautes Denken an.

Die Übungen sollten sich auf fachliche, fachsprachliche und auch allgemeinsprachliche Phänomene beziehen bzw. entsprechende Prioritäten setzen.

Fachbegriffe sollten eingebettet in den Prozess der Begriffsbildung vermittelt werden, d.h., die SchülerInnen sollten neue Begriffe aus dem Fachkontext heraus aktiv erschließen und gegen benachbarte Fach- und Alltagsbegriffe abgrenzen lernen.

Schwierige Sprachstrukturen in Fachtexten sollten zum Lerngegenstand werden, indem der Fokus darauf gelegt und die SchülerInnen angehalten werden, sie nicht zu überlesen, sondern zu bearbeiten.

Sinnvoll ist auch eine Reduktion des fachsprachlichen Anteils im Unterrichtsgespräch, indem die Lehrkraft z.B. kurze Satzteile sowie Aktiv- statt Passivformen verwendet, Nominalisierungen und

Satzschachtelungen vermeidet und Satzglieder mit wichtiger Bedeutung mehrfach wiederholt. Da die SchülerInnen aber lernen sollen, genau diese fachsprachlichen Phänomene in Fachtexten zu verstehen und zumindest in Ansätzen in eigenen Texten auch zu verwenden, gilt es, die Prozesse der Entlastung durch entsprechende Aufgaben zu Beispieltexten auch mit den SchülerInnen nachzuvollziehen und sie langsam dazu anzuregen, den umgekehrten Weg in ihren eigenen Texten zu beschreiten.

Tipps für die Praxis: Mathematik und Naturwissenschaften

3.3.1. Einer passt nicht!

Übung zu synonymen Begriffen
(Klasse 9–10), KV 23

Vorbemerkung

Die vorliegende Übung bezieht sich auf das Physikthema der 9./10. Klasse: „Informationen senden und empfangen". Die Übung bietet sich besonders für die Bearbeitung von Texten an, die fremde Begriffe enthalten oder Verständnisschwierigkeiten bereiten.

Diese unbekannten, schwierigen Begriffe oder Wörter, die für den jeweiligen Fachinhalt von zentraler Bedeutung sind, werden zunächst aus dem Text herausgelöst. Im nächsten Schritt werden jedem dieser herausgelösten Wörter zwei synonyme Begriffe hinzugesetzt. Darüber hinaus wird ein weiteres sinngemäß unpassendes Wort in der Zeile versteckt.

Die Auswahl des, in diesem Fall vierten, nicht passenden Begriffes sorgt im günstigsten Fall dafür, dass Diskussionen angeregt werden, die zum tieferen Verständnis der Thematik beitragen. Damit einhergehend können Gespräche über die grammatische Erscheinungsform und Wortbildung angeregt werden.

Lernziel

Die SchülerInnen vertiefen ihr Verständnis für neue, unbekannte Begriffe und Textinhalte in einem Fachtext und erkennen deren Bedeutung. Ihr Wortschatz wird nachhaltig erweitert.

Vorbereitung

Arbeitsblatt, Fachtext (evtl. für die Übung herausgelöste Begriffe unterstrichen)

Ablauf

Nach einem aktivierenden Einstieg in die Stunde, z.B. über ein Bild, lesen die SchülerInnen den Text. Zum Einstieg in die Übung schreibt die Lehrkraft vier Wörter aus den auf der Kopiervorlage genannten Beispielen (siehe Tabelle) an die Tafel: z.B.: *1. codieren, 2. verschlüsseln, 3. umformen* und *4. abschreiben*. Die Lehrkraft sagt: *„Ein Wort passt nicht zu den anderen. Welches? Und warum?"* Die SchülerInnen werden angehalten, ihre Meinung sehr genau zu begründen. Auf diese Weise kann im Unterrichtsgespräch auf konkrete Wortbildungsmerkmale eingegangen werden. In diesem Fall auf die Bedeutung des Präfixes *ver-* in Bezug auf das Verb *schlüsseln* und *um-* in Bezug auf *formen*. Dabei können auch verwandte Wörter wie *Verschlüsselung* oder *Umformung* angesprochen werden. Die Synonyme, die den SchülerInnen präsentiert werden, tragen zu einem tieferen Verständnis des Wortes *codieren* bei. Somit erschließen sie sich das eingangs voraussichtlich noch fremde Verb *codieren* im Unterrichtsgespräch auch in inhaltlicher Hinsicht und in Bezug auf die fachliche Bedeutung.

In diesem Fall wurde zu den drei Synonymen als Kontrahent *abschreiben* gewählt. Durch die Begründung, warum *codieren* nicht *abschreiben* bedeutet, vertieft sich nochmals das Verständnis für das fachliche Lernziel.

Anschließend verteilt die Lehrkraft das Arbeitsblatt mit weiteren Begriffszeilen.

In der Erarbeitungsphase, spätestens beim Vergleich der Ergebnisse, können zahlreiche weitere Gespräche über Sinn, Inhalt und Erscheinungsbild der Wörter geführt werden – in diesem Fall geht es um die bedeutungsverändernde Wirkung des Präfixes *ver-* in *versprechen* im Verhältnis zur Vorsilbe *ab-* in *absprechen*. Weitere fachliche Inhalte können im Gegensatz zum Ausschlusswort ergründet werden. Zeichensprache sind Gebärden, ist ein Zeichensystem. Indem die SchülerInnen erkennen, dass „das Wort" nicht passt, erweitern sich ihre Fachkenntnisse.

Varianten
Im vorliegenden Übungsbeispiel wurden die Wörter horizontal angeordnet. Wenn ein Text eine Vielzahl an Wörtern enthält, bietet es sich auch an, jedem herausgelösten Wort nur einen Begriff (Synonym oder Kontrahent) entgegenzusetzen und die Wörter vertikal, also innerhalb einer Spalte, zu vermischen. Die SchülerInnen müssen dann dem Begriff in der linken Spalte den entsprechenden Begriff in der rechten Spalte zuordnen.
In jedem Fall sollte das Arbeitsblatt durch Zahlen- oder Buchstabenreihen gegliedert sein, weil es den Vergleich der Ergebnisse vereinfacht und Selbstkontrollblätter ermöglicht.
Je nach Lernkultur der Klasse, kann diese Übung auch arbeitsteilig erarbeitet werden. Hierbei bietet sich an, dass sich die Arbeitsgruppen genau überlegen, wie sie die Zusammengehörigkeit oder den Ausschluss von Begriffen begründen! Die Ergebnisse sollten anschließend der Großgruppe vorgetragen werden.

3.3.2. Sag´s noch einmal!

Übung zur Begriffserschließung
(Klasse 7/8)

Vorbemerkung
Die Textauszüge zur folgenden Übung wurden dem Biologiethema „Lebensvorgänge in unserem Körper" der 7. und 8. Klasse entnommen.

Vorbereitung
Die Fähigkeit des Nachschlagens in einem Wörterbuch wird hier vorausgesetzt. Bereitzustellen sind Nachschlagewerke und (Bedeutungs-)Wörterbücher, die sowohl Aufschluss über verwandte Begriffe zu einem Wort geben (z.B.: *die Dehnung, dehnbar, sich dehnen*) als auch einfache Beispielsätze enthalten, aus denen die SchülerInnen die Bedeutung eines Wortes ableiten können. Eine Auswahl von verschiedenen Wörterbüchern kann sogar von Vorteil sein, da diese unterschiedlich aufschlussreich sind. Zur Bedeutungserschließung hilft den SchülerInnen außerdem ein Synonymwörterbuch. Auch das Wordprogramm im Computer enthält Synonyme, die über das Anklicken des Begriffes mit der rechten Maustaste geöffnet werden können (Thesaurus).
Sätze oder Wortgruppen in Fachtexten, die schwierige Begriffe enthalten, werden von der Lehrkraft im Vorfeld untereinander aufgeschrieben. Dabei ist pro Wortgruppe/Satz jeweils ein schwieriger Begriff durch Unterstreichen, Kursiv- oder Fettschrift visuell hervorzuheben.

Lernziel
Die SchülerInnen erschließen sich schwierige Wörter in Fachtexten, indem sie einen einfacheren Ausdruck dafür finden. Der Originalsatz wird mit dem einfacheren Wort noch einmal aufgeschrieben und muss dabei ggf. umgestellt werden.

Ablauf
Mit der Übung kann begonnen werden, wenn alle SchülerInnen den Text einmal gelesen haben. Die Lehrkraft schreibt einen Beispielsatz an die Tafel: *Aus der Wunde quillt ein Blutstropfen.* Die SchülerInnen machen Vorschläge, wie sie das unterstrichene Wort in ihren eigenen Worten ausdrücken würden. Ein/e SchülerIn sagt für *quillt* vielleicht *kommt heraus* oder *tritt hervor*. Die Lehrkraft fordert diese/n SchülerIn auf, den gesamten Satz noch einmal zu sagen: *Aus der Wunde tritt Blut hervor.* Dieser Satz wird neben den anderen an die Tafel geschrieben. Die Lehrkraft fordert die SchülerInnen auf, nochmals zu verbalisieren, durch welche Wörter das Verb *quillt* ersetzt worden ist, und markiert diese entsprechend: *Aus der Wunde quillt ein Blutstropfen. = Aus der Wunde tritt ein Blutstropfen hervor.*
In einem weiteren Beispiel sollte auch das Nachschlagen von längeren, zusammengesetzten Wörtern thematisiert werden – z.B.: *leicht eingedellte Zellen*. Die Lehrkraft lässt das Wort von einem Schüler im Wörterbuch nachschlagen. Wenn er das Wort unter *e* wie *eingedellt* sucht, bietet dies einen gelungenen Anlass, die Problematik des Nachschlagens solcher Wörter im Unterrichtsgespräch zu erörtern. Die SchülerInnen lernen dabei, dass lange, zusammengesetzte Wörter zunächst auf ihren Wortstamm zurückgeführt werden müssen, um sie im Wörterbuch zu finden! Das hier gesuchte Wort muss auf seinen Stamm

Delle zurückgeführt und unter *d* gesucht werden. Dabei erfahren die SchülerInnen, dass es sich um eine Beule handelt. Mit diesem Hinweis können sie darauf schließen, dass es sich um Zellen mit einer Beule handelt. Die Übersetzung von *leicht eingedellte Zellen* könnte also lauten *Zellen mit einer leichten Beule*. Das Ergebnis wird zunächst an der Tafel festgehalten und entsprechend visuell hervorgehoben. Darüber hinaus regt die Lehrkraft an, das Adjektiv zu *Beule* zu finden. Die SchülerInnen lernen, dass die Übersetzung *leicht eingebeulte Zelle* auch möglich ist. Dabei ist nur noch zu erwähnen, dass es sich bei einer Delle um eine Beule nach innen handelt!

Nach einigen weiteren Beispielen wird die Aufgabenstellung immer verständlicher, und die SchülerInnen übertragen in Gruppen (möglichst mit einer/m DaM-Schüler/in) Sätze oder Satzfragmente aus dem Fachtext auf ein Blatt und schreiben ihre Erklärung daneben.

Fachtextfragment und Erklärung werden auseinandergeschnitten und anschließend von anderen SchülerInnen wie in einem Memoryspiel einander wieder zugeordnet.

SchülerInnen, die nicht fertig geworden sind, sollten die Möglichkeit haben, die Lösungen nachzutragen. Hierzu könnten die Ergebnisse eventuell auf einer Folie festgehalten werden.

3.3.3. Wir halten zusammen

Übung zu Wortfeldern und Wortfamilien der Grundrechenarten (ab Klasse 5), KV 24

Vorbemerkung

Die Übung kann in jeder Unterrichtsreihe, in der Wortschatz zu den Grundrechenarten beteiligt ist, eingesetzt werden, besonders in Klasse 5 zur Einführung in den Wortschatz. In höheren Klassen kann die Übung zur Förderung eingesetzt werden. Aufgaben zur Addition, Subtraktion, Multiplikation und Division ziehen sich durch den Mathematikunterricht bis Klasse 10. In Form von Textaufgaben oder Regelsätzen werden SchülerInnen stets mit demselben Wortschatz zu diesem Thema konfrontiert. Verben wie *hinzufügen* treten häufig in der Partizipform auf: *hinzugefügt*. Die SchülerInnen müssen lernen, dass die Partizipform regelmäßiger Verben durch den Zusatz von *ge* gebildet wird, bei einem Teil der unregelmäßigen Verben dagegen nicht: z.B. *die gemultiplizierte Zahl*. In der Befehlsform treten zusammengesetzte Verben getrennt voneinander auf: *Füge eine Zahl hinzu*. Oder: *Füge eine Zahl ein*. Wer hier nicht die Verbindung der beiden Verbteile erkennt, hat Schwierigkeiten, einen Arbeitsauftrag zu verstehen und richtig auszuführen. Bei flektierten Formen oder Wörtern mit Vokaländerungen fällt es häufig schwer, diese einem bekannten Wort zuzuordnen: *geben = angeben – angegeben – angegebenes – am angegebenen – Gib an!* Dies gilt besonders für einige Nominalisierungen. Zwei verschiedene Formen für ein Wort tragen zusätzlich zur Verwirrung bei: *die Angabe der Zahl – durch das Angeben der Zahl.*

Lernziel

Die SchülerInnen erweitern und sichern ihren Wortschatz in Bezug auf Aufgaben der Grundrechenarten der Mathematik.

Vorbereitung

Die Kopiervorlage sollte vergrößert kopiert, laminiert und auseinandergeschnitten werden. Die entstehenden Wortkarten können in einem Briefumschlag oder einer Schachtel aufbewahrt werden.

Ablauf

Zur Einführung kann die Lehrkraft einen Teil der Wörter einer Wortfamilie unter den Schülern verteilen. Die SchülerInnen gehen anschließend mit versteckter Wortkarte durch den Raum und müssen sich in ihrer Gruppe zusammenfinden. Wenn sich alle Wortfamilien gefunden haben, werden die Karten sortiert an der Tafel aufgehängt. Die Lehrkraft bespricht die Schwierigkeiten: Großschreibung der Nominalisierungen, welche Wörter werden mit *ge* gebildet. Anschließend können die verbleibenden Wortkarten vermischt an eine einzelne Arbeitsgruppe verteilt werden und diese fahren mit der Aufgabe fort. Die Wörter sollten in eine Tabelle passend eingetragen werden.
▲ Schüler höherer Klassen können in ihren Mathematikbüchern Beispielsätze zu den Wörtern suchen und aufschreiben.

Bemerkungen/Varianten:

Mit dem vorliegenden Wortmaterial können viele verschiedene Übungen gestaltet werden, die in den folgenden Varianten angeregt werden sollen:

Variante 1: Mit dem vorhandenen Wortmaterial können Wortfelder zu den Oberbegriffen der vier Grundrechenarten gebildet werden:

- *addieren*: auch *hinzufügen, hinzuzählen, summieren, dazurechnen ...*
- *subtrahieren:* auch *abziehen, wegnehmen ...*
- *multiplizieren:* auch *vervielfachen, verdoppeln, verdreifachen ...*
- *dividieren:* auch *dritteln, unterteilen, aufteilen, halbieren ...*

Variante 2: Die Lehrkraft sortiert nur Gegensätze aus dem Wortmaterial aus. Mit dieser Auswahl könnte der Arbeitsauftrag heißen: *Finde die Gegensätze.*

Variante 3: Die Lehrkraft wählt aus dem Wortmaterial lediglich die Verben in ihrer Grundform und die Nomen aus. Die Aufgabenstellung könnte lauten: *Ordne die passenden Begriffe einander zu.*

Variante 4: Die aufgelisteten Verben können als Infinitiv mit *zu* umgeformt und in einen Satzzusammenhang eingebunden werden: *hinzuzufügen, aufzurunden, durchzuführen, anzufertigen.*

Variante 5: Es können Übungen zur Flexion angefertigt werden, zum Beispiel Lückentexte, in die das entsprechende Wortmaterial eingefügt werden kann: *ein gedachter Wert, die verdreifachten Zahlen ...*

Variante 6: Ein Wortfeld zu dem Verb *zählen* könnte erstellt werden, in dem besonders die Bedeutungsveränderung durch Vorsilben und Präpositionen untersucht wird: *hinzuzählen, auszählen, abzählen, weiterzählen.*

Variante 7: Ein weiteres Wortfeld bietet der Stamm *rechnen*: *abrechnen, ausrechnen, errechnen, berechnen, verrechnen.*

Variante 8: Die Verben können nach der Bildung des Partizips (mit und ohne *ge*) sortiert und aufgeschrieben werden.

Variante 9: Inhaltsgleiche Wortverbindungen könnten einander zugeordnet werden: *das Dreifache berechnen – eine Zahl verdreifachen – um drei vervielfältigen, eine Zahl dritteln – einen Wert durch drei teilen* – usw.

3.3.4. Es kann nur einen geben!

Übung zu zusammengesetzten Verben (Klasse 7+8), KV 25

Vorbemerkung/Lernziel

Die Übung kann in der Unterrichtsreihe zum Thema „Elektrische Energie" in den Klassen 7 und 8 eingesetzt werden. Sie zielt auf das richtige Verständnis von zusammengesetzten Verben in einem fachlichen Kontext.
Aus dem Originaltext wurden einzelne Sätze herausgelöst und in ein Arbeitsblatt gebracht. Die Auswahl bezieht sich im vorliegenden Beispiel auf zusammengesetzte Verben. Zwischen mehreren unpassenden Vorsilben wurde die richtige versteckt.

Einsatz elektrischer Energie

Geräte, wie elektrische Lampen, Mixer, Bohrmaschinen und andere, nutzen elektrische Energie. Sie wird ihnen im Stromkreis von einem Elektrizitätswerk zugeführt. Wenn der Stromkreis geschlossen ist, fließen Elektronen im Kreis. Dabei strömt elektrische Energie in die jeweiligen Geräte.
Eine elektrische Lampe nimmt elektrische Energie auf. Durch das Strömen der Elektronen wird der Wolframdraht heiß, glüht und leuchtet. Elektrische Energie strömt in die Lampe hinein, die Lampe gibt Licht und Wärme ab. Die Lampe wandelt somit elektrische Energie in die beiden anderen Energieformen Wärme und Licht um. Die Lampe ist ein Energiewandler.
Ein Mixer oder eine Bohrmaschine nehmen, wenn sie in Betrieb sind, ebenfalls elektrische Energie auf. Sie wandeln in ihrem Motor elektrische Energie in Bewegungsenergie um. Hier ist also der Motor der Energiewandler.
Der Elektroherd arbeitet ähnlich wie eine Glühlampe. Wenn er eingeschaltet ist, fließen Elektronen durch seine Heizspiralen. Dort wandelt der Herd elektrische Energie in Wärme um.

(aus: Erlebnis Physik/Chemie 2. Hannover: Schroedel 2001. S. 81)

Vorbereitung

Die Verben *zuführen, aufnehmen, hineinströmen, umwandeln, abgeben, einschalten* werden auf Wortkarten geschrieben und an der Tafel untereinander befestigt, ebenso das Bild eines elektrischen Gerätes (z.B. eine Lampe).

Ablauf

Nachdem die SchülerInnen den Originaltext gelesen haben, lenkt die Lehrkraft die Aufmerksamkeit auf die Verbkarten an der Tafel. Die SchülerInnen werden aufgefordert, zu den Grundformen an der Tafel, den entsprechenden Satz im Originaltext zu finden: z.B. zur Grundform *aufnehmen* findet ein Schüler den Satz: *Eine elektrische Lampe nimmt Energie auf.* Aus diesem Satzzusammenhang kann die genaue Bedeutung des Verbs ermittelt werden – in diesem Fall die Bewegungsrichtung der Energie aus der Steckdose heraus in die Lampe hinein. Durch das Anbringen der Verbkarten an der entsprechenden Stelle am Tafelbild, kann die Bedeutung des Verbs zusätzlich veranschaulicht werden. Nach dieser Übung wird ein Arbeitsblatt mit folgenden Sätzen verteilt:

Die Energie wird den Geräten von einem Elektrizitätswerk (ausgeführt/zugeführt/eingeführt).
Die elektrische Lampe nimmt elektrische Energie (ein/zu/aus/auf).
Elektrische Energie strömt in die Lampe (hinaus/hinein/hervor/hinauf).
Die Lampe gibt Licht und Wärme (auf/ein/ab/vor).
Die Lampe wandelt somit elektrische Energie in die beiden anderen Energieformen Wärme und Licht (durch/um/auf/über).
Elektrische Geräte nehmen, wenn sie in Betrieb sind, ebenfalls elektrische Energie (ein/auf/über).
Wenn der Elektroherd (ausgeschaltet/eingeschaltet/umgeschaltet) ist, fließen Elektronen (durch/auf/um) seine Heizspiralen.

Die SchülerInnen entscheiden, welche trennbare Vorsilbe die richtige ist und streichen die anderen aus. Anschließend sollen die Sätze unter Auslassung der falschen Begriffe abgeschrieben werden.

Bemerkungen/Varianten

Dieser Übungstyp kann auf eine Vielzahl sprachlicher Lernziele ausgerichtet werden. Die Lehrkraft entscheidet dies vor dem Hintergrund des jeweiligen Unterrichtsthemas, des angestrebten Lernzieles und dem Sprachstand der Klasse.

Variante 1: Die Auswahl der Wörter kann sich auch auf einfache Verben beziehen. Die SchülerInnen festigen ihr Sachverständnis (1), lernen den unterschiedlichen Gebrauch von Verben kennen (2), wiederholen die richtige Konjugation (3) und ggf. Umlautveränderungen (4).

(1) Die Lampe (nimmt/gibt) Wärme ab.
(2) Alle elektrischen Geräte (benutzen/nutzen) elektrische Energie.
(3) Beim Mixer (ist/sind/bin) der Motor der Energiewandler.
(4) Dabei (stromt/strömt/strömen/strömst) elektrische Energie in die jeweiligen Geräte.

Variante 2: Die Wahrnehmung der SchülerInnen wird auf die richtige Rechtschreibung gelenkt: *Durch das Strömen der Elektronen wird der (Wolfrahmdrat/Wolframdraht/Wolfgangdraht/Wolframdrat/Wolfframdraht) heiß.*

Variante 3: Die Übung könnte ausschließlich auf die Sicherung der Anwendung von Pronomen oder Artikel zielen. Durch die Angabe des vorherigen Satzes oder die Veränderung des Originalsatzes muss sichergestellt werden, dass die SchülerInnen das Bezugswort finden können!

Alle elektrischen Geräte nutzen elektrische Energie. (Sie/Er/Es) wird (ihm/ihr/ihnen) von einem Elektrizitätswerk zugeführt.
(Eine/Ein) Mixer oder (eine/ein) Bohrmaschine nehmen, wenn (er/sie/es) in Betrieb sind, ebenfalls elektrische Energie auf. (Sie/Es/Er) wandeln in (ihrem/seinem) Motor elektrische Energie in Bewegungsenergie um.
(Der/Die/Das) Lampe ist ein Energiewandler.

Variante 4: Bestimmtes Fachwissen kann in dieser Übung gefestigt und abgefragt werden:

Wenn der Stromkreis (geöffnet/geschlossen/unterbrochen) ist, fließen Elektronen (aufwärts/im Kreis/abwärts).
Die Lampe ist ein (Stromumwandler/Energieumwandler/Energiewandler/Energiewanderer).
Bei einem Mixer ist (der Rührstab/der Griff/der Motor/das Kabel) der Energiewandler.

Hinweis zur Kopiervorlage:
Je nach Leistungsstärke der Klasse ist zu entscheiden, ob sich die SchülerInnen zur Bearbeitung an dem Originaltext orientieren können oder nicht.
▲ Für höhere Klassenstufen wird empfohlen, sich in einem Arbeitsblatt gleichermaßen auf alle in den Varianten genannten Schwierigkeitsbereiche gleichzeitig zu beziehen.
Damit werden grammatisch richtige Setzungen von fachspezifisch und grammatisch korrekten Wortverbindungen geübt.
Zur Einführung eröffnet die Lehrkraft einen Wettbewerb mit der Frage: *Wo fließt Strom?* Die Schülergruppe mit den meisten Einfällen gewinnt. Im Vergleich der Ideen lenkt die Lehrkraft das Gespräch auf die Inhalte des vorliegenden Sachtextes.
Vor dem Lesen des Textes wird auch Aufgabe 2 geklärt.
Je nach Wichtigkeit des Textinhaltes ist es sinnvoll, den Text unter Ausschluss der falschen Begriffe richtig abschreiben zu lassen (vgl. Aufgabe 3).
Indem die SchülerInnen kleine Zeichnungen zu ihren Texten anfertigen, kann die Lehrkraft nochmals überprüfen, ob der Textinhalt richtig verstanden wurde.

Kopiervorlagen

KV 1	1.1.2. *Wie Worte gebildet werden*	Übung zur Kompositabildung
KV 2	1.1.4. *Fernsehen und andere Unterhaltung*	Übung zur Nominalisierung
KV 3	1.2.3. *Zeiten beherrschen*	Würfelspiel zu den Zeitformen
KV 4	1.3.1. *Frageterzett*	Aufgaben zur Deklination
KV 5	1.3.3. *Wer sieht wie aus?*	Übung zur Adjektivdeklination
KV 6	1.4.1. *„In der Schule" oder „in die Schule"?*	Übung zu Präpositionen im Satz
KV 7	1.5.1. *Das Verb ist der Chef im Satz!*	Übung zur Verbstellung im Aussagesatz
KV 8	1.5.2. *Satzarten unterscheiden*	Übung zu Satzarten
KV 9	1.5.8. *Verrückte Kommas*	Übung zu Satzreihen
KV 10	1.5.9. *Antworten gefragt*	Übung zu Satzgefügen
KV 11	1.5.10. *Im Kaufhaus*	Aufgabe zu Relativsätzen
KV 12	1.6.3. *Textvernetzung*	Aufgabe zu Prowörtern in komplexen Texten
KV 13	2.1.2. *Sprach-Bingo*	Übung zum Hörverstehen
KV 14	2.1.5. *Texte überarbeiten*	Übung zur selbstständigen Korrektur
KV 15	2.1.6. *Texte knacken*	Aufgaben zur Entschlüsselung eines Fachtextes
KV 16	2.4.1. *Schreibkonferenz: Erzählen*	Übung zum gemeinsamen Schreiben zu Bildimpulsen
KV 17	2.4.3. *Gedankenflug*	Aufgaben zum kreativen Schreiben
KV 18	2.4.4. *Beschwerdebrief*	Übungen zum Schreiben von formalisierten Briefen
KV 19	2.5.4 *Generatives Schreiben*	Training für schriftsprachliche Richtigkeit
KV 20	3.1.3. *Junge Mädchen als Detektive*	Übung zum Gebrauch des Präteritums
KV 21	3.2.1. *Das Auto - Verkehrsmittel Nr. 1*	Aktivität zum Aufbau einer Leseerwartung
KV 22	3.2.3. *Der Hexenhammer*	Aufgabe zur Arbeit mit historischen Quellentexten
KV 23	3.3.1. *Einer passt nicht!*	Übung zu synonymen Begriffen
KV 24	3.3.3. *Mathe-Wortfamilien*	Übung zu Wortfeldern und Wortfamilien der Grundrechenarten
KV 25	3.3.4. *Es kann nur einen geben!*	Übung zu zusammengesetzten Verben
KV 26/27		Konjugationstabelle
KV 28		Deklinationstabelle
KV 29/30		Stolpersteine der deutschen Sprache
KV 31–34		Beobachtungsbogen

Wie Worte gebildet werden

Originaltext	Paralleltext
In der Stadt herrschen besondere Lebensbedingungen	
Das Klima in der Stadt ist anders als das des Umlandes. Man sagt, Städte sind „Wärmeinseln". Die städtische Überwärmung entsteht dadurch, dass sich tagsüber Bauwerke und versiegelte Flächen stärker durch Sonneneinstrahlung aufheizen als bewachsene Freiflächen. Nachts geben diese Wärmespeicher die Wärme langsam wieder an die Umgebung ab. Besonders in windstillen Sommernächten kühlen Städte deshalb kaum ab.	Anderes Klima in Städten: Bauwerke wärmen sich durch Sonneneinstrahlung auf und geben Wärme ab. Dadurch entsteht die Überwärmung der Städte.
Auch die Luftströme in der Stadt unterscheiden sich von denen des Umlandes. Die erwärmten Luftmassen über dem Stadtzentrum steigen auf. Dadurch wird kühle Luft vom Stadtrand angesaugt. Diese Luftströmungen nehmen auf ihrem Weg Staub sowie Auto- und Schornsteinabgase auf. So kann über der Stadt eine Dunstglocke entstehen, die die Wärmeausstrahlung aus dem Stadtkern behindert.	Andere Luftströmungen in Städten: Warme Luft steigt auf, kalte Luft vom Stadtrand wird angesaugt. Es entstehen Luftströmungen, die Staub und Abgase aufnehmen.
Die Stadt wirkt sich auch auf Winde aus. Hohe Bauwerke können Windbewegungen abbremsen oder umlenken. In bestimmten Straßenschluchten kann dann Windstille herrschen, während an der nächsten Ecke ein heftiger Sturm durch die „Schlucht" fegt. ...	Andere Windbewegungen in Städten
(Aus: Erlebnis Biologie 2. Hannover: Schroedel 2001. S. 142f.)	

1. Trenne die folgenden zusammengesetzten Nomen in Grund- und Bestimmungswort und gib den Artikel und Plural (wenn möglich) an:
Wärmeinsel, Windbewegung, Naturschutz, Artenschutz, Rohrsystem, Raumheizung, Bauwerk, Luftmasse, Stadtzentrum, Stadtrand.

Übertrage dazu die folgende Tabelle auf ein Zusatzblatt:

Zusammengesetztes Nomen	**Bestimmungswort**	**Grundwort**	**Artikel**	**Plural**
Wärmeinsel ...	Wärme	Insel	die	die Wärmeinseln

2. Erkläre mit deinen eigenen Worten die folgenden zusammengesetzten Nomen:
der Artenschutz, die Luftströmung, der Stadtkern, die Mülltrennung, Schornsteinabgase (Pl.), *die Windbewegung, die Sonneneinstrahlung, das Stadtzentrum, der Stadtrand.*

Beispiel: Die Luftverschmutzung = die Verschmutzung der Luft

Originaltext	Paralleltext
Fernsehen und andere Unterhaltung	
Das Fernsehen ist ein Symbol des technischen und kulturellen Fortschritts. Es bietet ständig neue Möglichkeiten der Information, Bildung und Unterhaltung – und zwar für jedermann. Andererseits ist immer wieder politisch neu zu entscheiden, in welche Richtung sich der Kulturträger Fernsehen entwickeln sollte.	Wofür ist das Fernsehen ein Symbol?
Die Fernsehlandschaft hat sich in den letzten Jahrzehnten grundlegend verändert. Nachdem das Fernsehen über viele Jahre alleinige Sache der öffentlich-rechtlichen Anstalten war (ARD und ZDF), drängten zahlreiche private Anbieter auf den Fernsehmarkt.	Welche Folgen könnten die konkurrierenden Fernsehangebote haben für
Wohin führt diese Entwicklung:	– Unterhaltungssendungen?
– zu einer Ausweitung der Unterhaltungsprogramme auf Kosten der politischen und kulturellen Angebote oder zu einer größeren Programmvielfalt?	– kulturelle und politische Sendungen?
– zu einem Mehr an seichter Unterhaltung oder zu einem Mehr an Qualität? Oder ist es ungerecht, Unterhaltungssendungen als seicht und oberflächlich zu kritisieren?	– die Qualität von Fernsehsendungen?
– zu einer Gefährdung der Demokratie, weil politische Sendungen immer mehr vernachlässigt werden?	– die Demokratie?
Oder führt die Konkurrenz zwischen öffentlichen und privaten Anbietern zu einer größeren Wahlfreiheit für die Zuschauer und damit zu einer Stärkung der Demokratie?	– die Wahlmöglichkeiten der Zuschauer?
(Aus Politik im Aufriss. Bd. 3. Frankfurt a.M.: Diesterweg 1989. Text leicht aktualisiert.)	

1. Forme die unterstrichenen Satzteile in Nebensätze um.

Beispiel: *Wegen der vielen Quizsendungen sieht Paula abends kaum fern.*

→ *Weil so viele Quizsendungen gezeigt werden, sieht Paula abends kaum fern.*

a) Das Fernsehen bewirkt eine beachtliche Zunahme unserer Kenntnisse.

b) Wegen der vielen Unterhaltungssendungen nimmt das Interesse vieler Bürger an kulturellen und politischen Sendungen ab.

c) Zur Entspannung sehen viele Menschen gern fern.

d) Trotz der vielen Gewaltfilme im Fernsehen verhalten sich die meisten Menschen ihren Mitbürgern gegenüber friedlich.

e) Ein vielfältiges Angebot an politischen und kulturellen Sendungen trägt zur Stabilisierung der Demokratie bei.

f) Viele Bürger befürchten eine Gefährdung der Demokratie, wenn politische und kulturelle Sendungen vernachlässigt werden.

g) Private Anbieter richten sich bei der Programmgestaltung nach der Programmauswahl der Zuschauer.

Zeiten beherrschen

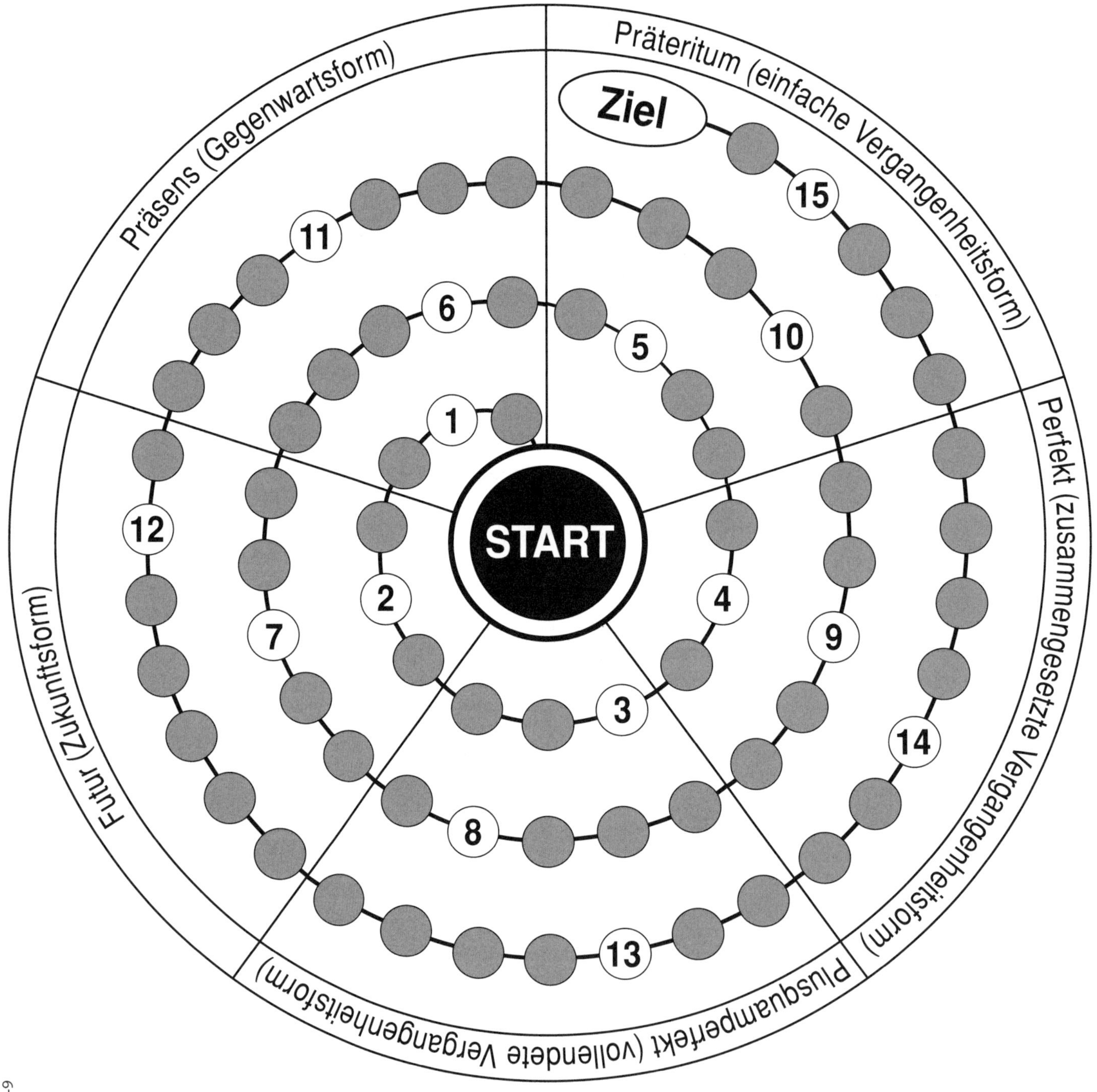

Spielregeln:

→ Wenn du auf ein Aufgabenfeld kommst, nimmst du eine Verbkarte und bildest die Form, die dort verlangt wird, im Präsens und in der Zeit, die am Rand des Zeitfeldes steht. Wenn du das nicht schaffst, musst du zwei Runden aussetzen.

→ Hast du es geschafft, erledigst du die Aufgabe, die die Zahl, auf der du stehst, verlangt (vgl. Aufgabenblatt).

Zeiten beherrschen – Aufgabenblatt

(1) Blicke auch in die Vergangenheit und bilde einen Satz mit deinem Verb. Danach rückst du zwei Felder vor, sonst musst du einmal aussetzen.

(2) Suche zu deinem Verb ein Reimverb (z.B. *fragen, sagen*) und bilde einen Satz mit beiden Verben in der Zeit, auf der du gerade stehst. Gelingt es, kannst du noch einmal würfeln, wenn nicht, musst du an den Anfang zurück.

(3) Gib deinem Verb eine Vorsilbe (z.B. *nennen – benennen*). Erkläre beide Verben durch einen Satz. Danach rückst du zwei Felder vor oder bleibst stehen.

(4) Verbinde dein Verb mit „müssen" und bilde daraus einen Satz mit „man" in einer zusammengesetzten Zeit. Bei Gelingen darfst du noch einmal würfeln, sonst bleibst du stehen.

(5) Erzähle eine kurze Geschichte, in der dein Verb dreimal vorkommt. Bei Gelingen rückst du fünf Felder vor. Sonst musst du zwei Felder zurück.

(6) Blicke auch in die Vergangenheit und bilde einen Satz mit deinem Verb. Danach rückst du zwei Felder vor, sonst musst du einmal aussetzen.

(7) Suche zu deinem Verb das Gegenteil und verfahre damit wie mit dem anderen Verb. Danach geht es zwei Felder vor, sonst einmal aussetzen.

(8) Mache aus deinem Verb ein Nomen und bilde damit einen Satz. Schaffst du das, kannst du in den nächsten Ring springen, sonst bleibst du stehen.

(9) Bilde zu deinem Verb auch das Präteritum. Erkläre den Unterschied zum Perfekt. Sind deine Mitspieler zufrieden, kannst du ein Zeitfeld überspringen, wenn nicht, musst du in den inneren Ring zurück.

(10) Verbinde dein Verb mit „dürfen" und bilde daraus einen Satz mit „man" in einer zusammengesetzten Zeit. Bei Gelingen rückst du drei Felder vor, sonst setzt du einmal aus.

(11) Bilde einen Satz mit deinem Verb und setze ihn auch in das Futur II (z.B. *sie wird geschrieben haben*). Erkläre, was diese Zeit ausdrückt. Wenn du das schaffst, kannst du zwei Zeitfelder überspringen, wenn nicht, bleibst du stehen.

(12) Bilde mit dem Verb einen Satz mit Verneinung, und zwar in der Zeit, auf der du stehst. Schaffst du es, geht es zwei Felder vor, sonst zwei zurück.

(13) Setze dein Verb in alle Zeiten des Spiels. Für jede Zeit, die du schaffst, kannst du ein Feld vorrücken.

(14) Verbinde dein Verb mit „können" und bilde daraus einen Satz mit „man" in einer zusammengesetzten Zeit. Bei Gelingen rückst du drei Felder vor, sonst bleibst du stehen.

(15) Gib deinem Verb eine Vorsilbe (z.B. *nennen – benennen*). Erkläre beide Verben durch einen Satz. Danach darfst du noch einmal würfeln oder du musst auf den inneren Ring zurück.

Zeiten beherrschen – Verbkarten

fragen ich ______________	**nennen** du ______________	**fahren** er ______________
warten sie ______________ *(Singular)*	**wissen** es ______________	**sehen** wir ______________
handeln ihr ______________	**rechnen** sie ______________ *(Plural)*	**kommen** ich ______________
hören du ______________	**gehen** sie ______________ *(Singular)*	**fühlen** er ______________
trinken es ______________	**fangen** wir ______________	**halten** ihr ______________
antworten sie ______________ *(Plural)*	**machen** ich ______________	**ziehen** du ______________
schneiden er ______________	**reisen** sie ______________ *(Singular)*	**kennen** es ______________
schreiben wir ______________	**zeichnen** ihr ______________	**wachsen** sie ______________ *(Plural)*
kochen ich ______________	**bereiten** du ______________	**streiten** er ______________
sein sie ______________ *(Plural)*	**werden** ihr ______________	**haben** wir ______________

Frageterzett

der Junge (Nominativ) In meiner Hand ist der Junge. Hast du ______? Spielst du mit ______?	**den Jungen** (Akkusativ) Ich habe den Jungen. Ist ______ in deiner Hand? Spielst du mit ______?	**dem Jungen** (Dativ) Ich spiele mit dem Jungen. Ist ______ in deiner Hand? Hast du ______?	**der Computer** (Nominativ) In meiner Hand ist der Computer. Hast du ______? Spielst du mit ______?	**den Computer** (Akkusativ) Ich habe den Computer. Ist ______ in deiner Hand? Spielst du mit ______?	**dem Computer** (Dativ) Ich spiele mit dem Computer. Ist ______ in deiner Hand? Hast du ______?
der Basketball (Nominativ) In meiner Hand ist der Basketball. Hast du ______? Spielst du mit ______?	**den Basketball** (Akkusativ) Ich habe den Basketball. Ist ______ in deiner Hand? Spielst du mit ______?	**dem Basketball** (Dativ) Ich spiele mit dem Basketball. Ist ______ in deiner Hand? Hast du ______?	**der Turnschuh** (Nominativ) In meiner Hand ist der Turnschuh. Hast du ______? Spielst du mit ______?	**den Turnschuh** (Akkusativ) Ich habe den Turnschuh. Ist ______ in deiner Hand? Spielst du mit ______?	**dem Turnschuh** (Dativ) Ich spiele mit dem Turnschuh. Ist ______ in deiner Hand? Hast du ______?
die Tasche (Nominativ) In meiner Hand ist die Tasche. Hast du ______? Spielst du mit ______?	**die Tasche** (Akkusativ) Ich habe die Tasche. Ist ______ in deiner Hand? Spielst du mit ______?	**der Tasche** (Dativ) Ich spiele mit der Tasche. Ist ______ in deiner Hand? Hast du ______?	**die Fahrkarte** (Nominativ) In meiner Hand ist die Fahrkarte. Hast du ______? Spielst du mit ______?	**die Fahrkarte** (Akkusativ) Ich habe die Fahrkarte. Ist ______ in deiner Hand? Spielst du mit ______?	**der Fahrkarte** (Dativ) Ich spiele mit der Fahrkarte. Ist ______ in deiner Hand? Hast du ______?
die Zeitschrift (Nominativ) In meiner Hand ist die Zeitschrift. Hast du ______? Spielst du mit ______?	**die Zeitschrift** (Akkusativ) Ich habe die Zeitschrift. Ist ______ in deiner Hand? Spielst du mit ______?	**der Zeitschrift** (Dativ) Ich spiele mit der Zeitschrift. Ist ______ in deiner Hand? Hast du ______?	**die Brille** (Nominativ) In meiner Hand ist die Brille. Hast du ______? Spielst du mit ______?	**die Brille** (Akkusativ) Ich habe die Brille. Ist ______ in deiner Hand? Spielst du mit ______?	**der Brille** (Dativ) Ich spiele mit der Brille. Ist ______ in deiner Hand? Hast du ______?
das Rennrad (Nominativ) In meiner Hand ist das Rennrad. Hast du ______? Spielst du mit ______?	**das Rennrad** (Akkusativ) Ich habe das Rennrad. Ist ______ in deiner Hand? Spielst du mit ______?	**dem Rennrad** (Dativ) Ich spiele mit dem Rennrad. Ist ______ in deiner Hand? Hast du ______?	**das Magazin** (Nominativ) In meiner Hand ist das Magazin. Hast du ______? Spielst du mit ______?	**das Magazin** (Akkusativ) Ich habe das Magazin. Ist ______ in deiner Hand? Spielst du mit ______?	**dem Magazin** (Dativ) Ich spiele mit dem Magazin. Ist ______ in deiner Hand? Hast du ______?
das T-Shirt (Nominativ) In meiner Hand ist das T-Shirt. Hast du ______? Spielst du mit ______?	**das T-Shirt** (Akkusativ) Ich habe das T-Shirt. Ist ______ in deiner Hand? Spielst du mit ______?	**dem T-Shirt** (Dativ) Ich spiele mit dem T-Shirt. Ist ______ in deiner Hand? Hast du ______?	**das Mädchen** (Nominativ) In meiner Hand ist das Mädchen. Hast du ______? Spielst du mit ______?	**das Mädchen** (Akkusativ) Ich habe das Mädchen. Ist ______ in deiner Hand? Spielst du mit ______?	**dem Mädchen** (Dativ) Ich spiele mit dem Mädchen. Ist ______ in deiner Hand? Hast du ______?

Frageterzett

der Tiger (Nominativ) In meiner Hand ist der Tiger. Hast du ____? Spielst du mit ____?	**den Tiger** (Akkusativ) Ich habe den Tiger. Ist ____ in deiner Hand? Spielst du mit ____?	**dem Tiger** (Dativ) Ich spiele mit dem Tiger. Ist ____ in deiner Hand? Hast du ____?	**der Fußball** (Nominativ) In meiner Hand ist der Fußball. Hast du ____? Spielst du mit ____?	**den Fußball** (Akkusativ) Ich habe den Fußball. Ist ____ in deiner Hand? Spielst du mit ____?	**dem Fußball** (Dativ) Ich spiele mit dem Fußball. Ist ____ in deiner Hand? Hast du ____?
der Lippenstift (Nominativ) In meiner Hand ist der Lippenstift. Hast du ____? Spielst du mit ____?	**den Lippenstift** (Akkusativ) Ich habe den Lippenstift. Ist ____ in deiner Hand? Spielst du mit ____?	**dem Lippenstift** (Dativ) Ich spiele mit dem Lippenstift. Ist ____ in deiner Hand? Hast du ____?	**der Ring** (Nominativ) In meiner Hand ist der Ring. Hast du ____? Spielst du mit ____?	**den Ring** (Akkusativ) Ich habe den Ring. Ist ____ in deiner Hand? Spielst du mit ____?	**dem Ring** (Dativ) Ich spiele mit dem Ring. Ist ____ in deiner Hand? Hast du ____?
die Freundin (Nominativ) In meiner Hand ist die Freundin. Hast du ____? Spielst du mit ____?	**die Freundin** (Akkusativ) Ich habe die Freundin. Ist ____ in deiner Hand? Spielst du mit ____?	**der Freundin** (Dativ) Ich spiele mit der Freundin. Ist ____ in deiner Hand? Hast du ____?	**die Jeans** (Nominativ) In meiner Hand ist die Jeans. Hast du ____? Spielst du mit ____?	**die Jeans** (Akkusativ) Ich habe die Jeans. Ist ____ in deiner Hand? Spielst du mit ____?	**der Jeans** (Dativ) Ich spiele mit der Jeans. Ist ____ in deiner Hand? Hast du ____?
die Zeitung (Nominativ) In meiner Hand ist die Zeitung. Hast du ____? Spielst du mit ____?	**die Zeitung** (Akkusativ) Ich habe die Zeitung. Ist ____ in deiner Hand? Spielst du mit ____?	**der Zeitung** (Dativ) Ich spiele mit der Zeitung. Ist ____ in deiner Hand? Hast du ____?	**die Schule** (Nominativ) In meiner Hand ist die Schule. Hast du ____? Spielst du mit ____?	**die Schule** (Akkusativ) Ich habe die Schule. Ist ____ in deiner Hand? Spielst du mit ____?	**der Schule** (Dativ) Ich spiele mit der Schule. Ist ____ in deiner Hand? Hast du ____?
das Radio (Nominativ) In meiner Hand ist das Radio. Hast du ____? Spielst du mit ____?	**das Radio** (Akkusativ) Ich habe das Radio. Ist ____ in deiner Hand? Spielst du mit ____?	**dem Radio** (Dativ) Ich spiele mit dem Radio. Ist ____ in deiner Hand? Hast du ____?	**das Zeugnis** (Nominativ) In meiner Hand ist das Zeugnis. Hast du ____? Spielst du mit ____?	**das Zeugnis** (Akkusativ) Ich habe das Zeugnis. Ist ____ in deiner Hand? Spielst du mit ____?	**dem Zeugnis** (Dativ) Ich spiele mit dem Heft. Ist ____ in deiner Hand? Hast du ____?
das Kleid (Nominativ) In meiner Hand ist das Kleid. Hast du ____? Spielst du mit ____?	**das Kleid** (Akkusativ) Ich habe das Kleid. Ist ____ in deiner Hand? Spielst du mit ____?	**dem Kleid** (Dativ) Ich spiele mit dem Kleid. Ist ____ in deiner Hand? Hast du ____?	**das Konzert** (Nominativ) In meiner Hand ist das Konzert. Hast du ____? Spielst du mit ____?	**das Konzert** (Akkusativ) Ich habe das Konzert. Ist ____ in deiner Hand? Spielst du mit ____?	**dem Konzert** (Dativ) Ich spiele mit dem Konzert. Ist ____ in deiner Hand? Hast du ____?

Wer sieht wie aus?

1. Ergänze in dem folgenden Text passende Adjektive. Adjektive, die du verwenden kannst, findest du in dem Wörterkasten darunter.
Orientiere dich bei den Endungen der Adjektive an der Deklinationstabelle!

Wer kennt dieses Mädchen?

Das Mädchen hat ein Gesicht, zwei Arme,

Beine und Augen. Außerdem trägt sie einen

Rock, eine Bluse und Turnschuhe.

Auf dem Kopf hat sie , Haare. Sie hat einen

Körper. Ihre Größe und ihr Alter kann man nur so ungefähr schätzen.

gesucht	*klein*	*groß*	*abgebildet*	*jung*	*mittellang*	*dünn*	*lang*	
krumm	*normal*	*rot*	*braun*	*blass*	*gerötet*	*dunkel*	*blau*	*grün*
braun	*kurz*	*neu*	*alt*	*lustig*	*frech*	*nett*	*gelockt*	*schlank*	*schwer*
sportlich	*zierlich*	*modisch*						

2. Sammelt Nomen, die für die Beschreibung eines Menschen wichtig sind: *das Gesicht, die Figur, die Kleidung* ... Ordnet die Nomen in einer Mind-Map übersichtlich an.

Nomen für eine Personenbeschreibung

3. Suche dir ein Mädchen oder einen Jungen in deiner Klasse und beschreibe sie/ihn so genau, dass deine Mitschüler erraten, wen du beschrieben hast!

„In der Schule" oder „in die Schule"?

1. Vervollständige die folgenden Sätze. Gehe dabei so vor:
- Wähle die passende Präposition aus (***in, mit, aus, bei, von, zu***) und vervollständige die Sätze.
- Trage Präpositionen und Nomen in die Tabelle ein.
- zu A: Frage „Wo?" oder „Wohin?", um den Fall zu bestimmen. Kannst du die Frage mit „wo" oder „woher" stellen, folgt der Dativ, auf „wohin" der Akkusativ.
- zu B: Schlage die Präposition im Wörterbuch nach: Dort steht, welcher Fall folgt.

A. Nomen: Schule

Beispiel: *Ich lerne Englisch in der Schule.*

a) Ich arbeite ______________________________.

b) Ich bin gerade auf dem Weg ______________________________.

c) Ich komme ______________________________.

	Präposition	**Dekliniertes Nomen**	**Welcher Fall folgt? Stelle die Frage!**
	in	der Schule	Wo lerne ich Englisch? + Dativ
a)			
b)			
c)			

B. Nomen: Freund/Freundin

Beispiel: *Ich bin bei einer Freundin eingeladen.*

a) Ich habe Probleme ______________________________.

b) Die Trennung ______________________________ macht mich traurig.

	Präposition	**Dekliniertes Nomen**	**Welcher Fall folgt? Stelle die Frage!**
a)			
b)			

2. Schreibe einen kurzen Text über deinen Freund oder deine Freundin und verwende jede Präposition mindestens einmal!

Das Verb ist der Chef im Satz!

Wir	**Selma**	**Igor**	**Wir**

Die Schultasche	**Meine Mutter**	**Maurer**

gehen	**sitzt**	**fahren**	**spielt**

arbeitet	**steht**	**arbeiten**

heute	**abends**	**auch**	**immer**

im Sommer	**jeden Tag**	**am Nachmittag**

mit einer ganzen Clique	**mit der ganzen Familie**	**mit anderen Frauen**

mit seinem Freund	**in Erdkunde**	**neben dem Tisch**	**im Winter**

ins Schwimmbad	**am Computer**	**neben mir**

auf dem Bau	**in einer Wäscherei**	**ans Meer**

1. Schneide die Satzglieder aus und lege daraus Sätze. Wo steht das Verb?

2. Schreibe je zwei Varianten zu einem Satz ins Heft. Kreise das Verb ein.

3. Finde eine Regel für die Frage: Wo steht das Verb im Aussagesatz?

Satzarten unterscheiden

1. In den Sätzen, die in den Sprechblasen stehen, fehlen die Satzzeichen. Ergänze sie.

2. Was sind das für Sätze: Aussagesätze, Fragesätze, Aufforderungssätze? Woran erkennt man das? Denke an das Verb als Chef des Satzes!

Markiere die Satzarten in verschiedenen Farben:
- Aussagesätze: rot.
- Fragesätze: grün.
- Aufforderungssätze: blau.

3. Lies doch mal Zeitung und ergänze auch hier die Satzzeichen am Ende:

Schluss mit dem Rumhängen Werd aktiv Komm ins Jugendhaus
Hier kannst du nette Leute kennen lernen und Spaß haben

Brauchen Sie Geld Sind Sie sofort einsetzbar Wir bieten den passenden Job
Rufen Sie an oder mailen Sie uns

Sie wollen feiern Wir bieten die Räumlichkeiten Ein Anruf genügt

4. Gib selbst eine Anzeige auf:

____

____

____

Verrückte Kommas

1. Lest den folgenden Text: Was ist daran merkwürdig?

Es schrieb ein Mann an eine Wand
Zehn Finger hab ich an jeder Hand
Fünf und zwanzig an Händen und Füßen
Wer's lesen will, wird Zeichen setzen müssen.
Auf der Party stand der Minister auf dem Kopf,
einen Zylinder an den Füßen,
schwarze Lackschuhe auf der Nase,
eine riesige Hornbrille ins eifrige Gespräch vertieft.
Wer wünscht frische Eier,
von meinen eigenen Hühnern täglich ins Haus gebracht?
Der Pavian sagt, der Lehrer ist ein Affe

(Aus: Winfried Ulrich. Sprachspiele für jüngere Leser und Verfasser von Texten. Texte und Kommentare. Aachen: Hahner Verlag 2004. S. 457.)

2. Greift euch einen Abschnitt heraus und untersucht ihn. Setzt oder verrückt die Kommas so, dass der Text für euch Sinn ergibt.

3. Entsteht das Merkwürdige durch grammatische Fehler?

☐ Ja, denn ______________________________

☐ Nein, das Merkwürdige entsteht durch ______________________________

4. Setze auch in folgendem Text die Kommas so, dass Sinn entsteht:

An der Wand lehnte ein Junge in den Taschen
die Hände auf der Nase
eine Brille vor sich
eine Cola und schaute zu dem Mädchen gegenüber.

5. Und was machte das Mädchen gegenüber? Versuche es auch einmal:

Gegenüber stand ein Mädchen ______________________________

____

____

____

Für deine Freunde und Freundinnen kannst du die Kommas auch so verrücken, dass Unsinn entsteht.

Antworten gefragt

1. Welcher Gliedsatz passt hinter welchen Hauptsatz? Verbinde die Sätze:

Ich war ständig in der Schule,	falls der Husten nicht aufhört.
Nächste Woche komme ich nicht in die Schule,	wenn die neue Wohnung auch bezahlbar ist.
Wir ziehen um,	als wir das Schulfest geplant haben.
Ich muss noch einmal zum Arzt,	damit er es zum Sport schafft.
Igor beeilt sich mit seinen Aufgaben,	weil mein Praktikum beginnt.

2. Worüber gibt der Gliedsatz Auskunft?

Gliedsätze mit der Konjunktion ______ nennen den Grund (warum?).

Gliedsätze mit der Konjunktion ______ nennen den Zweck (wozu?).

Gliedsätze mit der Konjunktion ______ nennen die Zeit (wann?).

Gliedsätze mit der Konjunktion ______ nennen die Bedingung.

3. Gib Auskunft und ergänze die folgenden Hauptsätze um verschiedene Gliedsätze:

Wir lernen hier Deutsch,

______ (1a)

______ (1b)

______ (1c)

Ich beginne eine Lehre,

______ (2a)

______ (2b)

______ (2c)

Meine Familie lebt in Deutschland,

______ (3a)

______ (3b)

______ (3c)

4. Auf welche Fragen geben deine Gliedsätze eine Antwort? Schreibe die Fragewörter hinter die Gliedsätze.

Im Kaufhaus

Textvernetzung

Hyänen

Das schaurige Gelächter der Tüpfelhyäne ist einer der charakteristischen Laute in den Savannengebieten Afrikas.
Man unterscheidet drei Hyänenarten: Tüpfelhyäne, Streifenhyäne und Schabrackenhyäne. Alle haben große und breite Köpfe mit mächtigen Kiefern. Die Hyänen haben Vorderbeine und Schultern, die deutlich größer als ihre Hinterbeine sind. Obwohl sie wie Hunde aussehen, stammen sie von katzenartigen Vorfahren ab.
Die Tüpfelhyäne ist die aggressivste und auch zahlreichste in ihrer Familie. Sie kommt vor allem im offenen Gelände sowie an Waldrändern vor. Dort findet sie das Aas, das sie mit Vorliebe frisst. Deshalb glaubte man früher, Hyänen würden sich nur von den Resten ernähren, die ihnen andere Raubtiere übrig lassen.
Tatsächlich gehen Tüpfelhyänen selbst auf die Jagd. Sie spielen dabei eine wichtige ökologische Rolle, weil sie die Herden der Huftiere und die Pflanzenfresser zwingen, in neue Gebiete zu ziehen und so den Lebensraum zu schonen.

Kiefer: Knochen und Knochenmark bilden einen wichtigen Teil für die Ernährung der Tüpfelhyäne. Im Gegensatz zu allen anderen Fleischfressern frisst sie auch Hauer und Hörner. Dazu besitzt sie unglaublich kräftige Kiefer und Zähne, mit denen sie selbst die stärksten Knochen knacken kann.

Rudel: Tüpfelhyänen leben in Rudeln von 10 bis 100 Tieren – angeführt von einem Weibchen. Tagsüber fressen sie Aas, nachts gehen sie selbst auf die Jagd. Die Mitglieder eines Rudels arbeiten dabei zusammen und vermögen selbst Löwen von ihrer Beute zu vertreiben. Gelegentlich töten sie sogar einen Löwen.

1. Lies den Text über die Hyänen. Die Prowörter und ihre Bezugswörter sind bereits eingerahmt bzw. unterstrichen.
2. Markiere nun mit dem Textmarker alle Prowörter in einer Farbe und die Bezugswörter in einer anderen.
3. Zeichne anschließend den Pfeil zwischen dem Prowort und seinem Bezugswort oder seinen Bezugswörtern in einer kräftigen Farbe nach.
4. Markiere auch in den letzten beiden Textabschnitten alle Prowörter und ihre Bezugswörter.
5. Verbinde die Prowörter und ihre Bezugswörter durch einen Pfeil.

Sprach-Bingo

Spielregeln:

→ Höre genau zu, was deine Lehrerin oder dein Lehrer vorliest. Wenn du eine der Fragen oder Lerntipps, die in der Tabelle stehen, hörst, mache daneben ein Kreuz in das Kästchen.

→ Wenn du alle Kreuze gemacht hast, rufe „Bingo"!

Lerntipps und Leitfragen zur Arbeit mit einem Sachtext

Lerntipps	X	Leitfragen	X
Tipp 1: Einen ersten Eindruck gewinnen		Besteht der Text aus verschiedenen Absätzen?	
		Gibt es Zwischenüberschriften?	
		Siehst du fett gedruckte oder unterstrichene Wörter?	
		Gibt es Abbildungen, Zeichnungen, Grafiken, Diagramme?	
Tipp 2: Überfliegend lesen, sich orientieren		Enthält der Text das, was du nach dem ersten Ansehen oder der Überschrift vermutet hast?	
Tipp 3: Unverstandenes markieren		Gibt es unbekannte Wörter oder Sätze, die du nicht verstehst?	
Tipp 4: Gliedern und Zwischenüberschriften formulieren		Welche Informationen bekommst du in diesem Absatz?	
		Wie kann eine Überschrift für diesen Absatz lauten?	
Tipp 5: Wichtige Textstellen markieren		Suchst du wichtige Informationen zu dem Thema des Textes?	
		Möchtest du Antworten auf die Fragen bekommen, die du dir gestellt hast?	
		Musst du Aufgaben bearbeiten, die dir gestellt wurden?	
Tipp 6: Informationen schriftlich festhalten		Hat der Text deine Fragen beantwortet?	
		Welche Informationen hast du außerdem erhalten?	

Texte überarbeiten

Der Fehlerteufel hat in Tommys Text einige Endungen und Wörter verschluckt:

Ich heiße Tommy K. und bin 15 Jahre alt. Ich lebe schon seit elf Jahren in dies Stadt, also in Berlin. Mein best Freund wurde in Bombay geboren. Weil er schon im Alter von vier Jahren von sein deutsch Eltern adoptiert wurde, kann er sich nur noch schlecht an sein Leben in Indien erinnern. Hier in Deutschland lebt er mit sein Familie, sein Eltern und vier Geschwister. Sein Vater gehört ein Sporthalle. Dort spielen wir oft Tischtennis. Ich wünsche mir ein tolerant Gesellschaft, in der Menschen verschieden Herkunft friedlich nebeneinander leben können und in der jeder den andere akzeptiert als das, was er ist. Es stört mich immer sehr, wenn mein nett Freund wegen sein Hautfarbe komisch angeguckt wird. Ich sehe kein Ausländer, wenn ich ... sehe. Ist nicht jeder Mensch ... Ausländer, wenn er nicht in sein Heimatland ist?

1. Markiere die Fehlerteufel-Stellen im Text!

2. Trage in die folgende Tabelle ein:
- die Zeile, in der der Fehlerteufel steckt,
- die richtige Form und
- den Gedankengang, der dir beim Lösen des Problems geholfen hat.

Zeile	korrigierte Form	Woher weißt du die richtige Lösung?
1	in dieser Stadt	auf die Frage „Wo?“ folgt der Dativ

3. Schreibe den korrigierten Text in dein Heft.

Texte knacken → Wortbildung

Berufsvorbereitungsjahr (BVJ) und Berufsgrundbildungsjahr (BGJ)

Das Berufsvorbereitungsjahr (BVJ), das in einigen Bundesländern auch anders bezeichnet wird, ist insbesondere für Jugendliche, die die Voraussetzungen für eine Berufsausbildung nicht oder noch nicht erfüllen. Der Ausbildungsgang dauert mindestens ein Schuljahr. Er umfasst den Unterricht in ein oder mehreren Berufsfeldern und dient damit auch der Berufsfindung.

In den Bundesländern gibt es Berufsgrundbildungsjahre (BGJ) in verschiedenen Formen. Ziel dieser Einrichtung ist es, Grundkenntnisse und Grundfertigkeiten zu vermitteln sowie Einblick in ein bestimmtes Berufsfeld, das heißt in einen Bereich, in dem man später die Wahl unter mehreren Ausbildungsberufen hat, zu geben.
Der erfolgreiche Abschluss des Berufsgrundbildungsjahres ist nach den Regelungen der alten Bundesländer ganz oder teilweise auf die weitere berufliche Ausbildung innerhalb des gewählten Berufsfeldes anzurechnen.
In einigen Bundesländern ist für bestimmte Ausbildungsberufe der Besuch des Berufsgrundbildungsjahres zwingend vorgeschrieben. Außerdem besteht für Hauptschüler, die die Hauptschule ohne Abschluss verlassen haben, in einigen Bundesländern die Chance, mit dem Berufsgrundbildungsjahr zugleich den Hauptschulabschluss zu erreichen.

(Aus: Berufenet: Die Datenbank für Ausbildungs- und Tätigkeitsbeschreibungen. Bundesagentur für Arbeit. berufenet.arbeitsamt.de)

1. Die folgenden Wörter sind auseinandergefallen. Versuche möglichst viele wieder zusammenzusetzen. Manche Wortbausteine kannst du mehrmals verwenden. Markiere die Wörter im Text, die dazugehören könnten.

-ung | Grund- | -kenntnisse | -fertigkeiten | -gang

Berufs- | Einricht- | -jahr | -vorbereitungs-

-ausbild- | -find- | Hauptschul- | Ausbild-

Regel- | -abschluss | Ausbildungs- | -grundbildungs-

2. Erstelle eine Wortliste und schreibe auf, was diese Wörter bedeuten.
Erklärt euch die Bedeutung gegenseitig in eigenen Worten.

3. Markiert die Wörter, die ihr nicht erklären könnt. Wie könnt ihr die Bedeutung dieser Wörter herausbekommen?

Texte knacken → Ableitungen

1. Suche im Text nach Wörtern, die die Elemente „Beruf-/beruf-“ und „-bild-“ enthalten, und ergänze mit ihnen die folgenden Abbildungen!

2. Sammele möglichst viele Wörter, die diese Elemente enthalten, und schreibe sie in die Abbildung. Nutze das Wörterbuch als Hilfe.

3. Erklärt euch gegenseitig die Begriffe in eigenen Worten. Markiert die Begriffe, die euch Schwierigkeiten bereiten.

4. Schreibe die Bedeutung zu vier Begriffen auf, z.B.:

1) **Ausbildungsgang:** Der Ausbildungsgang dauert ein Jahr. Hier lernen die Jugendlichen verschiedene Berufe kennen, damit sie sich leichter für einen Beruf entscheiden können.

2) ______________________________

____

3) ______________________________

____

4) ______________________________

____

5) ______________________________

____

Texte knacken → Sätze vereinfachen

1. Schreibe die folgenden Sätze in deinen eigenen Worten auf. Die langen Sätze sind hier zur besseren Orientierung in Abschnitte aufgeteilt worden.
Verkürze sie oder mache aus einem zwei oder drei Sätze.

a) Das Berufsvorbereitungsjahr (BVJ),
das in einigen Bundesländern auch anders bezeichnet wird,
ist insbesondere für Jugendliche,
die die Voraussetzungen für eine Berufsausbildung nicht oder noch nicht erfüllen.

Deine Worte: *Im Berufsvorbereitungsjahr arbeiten Jugendliche, die noch keine Berufsausbildung machen können. Das Berufsvorbereitungsjahr wird in einigen Bundesländern auch anders genannt.*

b) Ziel dieser Einrichtung ist es,
Grundkenntnisse und Grundfertigkeiten zu vermitteln
sowie Einblick in ein bestimmtes Berufsfeld,
das heißt in einen Bereich,
in dem man später die Wahl unter mehreren Ausbildungsberufen hat,
zu geben.

Deine Worte: ___

c) Der erfolgreiche Abschluss des Berufsgrundbildungsjahres
ist nach den Regelungen der alten Bundesländer
ganz oder teilweise
auf die weitere berufliche Ausbildung
innerhalb des gewählten Berufsfeldes
anzurechnen.

Deine Worte: ___

d) Außerdem besteht für Hauptschüler,
die die Hauptschule ohne Abschluss verlassen haben,
in einigen Bundesländern die Chance,
mit dem Berufsgrundbildungsjahr zugleich den Hauptschulabschluss
zu erreichen.

Deine Worte: ___

2. Unterstreiche die wichtigen Wörter. Markiere die Bezüge im Text durch Pfeile.

Schreibkonferenz: Erzählen

Ist die Einleitung gelungen? Kann man sich die Situation, um die es geht, gut vorstellen?				
Wird im Hauptteil in einer vernünftigen Reihenfolge erzählt?				
Ist der Hauptteil spannend geschrieben?				
Gibt es eine Steigerung der Erzählkurve bis zum Höhepunkt?				
Ist der Schluss witzig, spannend oder überraschend?				
Ist es insgesamt wirklich eine Geschichte oder sind es vielleicht eher zwei Geschichten?				
Ist die Wortwahl passend und abwechslungsreich?				
Ist die Überschrift geglückt?				
Enthält der Text viele Rechtschreibfehler?				
Gibt es viele Grammatikfehler bei den Wörtern, z.B. bei Wortendungen?				
Ist die Grammatik beim Satzbau und bei den Satzverknüpfungen korrekt?				
Ist der Text schön und ordentlich geschrieben?				

Gedankenflug

Worte		
Fallschirme		
richtig		
ich	meine	
euch	euch	
springe	öffnet	
schwebt		
mit	ab	wer

1. Schneide die eingerahmten Wörter aus.

2. Lege sie zu einem Gedichttext zusammen: Probiere unterschiedliche Lösungen aus, entscheide dich und klebe die Schnipsel auf.

3. Stelle deine Lösung in der Arbeitsgruppe vor.

4. Suche oder zeichne eine Illustration zu deinem Gedicht.

5. Lest gemeinsam das Originalgedicht von Horst Bienek. Sprecht über seinen Text.

Beschwerdebrief

1. Lies den folgenden Fall, der zu einer Beschwerde geführt hat, genau durch:

> Herr Werner Sievers aus 45525 Hattingen, Alte Mühle 14, ließ sein Auto in der Werkstatt Köhler, 44786 Bochum, Hellweg 99, reparieren. An einem Fußgängerüberweg hatte ihm ein zurücksetzendes Auto die vordere Stoßstange eingedrückt. Die Erneuerung der Stoßstange gab er in Auftrag, ein paar kleine Schrammen am Kotflügel seines fünf Jahre alten Autos störten ihn nicht. Das Auto war in drei Tagen fertig, und alles schien in Ordnung zu sein. Als Herr Sievers aber nach 14 Tagen die Rechnung zugeschickt bekam, war er empört. Der Kotflügel war ohne sein Wissen wohl doch ausgetauscht worden, und die Rechnung belief sich auf insgesamt 1750 €: 650 € für die Stoßstange und 1100 € für den Kotflügel. Er überwies die 650 € für die Stoßstange und teilte der Firma Köhler mit, dass er nicht bereit sei, die Kosten für die eigenmächtig ausgeführte Reparatur zu übernehmen.

2. Markiere oder unterstreiche die wesentlichen Informationen zum Sachverhalt.

3. Kreuze jeweils die Formulierung zur Darstellung des Sachverhaltes an, die dir für einen Beschwerdebrief gut und richtig erscheint. Diskutiere anschließend deine Entscheidungen mit deinen Mitschülern.

1a) Beschwerde wegen einer nicht in Auftrag gegebenen Reparatur
1b) Beschwerde wegen meines Kotflügels
1c) Beschwerde wegen einer zu hohen Rechnung

2a) Ihre Rechnung über 1750 € kann ich in der vorliegenden Form nicht akzeptieren.
2b) Offensichtlich ist der Fall einer überhöhten Rechnung eingetreten.
2c) Ich möchte Ihnen hiermit mitteilen, dass eine Beschwerde wegen einer überhöhten Rechnung meinerseits vorliegt.

3a) Da die Stoßstange meines Wagens infolge eines Unfallschadens beschädigt war, gab ich den Wagen bei Ihnen in Reparatur.
3b) Bei einem Auffahrunfall eines zurücksetzenden Autos ist die Stoßstange, die ich hiermit bei Ihnen in Reparatur gab, eingedrückt worden.
3c) Nach einem Unfallschaden gab ich meinen Wagen bei Ihnen in Reparatur, um die vordere Stoßstange zu ersetzen.

4a) Den von Ihnen eingesetzten neuen Kotflügel begleiche ich nicht, da er nicht beauftragt wurde.
4b) Der leicht beschädigte Kotflügel wurde von Ihnen nun gleichfalls ausgetauscht; das war eine nicht in Auftrag gegebene Reparatur.
4c) Den von Ihnen eigenmächtig reparierten Kotflügel bezahle ich nicht.

5a) Ich bitte um die Korrigierung der Rechnung und die Zuschickung der korrigierten Rechnung.
5b) Ich bitte darum, die Rechnung zu korrigieren und mir die korrigierte Rechnung mit der in Auftrag gegebenen Stoßstange zuzuschicken.
5c) Ich bitte Sie die Rechnung zu korrigieren und mir zuzuschicken; den Betrag von 650 € habe ich bereits auf Ihr Konto überwiesen.

4. Schreibe den Beschwerdebrief selbst oder mit Hilfe der ausgewählten Formulierungen. Zum vollständigen Brief gehören auch die Adressen, ein (ausgedachtes) Datum, Anrede und Gruß.

Generatives Schreiben

oktobernacht

sessel, bring mir einen gast.
tisch, bring mir ein fröhliches mahl.
lampe, zeig mir ein freundliches gesicht,
nicht mich im spiegel. spiegel, dreh dich zur wand.

sessel, bring mir einen gast.
tisch, bring mir ein fröhliches mahl.
fenster, geh auf in ein wärmeres land.
koffer, nimm mich bei der Hand und flieg mich nach ägypten.

sessel, bring mir einen gast.
tisch, bring mir ein fröhliches mahl.
telefonvogel, sing für mich.
oder bring mir einen kellertiefen winterschlaf, bett.

Ernst Jandl

(Aus: ernst jandl für alle. Darmstadt/Neuwied: Luchterhand 1974.)

1. Schreibe ein eigenes Gedicht nach dem Muster von Ernst Jandl.
Sammle dazu deine Wünsche und fordere die Gegenstände oder Menschen auf, sie zu erfüllen.
Hier ein paar Ideen:

______________________________ *(Überschrift)*

Auto, bring mich ans Ziel.

Karte, zeig mir ______________________________

Ampeln, werdet ______________________________

Damit ich ______________________________

Auto, bring mich ans Ziel.

Karte, zeig mir ______________________________

Schranken, ______________________________

Tank ______________________________

Fernseher, zeig mir …
Mutter, bring mir …
Lehrer, erkläre mir …
Buch, unterhalte mich mit …

Tür, geh auf in …
Zimmer, sei für mich …
Straße, führe …
Lampe …

Junge Mädchen als Detektive

Essen. Sehr mutig zeigten sich die beiden Essener Mädchen Elke M. (16) und Tina S. (17), als sie Detektive spielten. Sicher ist ihnen indessen aber auch klar geworden, dass sie sich auf ein gewagtes Spiel eingelassen hatten, bei dem sie Kopf und Kragen hätten riskieren können. Die beiden Mädchen waren am Mittwochabend in eine Diskothek in Essen gegangen und hatten dort die Bekanntschaft zweier Männer gemacht, die sie zu einem „kleinen Abenteuer" aufforderten.

1. Sind die folgenden Sätze wahr ⓦ oder falsch ⓕ? Kreuze an:

1. Der Text „Junge Mädchen als Detektive" ist ein Brief. ⓦ ⓕ
2. Der Text ist ein Zeitungsartikel. ⓦ ⓕ
3. Der Text ist eine Tagebuchnotiz. ⓦ ⓕ
4. Er informiert über eine Veranstaltung am nächsten Wochenende. ⓦ ⓕ
5. Er erzählt über ein Ereignis, das passiert ist. ⓦ ⓕ
6. Das erzählte Ereignis passierte in der Vergangenheit. ⓦ ⓕ

2. Suche in der Konjugationstabelle nach der Zeitform der Verben im Text. Wenn du die Zeitform herausgefunden hast, dann kreise sie in der Tabelle ein:

Person	Präsens	Perfekt	Präteritum	Plusquamperfekt
ich	suche	habe gesucht	suchte	hatte gesucht
du	suchst	hast gesucht	suchtest	hattest gesucht
er, sie, es	sucht	hat gesucht	suchte	hatte gesucht
wir	suchen	haben gesucht	suchten	hatten gesucht
ihr	sucht	habt gesucht	suchtet	hattet gesucht
sie	suchen	haben gesucht	suchten	hatten gesucht

3. Der Text „Junge Mädchen als Detektive" geht noch weiter. Vervollständige ihn und trage die fehlenden Verben in der richtigen Zeitform ein:

Da die beiden Männer (20 und 21 Jahre) nicht unsympathisch *(sein)*, *(gehen)* die Mädchen mit ihnen. Das Abenteuer *(bestehen)* aber darin, in eine Apotheke einzudringen und dort verschiedene Medikamente zu stehlen. Die Mädchen *(haben)* dabei nichts anderes zu tun, als sich als Aufpasserinnen zu betätigen. Als dann die beiden Männer mit ihrem Diebesgut *(herauskommen)*, *(ziehen)* plötzlich eines der Mädchen eine Schreckschusspistole und *(erklären)* den beiden verdutzten Männern, dass sie verhaftet seien. Die Burschen *(sein)* so überrascht, dass sie sich ohne Gegenwehr zur nächsten Polizeidienststelle führen *(lassen)*, wo sie von den Beamten in Empfang genommen *(werden)*. Die Polizei *(stellen)* das Diebesgut sicher. Es *(handeln)* sich um eine Reihe verschiedener Aufputschmittel, die verschreibungspflichtig sind.

Das Auto – Verkehrsmittel Nr. 1

1. Finde die passenden Textstellen zu folgenden Sätzen und gib die Textzeile an. Du hast dafür vier Minuten Zeit:

1) *Die Mehrheit der in Deutschland lebenden Bevölkerung nutzt täglich ein Auto.* Z. ______
2) *Auch für kurze Wege nutzen die meisten Menschen ein Auto.* Z. ______
3) *Die meisten Menschen fahren mindestens einmal pro Jahr in Urlaub.* Z. ______
4) *Viele Städte verlieren Bewohner, weil diese in ländliche Gebiete ziehen.* Z. ______
5) *Am Rande einer Stadt gibt es häufig Supermärkte, Einkaufszentren oder Möbelhäuser.* Z. ______

Das Auto ist für viele Menschen zum wichtigsten Verkehrsmittel geworden. Rechnerisch kommen auf jeden Erwachsenen in Deutschland eineinhalb Pkw. Täglich nutzen etwa 75% der rund 82 Mio. Menschen in Deutschland den Personenkraftwagen. Auch für Wege unter 10 km nutzen die meisten das Auto. Durchschnittlich fährt jeder Pkw etwa 15 000 km im Jahr.

Mobilität (= Beweglichkeit) heißt seit Jahren immer mehr Freizeitmobilität. Auf einen Kilometer Arbeitsweg kommen heute schon zwei Kilometer Wegstrecke für Freizeitfahrten. Etwa 70% der deutschen Bevölkerung fährt einmal oder mehrmals pro Jahr in Urlaub. Überwiegend wird dafür das Auto genutzt.

In vielen Städten nimmt die Einwohnerzahl ab, weil die Menschen ins Umland ziehen. Ländliche Gebiete verfügen über einen hohen Wohn- und Freizeitwert bei verhältnismäßig geringen Kosten. Ballungsgebiete bieten meistens bessere Arbeits- und Verdienstmöglichkeiten. In manchen Großstädten gehören mehr als 40% aller erwerbstätigen Arbeitnehmer zur Gruppe der Pendler: Sie fahren morgens in die Stadt zur Arbeit und nachmittags zurück nach Hause – sie pendeln.

Große Supermärkte, Einkaufszentren oder Möbelhäuser liegen oft am Stadtrand oder im Umland. Günstige Preise und viele Parkplätze locken die Kunden. Die meisten kleinen Geschäfte um die Ecke können da nicht mithalten und müssen schließen. Kleidung und technische Geräte werden hauptsächlich in der Stadt gekauft. Auch in die Stadt fahren die meisten Menschen mit dem Auto. Die Kunden tragen mit ihrer Parkplatzsuche zu höherem Straßenverkehr bei.

(Aus: Trio 9/10 Geschichtlich-soziale Weltkunde. Braunschweig: Schroedel, 2003. S. 212.)

2. Lies den Text nun genau und ordne die Zwischenüberschriften dem passenden Textabschnitt zu:

a) *Einkaufen und Auto*
b) *Mensch und Auto*
c) *Freizeit und Auto*
d) *Wohnen und Auto*

3. Arbeitet zu zweit und sucht die Schlüsselwörter aus den Textabschnitten heraus, die ihr braucht, um den Inhalt des Abschnitts wiederzugeben.

4. Formuliert die wesentlichen Aussagen der einzelnen Textabschnitte mit euren eigenen Worten.

Originaltext	Paralleltext
Der Hexenhammer (1486, diente als Grundlage für Verhöre und Urteile)	
Suchen wir nach, so finden wir, dass fast alle Reiche der Erde durch die Weiber zerstört worden sind. Das erste nämlich, welches ein glückliches Reich war, nämlich Troja, wurde zerstört wegen des Raubes einer Frau, der Helena, und viele Tausende von Griechen kamen dabei um. (...) Das Römische Reich hatte viele Übel auszustehen wegen der Kleopatra, der Königin von Ägypten, eines ganz schlechten Weibes, ebenso die anderen Reiche. Daher ist es auch kein Wunder, wenn die Welt jetzt leidet unter der Boshaftigkeit der Weiber. (...) ihr Anblick ist schön, ihre Berührung garstig, der Umgang tödlich. (...) Es ist kein Mann auf Erden, welcher sich so abmüht, dem gütigen Gotte zu gefallen, als wie ein auch nur mäßig hübsches Weib sich abarbeitet, mit ihren Eitelkeiten den Männern zu gefallen. (...) Daher ist es auch folgerichtig, die Ketzerei nicht zu nennen die der Hexer, sondern die der Hexen. (Aus: Jakob Sprenger/ Heinrich Institoris: Der Hexenhammer (Malleus maleficarum). Aus dem Lateinischen übertragen von J. W. R. Schmidt. Teil 1. München: Deutscher Taschenbuch Verlag 1982. S. 104ff.)	Viele Länder wurden durch Frauen zerstört. Beispiele aus der Geschichte: 1. Troja ging wegen des Raubs der Helena unter. 2. Kleopatra schadete dem Römischen Reich. Auch heute leidet die Welt unter dem schlechten Charakter von Frauen. Kein Mann bemüht sich so sehr, Gott zu gefallen, wie Frauen sich bemühen, Männern zu gefallen. Frauen sind für die Ketzerei verantwortlich, nicht Männer.

1. Welche Satzteile passen zusammen? Achtet auf die Satzanschlüsse:

Viele Länder der Welt wurden	wegen des Raubs der Helena unter.
In der Geschichte gibt	Frauen verantwortlich, nicht Männer.
Das griechische Reich Troja ging	durch Frauen zerstört.
Kleopatra schadete	Gott zu gefallen, wie Frauen sich bemühen, Männern zu gefallen.
Kein Mann bemüht sich so sehr,	dem Römischen Reich.
Für die Ketzerei sind	es dafür viele Beispiele.

2. Unterstreicht im Originaltext alle Informationen, die ihr im Paralleltext nicht findet.

3. Ordnet die passenden Satzteile einander zu. Achtet auf die Satzanschlüsse:

Im 16. und 17. Jahrhundert	mit dem Teufel zusammenzuarbeiten.
Man verdächtigte Frauen und Mädchen	dass Frauen über Zauberkräfte verfügten.
Man glaubte,	gab es in Deutschland Hexenverfolgungen.
Frauen wurde	von neidischen Nachbarn vorgebracht.
Frauen wurden	oft die Schuld an Krankheiten gegeben.
Die Anklagen wurden oft	vor Gericht angeklagt.
Hexenprozesse wurden	aber auch aus Geldgier geführt.

Einer passt nicht!

Codieren – Decodieren

Menschen tauschen Informationen

Bei einem Gespräch mit deiner Freundin oder deinem Freund tauscht ihr Informationen aus. Dazu benutzt ihr eine Sprache, die ihr beide versteht. Sollen euch andere aber nicht verstehen, könnt ihr miteinander eine Zeichensprache vereinbaren. Dazu braucht ihr einen *Zeichenvorrat*, den ihr beide kennt. Du übersetzt dann jedes Wort in das passende Zeichen. Dieser Vorgang heißt **Codieren**. Dein Gegenüber sieht das Zeichen und sucht aus dem Zeichenvorrat das entsprechende Wort. So wird dein Zeichen **decodiert**.

Zum Verschlüsseln von Informationen dienen sehr viele unterschiedliche Zeichenvorräte. Du kannst eine Nachricht zum Beispiel mit *griechischen Buchstaben* aufschreiben. Du kannst auch *Smileys* beim Chatten im Internet oder beim Schreiben von E-Mails verwenden. Auch die *Ziffern 0 bis 9* sind in ihrer Bedeutung bekannt. In der Technik wurden *Schaltzeichen* vereinbart, die elektrische Bauteile benennen. Mit einem *Schaltplan* kannst du den Aufbau eines Stromkreises mitteilen.

Du kennst auch international vereinbarte Hinweiszeichen, die *Piktogramme*. Daraus erkennt jeder Mensch, gleichgültig welche Sprache er spricht, die Bedeutung der Nachricht, z.B. „Nicht rauchen!“.

> Codieren heißt, eine Information einem Zeichen aus einem Zeichenvorrat zuordnen. Beim Decodieren wird diesem Zeichen die Information wieder entnommen.

(Aus: Erlebnis. Physik/Chemie 3. Hannover: Schroedel 2002. S. 24.)

1. Einer passt nicht! Drei Wörter in einer Zeile passen zusammen. Welcher Begriff passt nicht? Schreibe den richtigen Buchstaben a), b), c) oder d) in das freie Feld neben die Zahl.

1		a) codieren	b) abschreiben	c) umformen	d) verschlüsseln
2		a) decodieren	b) entschlüsseln	c) aufschließen	d) übersetzen
3		a) empfangen	b) übermitteln	c) senden	d) mitteilen
4		a) international	b) regional	c) global	d) weltweit
5		a) versprechen	b) verabreden	c) vereinbaren	d) absprechen
6		a) Hinweiszeichen	b) Piktogramme	c) Geräusch	d) Bild
7		a) Zeichensprache	b) Wort	c) Zeichensystem	d) Gebärden
8		a) Schaltzeichen	b) Farbe	c) Smileys	d) Buchstabe
9		a) egal	b) unbedeutend	c) gleichgültig	d) wichtig
10		a) regional	b) lokal	c) international	d) örtlich

Mathe-Wortfamilien

(ab)schätzen	abgeschätzt	durch Abschätzen	Schätze … ab!
ablesen	abgelesen	durch Ablesen	Lies … ab!
abrunden	abgerundet	durch Abrunden	Runde … ab!
abzählen	abgezählt	durch Abzählen	Zähle … ab!
abziehen	abgezogen	durch Abziehen	Ziehe … ab!
addieren	addiert	durch Addieren	Addiere!
anfertigen	angefertigt	durch Anfertigen	Fertige … an!
angeben	angegeben	durch Angeben	Gib … an!
anwenden	angewendet	durch Anwenden	Wende … an!
aufrunden	aufgerundet	durch Aufrunden	Runde … auf!
aufteilen	aufgeteilt	durch Aufteilen	Teile … auf!
ausklammern	ausgeklammert	durch Ausklammern	Klammere … aus!
auszählen	ausgezählt	durch Auszählen	Zähle … aus!
begründen	begründet	durch Begründen	Begründe!
berechnen	berechnet	durch Berechnen	Berechne!
bestimmen	bestimmt	durch Bestimmen	Bestimme!
bilden	gebildet	durch Bilden	Bilde!
dazurechnen	dazugerechnet	durch Dazurechnen	Rechne … dazu!
denken	gedacht	durch Denken	Denke!
dividieren	dividiert	durch Dividieren	Dividiere!
dritteln	gedrittelt	durch Dritteln	Drittele!
durchführen	durchgeführt	durch Durchführen	Führe … durch!
einsetzen	eingesetzt	durch Einsetzen	Setze … ein!
ergänzen	ergänzt	durch Ergänzen	Ergänze!
errechnen	errechnet	durch Errechnen	Errechne!
feststellen	festgestellt	durch Feststellen	Stelle … fest!
halbieren	halbiert	durch Halbieren	Halbiere!
herausfinden	herausgefunden	durch Herausfinden	Finde … heraus!
hinzufügen	hinzugefügt	durch Hinzufügen	Füge … hinzu!
hinzuzählen	hinzugezählt	durch Hinzuzählen	Zähle … hinzu!

kennzeichnen	gekennzeichnet	durch Kennzeichnen	Kennzeichne!
lösen	gelöst	durch Lösen	Löse!
messen	gemessen	durch Messen	Miss!
multiplizieren	multipliziert	durch Multiplizieren	Multipliziere!
notieren	notiert	durch Notieren	Notiere!
ordnen	geordnet	durch Ordnen	Ordne!
sortieren	sortiert	durch Sortieren	Sortiere!
subtrahieren	subtrahiert	durch Subtrahieren	Subtrahiere!
suchen	gesucht	durch Suchen	Suche!
summieren	summiert	durch Summieren	Summiere!
tauschen	getauscht	durch Tauschen	Tausche!
überschlagen	überschlagen	durch Überschlagen	Überschlage!
übertragen	übertragen	durch Übertragen	Übertrage!
unterstreichen	unterstrichen	durch Unterstreichen	Unterstreiche!
unterteilen	unterteilt	durch Unterteilen	Unterteile!
verdoppeln	verdoppelt	durch Verdoppeln	Verdopple!
vergleichen	verglichen	durch Vergleichen	Vergleiche!
vermehren	vermehrt	durch Vermehren	Vermehre!
vermindern	vermindert	durch Vermindern	Vermindere!
vertauschen	vertauscht	durch Vertauschen	Vertausche!
verteilen	verteilt	durch Verteilen	Verteile!
vervielfachen	vervielfacht	durch Vervielfachen	Vervielfache!
verwenden	verwendet	durch Verwenden	Verwende!
wegnehmen	weggenommen	durch Wegnehmen	Nimm … weg!
weiterzählen	weitergezählt	durch Weiterzählen	Zähle … weiter!
wiegen	gewogen	durch Wiegen	Wiege!
zerlegen	zerlegt	durch Zerlegen	Zerlege!
zusammenfassen	zusammengefasst	durch Zusammen-fassen	Fasse … zusammen!
zusammenzählen	zusammengezählt	durch Zusammen-zählen	Zähle … zusammen!

Es kann nur einen geben!

Einsatz elektrischer Energie

Lampen, Mixer, Bohrmaschinen und viele andere Geräte nutzen elektrische Energie. Sie wird ihnen im Stromkreis von einem Elektrizitätswerk zugeführt. Wenn der Stromkreis geschlossen ist, fließen Elektronen im Kreis. Dabei strömt elektrische Energie in die jeweiligen Geräte.
Eine elektrische Lampe nimmt elektrische Energie auf. Durch das Strömen der Elektronen wird der Wolframdraht heiß, glüht und leuchtet. Elektrische Energie strömt in die Lampe hinein, die Lampe gibt Licht und Wärme ab. Die Lampe wandelt somit elektrische Energie in die beiden anderen Energieformen Wärme und Licht um. Die Lampe ist ein Energiewandler.
Ein Mixer oder eine Bohrmaschine nehmen, wenn sie in Betrieb sind, ebenfalls elektrische Energie auf. Sie wandeln in ihrem Motor elektrische Energie in Bewegungsenergie um. Hier ist also der Motor der Energiewandler.
Der Elektroherd arbeitet ähnlich wie eine Glühlampe. Wenn er eingeschaltet ist, fließen Elektronen durch seine Heizspiralen. Dort wandelt der Herd elektrische Energie in Wärme um.
Auch das Fernsehgerät ist ein Energiewandler. Wird es eingeschaltet, strömt elektrische Energie in das Gerät. Dort wird sie über einige komplizierte Stufen umgewandelt, und ein Teil davon tritt als Licht am Bildschirm auf. Du siehst dann das Fernsehbild und kannst ihm auch Informationen entnehmen. Ein weiterer Teil der umgeformten Energie ist der Schall, den du über den Lautsprecher hörst.

(Aus: Erlebnis Physik/Chemie 2. Hannover: Schroedel 2001. S. 81)

1. Lies zunächst einmal den Text über den Einsatz elektrischer Energie.

2. In den folgenden Sätzen findest du Klammern mit je zwei Wörtern oder Wortgruppen. Streiche die falschen durch:

a) Alle elektrischen Geräte (*benutzen/nutzen*) elektrische Energie.
b) (*Sie/Er*) wird (*ihnen/ihm*) im Stromkreis von einem Elektrizitätswerk (*zugeführt/angeführt*).
c) Wenn der Stromkreis (*geschlossen/verschlossen*) ist, (*fließen/fliegen*) Elektronen (*im Kreis/aufwärts*).
d) Dabei (*strömt/stromt*) elektrische Energie in die jeweiligen Geräte.
e) Eine elektrische Lampe nimmt Energie (*ab/auf*).
f) Durch das (*Stromen/Strömen*) der Elektronen wird der (*Wolfgangdraht/Wolfrahmdraht*) heiß, (*brennt/glüht*) und leuchtet.
g) Die Lampe (*nimmt/gibt*) Licht und Wärme ab.
h) Die Lampe wandelt elektrische Energie in andere Energieformen (*um/ab*).
i) Ein Mixer oder eine Bohrmaschine nehmen, (*wann/wenn*) sie (*in/im*) Betrieb sind, ebenfalls elektrische Energie (*an/auf*). Sie wandeln in (*ihrem/seinem*) Motor elektrische Energie in Bewegungsenergie (*um/ab*).
j) Hier (*ist/sind*) der Motor der Energiewandler.
k) Auch das Fernsehgerät ist (*eine/ein*) Energiewandler.
l) Wird es (*ausgeschaltet/eingeschaltet*), strömt elektrische Energie in das Gerät.
m) Dort wird (*sie/es*) über einige komplizierte Stufen umgewandelt, und ein Teil (*davon/dafür*) tritt als Energie (*auf/ein*).
n) Du (*siehst/sehen*) dann das Fernsehbild und kannst (*ihm/ihn*) Informationen (*entnehmen/wegnehmen*).
o) Ein weiterer Teil der (*ungeformten/umgeformten*) Energie ist der Schall, (*das/den*) du über (*den/der*) Lautsprecher hörst.

3. Schreibe den Text richtig ab und zeichne kleine Bilder daneben.

 978-3-507-41751-9

Konjugationstabelle

PRÄSENS (Gegenwartsform)

ich	spiel**e**	trink**e**	ess**e**	fall**e**	hab**e**	bin	kann	darf	muss	will
du	spiel**st**	trink**st**	**isst**	**fällst**	ha**st**	bist	kann**st**	darf**st**	muss**t**	will**st**
er/sie/es	spiel**t**	trink**t**	**isst**	**fällt**	ha**t**	ist	kann	darf	muss	will
wir	spiel**en**	trink**en**	ess**en**	fall**en**	hab**en**	sind	könn**en**	dürf**en**	müss**en**	woll**en**
ihr	spiel**t**	trink**t**	ess**t**	fall**t**	hab**t**	seid	könn**t**	dürf**t**	müss**t**	woll**t**
sie/Sie	spiel**en**	trink**en**	ess**en**	fall**en**	hab**en**	sind	könn**en**	dürf**en**	müss**en**	woll**en**
Grundform	spielen	trinken	essen	fallen	haben	sein	können	dürfen	müssen	wollen
Vorsicht!	Diese Verben sind regelmäßig wie auch *sagen, antworten, fragen, suchen, reden, gehen, rennen, riechen, fliehen* usw.		**e wird i/ie** wie auch bei *sehen, lesen, befehlen* usw.	**a wird ä** wie auch bei *fahren, laufen, halten* usw.	Diese Verben werden besonders gebildet und sind wichtig, weil man sie in anderen Zeiten als Hilfsverben benutzt.		Diese Verben sind Modalverben wie auch *sollen* und *mögen/möchten*. Sie werden besonders gebildet. Man braucht im Satz meist noch ein zweites Verb dazu: *Ich kann nicht schwimmen.*			

PRÄTERITUM (einfache Vergangenheitsform)

ich	spiel**te**		tr**a**nk	f**ie**l	ha**tte**	war	konn**te**	durf**te**	muss**te**	woll**te**
du	spiel**test**		tr**a**nk**st**	f**ie**l**st**	ha**ttest**	warst	konn**test**	durf**test**	muss**test**	woll**test**
er/sie/es	spiel**te**		tr**a**nk	f**ie**l	ha**tte**	war	konn**te**	durf**te**	muss**te**	woll**te**
wir	spiel**ten**		tr**a**nk**en**	f**ie**l**en**	ha**tten**	waren	konn**ten**	durf**ten**	muss**ten**	woll**ten**
ihr	spiel**tet**		tr**a**nk**t**	f**ie**l**t**	ha**ttet**	wart	konn**tet**	durf**tet**	muss**tet**	woll**tet**
sie/Sie	spiel**ten**		tr**a**nk**en**	f**ie**l**en**	ha**tten**	waren	konn**ten**	durf**ten**	muss**ten**	woll**ten**
Grundform	spielen		trinken	fallen	haben	sein	können	dürfen	müssen	wollen
Vorsicht!	Dieses Verb ist regelmäßig wie auch *sagen, fragen, suchen, reden, tanzen, klappen, antworten, rechnen* usw.		Diese Verben bilden das Präteritum unregelmäßig. Es gibt leider sehr viele davon im Deutschen (siehe unten).		Diese Verben werden auch im Präteritum besonders gebildet.		Die Modalverben machen im Präteritum keine Probleme, der Stamm verliert seinen Umlaut, bleibt aber in allen Formen gleich, die Endung ist regelmäßig.			

Unregelmäßige Präteritumsformen

→ i / ie / e wird zu a wie auch in *binden - band, sinken - sank, liegen -lag, lesen -las, sehen - sah* usw.

→ ie wird zu o wie auch in *genießen - genoss, sprießen -spross, schießen -schoss* usw.

→ a wird zu i/ie wie auch in *fangen - fing, raten - riet, braten -briet* usw.

Konjugationstabelle

PERFEKT (zusammengesetzte Vergangenheitsform): *haben* oder *sein* im Präsens + Partizip Perfekt

ich **du** **er/sie/es** **wir** **ihr** **sie/ Sie**	**habe ge**spiel**t** **hast ge**spiel**t** **hat ge**spiel**t** **haben ge**spiel**t** **habt ge**spiel**t** **haben ge**spiel**t**	ich habe getrunken	sie ist gefallen	ich habe gehabt	ich bin gewesen	er hat gekonnt	sie hat gedurft	wir haben gemusst	sie haben gewollt
Grundform	spielen	trinken	fallen	haben	sein	können	dürfen	müssen	wollen
Vorsicht!	Perfekt wird gebildet aus dem Hilfsverb *haben* oder *sein*, das konjugiert wird, und dem Partizip Perfekt, das nicht konjugiert wird.								
	Regelmäßige Verben bilden das Partizip Perfekt aus: **ge**-Stamm-**t**	Diese Partizipformen sind unregelmäßig, es gibt leider sehr viele davon im Deutschen (siehe unten). (Das Partizip zu *haben* wird regelmäßig gebildet.)				Die Modalverben bilden das Perfekt mit *haben*, das Partizip Perfekt wird (fast) regelmäßig gebildet, nur der Umlaut verschwindet.			

Unregelmäßige Partizipformen:

→ Verben auf *-ieren* bilden das Perfekt mit *haben* und das Partizip Perfekt aus dem Stamm + t (also ohne die Vorsilbe ge-): *telefonieren - hat telefoniert, reservieren - hat reserviert, recherchieren - hat recherchiert, servieren - hat serviert* usw.

→ Verben der Bewegung bilden das Perfekt in der Regel mit *sein*.

→ Verben mit der Vorsilbe *ver-* bilden das Partizip Perfekt ohne die Vorsilbe *ge-*: *verderben - ist verdorben, verzeihen - hat verziehen, verlieren - hat verloren* usw.

→ Verben mit trennbarer Vorsilbe bilden das Partizip Perfekt nach dem Muster: *eingeschoben, abgetrennt, zugenommen* usw.

Alle Zeiten im Überblick

	Präsens	**Präteritum**	**Perfekt:** *haben* oder *sein* im Präsens + Partizip Perfekt	**Plusquamperfekt:** *haben* oder *sein* im Präteritum + Partizip Perfekt	**Futur I:** *werden* + Infinitiv	**Futur II:** *werden* + Partizip Perfekt + Infinitiv von *haben* oder *sein*
ich	spiel**e**	spiel**te**	**habe ge**spiel**t** - **bin** gefahren	**hatte ge**spiel**t** - **war** gefahren	**werde** spielen	**werde** gespielt haben - gefahren sein
du	spiel**st**	spiel**test**	**hast ge**spiel**t** - **bist** gefahren	**hattest ge**spiel**t** - **warst** gefahren	**wirst** spielen	**wirst** gespielt haben - gefahren sein
er/sie/es	spiel**t**	spiel**te**	**hat ge**spiel**t** - **ist** gefahren	**hatte ge**spiel**t** - **war** gefahren	**wird** spielen	**wird** gespielt haben - gefahren sein
wir	spiel**en**	spiel**ten**	**haben ge**spiel**t** - **sind** gefahren	**hatten ge**spiel**t** - **waren** gefahren	**werden** spielen	**werden** gespielt haben - gefahren sein
ihr	spiel**t**	spiel**tet**	**habt ge**spiel**t** - **seid** gefahren	**hattet ge**spiel**t** - **wart** gefahren	**werdet** spielen	**werdet** gespielt haben - gefahren sein
sie/Sie	spiel**en**	spiel**ten**	**haben ge**spiel**t** - **sind** gefahren	**hatten ge**spiel**t** - **waren** gefahren	**werden** spielen	**werden** gespielt haben - gefahren sein

→ *haben*: *ich hatte gehabt* (Plusquamperfekt), *ich werde haben* (Futur I), *ich werde gehabt haben* (Futur II)

→ *sein*: *wir waren gewesen* (Plusquamperfekt), *du wirst sein* (Futur I), *du wirst gewesen sein* (Futur II)

Deklinationstabelle

	Nominativ – Wer oder Was? Auf dem Tisch liegt …	**Akkusativ – Wen oder Was?** Ich sehe …	**Dativ – Wem?** Ich antworte …	**Genitiv – Wessen?** Ich sehe das Foto …
maskulin	der rote Radiergummi. ein roter Radiergummi. kein roter Radiergummi. mein roter Radiergummi. (er)	den kleinen Hund. einen kleinen Hund. keinen kleinen Hund. meinen kleinen Hund. (ihn)	dem guten Freund. einem guten Freund. keinem guten Freund. meinem guten Freund. (ihm)	des berühmten Filmstars. eines berühmten Filmstars. keines berühmten Filmstars. meines berühmten Filmstars. (von ihm)
feminin	die kleine Federtasche. eine kleine Federtasche. keine kleine Federtasche. meine kleine Federtasche. (sie)	die flauschige Katze. eine flauschige Katze. keine flauschige Katze. meine flauschige Katze. (sie)	der schönen Frau. einer schönen Frau. keiner schönen Frau. meiner schönen Frau. (ihr)	der freundlichen Lehrerin. einer freundlichen Lehrerin. keiner freundlichen Lehrerin. meiner freundlichen Lehrerin. (von ihr)
neutral	das hölzerne Lineal. ein hölzernes Lineal. kein hölzernes Lineal. mein hölzernes Lineal. (es)	das schnelle Pferd. ein schnelles Pferd. kein schnelles Pferd. mein schnelles Pferd. (es)	dem netten Kind. einem netten Kind. keinem netten Kind. meinem netten Kind. (ihm)	des fröhlichen Mädchens. eines fröhlichen Mädchens. keines fröhlichen Mädchens. meines fröhlichen Mädchens. (von ihm)
Plural	Auf dem Tisch liegen … die hölzernen Lineale. keine hölzernen Lineale. meine hölzernen Lineale. (viele) hölzerne Lineale. (sie)	Ich sehe … die schnellen Pferde. keine schnellen Pferde. meine schnellen Pferde. (viele) schnelle Pferde. (sie)	Ich antworte … den netten Kindern. keinen netten Kindern. meinen netten Kindern. (vielen) netten Kindern. (ihnen)	Ich sehe das Foto … der fröhlichen Mädchen. keiner fröhlichen Mädchen. meiner fröhlichen Mädchen. (vieler) fröhlicher Mädchen. (von ihnen)

Achtung!

→ Alle Verben brauchen den Nominativ, um einen Satz zu bilden.

→ Sehr viele Verben brauchen den Akkusativ, um einen Satz zu bilden: z.B. *suchen, holen, bringen, tragen, sehen, hören, riechen, treffen.*

→ Wenige Verben brauchen den Dativ: z.B. *helfen, gefallen, begegnen, antworten, schmecken, gehören.*

→ Manchmal hat ein Verb auch drei Ergänzungen: eine Nominativ-, eine Akkusativ- und eine Dativergänzung:
z.B. *Das Mädchen gibt dem Kind einen Ball.*

→ Manche Nomen sind neutral, obwohl sie eine weibliche Person bezeichnen (z.B. *das Mädchen*).

Stolpersteine der deutschen Sprache

Lautung und Artikulation

→ Konsonantenhäufungen und -verbindungen: *Herbst, springst, ängstlich* usw.
→ bedeutungsunterscheidende Phonemopposition (lange/kurze Vokale: *Hüte-Hütte*)
→ andere Oppositionen (stimmloses und stimmhaftes S, ich- und ach-Laut)
→ Vokale und Laute, die es in anderen Sprachen nicht gibt: z.B. Diphthonge (*neu*) und Nasallaute (*eng*)
→ Auslautverhärtung wie in */kint/, (er) /gap/, (sie) /mak/*

Wortschatz Wortbedeutung Wortbildung

→ Komposita: Nomen + Nomen (*Baumhaus*), Verb + Nomen (*Badetuch*), Adjektiv + Nomen (*Kleingeld*)
→ Nominalisierung: *Es ist zum Lachen. Das Schöne daran ist, dass ... Schönling, Schönheit, Herstellung*
→ Vor- und Nachsilben: *aus-/anziehen, lustvoll/-los ...*
→ Partikeln (unflektierbare Wörter): Präpositionen (*auf, unter, in ...*), Konjunktionen (*weil, wenn, sowohl – als auch ...*), Adverbien (*gestern, dahin, oben, so, gern ...*)
→ Modalpartikeln (Wörter oder Wortgruppen zur Hervorhebung des Beziehungsaspekts): *doch, mal, ja.*
→ Wörter mit unterschiedlicher Bedeutung: *Ich gehe. Es geht mir gut. Die Uhren gehen falsch.*
→ Definitionen von Begriffen mit unterschiedlicher bzw. sehr ähnlicher Bedeutung (*Tor* als *Fußballtor* und *Tor zur Welt*) und von Fachbegriffen; Abstrakta und nicht erklärbare Begriffe

Formenbildung

→ Artikel: bestimmt/unbestimmt, drei Genera, Null-Artikel, Artikeldeklination, Genus- und Genuskonkordanz: *der Mann – sein Beruf; die Frau – ihr Beruf*
→ Pluralbildung: -e *(Hunde)*, -e + Umlaut *(Hände)*, -er *(Bilder)*, -er + Umlaut *(Männer)*, nur Umlaut *(Vögel)*, -en *(Frauen)*, -n *(Nadeln)*, -s *(Autos)* und Pluralkonkordanz (*Die Kinder lachen.*)
→ Personal- und Possessivpronomen und deren Dreigliedrigkeit: *er/sie/es – sein/ihr/sein*
→ lautgleiche Formen bei Personal- und Possessivpronomen im Singular und Plural: *sie/sie, meine Tasche/meine Taschen*
→ Präposition + Kasus, insbesondere Wechselpräpositionen: Wo + Dativ: *in der Schule*, wohin + Akkusativ: *in die Schule*
→ Adjektivdeklination: stark, schwach; nach bestimmtem/unbestimmtem Artikel
→ Deklination der Nomen und Pronomen: *Er sieht den Mann, das Bild gehört ihm.*
→ Deklination bei Nomen, Pronomen und Adjektiven, besonders in Wortgruppen (*meines besten Freundes*)
→ Verbformen:
- Konjugation, v. a. Flexionsformen mit Umlautung: *tragen, trägt*
- trennbare/untrennbare Verben: *vorsingen, wiederholen, übersetzen* (ein Boot)/ *übersetzen* (einen Text)
- Zeiten: regelmäßige Verben: Suffix -t im Präteritum und im Partizip (*sagen, sagte, gesagt*), unregelmäßige Verben: Veränderung des Stammvokals (*singen, sang, gesungen*), verschiedene Stammvokale + Endungen regelmäßiger Verben (*nennen, nannte, genannt*)
- Modalverben (*wollen, können, sollen, müssen, dürfen*)
- Hilfsverben *haben* und *sein* bei der Bildung von Perfekt, Plusquamperfekt und *werden* bei der Bildung von Futur

→ Ableitungen von Wörtern (*endlich* von *Ende*)

Satzbau

→ Verbstellung in Haupt- und Nebensatz:
- Zweitstellung des finiten Verbs im Aussagesatz (*Er geht in die Schule.*)
- Inversion: Umkehrung der üblichen Satzstellung Subjekt-Verb in Verb-Subjekt bei vorangestelltem Satzteil (*In die Schule geht er heute nicht. Morgen fällt Sport aus.*).

- Verbklammer (*Er will nicht in die Schule gehen.*)
- Endstellung im Gliedsatz (*..., weil er gern in die Schule geht.*)

→ Am Satzanfang steht in der Regel das Subjekt oder Mittel, mit dem man an vorige Äußerungen anknüpft (*Danach arbeiten wir weiter.*) oder die man besonders betonen möchte (*Den Rock ziehe ich nicht an.*)
→ Bildung von Fragen (durch Intonation), mit Fragepronomen (*Wer?, Wann? Wo? Warum? Wie?* usw.) oder durch ein Verb in Erststellung (*Gehst du nach Hause?*)

Laut-Buchstaben-Zuordnung Rechtschreibung

→ Konsonantenhäufung: *gbl, br, dr, fl, fr, gr, gl, kl, kn, pl, pr, schl, schr, schw, str, tr, zw*
→ alle s-Laute und s-Verbindungen, ß bezeichnet nach langem Vokal stimmloses s
→ *h, ch, ck* und *w, f, v*
→ Verdoppelung, Dehnungs-h, Dehnungs-e
→ geschriebenes z wird /ts/ gesprochen (*Zahn, Weizen*)
→ Groß- und Kleinschreibung, Nominalisierungen
→ Auslautverhärtung von /b/, /d/, /g/ bleibt unberücksichtigt (*Grab, bald, Tag*)
→ unterschiedliche Schreibung gleich klingender Wörter (*sie – sieh!, Lid – Lied*)
→ Fremdwörter; Schreibweise der Herkunftssprache (*Physik*, im Türkischen *fizik*)
→ Konjugation: Umlautung des Stammvokals (*ich laufe – du läufst*)
→ Ablautung bei Tempusänderungen (*ich lese, ich las*)
→ Auslautveränderungen (*ich esse – aß, ich komme – kam*)

Besonderheiten der Fachsprache

→ Orthografie: *y, th, ph* etc.
→ Morphologie: Prä-/Suffixe (*dis-, -tion*), Verben, die Vermehrung bzw. Verminderung ausdrücken (z.B. durch Vorsilben: *verkraften, entkräften*), Mehrwortverbindungen (*Kälte-Wärme-Verhältnis*), nominalisierte Verben (*das Verteilen*) und Adjektive (*das Besondere*)
→ Lexikalische Merkmale: Fremdwörter, Abstrakta, mehrgliedrige Komposita (*Grundwasserspiegel*), ungewöhnliche Adjektive, Verben mit komplexen Bedeutungsstrukturen, Ableitungen von Wörtern (*Herstellung*), Ober- und Unterbegriffssysteme
→ Syntaktische Merkmale
- Passiv (*Das Gemüse wird geschnitten.*) und Passiversatzformen: Sätze mit *man* oder *es*, Verben mit passivischer Bedeutung wie *erhalten, bekommen, erfolgen* usw.
- Funktionsverbgefüge (*zur Anwendung kommen*)
- Imperativformen
- Partizipialkonstruktionen: *erstarrende Lava* (Partizip I), *erstarrte Lava* (Partizip II), *ich werde angerufen* (Passiv), *ich werde anrufen* (Futur)
- Nominalisierungen: *Die Herstellung eines Autos ...*
- Genitivattribute: *Es bedarf einer Neuregelung.*
- Präpositionalattribute: *auf seinem Recht bestehen, an die Umwelt denken, über ein Ereignis berichten*
- verschachtelte Sätze (Entschlüsselung durch operationale Verfahren, v.a. die Weglassprobe)
- Bedingungssätze: *wenn (– dann), hoffentlich – sonst, je mehr – um so* usw.
- Ersatzformen/Proformen für einzelne Wörter (*diese, beides* usw.) und Satzglieder (*dadurch, dabei, dazu* usw.)
- Signale für logische Verknüpfungen (*demnach, jedoch, aber, sodass* usw.)
- fachspezifische Abkürzungen (*h, gr*)
- Terminologisierung umgangssprachlicher Wörter (*aufheben*)

→ Merkmale des Sprachhandelns: keine Erzählstruktur (unpersönlich, meist ohne Identifikationsmöglichkeit), deskriptiv, analytisch, verallgemeinernd, unmittelbare Text-Leser-Kommunikation
→ Typografische Merkmale: Fett- und Kursivdruck, Spiegelstriche, Tabellen, Grafiken, Bildunterschriften usw.

Beobachtungsbogen für die gezielte DaZ-Förderung im Hinblick auf die Stolpersteine der deutschen Sprache

Es ist nicht nötig, mit einem speziellen Verfahren die globale Sprachfähigkeit von DaZ-SchülerInnen, die eine deutschsprachige Grundschule besucht haben, zu erfassen und zu bewerten. Da es allerdings sein kann, dass diese SchülerInnen in bestimmten Bereichen des Deutschen mehr oder weniger große Schwierigkeiten haben, ist es sinnvoll, im Laufe des Unterrichts (nicht nur im DaZ-Unterricht) ihren Sprachentwicklungsstand im Deutschen zu beobachten und zu dokumentieren, um die SchülerInnen in ihrer individuellen Entwicklung gezielt fördern zu können.

Der vorliegende Beobachtungsbogen ist eine Hilfe für Lehrkräfte, die die sprachliche Entwicklung von DaZ-SchülerInnen im Deutschen systematisch beobachten, dokumentieren und gezielt fördern möchten. Er ist sowohl in der DaZ-Förderung als auch im Fachunterricht einsetzbar. Die Grundlage für die Beobachtung und Förderung bilden Merkmale der deutschen Sprache, die DaZ-SchülerInnen erfahrungsgemäß größere Schwierigkeiten bereiten können. Der Beobachtungsbogen orientiert sich an den Stolpersteinen der deutschen Sprache (vgl. KV 29/30) und enthält folgende Bereiche: Lautung und Artikulation, Wortschatz/Wortbedeutung/Wortbildung, Formenbildung, Satzbau und Textaufbau.

Die Voraussetzung für die Förderarbeit auf der Grundlage des Beobachtungsbogens ist das Notieren von mündlichen oder schriftlichen Äußerungen der SchülerInnen, die Ihnen aufgefallen sind und die einen Bezug zu den Stolpersteinen aufweisen. Es geht darum, besondere Äußerungen zu sammeln, die entweder auf einen Fortschritt im Hinblick auf einen Stolperstein hindeuten bzw. darauf, dass dieser Stolperstein noch nicht überwunden wurde. Die Beobachtungen können sofort in die entsprechenden Kästchen auf dem Beobachtungsbogen eingetragen werden.

Diese Sammlung hilft Ihnen, den Förderbedarf zu bestimmen bzw. den momentan erreichten Lernstand festzuhalten. Hierbei ist darauf zu achten, dass nicht die Vorstellung von sprachlicher Korrektheit insgesamt der Zuordnung zugrunde gelegt wird, sondern dass die Frage im Auge behalten wird, um welche Struktur und um welches Merkmal es im Einzelnen geht. So ist z.B. die Äußerung *Ich habe geesst* im Sinne zielsprachlicher Normen nicht korrekt, weil die Partizipform des Verbs *essen* fälschlicherweise nach dem Muster regelmäßiger Verben gebildet wurde. Allerdings macht diese Äußerung deutlich, dass die Konjugation der regelmäßigen Verben gelernt wurde und die Regel dafür bereits korrekt gebildet wird. Die Lehrkräfte, die den sprachlichen Entwicklungsstand im Hinblick auf die Stolpersteine des Deutschen beobachten, müssen also der Herausforderung gerecht werden, Fehler nach ihrer jeweiligen Relevanz einzuordnen. Denn in dem Fall des obigen Beispiels könnte es sein, dass der/die SchülerIn die Zeitform Perfekt grundsätzlich beherrscht und es sinnlos ist, ihm/ihr diese Zeitform vermitteln zu wollen. Dieser Versuch könnte sogar demotivierend wirken, da auf diese Weise nicht an den tatsächlichen Sprachstand im Deutschen angeknüpft würde.

In dem Bogen finden Sie Seitenhinweise zum Grundlagenteil und zu den Übungsideen. Sie können so gezielt im Grundlagenband nachschlagen und finden Hinweise und Übungsideen im Hinblick auf die einzelnen Stolpersteine. Sie haben auch die Möglichkeit zu notieren, welches weitere Material für die Förderung geeignet ist.

Den (vorläufigen) Abschluss der Förderung im Hinblick auf einen bestimmten Stolperstein können Sie in die letzte Spalte des Bogens eintragen.

Beobachtungsbogen für die gezielte DaZ-Förderung im Hinblick auf die Stolpersteine der deutschen Sprache

Stolperstein	Einzelphänomene	Beispiel für die Beobachtung	Seiten in „Mitsprache" für Information und Förderung	Erreichter Erfolg
Lautung und Artikulation	Konsonantenanhäufungen und Verbindungen		24, 77	
	Bedeutungsentscheidende Laute		78	
	Andere Lautvarianten (z.B. die ich- und ach-Laute)		24, 38, 77	
	Vokale und Laute, die es in anderen Sprachen nicht gibt (z.B. Diphtonge)		24, 38, 77	
	Auslautverhärtung		173	
Wortschatz, Wortbedeutung, Wortbildung	Wortzusammensetzungen		44f, 62, 82, 100f, 104, 144, 149, 154, 175, KV 15a	
	Ableitungen von Wörtern		44, 62, 84, 101, 154, 175, KV 15b	
	Vor- und Nachsilben		44, 62, 64, 82, 84, 101, 110/111, 154	
	Strukturwörter		63	
	Adverbien		143, 149	
	Modalpartikeln		62	
	Verben mit unterschiedlicher Bedeutung		64	
	Begriffe mit unterschiedlicher bzw. sehr ähnlicher Bedeutung		18f, 40, 101f, 104, 145	

Beobachtungsbogen für die gezielte DaZ-Förderung

Stolperstein	Einzelphänomene	Beispiel für die Beobachtung	Seiten in „Mitsprache" für Information und Förderung	Erreichter Erfolg
Formenbildung	Artikel		19, 24, 177	
	Genera		24, 44, 83, 146, 177	
	8 Formen der Pluralbildung		24, 147	
	Personal- und Possessivpronomen		45, 138, 177	
	Lautgleiche Formen			
	Präposition + Kasus		34f, 43, 122–126, 143, 179, KV 6	
	Adjektivdeklination		24, 43ff, 114–120	
	Deklination der Nomen und Pronomen		43f, 62, 84, 114–121, KV 28	
	Verbformen		19f, 24, 43ff, 62, 83, 106–113, 149, 178, 183, KV 26/27	
	Modalverben		55, 62, 87	
	Hilfsverben			
Satzbau	Verbstellung im Haupt- und Nebensatz		16, 24, 41, 44, 56f, 82, 110, 127–129, 130f, 135	
	Bildung von Fragen (Inversion, Fragepronomen, Verb in Erststellung)		16, 33, 41, 44, 47, 127–130, 141f	
	Komplexe Sätze		16, 44, 62, 85, 127–129, 132–136, 175, 179f	
	Genitivobjekte		121	

Stolperstein	Einzelphänomene	Beispiel für die Beobachtung	Seiten in „Mitsprache" für Information und Förderung	Erreichter Erfolg
Textaufbau	Formen, durch die ein Textzusammenhang hergestellt wird		39, 50f, 82f, 137–140, 180f, 185, 188f	
	Signale für logische Verknüpfungen		82, 87f, 185, 190	
	Stellung des Subjekts		20	
Verständnis fachsprachlicher Elemente	Fachbegriffe, Fremdwörter und außergewöhnliche bzw. komplizierte Wörter		21, 45f, 50, 62f, 64f, 81f, 85ff, 101f, 103f, 179–187, 190–193	
	Verschachtelte Sätze		85, 89f, 127–129, 154f, 179f, 188f	
	Komplizierte Verbformen		64, 82, 85, 179f, 184, 194–196	
	Nominalisierungen		50, 101, 104, 190	
	Abkürzungen			
	Genitiv- und Präpositionalattribute		179	
	Unpersönliche Formulierungen		50, 85, 87ff, 184, 111–114	
	Passivkonstruktionen		17, 50, 55, 62, 82, 85, 88, 111–113, 178–180, 184, 190	
	Ersatzformen (Proformen)		50f, 137–140, 180, KV 12	
	Typographische Besonderheiten		87ff, 190	

1. Zitierte Literatur

Andreas Heintze (2002): Handreichung zur Didaktik und Methodik eines zweisprachigen Fachunterrichts im Rahmen der zweisprachigen deutsch-türkischen Erziehung. Arbeitsstelle Zweisprachige Erziehung im Berliner Landesinstitut für Schule und Medien. Typoskript.

Androutsopoulos, Jannis (2002): Ultra korregd Alder! Zur medialen Stilisierung und Aneignung von ‚Türkendeutsch'. In: Deutsche Sprache 29, S. 321–339.

Auer, Peter (1980): Konversationsanalytische Aspekte von ‚Code Switching' in einer Gruppe italienischer Gastarbeiterkinder. Konstanz: Universität Konstanz, Mimeo.

Auer, Peter (2002): Türkenslang. Ein jugendsprachlicher Ethnolekt und seine Transformationen. In: Häcki-Buhofer, Annelies (Hg.): Spracherwerb und Lebensalter. Tübingen: Francke.

Auer, Peter/Dirim, Inci (2002): Zum Gebrauch türkischer Routinen bei Hamburger Jugendlichen nicht-türkischer Herkunft. In: Hinnenkamp, Volker/Meng, Katharina (Hg.) Sprachgrenzen überspringen. Sprachliche Hybridität und polykulturelles Selbstverständnis. Tübingen: Gunter Narr.

Auernheimer, Georg (Hg.) (2004): Die Schieflage im Bildungssystem. Die Benachteiligung der Migrantenkinder. Opladen: Leske + Budrich.

Barkowski, Hans/Harnisch, Ulrike/Kumm, Sigrid (1980): Handbuch für den Deutschunterricht mit ausländischen Arbeitnehmern. Kronberg, Scriptor.

Baumert, Jürgen u.a. (Hg.) PISA 2000. Basiskompetenz von Schülerinnen und Schülern im internationalen Vergleich. Opladen: Leske + Budrich.

Bausch, Karl-Richard/Christ, Herbert/Krumm, Hans-Jürgen (Hg.): Handbuch Fremdsprachenunterricht, 4. vollständig neu bearbeitete Auflage. Tübingen und Basel: Francke.

Beisbart, Ortwin/Marenbach, Dieter (Hg.) (2003): Bausteine der Deutschdidaktik. Donauwörth: Auer.

Belke, Gerlind (1999): Mehrsprachigkeit im Deutschunterricht. Baltmannsweiler: Schneider.

Belke, Gerlind (2003): Methoden des Sprachunterrichts in multilingualen Lerngruppen. In: Bredel, Ursula u.a. (Hg.): Didaktik der deutschen Sprache. 2 Bde. 2. Band. Paderborn: Schöningh, S. 840–853.

Belke, Gerlind (2004): Elementare Literatur in mehrsprachigen Lerngruppen. In: Deutschunterricht, 57. Jg. (4), S. 11–18.

Belke, Gerlind/Geck, Martin (2004): Das Rumpelfax: Singen. Spielen, Üben im Grammatikunterricht. Handreichungen für den Deutschunterricht in mehrsprachigen Lerngruppen. Baltmannsweiler: Schneider.

Büchner, Inge/Dirim, Inci (2001): Spiele mit Sprachen. Ein multilinguales Material mit den Schwerpunkten Deutsch, Türkisch, Englisch. Verlag für pädagogische Medien.

Bußmann, Hadumod (1990): Lexikon der Sprachwissenschaft, Stuttgart: Alfred Kröner.

Dirim, Inci (1997): Außerschulische und außerfamiliäre Sprachpraxis mehrsprachiger Grundschulkinder. In: Gogolin, Ingrid/Neumann, Ursula (Hg.): Großstadt-Grundschule. Eine Fallstudie über sprachliche und kulturelle Pluralität als Bedingung der Grundschularbeit. Münster: Waxmann.

Dirim, Inci (1998): „Var mı lan Marmelade?" – Türkisch-deutscher Sprachkontakt in einer Grundschulklasse. Münster: Waxmann:

Dirim, Inci (2001): Erfassung der ‚besonderen sprachlichen Fähigkeiten' bilingualer Kinder. Bestandsaufnahme und Ausblick. In: DJI-Projekt „Kulturenvielfalt" (Hg.): Treffpunkt deutsche Sprache. Sprachförderung von mehrsprachigen Kindern in Tageseinrichtungen. Projektheft 5/2001. München, S. 83–89.

Dirim, Inci/Auer, Peter (2004): Türkisch sprechen nicht nur die Türken. Über die Unschärfebeziehung zwischen Sprache und Ethnie in Deutschland. Berlin: de Gruyter.

Dollnick, Meral (2000): Fachsprache und Schule. In: Grundschule konkret (hrsg. vom Berliner Institut für Lehrerfort- und -weiterbildung und Schulentwicklung), 16, S. 36–41.

Ehlich, Konrad (1999): Alltägliche Wissenschaftssprache. In: Info DaF 26.Jg. (1), S 3–24.

Fix, Martin (2002): „Die Rechtschreibung ferbesern" – Zur Orthografischen Kompetenz in der

Zweitsprache Deutsch. In: Didaktik Deutsch, 7 (12), S. 39–55.

Freie und Hansestadt Hamburg: Behörde für Bildung und Sport (2004): Rahmenplan Deutsch – Bildungsplan Grundschule.

Funke, Reinold (2000): Wann ist grammatisches Wissen in Funktion? In: Der Deutschunterricht, 52.Jg. (4), S. 58–68.

Givens, David B. (2002): Dictionary of Bodylanguage. http://members.aol.com/nonverbal2/diction1.htm.

Grassos, Mario (1989): Wörterschatz. Spiele und Bilder mit Wörtern von A–Z. Weinheim und Basel: Beltz.

Harnisch, Ulrike (1993): Grammatische Progression – ein alter Hut? Zur Zweitsprachentwicklung türkischer Schulanfänger. In: Deutsch lernen 18 (4), S. 313–334.

Hoffmann, Lothar (1985): Kommunikationsmittel Fachsprache: eine Einführung. Tübingen: Narr (Forum für Fachsprachen-Forschung; Bd.1).

Hosseinpour, Boris (1998): Gescheit oder zum Scheitern verurteilt? Anmerkungen zur Vermittlung der Kommasetzung in der Hauptschule. In: Giese, Heinz/Ossner, Jakob (Hg.): Sprache thematisieren. Freiburg: Fillibach, S. 105–119.

Jessner, Ulrike/Herdina, Philip (1999): Perspektiven der Spracherwerbsforschung. In: Ohnheiser, I./Kienpointner, M./Kalb, H. (Hg.): Sprachen in Europa. Sprachsituation und Sprachpolitik in europäischen Ländern. Innsbruck: o.V.

Kiehlmann, Wiebke (2001): Die Fachsprache der Mathematik in der Schule und ihre mögliche Auswirkung auf die Leistungen von Schülern anderer Muttersprache. Universität Bremen: Schriftliche Hausarbeit zur ersten Staatsprüfung für das Lehramt an öffentlichen Schulen im Studiengang Deutsch mit der pädagogischen Spezialqualifikation Deutsch als Zweit- und Fremdsprache (unveröffentlicht).

Kielhöfer, Bernd (1997): Die Rolle der Kontrastivität beim Fremdsprachenerwerb. In: Dittmar, Norbert/Rost-Roth, Martina (Hg.): Deutsch als Zweit- und Fremdsprache. Methoden und Perspektiven einer akademischen Disziplin. Frankfurt/M.: Lang, S. 35–52.

Klein, Wolfgang (1984): Zweitspracherwerb. Eine Einführung. Königstein: Athenäum (Frankfurt/M.: Hain 1992).

Klemm, Klaus (2001): Jugendliche ohne Schulabschluss. Zustandbeschreibung und Perspektiven. In: SchulVerwaltung MO Nr. 1/2001, S. 10–11.

Klippert, Heinz (2002): Methodentraining. Übungsbausteine für den Unterricht. 13. Auflage. Weinheim und Basel: Beltz.

Knapp, Werner (1997): Schriftliches Erzählen in der Zweitsprache. Tübingen: Niemeyer.

Knapp, Werner (1998): Lässt sich der gordische Knoten lösen? Analysen von Erzähltexten von Kindern aus Sprachminderheiten. In: Kuhs, Katharina/Steinig, Wolfgang (Hg.): Pfade durch Babylon. Konzepte und Beispiele für den Umgang mit sprachlicher Vielfalt. Freiburg: Fillibach, S. 225–244.

Kretzenbacher, Heinz (1995): Wie durchsichtig ist die Sprache der Wissenschaften? In: Kretzenbacher, Heinz/Weinrich, Harald: Linguistik der Wissenschaftssprache. Forschungsbericht 10, Berlin, New York: de Gruyter.

Kultusministerkonferenz (1996): Interkulturelle Bildung und Erziehung in der Schule. Empfehlungen.

Kultusministerkonferenz (2002): Bericht der 298. Plenarsitzung am 23. und 24. Mai in Eisenach, v.a. 6. Konsequenzen der Zuwanderung für Schulen.

Kultusministerkonferenz (2003): Bildungsstandards im Fach Deutsch für den Mittleren Bildungsabschluss.

Laborde, Colette (1990): Sprache im Unterricht. In: Math. Schule 9/1990, S. 592–600.

Landesinstitut für Schule in Nordrhein-Westfalen (Hg.) (2002): Auf gut Deutsch: Handreichung zur Förderung der Schreibkompetenz in der deutschen Sprache bei Schülerinnen und Schülern mit Migrationshintergrund.

Leisen, Josef (1998): Förderung des Sprachlernens durch den Wechsel der Symbolisierungsformen im Physikunterricht. In: Praxis der Naturwissenschaften – Physik, 47. Jg. (2), S. 9–13.

Luchtenberg, Sigrid (1995): Language Awareness. In: Fremdsprache Deutsch, Sondernummer „Fremdsprachenlerntheorie". Stuttgart: Klett.

Maier, Hermann/Schwaiger, Fritz (1999): Mathematik und Sprache: zum Verstehen und Verwenden von Fachsprache im Mathematikunterricht. Wien: ÖBV; HPT (Mathematik für Schule und Praxis; Bd. 4).

Martin, Jean-Pol (1985): Zum Aufbau didaktischer Teilkompetenzen beim Schüler. Tübingen: Narr.

Martin, Jean-Pol (2000): Lernen durch Lehren: ein modernes Unterrichtskonzept. SchulVw. BY 3/2000.

Merzyn, Gottfried (1998): Sprache und naturwissenschaftlicher Unterricht. 10 Thesen. In: Praxis der Naturwissenschaften – Physik, 47. Jg. (2), S. 1.

Ministerium für Schule und Weiterbildung, Wissenschaft und Forschung des Landes Nordrhein-Westfalen (1999): Förderung in der deutschen Sprache als Aufgabe des Unterrichts in allen Fächern. Empfehlungen.

Ministerium für Schule, Jugend und Kinder des Landes Nordrhein-Westfalen (2004): Kernlehrplan für die Hauptschule. Deutsch. Frechen: Ritterbach 2004.

Müller, Annette/Rösch, Heidi (1985): Deutschlernen mit ausländischen Kindern im Vorschulalter – ein Schlagwortregister. Berlin: Express Edition.

Nové, Michael/Weil, Gerhard (2000): Die zweite deutsche Bildungskatastrophe. In: Berliner Landesinstitut für Schule und Medien (Hg.): Schilfblatt 10, S. 7–13.

Ortmann, W.D. (1983): Materialien zur Didaktisierung der Phonemik des Deutschen. Teil 2: Minimalpaare. München: Hueber.

Ott, Margarete (2000): Schreiben in der Sekundarstufe I. Differenzierte Wahrnehmung und gezielte Förderung von Schreibkompetenzen. Baltmannsweiler: Schneider.

Realschule Enger (2003): Lernkompetenz Deutsch. Bausteine für das 5. bis 10. Schuljahr. Berlin: Cornelsen Scriptor Verlag.

Reich, Hans H. & Roth, Hans-Joachim u.a. (2002): Spracherwerb zweisprachig aufwachsender Kinder und Jugendlicher. Ein Überblick über den Stand der nationalen und internationalen Forschung. Hamburg und Landau in der Pfalz (Broschüre der Behörde für Bildung und Sport der Freien und Hansestadt Hamburg).

Rösch, Heidi (1995): Interkulturell unterrichten mit Gedichten. Frankfurt/M.: Verlag für interkulturelle Kommunikation.

Rösch, Heidi (2000a): Jim Knopf ist ~~nicht~~ schwarz – Anti-/Rassismus in der Kinder- und Jugendliteratur. Baltmannsweiler: Schneider.

Rösch, Heidi (2000b): Entschlüsselungsversuche – Kinder- und Jugendliteratur im globalen Diskurs. Baltmannsweiler: Schneider.

Rösch, Heidi (2001): Zweisprachige Erziehung in Berlin im Elementar- und Primarbereich. In: EliS_e (Essener Linguistische Skripte – elektronisch – www.elise.uni-essen.de), 1 (1), S. 23–44.

Rösch, Heidi (2004): Literatur interkulturell lesen. In: Deutschunterricht, 57. Jg. (4), S. 36–41.

Scherfer, Peter (2003): Wortschatzübungen. In: Bausch u.a. (Hg.): a.a.O., S. 280–283.

Schwerdtfeger, Inge C. (2003): Übungen zum Hör-Sehverstehen. In: Bausch u.a.: a.a.O., S. 299–302.

Segermann, Krista (2003): Übungen zum Hörverstehen. In: Bausch u.a. (Hg.): a.a.O., S. 295–299.

Selinker, Larry (1992): Rediscovery interlanguage. London u.a.: Longman.

Siebert-Ott, Gesa (2001): Zweisprachigkeit und Schulerfolg: die Wirksamkeit von schulischen Modellen zur Förderung von SchülerInnen aus zugewanderten Sprachminderheiten. Bönen: Verlag für Schule und Weiterbildung.

Steinmüller, Ulrich (1981): Begriffsbildung und Zweitspracherwerb. Ein Argument für den muttersprachlichen Unterricht. In: Essinger, Helmut/Hellmich, Achim/Hoff, Gerd (Hg.): Ausländerkinder im Konflikt. Königstein/Ts: Scriptor, S. 83–97.

Stölting, Wilfried (2001): Zweisprachigkeit, gesellschaftliche Mehrsprachigkeit und die Stellung der Migrantensprachen. In: EliS_e (Essener Linguistische Skripte – elektronisch – www.elise.uni-essen.de), 1 (1), S. 15–22.

Trim, John/North, Brian/Coste, Daniel (2001): Gemeinsamer europäischer Referenzrahmen für Sprachen: lernen, lehren, beurteilen. Berlin u.a.: Langenscheidt.

Tünshoff, Wolfgang (2003): Lernerstrategien. In: Bausch u.a. (Hg.): a.a.O., S. 331–334.

Ulrich, Winfried (2004, 2. Aufl.): Sprachspiele für jüngere Leser und Verfasser von Texten. Texte und Kommentare. Aachen: Hahner.

Vielau, Axel (2003): Die aktuelle Methodendiskussion. In: Bausch u.a. (Hg.): a.a.O., S. 238–241.

Werr, Christoph (1991). Literatur zum Anfassen. Vorschläge für einen produktiven Umgang mit Literatur. München: Hueber.

Wolf, Dieter (2003): Lernerautonomie und selbst gesteuertes fremdsprachliches Lernen: Überblick. In: Bausch u.a. (Hg.): a.a.O., S. 321–325.

Woodward, Tessa (1991): Models and Metaphors in Language Teacher Training: loop input and other strategies. Cambridge Universitay Press: Cambridge.

Wygotski, Lew Semjonowitsch (1974, 5.Auflage): Denken und Sprechen. Fünfte korrigierte Lizenzausgabe. Nördlingen: Wagner.

2. Nachschlagewerke

Textor, A.M. (2003): Sag es treffender. Ein Handbuch mit über 5700 Verweisen auf sinnverwandte Wörter und Ausdrücke für den täglichen Gebrauch. Reinbek: Rowohlt Taschenbuchverlag.

Bertelsmann Universal Lexikon (1991): Deutsches Wörterbuch in zwei Bänden. A–K; L–Z. Gütersloh: Bertelsmann.

Çakır, Mehmet/Erdoğan, Mehmet/Lorahn, Rainer (1998): Wörterbuch Deutsch-Türkisch für die Schulpraxis. Hückelhoven: Anadolu.

Der kleine Duden (2004, 2. Aufl.): Der passende Ausdruck. Ein Synonymwörterbuch für die Wortwahl. Mannheim u.a.: Duden.

Der kleine Duden (2004, 3. Aufl.): Sprachtipps – Hilfen für den Alltag. Mannheim u.a.: Duden.

Duden (2000, 5. Aufl.): Das Bildwörterbuch der deutschen Sprache. Die Gegenstände und ihre Benennung. Mannheim u.a.: Duden.

Homberger, Dietrich (2001): Grammatik für den Deutschunterricht. Stuttgart u.a.: Klett.

Luscher, Renate (o.J.): Übungsgrammatik Deutsch als Fremdsprache. Ismaning: Hueber.

Steuerwald, Karl (1987): Deutsch-Türkisches Wörterbuch. Wiesbaden: Harrassowitz.

Steuerwald, Karl (1988): Türkisch-Deutsches Wörterbuch. Wiesbaden: Harrassowitz.

Wahrig (2003, 6. Aufl.): Wörterbuch der deutschen Sprache. München: Deutscher Taschenbuch Verlag.

Wetter, Edmund (2003): Das neue Schulwörterbuch: Schau nach, schreib richtig! Schulwörterbuch für weiterführende Schulen. Offenburg: Mildenberger 2003.

3. Zum Umgang mit fachsprachlichen Texten

Behnholz, Claudia/Charitini Iordanidou (2004): Fachtexte im Deutschunterricht, 5.–8. Jahrgangsstufe. In: Deutschunterricht (4), S. 19–27.

Möhn, Dieter/Roland Pelka (1984): Fachsprachen. Eine Einführung. Tübingen: Max Niemeyer.

Steinmüller, Ulrich (1990): Deutsch als Fremdsprache: Didaktische Überlegungen zum Fachsprachenunterricht. In: Zielsprache Deutsch (2), S. 19–23.